本书为浙江省哲学社会科学重点研究基地·浙江省浙江历史文化研究中心课题成果（13JDLS02Z），并受中国石油大学（华东）"211工程"学术著作出版基金、引进人才（博士）科研基金（Y110910W）、"中央高校基本科研业务费专项资金"（13CX04046B）资助，谨致谢忱！

出版说明

　　世纪之交，我们站在时代的入口，亟待着文化价值系统的重构，并深感任重道远；而重新阐释和挖掘中国传统哲学的意义世界，促使其精神的现代转生，是现代性文化价值体系确立过程中不可或缺的重要一环。

　　《中国哲学青年学术文库》正有志于这一文化精神的担当，精心筛选了一批在中国哲学博士论文基础上撰写而成的优秀著作。在这里，聚集着一批活跃于中国传统哲学研究领域的青年学人，他们贵于创新，展现和昭示着未来。我们希冀本文库的出版，有助于他们对中国传统哲学做出新的开掘，从中发现一片新的精神世界；我们也诚邀更多的博士俊杰加入到我们的文库行列，祈盼庶几能推出一批学术新人。

CHUBAN SHUOMING

心体与工夫

XINTIYUGONGFU

中国哲学青年学术文库
ZHONGGUO ZHEXUE QINGNIAN XUESHU WENKU

张瑞涛 著

——刘宗周《人谱》哲学思想研究

人民出版社

约稿编辑:方国根

责任编辑:方国根　段海宝

封扉设计:曹　春

版式设计:顾杰珍

图书在版编目(CIP)数据

心体与工夫:刘宗周《人谱》哲学思想研究/张瑞涛 著.
－北京:人民出版社,2014.12
(中国哲学青年学术文库)
ISBN 978－7－01－014193－0

Ⅰ.①心…　Ⅱ.①张…　Ⅲ.①刘宗周(1578~1645)-哲学思想-
研究　Ⅳ.①B248.995

中国版本图书馆 CIP 数据核字(2014)第 273423 号

心体与工夫
XINTI YU GONGFU
——刘宗周《人谱》哲学思想研究

张瑞涛　著

人民出版社 出版发行
(100706　北京市东城区隆福寺街 99 号)

北京市文林印务有限公司　新华书店经销

2014 年 12 月第 1 版　2014 年 12 月北京第 1 次印刷
开本:880 毫米×1230 毫米 1/32　印张:14.25
字数:330 千字　印数:0,001-2,000 册

ISBN 978－7－01－014193－0　定价:39.00 元

邮购地址 100706　北京市东城区隆福寺街 99 号
人民东方图书销售中心　电话 (010)65250042　65289539

序

张立文

　　"饰治之术,莫良于学;学之广在于不倦,不倦在于固志。"①修身养性最优良的方法在于学习,学识的广博在于坚持不懈地学,而坚持不懈地学,要有坚定不移的志向。张瑞涛博士在攻读博士期间,虽家有妻小,需要照顾,但他心不旁骛、孜孜不倦、专心致志,以求精进;他虚心好学,疑则思问,切磋琢磨,探赜本真。

　　张瑞涛的硕士导师是方同义教授,他既是我担任84届中国哲学史教师硕士课程进修班主任期间的学生,又是我的访问学者,其访学期间曾对刘宗周思想有所研究,故张瑞涛的硕士论文研究对象便是刘宗周。在此基础上,张瑞涛再经博士期间的日新致思,钩深致远,而获丰硕成果,撰写博士论文《刘蕺山〈人谱〉的哲学思想》。本书是他博士论文的修改稿。

　　刘宗周放眼宋明,高屋建瓴,深思熟虑,冀希创新。他综合考察了宋明以降道体学家(理体学家)、心体学家、气体学家、性体学家诸如"盈天地间一气而已","盈天地间皆物也","盈天地间一性也","盈天地间止有气质之性","盈天地间皆仁也","盈天地间只是此理,无我无物","盈天地间皆生也","盈天地间只是个生生之理,人得之以为心,则曰仁","盈天地间皆道也"等各种论说,并

---

　　① (晋)葛洪:《抱朴子·崇教》,上海古籍出版社1990年版,第177页。

对此探索着、反思着、怀疑着、绍承着。刘宗周深知要建构自己的哲学,必须确立自己理论思维的价值观,以此为导向,抉择哲学形上学的价值标准。

这个抉择、思议的历程是炼狱般的、熬精血的、求真善的流程,从刘宗周对《人谱》"凡三易稿"中可以察知。《人谱》初撰于 1634 年,再订于 1637 年,定稿于弘光元年(1645 年)。其子刘汋说:"是谱则乙酉五月之绝笔也。一字一句,皆经再三参订而成。"姚名达在《刘宗周年谱》中亦载:"迄乙酉五月,绝食,犹加参订。"① 可见《人谱》是其所最终思议、抉择的成果,也是其自己对自己所思所想的定论。所以,其绝食临终时告诫其子刘汋说:"做人之方,尽于《人谱》,汝做家训守之可也。"② 以为后世永赖之训诫或箴言。

《人谱》首句曰:"无善而至善,心之体也。"此即刘宗周哲学形而上理论思维致思的核心课题。此句刘宗周自注:"即周子所谓太极,'太极本无极也'。统三才而言,谓之极。分人极而言,谓之善。其意一也。"③ "太极本无极"的"本"字若作本根、根本讲,则太极的本根是无极,无极是太极的根源性的范畴;若作本来讲,太极本来就是无极。就上一解而言,其意蕴则与《国史·濂溪传》"自无极而为太极","九江故家传本"作"无极而生太极"相会通。④ 然而,刘宗周的"太极本无极也",未知其据何书何本,尚待考证。不过,朱熹认为,"自无极而为太极"的"自""为"二字是修

① 姚名达:《刘宗周年谱》,《刘宗周全集》六,浙江古籍出版社 2007 年版,第 477 页。
② (清)刘汋:《蕺山刘子年谱》,《刘宗周全集》六,第 170 页。
③ 《人谱》,《刘宗周全集》二,第 3 页。
④ 参见拙著:《宋明理学研究》(修订本),人民出版社 2002 年版,第 108—123 页。

《国史》者妄增;"无极而生太极","误多一生字"。故此朱熹改周敦颐《太极图说》首句为"无极而太极",并解为"所谓无此形状,而有此道理耳",即无形而有理。

刘宗周仿照朱熹修改过的《太极图说》"无极而太极"的句式,作为其《人极图说》的首句"无善而至善"。太极统摄天、地、人三才之道,称谓为"极",从分殊为人极而言,称谓为善。至善即至极的善,便是度越有形相的善的无形相的形而上本体之善,即心体。

所谓"统三才而言",《周易·说卦传》载:"昔者圣人之作易也,将以顺性命之理,是以立天之道曰阴与阳,立地之道曰柔与刚,立人之道曰仁与义。兼三才而两之,故易六画而成卦。""兼三才"与"统三才"其意一。"统三才"如何升华为形而上心体? 刘宗周自述其体悟:"余尝著《人极图说》,以明圣学之要,因而得易道焉。盈天地间,皆易也;盈天地间之易,皆人也。人外无易,故人外无极。……惟人心之妙,无所不至,而不可以图像求,故圣学之妙,亦无所不至,而不可以思议入。学者苟能读易而见吾心焉,盈天地间,皆心也。"①形上本体不可以求诸有形相的图像,而应求诸无所不至的无形相。有形相的图像困囿于时空的有限性,不能无所不至,唯有无形相的人心之妙,无所不至,而与圣学之妙和合,人心之妙即圣学之妙。如是"无善而至善,心之体也",既是圣学之要,亦是易道,为"盈天地间皆心"的心体提供有力的理论支撑。

刘宗周《人谱》凡三易其稿,与其学三变密切相关。观此,可体认其思想求索的常勤精进,终能铁杵磨成针的艰辛。其子刘汋在《蕺山刘子年谱》载:"先君子学圣人之诚者也。始致力于主敬,

---

① 《读易图说·自序》,《刘宗周全集》二,台湾"中央研究院"中国文哲研究所筹备处 1996 年版,第 143 页。

中操功于慎独,而晚归本于诚意。诚由敬入,诚之者人之道也。意也者,至善栖真之地,物在此,知亦在此。意诚而后心完其心焉,而后人完其人焉。是故可从扶皇纲,植人纪,参天地而为三才也。"①其为学三变,与其年齿的早、中、晚相契。

刘宗周26岁(1603年)师事许孚远②,问学"为学之要"。程颐讲为学之方为"涵养须用敬,进学则在致知"。许以"敬身之孝"教宗周。敬,即是孔门千圣的"相传灵犀",亦是为学要端庄检点、行事慎微的修养工夫。但敬作为涵养的工夫,还未达到本体与工夫、涵养主体与涵养对象的融合。

刘宗周从36岁(1613年)到48岁(1625年),操功慎独。他在《与陆以建年友一》中说:"圣学要旨摄入在克己,即《大》《中》之旨摄入在慎独,更不说知说行。周子'圣学有要'段,亦最简截,与克己慎独之说相印证,此千古相传心法也。"③"慎独"见于《中庸》首章:"君子戒慎乎其所不赌,恐惧乎其所不闻。莫见乎隐,莫显乎微。故君子慎其独也。"君子在别人看不见、听不到的情况下,均非常谨慎、恐惧。尽管很隐蔽和很细微,而没有表现和显露出来,但君子在独处时其所想所为,都要非常谨慎。特别是与刘宗周有"性命之交"的黄宗羲父亲黄尊素为阉党魏忠贤逮捕,刘宗周饯之萧寺,相谈国是,涕泣而别④,自觉"事心之功"的工夫不深,于是"专用慎独之功"。并以"慎独"解"中和","中"为未发的隐微,

① (清)刘汋:《蕺山刘子年谱》,《刘宗周全集》六,第173页。
② 许孚远(1535—1596年)师从湛若水(1466—1560年)弟子唐枢(1497—1574年),湛若水师从陈献章(1428—1500年),许有心体学的渊源。
③ 《书》,《刘宗周全集》三,第298页。
④ 黄、刘两家有姻亲之约,刘宗周冢孙刘茂林(字子本,崇祯壬申生)为黄宗羲次女婿。

"和"为显见的已发,两者本一,而非为二;"中"显独的天命之性的体,"和"体现独的"天下达道"的工夫。刘宗周说:"独之外,别无本体;慎独之外,别无工夫。"慎独将本体与工夫合而为一。

由慎独进而诚意,如果说刘宗周 54 岁(1631 年)"专揭慎独之旨教学者",那么其 59 岁(1636 年)时,则"专举立诚之旨"。据《刘宗周年谱》载:"是时先生工夫只在略绰提斯间。每爱举'天下何思何虑','诚无为,无欲故静,有所向便是欲'等语。……自此专举立诚之旨,即慎独姑置第二义矣。"①诚为第一义,慎独退居第二义。第一义犹今日第一性。其实,他在 57 岁(1634 年)已著《证人小谱》,后改为《人谱》。在此,刘宗周已逐渐意识到慎独的修养工夫是由内在的"意根"的诚意来支撑的,这正是《中庸》与《大学》的差分,《中庸》是以不睹不闻说来,《大学》是从意根上说来。唯有诚意才能做到慎独,凸显诚意道德心的价值。人的视听言动,都是心意根的流出和发动。"意根最微,诚体本天。本天者,至善者也。"②本天道而"止于至善"。此微犹"道心惟微"的微;"诚体本天"犹"诚者,天之道也"。诚体犹如天道的本根。《中庸》言:"诚者,不勉而中,不思而得,从容中道,圣人也。"圣人是"自诚明"者,这是刘宗周所追求的境界。作为人道的"诚之者,择善而固执之者也",诚意便可达至善归宿之地域。

诚意,即诚实其意,朱熹和王守仁以诚意的意为无自欺的意念活动或心理动机,刘宗周以为是心灵意识的智能存有或精神本体。意为心的主宰,或曰定盘针:"心之主宰曰意,故意为心本。"又说:"意者,心之所以为心也。止言心,则心只是径寸虚体耳。著个意

---

① 《刘宗周年谱》,《刘宗周全集》六,第 398—399 页。
② 《学言》(下),《刘宗周全集》二,第 453 页。

序

5

字,方见下了定盘针。"①心是一个方寸中的虚体,意是虚体中的一点精神,此精神犹如定盘针;此点精神便是心的意根灵魂所在。由此而言,"无善而至善,心之体也",可称谓为心意之体。故刘宗周说:"意者,至善之所止也"②。"心,一也,自其主宰而言,谓之意"③。在刘宗周的理论思辨逻辑结构中心与意为一,而非为二。

刘宗周为学三变,他从体现德性修养的主敬工夫入门;进而慎独,慎则敬,敬则慎;又进境于诚意,亦由"独体"、"诚体"到"无善而至善"的心体(意体)形而上境界。这是一个彻上彻下、即本体即工夫的境域。

张瑞涛博士三十余万字的《心体与工夫——刘宗周〈人谱〉哲学思想研究》,其阐论的全面性、系统性、深刻性、创新性、超越性,就我所见国内所公开出版的刘宗周哲学思想而言,是较为突出的优秀博士论文。该书从刘氏晚年易箦时仍在修改的《人谱》切入,而统摄刘氏整体哲学理论思维逻辑结构,梳理了《人谱》撰著的缘起和早、中、晚学思历程及三易其稿的情状,并关联对阳明学的始疑、中信、终而辩难卫道的状况,深入分析了《人谱》的心体论、工夫论及"即心即易"的易学哲学。该书在梳理以往各有关刘宗周论文、著作的基础上,给予其哲学以理性定位和定性,较能贴近历史事实。特别值得指出的是,张瑞涛博士广为搜索,勤于记录,而考证蕺山弟子(一传弟子,不包括再传弟子)170余人,考其生卒年月及籍贯、生平事迹、学行著述、影响地位、后人评价等,这对于理解学派的传承、学统的弘扬具有重要意义。虽然此书出版时未收

① 《问答·答董标心意十问》,《刘宗周全集》二,第337页。
② 《学言》(上),《刘宗周全集》二,第390页。
③ 《书·答史子复(孝复)》,《刘宗周全集》三,第380页。

录《蕺山弟子考》，但终究而言，该书对于刘宗周哲学思想研究具有推进作用和价值。

清袁枚说："作诗，不可以无我。"就刘宗周哲学思想而言，正如该书所言，是"接着宋明理学讲"的，而于"有我"有点欠缺。

是为序。

2014 年 8 月 1 日
于中国人民大学孔子研究院

目 录

导　论

　　刘宗周(1578—1645年),字起东,浙江省山阴县人;以五月遗腹,念其父秦台公,别号念台;晚年更号克念子,以励其学;后讲学于山阴县城北蕺山,自称蕺山长,后世学者尊其为蕺山夫子。明末时代,社会动荡、思想多变、儒门淡薄、士学不醇、仕子不洁,刘宗周忧国忧民、讲学明伦,以己之正德,求天下之达道:身处庙堂,则建言王道,以置君尧舜为己任;退居乡野,则修明圣学,以挽救世道人心为担当。他二十四岁中进士,官历行人司行人、光禄寺寺丞、太仆少卿、通政司右通政、顺天府尹、工部左侍郎、礼部左侍郎、都察院左都御史。① 甲申后,福王监国南京,起复南京都察院左都御史。① 1645年闰六月初八日,绝食殉道,谥曰"忠介"。清帝乾隆赞誉蕺山为"一代完人",道光葆奖蕺山为"皦皦完人"。②

　　刘宗周在宋明理学史上具有重要地位。钱穆先生曾言:"蕺

---

① 参见(清)刘士林:《蕺山先生历任始末》,载吴光主编:《刘宗周全集》六,浙江古籍出版社2007年版,第541页。

② 《崇奖明臣刘宗周等饬部议谥上谕(乾隆四十年)》:"又如刘宗周、黄道周等人立朝謇谔,抵触仓壬,及遭际时艰,临危受命,均足称一代完人,为褒扬所当及。"(《刘宗周全集》六,第636页)《明臣刘宗周从祀文庙上谕(道光二年)》说:"宗周籍隶山阴,自壮登仕,历官至左都御史,居官日少,讲学日多。跡其平生事实,忠言党论,守正不阿,屡遭削黜,矢志不移,卒能致命成仁,完名全节。有明末叶,称为皦皦完人。"(《刘宗周全集》六,第639页)

山论有明一代儒统不废薛胡,其论有明一代道统治统之合一,则尤拳拳于东林之顾高,此乃其论治论学之最大著眼处,而以讲朱子讲紫阳为终极,故并不有丝毫朱王门户流俗之见存其心中也。"①钱氏以蕺山为朱子一脉,而劳思光先生则以其为陆王一派:"蕺山所立之系统,乃阳明一支思想中最后出亦最彻底之系统。只此一点,已足使学者了解蕺山学说之重要性,至其论性情及工夫时种种独到之见,则不待赘论。"②牟宗三先生在其宋明理学"三系说"基础上,认为濂溪、横渠、明道、五峰、象山、阳明、蕺山之学属于同一"大宗",伊川、朱子为一系,在"大宗"中又分为陆王之显教与五峰、蕺山之密教两个小系,从而将蕺山看作是新系统,称为"宋明儒学最后之殿军"③。唐君毅先生亦有"蕺山是宋明儒学最后之大师"④之赞誉。张立文先生更为明确地指出:"刘宗周为明末大师,其学推本周、程,得源于王守仁,而与朱、王皆异。他开始了王学自身的反省。他以'慎独为宗',针砭王学各派的王畿、罗汝芳、王艮等;他承朱熹之道德伦理,舍空谈而趋道德之实践,并以'盈天地间皆气也,其在人心一气之流行'而得其实。具有综合各派学术思想的性质。"⑤陶清先生则指出:"刘宗周的哲学思想,既非王学(包括主流派和修正派),又不能直接归结于唯物论哲学(包括'气

① 钱穆:《读刘蕺山集》,《中国学术思想史论丛》(七),东大图书公司(台北)1986 年版,第 270 页。

② 劳思光:《新编中国哲学史》(三下),广西师范大学出版社 2005 年版,第 475 页。

③ 牟宗三:《心体与性体》第三册,正中书局(台北)1969 年版,第 511—512 页。

④ 唐君毅:《中国哲学原论·原教篇》,中国社会科学出版社 2006 年版,第 320 页。

⑤ 张立文:《宋明理学研究》,人民出版社 2002 年版,第 633—634 页。

本论'和自然人性论),而是一种以批判理学、辨明儒释为手段,以'性'为研究对象的新哲学思想理论体系——性学思想体系。"①综上言论可知,刘宗周"入"宋明理学,但又能"出"宋明理学,是宋明理学史上"承前启后"的人物。

自蕺山殁后,清初学者即对其学术价值和思想史意义展开论说。尤其是蕺山弟子群体,对蕺山哲学思想的主旨作出不同诠释,对蕺山学的意义和地位表达不同的看法,从而划分派别。② 清中后期,汉学高扬,宋学式微,蕺山学淡出。但自 20 世纪 40 年代以来,随着熊十力、牟宗三、唐君毅等人对蕺山哲学思想定性与定位的争论③,学界再次对刘蕺山给以较多关注。近三十年来,学界推出一批有分量的研究论著,尤其是近十年来,蕺山学研究几成"显学"。本书即尝试以"文本与话题相统一"为哲学方法论,以刘宗周平生最为重要的著作《人谱》为诠释文本,透过《人谱》涵蕴的哲学义理,来勘查蕺山哲学思想的演进脉络及其学术个性。

一

伟大的哲学家总是通过特定的"文本"来凝练时代精神的核

---

① 陶清:《明遗民九大家哲学思想研究》,洪叶文化有限公司(台北)1997 年版,第 162 页。

② 参见王汎森:《清初思想趋向与〈刘子节要〉——兼论清初蕺山学派的分裂》,《晚明清初思想十论》,复旦大学出版社 2004 年版,第 249—289 页。

③ 参见郭齐勇:《论熊十力与唐君毅在刘蕺山"意"与"诚意"观上的讨论和分歧》,载武汉大学中国传统文化研究中心编:《玄圃论学续集——熊十力与中国传统文化国际学术研讨会论文集》,湖北教育出版社 2003 年版,第 251—258 页。

心话题,全面融入民族精神及其生命智慧的人文语境。① 比如,宋明理学家们在阐释心性义理之学时运用的"文本"主要的就是《论》《孟》《学》《庸》《易》,几乎所有的宋明理学家都对这些经典文本有所阐释和注解。另外,哲学家阐发自己思想,对典籍文本加工、创造之后,加以自己的生命体贴和思想反思而创造出的新的、对后世有重要影响的经典文献。哲学史上每个著名人物总是有一部或几部这样的代表性著作,这些特定的"文本"是我们抓住被研究者思想核心的切入点。如张载有《东铭》《西铭》、二程有《定性书》、朱熹有《四书集注》、王阳明有《传习录》。而刘宗周最重要的文本就是《人谱》。

《人谱》是刘宗周晚年"凡三易稿"而成的著作,是其平生最为重要的著作。具体而言:

第一,一向不重名利的刘蕺山允许弟子在他生前出版《人谱》,显见《人谱》在蕺山心目中的地位。《人谱》乃刘宗周"凡三易稿"而成。据《年谱》载:"是月(1645 年 5 月──引者注),先生改订《人谱》,谱中未当者再加改正。是书凡三易稿始定。单行本多系初刻,惟《刘子全书》中所载系定本。"②由此可见,第一,《人谱》前后修订三次,临终之时得以最后改定;第二,是著在蕺山生前已经出版单行本;第三,蕺山弟子董玚所编《刘子全书》所录《人谱》代表蕺山最终定论,与已经刊刻、出版的《人谱》有一定的内容上的差异。至于蕺山对《人谱》"凡三易"的具体时间及出版情况,

---

① 参见张立文:《中国哲学的创新与和合学的使命》,《中国人民大学学报》2003 年第 1 期。

② 姚名达:《刘宗周年谱》,《刘宗周全集》六,第 475 页。

蕺山之子刘汋①指出："《人谱》作于甲戌，重订于丁丑，而是谱则乙酉五月之绝笔也。一句一字，皆经再三参订而成。向吴峦稺初刻于湖，鲍长孺再刻于杭，俱旧本也。"②即是说，《人谱》初撰于1634年，蕺山弟子吴峦稺③即于湖州刊刻、发行。这也是蕺山生前所出版的唯一一部著作，至于鲍长孺所刻本，亦只是《人谱》的修改本，非最终定稿。蕺山一生看轻名利，于所撰著轻易不示人④，为何还允许弟子刊刻此书呢？显见，蕺山对《人谱》有某种特殊感情，是要传达某种特殊意蕴。而这种特殊感情，大概就体现在《人谱》对当时学风学弊的批判和对新思想、新观念的体系建构上。

---

① 刘汋(1613—1664年)，字伯绳，山阴人，潜心于经史，凡名臣言行、圣学宗传，习而身体力行。蕺山殉节后，恪守遗训，布衣蔬粟，终身卧小楼二十年，哀毁成疾而卒。辑《蕺山遗书》数百卷、《年谱》二卷，辑《仪礼经传考次》五十三卷、《春秋集传》十二卷、《史汉合钞》十二卷、《历代文选》十四卷、《文集》二卷。(参见《嘉庆山阴县志》卷十四《乡贤二》，成文出版社有限公司(台北)1983年版，第460—461页；《绍兴府志》卷五十三《儒林传》，成文出版社有限公司(台北)1975年版，第1287页)另辑补《人谱杂记》，完成蕺山未竟事业。

② 《刘宗周年谱》，《刘宗周全集》六，第477页。

③ 吴钟峦(1577—1651年)，字峦稺，号霞舟，武进人，崇祯甲戌(1634年)进士，著有《十愿斋易说》一卷、《霞舟易笺》一卷。黄宗羲赞吴钟峦曰："先生尝选时义名上品，择一时之有品行者，不满二十人，而某与焉。其后同处围城，执手恸哭，某别先生，行三十里，先生复棹三板追送，其语绝痛。薛谐孟传先生所谓'呜咽而赴四明山中之招者'，此也。呜呼！先生之知某如此，今抄先生学案，去之三十年，严毅之气，尚浮动目中也。"((清)黄宗羲：《明儒学案》卷六一《东林学案四·宗伯吴霞舟先生钟峦》，中华书局1985年版，第1496页)

④ 刘汋《蕺山刘子年谱》说："先生著述多不存稿，即存稿不以示人。汋私抄笔札，先生知之必切责之。盖平生无一毫名心。临没，犹戒以勿刻文集，勿倩做葬文。"(《刘宗周全集》六，第193页)

第二，蕺山视《人谱》为家训，要将之永世传沿。蕺山临终告诫其子刘汋:"做人之方，尽于《人谱》。汝做家训守之可也。"①家训是中国古代士子教家训子的重要方法，通过个人的修身养性，实现家庭成员间的关系和谐、家庭与社会间的关系和谐，从而由家庭教育推进至国家治理，在做人、处事、治家的严于律己、与人为善、道德优先精神提挈下，达致为官之忠、廉、勤、明。即是说，家训从主观功能看是为了家庭、家族的长远利益和根本利益，在于"整齐门内，提撕子孙"(《颜氏家训·序致第一》);而从其客观功能看，则是实现家庭、家族之外之社会生活的淳风厚俗、家国整合等作用和功能。② 家训看似简单，实却意蕴深刻，代表着家训制作者的思想体悟和价值选择。蕺山临终之时告诫其子，要将《人谱》做家训"守之"，显见蕺山对是著的重视程度，表明蕺山要将是著做人精神传沿下去的决心与信心。蕺山告诫刘汋要把《人谱》无限传沿，刘汋在临终前亦告诫其子孙:"若等安贫读书，守《人谱》以终身足矣。"③既然蕺山要求其子孙以家训的形式传延《人谱》，那么，《人谱》对于个体的修身、齐家自然而然具有重要的指导意义和价值。实际上，《人谱》所构设的哲学理论与他所选取的道德圣贤人物，构成了一个开放的思想系统，任何人只要善于改过迁善，任何人只要自觉、自愿体认勘悟自己的

---

① 《年谱》载,1645 年 5 月 29 日,蕺山女婿秦祖轼入侍,蕺山吟绝命辞:"留此旬日死,少存匡济意。决此一朝死,了我平生事。慷慨与从容,何难亦何易",并有较多做人、治学之论传授。刘汋亦于时请示训,蕺山告之曰:"常将此心放在宽荡荡地,则天理自存,人欲自去矣",刘汋再请,先生终有"做人之方,尽于《人谱》。汝作家训守之可也"的训示。(参见(清)刘汋:《蕺山刘子年谱》,《刘宗周全集》六,第 170 页)
② 参见徐秀丽:《中国古代家训通论》,《学术月刊》1995 年第 7 期。
③ (清)赵尔巽:《清史稿》,吉林人民出版社 1995 年版,第 9986 页。

道德践履，他必能实现自我道德修养的突破，必然达致伦理与道德、为人与为学的圆融和合。

第三，蕺山弟子于《人谱》分歧最少，且对是著皆有较高评价，可知他们对《人谱》之思想的确定性和重要性的认同。蕺山弟子董玚①《刘子全书钞述》指出：

> 先师之学备在《全书》，而其规程形于《人谱》，采辑备于《道统录》，纲宗见于《宗要》，诸若《学言》、《论学》诸书，《原旨》、《证学杂解》、《论语学案》、《读易图说》、《大学参疑》、《古易钞》、《仪礼经传》种种，莫非此旨。……盖自唐、虞执中之统，驯至成周以来，圣贤相传之道，一旦豁然昭晰呈露，已属先师。②

所谓"规程"，是指对某种政策、制度等所作的规定，即规则、章程之意。③ 董玚之论说明，他视《人谱》为蕺山思想的"规范""条纲"，故将《人谱》置于其所编《刘子全书》卷首。蕺山弟子张应鳌④于《人谱跋》中指出：

> 《人谱》一书为先师绝笔，易箦时谆嘱传习兢兢者。此乃

---

① 董玚（？—？），原名瑞生，字叔迪，后更名玚，号无休，会稽人。《嘉庆山阴县志》载，董玚因国变，遂隐于僧；校录刘宗周遗集遗文，自作《记日书》，与《人谱》相表里；虽为释氏，但不喜读佛书，亦不居禅房，夫妻父子骨肉聚居一处，独素食僧衣终一生。享年七十八。（参见《嘉庆山阴县志》卷14《乡贤二》，第517页）

② 《刘宗周全集》六，第691—692页。

③ 参见张晓敏：《古代汉语词典》，上海辞书出版社2007年版，第1742页。

④ 张应鳌（？—？），字奠夫，山阴人，张应鳌服侍蕺山最久，亦最能传蕺山学，全祖望言："山阴张先生应鳌，字奠夫，服勤于子刘子最久者也。南都匆匆，宵人尚赫奕邸舍伴承平态，子刘子署独萧然，奠夫一人侍之。其人笃实自修之士也。在南都作《中兴金鉴》，欲上之，不果。丙戌后，尝嗣讲山中。"（（清）全祖望：《子刘子祠堂配享碑》，《刘宗周全集》六，第649页）

精义熟仁之正学,天德王道之全功也。兹虽山颓哲萎,而倡会迄今,前后四十年,遗教克存,且饩羊不去,重授枣梨,一番拈起一番新。凡我同人,能以神交私淑者作耳提面命,乃不负顶天立地一完人矣!会名证人,而人证何如?开宗诚意,而意诚奚若?同心相长善、相规过,自信至自知,真当仁不让,洋洋乎如在其上,而后会非故事也,讲弗空言也。怜不我遗,庶几使此余生八十小子,得策驾崦嵫,接光晦冥,师恩友谊,死且不朽耳!于戏!老成凋谢,后起联翩,谓我越东蕺麓,直上传濂、洛、关、闽、邹、鲁可也。动色告诫,爰系一绝云:"尧、舜人皆可以为,自甘暴弃遂成违。但知克己唯由己,气习拘牵立尽挥。"①

张应鳌以"精义熟仁之正学,天德王道之全功"综论《人谱》的学术价值,想见其意义非同一般。其他弟子,如陈确②、张履祥③、

---

① 《刘宗周全集》六,第712页。
② 陈确(1604—1677年),初名道永,字非玄,后改名确,字乾初,浙江海宁人,与族叔陈之问同受业蕺山。陈确天才绝出,书法、篆刻、洞箫、弹棋、杂技等,凡经手便如夙习,无所不会。关于陈确撰著论说,其子陈翼(1632—1689年,原名滋世,字敬之,号敬斋)指出:"其大者,论学则有《大学辨》、《禅障》、《性解》、《才气情辨》、《原教》、《学谱》,无不折衷孔、孟,衡断群儒;坊俗则有论葬诸书,《丧俗》、《家约》,率皆言近指远,黜伪存诚,与《中庸》素位之学、孔子有恒之训,互为印证,大有裨于学者。其余杂著,不下数十万言,俱有关世教。谈道之暇,间为诗歌,清真大雅,不过自写其安贫乐道之怀,悲天悯人之致,读其诗而知其人如在,岂苟焉已哉!"((清)陈翼:《乾初府君行略年》,《陈确集》(上),中华书局1979年版,第14页)
③ 张履祥(1611—1674年),字考夫,桐乡人,称杨园先生,编有《沈氏农书》一卷,著有《杨园全书》三十四卷、《张考夫遗书》五卷。初讲蕺山慎独之学,晚专意程、朱,践履笃实,学术纯正,大要以为仁为本,以修己为务,而以中庸为归。(《清史稿》,第9984页)

黄宗羲①等人亦对《人谱》学术价值作出重要论断。② 如陈确说:
"吾辈工夫只须谨奉先生《人谱》。刻刻检点,不轻自恕,方有长
进。舍此,别无学问之可言矣。"③更为重要的是,蕺山弟子能够将
《人谱》所表达的做人、治家精神进一步发挥、传承,造就一批较有
影响力的家戒训示,如吴麟徵④的《家诫要言》、张履祥的《张杨园
训子语》等。由此而知,蕺山弟子对《人谱》之思想的确定性和重
要性的认同。

第四,《人谱》是蕺山对阳明后学蹈等之弊作出哲学回应的最
集中、最深刻的体现。前三条是从"形式"来看,此条则是透过《人
谱》之"内容"言其重要性。在宋明理学发展史上,存在两种不同
的道德修养进路:一是程朱的"外烁内求"型,一是陆王的"内烁外
显"型。程朱言"格物穷理",希图将外烁的客观知识即"物理"主
动地转化、映射成内在的道德知识,由"物理"而自觉地张扬道德
修养和心性义理。其理论之起始,便有涵养与省察、隐微与显发、

---

① 黄宗羲(1610—1695 年),字太冲,号梨洲,浙江余姚人。黄宗羲与弟黄宗
炎、黄宗会号称浙东三黄,皆为蕺山弟子。全祖望曰:"若余姚三黄先生宗
羲、宗炎、宗会,同受业子刘子之门,其所造各殊,而长公梨洲最大。"(《子
刘子祠堂配享碑》,《刘宗周全集》六,第 649 页)不过,梨洲承续蕺山学,乃
自得而成:"先生诲余虽勤,余顽钝终无所得,今之稍有所知,则自遗书摸索
中也。"((清)黄宗羲:《思旧录·刘宗周》,沈善洪主编,吴光执行主编:《黄
宗羲全集》第 10 册,浙江古籍出版社 2005 年版,第 342 页)

② 详细论说可参见赵园:《〈人谱〉与儒家道德伦理秩序的建构》,《河北学
刊》2006 年第 1 期。

③ (清)陈确:《与戴一瞻书》,《陈确集》(上),中华书局 1979 年版,第
105 页。

④ 吴麟徵(1593—1644 年),字圣生,一字昆皇,号磊斋,海盐人,天启二年
(1622 年)进士。李自成破京都,麟徵奉命守西直门,城破之后,自经而
卒。后赠兵部右侍郎,谥"忠节"。清朝赐谥"贞肃"。(《明史》卷 266《列
传》第 154,吉林人民出版社 1995 年版,第 4529—4530 页)

知与行等哲学理念上的"二分"预设,在"物理"与"性理"、"客观存有"与"主体境界"之间,已然隐含着走向"割裂"的可能:或对具体"物理"知识的无休止的追求与空灵冥觉,不能有效实现"存有"与"境界"间的自由转换;或固守理则,不知变通,走向"以理杀人"。明中期王阳明展开以"良知"为核心的道德革新,正是要对治程朱理学在工夫修养进路上的"重外遗内""重理轻变"的流弊。"良知"教看到了人内在至善性存在的普遍性和向善的能动性,挺立主体性和自觉能动性,将其从"理"的苑囿中解放出来。但"二分"预设同样存在于阳明心学中,其后学弟子以王龙溪为代表的"道德虚无主义"①和以王心斋为代表的"道德自然主义"②的分途便是明证。《人谱》指出:"今之言道者,高之或沦于虚无,以为语性而非性也;卑之或出于功利,以为语命而非命也。非性非命,非

---

① 龙溪以良知为"现成"玄说,不待修为,先天所就,当下俱足,指出:"良知不学不虑。终日学,只是复他不学之体;终日虑,只是复他不虑之体。无工夫中真工夫,非有所加也。工夫只求日减,不求日增,减的尽便是圣人。后世学术正是添的勾当。所以终日勤劳更其病。果能一念惺惺,冷热自善,穷其用处,了不可得。此便是究竟话。"((清)黄宗羲:《明儒学案》卷十二《浙中王门学案二·语录·答徐存斋》,第249页)刘宗周曾评价龙溪说:"直把良知作佛性看,悬空期个悟,终成完弄光景,虽谓之操戈入室可也。"((清)黄宗羲:《明儒学案·师说》,第9页)

② 王心斋一脉以现成良知立学,从日用常行处指点良知,不重道德修养,谓良知为"天然率性",吃饭穿衣、饥食饮渴、冬裘夏葛无非妙道,"良知一点,分分明明,停停当当,不用安排思索"((清)黄宗羲:《明儒学案》卷32《泰州学案一·处士王心斋先生艮·心斋语录·答余纯夫》,第717页)。至泰州学派一传再传,颜山农、何心隐、罗汝芳、周汝登直至李卓吾等辈出,主顺自然,缺乏脚踏实地的道德修养工夫,提倡"酒色财气"不碍菩提路,把个人道德和社会道德的一切藩篱全部打破,走向个性的完全"自由"解放。只是,他们的"自由"沦落成为"放任主义",而不是有所规范、约束的"自由"。

人也,则皆远人以为道者也。"①过度强调"主体性",缺少道德自主与道德践行间的内在贯通与圆融,必然流于叛圣违教与放纵恣肆。因此,要将人的道德主体性和自觉能动性与道德实践的必然性和必要性实现圆融统合,必须打破"二分"预设。从而,《人谱》创新哲学思辨方式,构设以"生生道体"为旨归的"心体论"、以"一体圆融"为特色的"工夫论",最终实现"本体"与"工夫"、"方法"与"境界"的合一。

文本是创造这些文本的哲学家的思想精髓。理解了这样的文本,在较大程度上就了解了哲学家的思想。因为文本本身内蕴着特定的语义和核心问题意识。核心问题意识是哲学家创造文本、诠释文本的核心主旨,称谓"话题"。一般来讲,哲学家选择文本,总是有所依据,总是要说明某些问题。哲学家创造文本,撰著经典文献,成就专著成果,亦总是围绕某问题而展开。哲学不是"无病呻吟",哲学总是对时代问题进行反思,是时代精神、风貌的体悟。哲学之创造、哲学史之研究、哲学史人物之厘清和分析亦总是"有感而发"。"感"之根据就是对文本之"话题"的重现。"话题"是哲学家在思索时代思想语境、社会演进历程、生活阅历感悟的基础上创生出来的,既是对时代问题的发现,又是问题的解决之道。

因此,要对"文本"中的"话题"作语义分析。② 所谓语义分析,就是对文木之"话题"的发现与重塑、再诠。尽管哲学家的经典文本的撰著方式各异,但凸显话题的目的却是相同的。哲学家平生或著作较多,或唯有一册,但在他的著作论述中,在与他同时

---

① 《人谱》,《刘宗周全集》二,第1页。

② 受张先生"中国哲学逻辑结构论"的启发而构思。参见张立文:《中国哲学逻辑结构论》第二章,中国社会科学出版社2002年版,第55—98页。

代之人的言语评判中,这个人物的某本或几本著作是较为重要的。之所以说它(它们)重要,关键即在于这个文本最能系统代表哲学家的哲学思想及其核心主旨,最为完备地提出了话题的解决之道,最为鲜明地表达了哲学家的学术价值立场。对文本进行语义分析,首先便是探索这个文本对于被研究者的重要性,其路径便是创造文本的哲学家自己的言论以及同时代其他人物对此文本的论说;其次,根据相关文献资料,厘清哲学家撰著文本的前因后果和思想历程,结合哲学家的时代背景、人文语境,归纳总结文本所涉及的"话题";再次,探索文本对话题的解决之道,总结文本问题解决之道的特点,列举哲学家诠释此核心话题、问题解决之道的主要步骤和具体方面,并在一定程度上,与同时代的相关人物的相关思想比较,以此凸显被研究对象话题诠释的特点。话题不是凭空杜撰的,而是结合文献资料,在比较和诠释中彰显出来的,是创设话题的哲学人物为了解决某些问题而隐藏于文本之中的。一旦话题被发现,话题提出者的思想便能够重现。

就《人谱》而言,"话题"主要通过以下几方面彰显出来:

其一,"心体论"思想。《人谱·人极图说》首言"无善而至善,心之体"。刘宗周对此有说明:"即周子所谓'太极'。太极本无极也。统三才而言,谓之极;分人极而言,谓之善,其义一也。"①按蕺山之意,人极、太极、善本质相通,为"心之体"。即是说,《人谱》以"心"为"本体",善、太极、人极只是"心"的"转语",是"本体"之"心"的流显。同时,《人极图说》将"心"与"太极"、"善"与"阳动"、"性"与"阴静"、"五性"与"五行"、"万性"与"万化"、"迁善改过"与"其要无咎"一一对应互解,从而,"心"体天道、明地道、尽

————————

① 《人谱》,《刘宗周全集》二,第3页。

人道、融物道,无所不在,无所不能,与他 37 岁悟道"天下无心外之理,无心外之学"相对照。"心"不仅是"天之所以为天"的"所以然之理",还是"地之所以为地"的"所以然之理","三才之道"统于"心","盈天地间,皆道也,而归管于人心为最真"①。"太极"之义为"生生",且为"心"之转语,那么,"心"之本质即是"生生"。由此可说,《人极图说》首句便确定了"生生道体"之"心体论"哲学路向。刘宗周以"生生"标识本体之"心"的内涵,是对程朱"理"本论、陆王(阳明)"心"本论、张王(夫之)"气"本论的一定程度上的突破。

其二,"工夫哲学"。《人谱》在分析道德之"过"与"恶"产生缘由和改过步骤的过程中,彰显出别具特色的工夫哲学。《证人要旨》与《纪过格》是对应一起的,前者从正面讲"人如何为人",后者讲"人之过与恶"。有过自然知改,如何改? 这是改过的步骤、方法问题。《证人要旨》设计了严密的、可操作的改过步骤,即"六事功课":"凛闲居以体独""卜动念以知几""谨威仪以定命""备百行以考旋""敦大伦以凝道""迁善改过以成圣"。有过要改,改过有其步骤。但是,为什么这样的改过"工夫"就一定能够改过? 这样的"工夫"究竟是如何实现过之改、过之能改与改过成圣成贤相融贯的? 这种对"工夫"自身的哲学思辨和体悟,可称为"工夫哲学"。《人谱》工夫哲学体现为四方面:"即存养即省察,动静一几""即隐微即显发,中和一性""即知即改,知行合一""即本体即工夫,工夫与本体合一"。

实际上,"即……即……"是刘宗周诠释哲学概念关系的基本方法,是他对先儒思辨方法的解构。"即……即……"思辨方法的

---

① 《学言》(中),《刘宗周全集》二,第 407 页。

展开,大致分为三层面:第一,前一个"即……"与后一个"即……"二者相对独立,有其各自蕴含与意义;第二,"即……"与"即……"二者不可割裂开来,应该在相对相生的存有状态下互相理解;第三,前"即……"是后"即……"的基础,应该立定前者来通贯二者,而不是立定后者通贯二者。刘宗周六十七岁著《存疑杂著》,"举凡先儒分析支离之说,先生皆统而一之",即是坚持这一"一体圆融"的"即……即……"思维,打破先儒在哲学理念分析上的"二分"思维,将宋明理学家的方法论推向前进。

其三,"心学易"。刘宗周因《人谱》之《人极图说》发明易道,撰著《读易图说》《易衍》和《周易古文钞》。他在《读易图说·序》中明确指出:"余尝著《人极图说》,以明圣学之要,因而得易道焉。盈天地间,皆易也;盈天地间之易,皆人也。人外无易,故人外无极。人极立,而天之所以为天,此易此极也;地之所以为地,此易此极也。……学者苟能读易而见吾心焉,盈天地间,皆心也。任取一法以求之,安往而非学乎!"①蕺山主张"心易",赞成杨简(1141—1226年,字敬仲,称慈湖先生)"己易"论。他在《学言》中指出:"盈天地间,皆道也,而归管于人心为最真,故慈湖有'心易'之说。太极、阴阳、四象、八卦而六十四卦,皆人心之撰也"。《人谱》的"心体论"思想与蕺山的易学圆融一体,故称为"心学易"。显然,不系统梳理《人谱》哲学思想,必不能客观体勘蕺山易学哲学。

当然,不能仅仅将《人谱》视为一部理论著作,还当看作刘宗周人生境界和安身立命之道的开显。刘宗周并不是"无事袖手谈心性,临危一死报君王"的玄谈之士,而是实现了言行合一、伦理与道义合一的大儒,《人谱》所提出的观点、罗列的条目、彰显的精神,实

---

① 《读易图说》,《刘宗周全集》二,第122页。

是蕺山一生的精神写照。他通籍 45 年,而实际立朝仅 4 年,在其位谋其政,为民为国能尽忠;去其位讲其学,为士为学皆尽心。从实践层面言,刘宗周的一生是实践《人谱》"证人"精神的一生;从理论构设讲,《人谱》的"证人"精神建立在蕺山"皦皦完人"的气象基础上。《人谱》既是"做人之方"、哲学理论,又是"实践之果"、可行之则。杜维明先生即指出,《人谱》具有深刻的"根源性",一方面是宗周对所处时代的具体问题的对治,通过对那些志同道合的学生、同事及道友的论辩,实现儒家思想的精神转世;另一方面则是蕺山所创构的"证人"法则由"证人"而"谱人",能够不限于一时一事,也不限于某些具体团体中的人,而对任何人都具有同样的效力。① 陈永革先生亦言,《人谱》所阐述的对象、内容及其范围,是儒家立身成圣证人之道的生活哲学、生命哲学、道德哲学、人性哲学和历史哲学,浸透着深厚的儒家式的生命精神、道德精神、人性精神、历史精神。蕺山终生为学,希望自己能够成为一名不杂佛道的"醇儒",《人谱》一书,正是这种成就意识的典型体现。② 刘宗周圆融心性义理与道德践履,创构体现生命情怀意蕴的《人谱》一书,刘宗周书写了《人谱》,而《人谱》彰明了刘宗周的学问人生。

二

作为开放的文本系统,刘宗周依然是中国哲学史上具有较大

---

① 参见杜维明、东方朔:《刘宗周〈人谱〉的道德精神世界——杜维明教授访谈》,《学术月刊》2001 年第 7 期。
② 参见陈永革:《儒学名臣——刘宗周传》,浙江古籍出版社 2005 年版,第271 页。

学术吸引力的著名哲学家,有继续探讨和深入研究的必要。本书即是以蕺山晚年最为重要的著作《人谱》为切入点,以"文本与话题相统一"为哲学方法论,既细致地梳理《人谱》的撰著始末,又逻辑地探析《人谱》内蕴的哲学理念,从而理性地定位蕺山哲学在宋明理学史上的学术价值,以客观地彰显蕺山哲学的思想特质和演进脉络。具体言之,本书除"导论"外共有六部分,主要内容如下:

第一章,阐论刘宗周学问思辨的心路历程。刘宗周的学问思辨体现出"多变性""醇儒性"和"自得性"特征:他为学"三变",始从"主敬"入,中年专用"慎独",晚年归本"诚意",其本质是"立大本",即《人谱·人极图说》"无善而至善,心之体"之"心";他于阳明学"三变",始而疑、中而信、终而辩难不遗余力,在"心"学框架内讨论阳明学,终究不以其为"禅",但对阳明后学道德自然主义和道德虚无主义严厉批评,乃《人谱》"心体论"哲学逻辑的必然结果;他为学虽"变",但"醇儒性"始终未变,由"严辨儒释"而坚持儒学价值方向,被后人誉为"皦皦完人",《人谱》是其道德精神的凝结;他传承和发扬宋明儒"自得"之学,主张"学以自得",于"自得"的具体方法和步骤深有体会,并能实现哲学创新,"发先儒之所未发",《人谱》即是明证。

第二章,梳理《人谱》的撰著始末。《人谱》之撰著"凡三易稿"而成,既有直接诱因,又有思想渊导。蕺山不满袁了凡"杂禅化"道德劝善书《功过格》的价值立场而撰《人谱》,主张"非功利主义"的道德践履和德性伦理。蕺山早年讲学作酒色财气《四箴》,办证人讲会定《证人社约》,对道德规范的严密设计成为著《人谱》的思想渊导。同时,蕺山因《人谱》而撰著易学著作《读易图说》《周易古文钞》等,将易学与心学圆融。此外,蕺山撷取历代明贤嘉言懿行而编《人谱杂记》,虽事业未竟,但其子刘汋补缀掇拾、稽疑考编,《人谱》终成系统。

第三章,分析《人谱》的心体论。《人谱》正篇之《人极图》和《人极图说》从"心体论"视域证明人之为人的必然理据。《人极图》解构周敦颐《太极图》而修正"太极"范畴,《人极图说》以"太极"为生生道体,"太极"与"心之体"圆融,"心体"本质即是"生生"。同时,《人极图说》圆融"太极""人极"与"心",彰显"心之体"的自生自在性;圆融"阳动阴静"与"继善成性","继之者善"是"道体"之微几,"成之者性"是"道体"之实体,通过"心"与"道"、"阴"与"阳"、"阴阳"与"乾坤"、"继善"与"成性"间的互动,凸显"心"之"虚性本体"意义;圆融"五行"与"五性",通贯"五行"与"五伦",阐发"五伦"存在的合逻辑性和合道理性;圆融"万化"与"万性","物"不离"心","心"外无"物","心"生生不已,事物生生不已。"心"生生不已而造化事事物物,但需落实于人,人亦当"学"而成人,方谓"尽人之学"。

第四章,蠡探《人谱》的工夫论。《人谱》既构设"人是什么"的可能世界,又疏解"如何为人"的意义世界。在意义世界中,善恶杂陈,而恶始于"过"。《人谱》将"过"划分为微过、隐过、显过、大过、丛过和恶,"过"是对"本心"之被障蔽状态的描述。有"过"不改,便是"恶"。有过务必改,改过有工夫步骤:针对妄惑微过,则静坐悟心、读书明心;针对七情隐过,则须当下廓清、知几葆任;针对九容显过,则要知礼成性、变化气质;针对五伦大过,则应随分体当、践履敦笃;针对百行丛过,则要反身而诚、应事接物;针对成过之恶,则应克念始终、迁善改过。改"过(恶)"涵四方面哲学意蕴:存养即省察,动静一几;即隐微即显发,中和一性;即知即改,知行合一;即本体即工夫,工夫与本体合一。《人谱》工夫哲学非空言玄谈,而是落实于"主体自我"的道德践行,因"本心"提挈,人能见善思迁、去恶之善。

第五章,探讨刘宗周的"心易"哲学。蕺山秉承《人谱》"本心之学"而撰著易学著作,彰显出"心学易"哲学思想:一方面,"即心是《易》":圣人因《河图》而作《易》训天道、因《洛书》而叙畴训地道;圣人作卦,易道居于圣人之"心":圣人善学天地,《易》为其进阶。另一方面,"《易》以明心":人心妙有,故"生生不已";"先天"与"后天"本"中和一体",则"四德"与"四气"能"中和一体"。《易》为君子谋,故君子"尊心以神"而知微知彰,"以变为要"而能迁善改过。

余论,厘定蕺山哲学在宋明理学发展史上的学术地位和价值。蕺山哲学有思想创新,即本体论上由一元"实性本体"走向虚性"生生道体",方法论上由"二元"思维走向"圆融"思维,知识论上由"体、用、文"分途走向"德性闻见本无二知"。但因人文语境、核心话题和诠释文本未变,蕺山哲学依然"接着"宋明理学讲,未跳出理学道统。

第一章 "三变"与"自得"——刘宗周学问思辨的心路历程

　　自 1603 年拜心学传人许孚远为师始①,至 1645 年"首阳一饿"而殉道,刘宗周为官为学、读书讲道四十余年②,于经史子集、《论》《孟》《学》《庸》、周程张朱等学问,遍览无遗,新说迭显。③ 蕺山善思明辨的学思历程体现出三方面特征,即"多变

---

① 许孚远(1535—1596 年),字孟仲,号敬庵,明德清(今属浙江)人。姚名达《刘宗周年谱》"二十六岁"条(1603 年)记载:"是年,仁和陈植槐感其与刘宗周友谊,介绍许孚远为刘宗周师。是年,刘宗周往德清纳贽许孚远。"(《刘宗周全集》六,第 231 页)许孚远则师从唐枢(1497—1574 年,字惟中,号子一,人称一庵先生),唐枢则是湛若水入室弟子。故可说许孚远具有心学渊源。全祖望说:"念台之学本于敬庵,敬庵出于一庵,一庵出于甘泉,甘泉出于白沙,白沙出于康斋(吴与弼),其门户盖与阳明殊。"((清)全祖望:《鲒埼亭集》卷 50《蕺山讲堂策问》)

② 《年谱》"1644 年条"记载:"先生通籍四十五年,在仕版者六年有半,实际立朝仅四年,而被革职为民三次。"(《年谱》,《刘宗周全集》六,第 471 页)除却立朝为官 4 年时间,蕺山多在家讲学修道。

③ 刘汋《蕺山刘子年谱》载,蕺山"退而居于野也,横经论道,讲学淑人,上自《四书》、《六籍》,一一厘正之;下至濂、洛、关、闽以及有明诸儒,人人折衷之。阐往圣之微言,黜异端之讹谬,存天理于几微,留民彝于一线,其见于著述者愈弘且伟焉。"(《刘宗周全集》六,第 174 页)

性""醇儒性"和"自得性"。蕺山"多变"不仅是指"为学之要"有三变,即主敬、慎独和诚意;而且对阳明学的体认亦有三变,即始疑、中信、终而辩难。蕺山为学虽多变,但不改"醇儒学"价值方向:一方面,严辨儒释;另一方面,挺立醇儒形象,彰显出"皦皦完人"气象。蕺山之学归于"自得",虽远承孔、孟,近接朱、王,但与之皆相异,不仅仅践行"自得"法要,还进一步提出"为学自得"的具体步骤和方法,丰富和发展了宋明理学系统中的"自得"学说。而不争之事实在于,《人谱》是刘宗周学问思辨心路历程的落脚点。

第一节 学凡多变

蕺山为学三变,始从主敬入,中年用慎独,晚归本于诚意。三变之学又与他对阳明学的态度相关联,"于阳明凡三变",始疑、中信、终而辩难卫道。"变"的是方法与进路,"不变"的是对道体的探索、对儒学价值方向的坚守。

一、"学凡三变"

刘汋在《蕺山刘子年谱》中指出:"先君子学圣人之诚者也。始致力于主敬,中操功于慎独,而晚归本于诚意。诚由敬入,诚之者人之道也。意也者,至善楼真之地,物在此,知亦在此。意诚而后心完其心焉,而后人完其人焉。是故可从扶皇纲,植人纪,参天地而为三才也。"而且,刘汋以"诚意"概括蕺山为学主旨:"先君子之学,以诚意为宗而摄格致于中,曰:'知本斯知诚意之为本而本之,本之斯止之矣;知止,斯知诚意之为止而止之,

止之斯至之矣。'"①蕺山弟子黄宗羲《子刘子行状》虽亦看到了蕺山为学三变之特性,但以"慎独"为蕺山学主旨。他说:

> 先生宗旨为"慎独"。始从主敬入门,中年专用慎独工夫。慎则敬,敬则诚。晚年愈精微,愈平实。本体只是些子,工夫只是些子,仍不分此为本体,彼为工夫,亦并无这些子可指,合于无声无臭之本然。从严毅清苦之中,发为光风霁月。消息动静,步步实历而见。②

据此可知,蕺山为己之学经历了由敬而慎独、由慎独而诚意的"三次"转变。然考虑到刘汋与梨洲对蕺山为学宗旨概括上的差异,不禁要问:在蕺山这里,敬、慎独、诚意各有何指? 三者为什么会发生这样的转变? 三者究竟是蕺山为学"工夫",还是蕺山哲学思想的"宗旨"? 三变之学之本质为何?

(一)"始致力于主敬"

蕺山为学"始从主敬入",自然始于执贽许师孚远之时。据《刘宗周年谱》"二十六岁"条,宗周问许孚远"为学之要",孚远告以存天理、灭人欲,遂北面师事之。蕺山请许孚远为其母作传,许则以"敬身之孝"勖宗周:"使念念不忘母氏艰难,谨身节欲,一切世味不入于心,即胸次洒落之明,古人德业不难成。传所谓求忠臣于孝子之门,乃刘子所以报母氏于无穷也。"蕺山虽杖履许师孚远才"月余",却"终身守师说不变。自此励志圣贤之学,谓入道莫如敬,从整齐严肃入。自貌言之细,以至事为之著,念虑之微,随处谨凛,以致存理遏欲之教。每有私意起,必痛加省克,直勘前所由来为之何? 又勘明后决裂更当如何? 终日

---

① (清)刘汋:《蕺山刘子年谱》,《刘宗周全集》六,第173、174页。
② (清)黄宗羲:《子刘子行状》,《刘宗周全集》六,第39页。

端坐读书曰：'吾心于理欲之介，非不恍然。古人复从而指之曰：
"此若何而理，彼若何而欲。"则其存之遏之也，不亦恢恢有余地
乎？'"。① 许师孚远授蕺山一"敬"字，蕺山便忠实接受并"终身守
师说"，蕺山前半生所形成的那种"严毅清苦"之气象不能说与此
无关。

"敬"者何谓？蕺山在 1613 年与门生陆以建的书信中清晰地
指出：

> 君子之学，言行交修而已。孔门屡屡言之曰："不敢不
> 勉，有余不敢尽"。"不敢"二字，何等慎著！真是战兢惕厉心
> 法。此一点心法，是千圣相传灵犀，即宋明主敬之说，穷此之
> 谓穷理，尽此之谓尽性，至此之谓至命，不必另说天说性，作蛇
> 足也。②

在蕺山看来，"敬"者乃为孔门千圣"相传灵犀"，"不敢"便是战兢
惕励、谨微慎密、求真务实，便是"慎著"。"敬"之为学要法便是端
庄检点、行事慎微，归根结底便是实现自我约束、自我规制、自我
监督。

"敬"本为宋儒程颐致力为学之方法。他说："涵养须用敬，进
学则在致知。"③朱熹释二程之学，便强调"敬"之工夫的重要性：
"主敬以立其本，穷理以进其知"④，"持敬是穷理之本"⑤。在程朱

---

① 《年谱》，《刘宗周全集》六，第 231 页。

② 《书·与以建四》，《刘宗周全集》三，第 302—303 页。

③ （宋）程颢、程颐：《二程集·河南程氏遗书》卷十八，王孝鱼点校，中华书
　局 1981 年版，第 188 页。

④ （宋）朱熹：《晦庵先生朱文公文集》卷七十五《程氏遗书后序》，载朱杰人
　主编：《朱子全书》第 24 册，上海古籍出版社 2002 年版，第 3625 页。

⑤ （宋）朱熹著，黎靖德编：《朱子语类》卷九《学三·知行》，王星贤点校，中
　华书局 1986 年版，第 150 页。

理学，"敬"乃是"静时涵养"之道德修养工夫，其前提便是"静"与"动"、"涵养"与"省察"之二分。而且，"敬"之一法自身之中便已蕴含有"二分"义，即涵养对象与涵养主体之间具有相分性。孰知，主体体悟涵养的过程与体悟涵养的对象以及所获取的"体悟"效果本是一体，无分内与外、动与静，三者本是通贯。这对于后来讲究思想"融合"的蕺山来说，"敬"之学问自然不能达致内心世界的自我主宰、自我融贯、自觉自在。

　　人在进学之初，脚踏实地，实心践履伦理道德规范，在点滴事件中体认人性与天理。但是，在这样的道德修养工夫进行一段时间之后，随着内心世界对为学为道之必要性、性天之理的必然性和行为处事的自在性的觉悟，原先的具有强制性的道德修养手段自然"落后一着"，由自我的"被动"走向"主动"，自我主体性的逐渐觉醒、自在自觉性的不断培育，内心终将达致一种"豁然开朗"的自觉境界。此时用功，当寻另外一番天地。蕺山用功于"敬"，并于40岁时撰就《论语学案》，正体现出践履敦笃之"敬"修之功。刘汋曾对是著这样描述："先生壮年力学，不可尽考。读《论语学案》而知当时进修之敦笃，居身之谨严，有宁卑毋高，宁峻勿夷之意，居然孔子下学法门。"[1]亦正是此著，蕺山由敬而读书致知明理的为学取向，实现了对宋明儒尊德性与道问学"分途"的消解，是"新学"方向的开显。

　　（二）"中操功于慎独"

　　蕺山在主"敬"治学一段时间之后，随着自己哲学思辨能力的提高和问题阐释角度的转换，"敬"学淡出，而提倡能够统合动与

---

① 《年谱》，《刘宗周全集》六，第262页。

静、内与外的"慎独"①之学。早在 1613 年与《与陆以建年友一》
的书信中,蕺山便表达这样的观点:"圣学要旨摄入在克己,即
《大》《中》之旨摄入在慎独,更不说知、说行。周子'圣学有要'
段,亦最简截,与克己慎独之说相印证,此千古相传心法也。"②周
子"圣学有要"一段是这样说的:"'圣可学乎?'曰:'可。'曰:'有
要乎?'曰:'有。''请闻焉。'曰:'一为要。一者无欲也,无欲则静
虚、动直,静虚则明,明则通;动直则公,公则溥。明通公溥,庶矣
乎。'"朱子释此章曰:"此章之旨,最为要切。"③周子之语表明,学
不可分动与静,因为静之虚与动之直本是无间精微的。"静"表象
为虚,实则是一种心"明";"动"表象为直、现象、显现,实则是一种
人性自我主宰的外显。就其作为"自我主宰"的自存、自在讲,众
人皆有,万物共通,内在静存而已。即是说,"静"中内蕴着"动"的
主宰之功,"动"中亦在体现"静"的主宰之实,任何单纯的静或者
动根本是不存在的。"慎独"作为《大学》《中庸》之要旨,便是实

---

① 有些学者以"慎独"为蕺山学说的宗旨,如张岂之《论蕺山学派思想的若
　干问题》(《西北大学学报》1980 年第 4 期)、张践《刘宗周"慎独"哲学初
　探》(《中国哲学史研究》1985 年第 4 期)、衷尔钜《蕺山学派的慎独学说》
　(《文史哲》1986 年第 3 期)、董平《论刘宗周心学的理论构成》(《孔子研
　究》1991 年第 4 期)、陈寒鸣《刘宗周与晚明儒学》(《中华文化论坛》,
　2000 年第 3 期)、黄敏浩《刘宗周及其慎独哲学》(学生书局(台北)2001
　年)等。与其以"慎独"为蕺山哲学的宗旨,倒不如以之为蕺山工夫论的
　主要进路,正如张学智先生所说:"刘宗周整个工夫论的总纲即慎独"(张
　学智:《明代哲学史》,北京大学出版社 2000 年版,第 457 页)。另,步近
　智先生以为:"刘宗周提倡的'慎独'已经不是以往儒家所说的一般的道
　德修养方法,而是本体论、认识论、道德修养论和人性论融为一体的理学
　思想。"(步近智:《刘宗周的思想矛盾和"慎独"、"诚敬"之说》,《浙江学
　刊》1986 年第 3 期)虽其意不错,但终未契合蕺山"学凡三变"本旨。
② 《书》,《刘宗周全集》三,第 298 页。
③ (宋)《周敦颐集》,陈克明点校,中华书局 2009 年版,第 31 页。

现了"动"与"静"的统合。据此,蕺山在 1629 年所著的《大学古记约义》对朱子以"动静二分法"解"慎独"之说进行了批评:

> 《大学》之道,一言以蔽之曰:慎独而已矣。……朱子……至解慎独,又以为动而省察边事,先此更有一段静存工夫。则愈析之而愈支矣。阳明子反之曰:"慎独即是致良知。"即知即行,即动即静,庶几心学独窥一源。总之,独无动静者也。其有时而动静焉,动亦慎,静亦慎也。而静为主。使非静时做得主张,则动而驰矣。如挽逝波,其可及乎?动而常知常止焉,则常静矣。①

动静不可二分,动中有静,静中有动,动中之静表明动中有必静之理,静中有动凸显静中有必动之则。

从 37 岁悟"心"②到 48 岁专提"慎独",这十年是蕺山生命历程中极为重要的一段。一方面,蕺山从阳明学中探寻原义,以抑制当时玄谈空虚的学风;另一方面要针对阳明学及其后学不重工夫的缺点阐发新的工夫义理,并与阳明学内在契合,实现从阳明学内部来扭转阳明后学弊病的目的。③ 蕺山所选择的工夫理论便是"慎独"。据《年谱》"四十八岁"(1625 年)载:

> 每会必令学者收敛身心,使根柢凝定,为入道之基。尝曰:"此心绝无凑泊处。从前是过去,向后是未来。逐外是人分,搜裹是鬼窟。四路把截,就其中间不容发处,恰是此心真凑泊处。此处会得分明,则大本达道,皆从此出。"于是有

---

① 《年谱》,《刘宗周全集》六,第 315 页。
② 《年谱》"三十七岁"条(1614 年)载,是年,"刘宗周著《心论》,悟天下无心外之理,无心外之学"(《年谱》,《刘宗周全集》六,第 256 页)。
③ 参见东方朔:《刘宗周评传》,南京大学出版社 1998 年版,第 66—67 页。

　　慎独之说焉。①

　　而促使蕺山"专用慎独之功"的契机则是 1626 年黄尊素②被逮事件。据《年谱》记载,是年三月,黄尊素为阉宦魏忠贤所逮,刘宗周饯之萧寺,"促膝谈国是,危言深论,涕泣流涟而别",及返而谓门人:"吾生平自谓于生死关打得过,今利害当前,此中怦怦欲动,始知事心之功未可以依傍承当也",遂携子刘汋课读于韩山草堂,"专用慎独之功",谓"独只在静存,静时不得力,动时如何用功夫"。③ 据此可以推知,蕺山因"性命之交友"将为奸宦所杀,于生死关头,内心震动较为激烈,自觉学力不深,据此而反思为学之方,顿感"静"中用力的重要。"静时不得力,动时如何用功夫"清晰地表明,舍"不动心"工夫,无论如何也不能实现遇事之后的自我欣慰、自我满足和自我停当。欲求"不动心",必须"静"时涵养。因而,能够进行"不动心"的"静"的工夫必然是一种能够将"心"与"事"、"已发"与"未发"相统合的工夫。这就是"慎独"。

　　进而,蕺山以"慎独"解"中和"并融贯"已未发",实现为学思

----

① 《年谱》,《刘宗周全集》六,第 296 页。
② 黄尊素(1584—1626年),字真长,号白安,余姚通德乡黄竹浦(今浙江省余姚市梁辉镇)人,传世有《黄忠端公集》《四书缄》等。黄尊素与刘蕺山有婚姻关系。《刘宗周年谱》"1626年"条载刘宗周为黄尊素饯行,除促膝谈国事外,还"预订为婚姻"(参见《刘宗周全集》六,第302页)。黄宗羲《子刘子行状》亦载:"(蕺山)孙男四:茂林、士林、长林、道林,而茂林则羲之甥也。"(《刘宗周全集》六,第39页)刘士林《蕺山先生行实》记载:茂林娶御史黄尊素之子黄宗羲之女,士林娶吏部尚书商周祚子商承祖之女,长林娶祁骏佳之女,道林娶副总戎定国将军吴用宜之子吴元遇之女。(参见《刘宗周全集》六,第611页)蕺山冢孙茂林(字子本,崇祯壬申生)为黄宗羲次女婿。
③ 刘汋按语:"先儒以慎独为省察之功,先生以慎独为存养之功。"(《年谱》,《刘宗周全集》六,第302页)

辨逻辑的创新。1626年的《学言》有论:"隐微者未发之中,显见者已发之和。莫见乎隐,莫显乎微。故中为天下之大本。慎独之功,全用之以立大本,而天下之达道行焉,此亦理之易明者也。"①在蕺山看来,"中"即是隐微之未发,"和"即是显见之已发,然隐与微,本即是合一。"中"隐蕴着发的可能与必然,"和"暗含有发的基础与本质。"中"与"和"既是状态,又是过程。说它们是过程,表明"中"有隐"发"这样的潜在,并且"发"之潜在无时无刻不在进行之中;说它们是状态,表明"和"之显发的表面现象中始终内涵者"中"的基础与实质。从表层的"显"角度讲,"中"与"发"都是过程,也都是状态;从深层的"隐"角度讲,未发之"中"潜存"发"的可能,已发之"和"内涵"中"的自然本质,"中"即是"和"的基础和前提,"和"即是"中"的自觉与规范。戒惧与慎独本身即是对"中"之发的潜在性和"发"之"和"的自觉性和规范性的体认。不睹不闻之戒惧是对"发"之潜在性的自觉和体认,慎独是对"发"之过程中"和"之趋向的明晰和顺从;慎独的过程就是戒惧的过程,戒惧的过程就是慎独的过程。戒惧与慎独,本非二功;致中之外,本无致和之功。戒惧与慎独、致中与致和是"一蕴二、二合一、一二和合存在"的意境。不经慎独之功,内心有所动,自然溢于言行;而经慎独之功,自然可实现隐与微、显与发间的融贯。

所以,蕺山将"中"看作是"独体",将"和"看作是"独之所以妙":

> "喜怒哀乐之未发谓之中",此独体也,亦隐且微矣。及夫发皆中节,而中即是和,所谓"莫见乎隐,莫显乎微"也。未发而常发,此独之所以妙也。中为天下之大本,非即所谓"天

---

① 《学言》(上),《刘宗周全集》二,第372页。

命之性"乎？和为天下之达道，非即"率性之道"乎？君子由
慎独以致吾中和，而天地万物无所不本，无所不达矣。达于天
地，天地有不位乎？达于万物，万物有不育乎？天地此中和，
万物此中和，吾心此中和，致则俱致，一体无间，极之至于光岳
孝灵，百昌遂性，亦道中自有之征应，得之所性固然，而非有待
于外者。①

喜怒哀乐之未发之"中"自然潜存喜怒哀乐之"发"的必然性、必定
性，而喜怒哀乐之"发"中亦自然内蕴了喜怒哀乐之"中"的节制
性、自在性。已发之中有独体的自在存在、自然存在，未发之中自
然有发的潜在，然其"发"自经"慎独之功"而自自然然、停停当当，
随心所欲不逾矩。未发之中尽显"独"之"天命之性"之本体，已发
之和尽体"独"之"天下达道"之工夫。所以，"独之外，别无本体；
慎独之外，别无工夫"②。也就是从此年（1631 年）撰写《中庸首章
说》始，蕺山"专揭慎独之旨教学者"③。

（三）"晚归本于诚意"

不过，从 1636 年始，蕺山治学专提"诚"。据《年谱》载："是时
先生工夫只在略绰提撕间。每爱举'天下何思何虑'，'诚无为，无
欲故静，有所向便是欲'等语。……自此专举立诚之旨，即慎独姑
置第二义矣。"④蕺山于是年专提"诚"，自然与他对"意"的理解分
不开。

是年，蕺山于《大学》"诚意"发明"意为心之所存"之论。在

---

① 《中庸首章说》，《刘宗周全集》二，第 299—300 页。
② 《中庸首章说》，《刘宗周全集》二，第 300 页。
③ 《年谱》，《刘宗周全集》六，第 356 页。
④ 《年谱》，《刘宗周全集》六，第 398—399 页。

他看来:"意者,心之所存,非所发也。朱子以所发训意,非是。"①
朱子在《大学章句》中以"已发"训意,指出:"意者,心之所发也。
实其心之所发,欲其一于善而无自欺也。"②以后的理学家多以已
发指意。阳明也认为"身之主宰便是心,心之所发便是意",又说
"意之本体便是知"③。而在蕺山,意为"心之所存",是"心之存
主"。一方面,蕺山说意为"心"之存主,此"心"并不就是个体之人
心,当为圣人之心、本根之心,是就"道心"而言的。个体之心非无
道心、无圣人之心、本根之心,只是说,非全体个体之心皆"彰显"
了此道心、本根之心,道心、本根之心自自然然、正正当当,"自能"
好善恶恶,"自然"行其好恶判断而又无违道德规范。因此,蕺山
有这样的论说:

> 此心之存主,必有善而无恶矣。何以见其必有善而无恶?
> 以好必于善,恶必于恶也。好必于善,如好好色,断断乎必于
> 此也;恶必于恶,如恶恶臭,断断乎必不于彼也。必于此而必
> 不于彼,正见其存主之诚处。④

另一方面,意为心之"存主",有此"意",必有此"彰善抑恶"而无
不善之"心"。但是,"意"又如何能够做到"好恶"的呢?蕺山曾
有是言:"一心耳,以其存主而言谓之意,以其存主之精明而言谓
之知,以其精明之地有善无恶归之至善谓之物。识得此,方见心学
一原之妙,不然,未见不堕于支离者。"⑤圣人之心、本根之心本质

---

① 《学言》(上),《刘宗周全集》二,第390页。
② (宋)朱熹:《大学章句》,《四书集注》,岳麓书社2004年版,第6页。
③ (明)王守仁:《王阳明全集》卷1《语录一·传习录上》,上海古籍出版社
1992年版,第6页。
④ 《书·答叶润山四》,《刘宗周全集》三,第373页。
⑤ 《书·答史子复(孝复)》,《刘宗周全集》三,第380页。

便是自在、自主,能够使此自在、自主活动起来的自然是"意",
"意"之本质是善必好、恶必恶,"心"以"意"为主宰,心自然能够
见善必好,见恶必恶。"意"之"好恶"实质上是一种"自觉地行",
是基于"知善知恶"之"知"的"行"。无对善与恶的"知",哪能有
对善与恶的"自觉"道德评价?也就是说,有"知"方有"行",有
"行"自然建基于真"知"。知是行之基,行是知之实:"'知行只是
一事。知者行之始,行者知之终;知者行之审,行者知之实。'故言
知,则不必言行;言行,亦不必言知,而知为要。"①有如此自然而有
的知善知恶之"知",便自然"好善而恶恶"。就知善知恶之自然而
然的能力讲,"知"的只是"善",凡不"善"自然便是"恶"。"知"更
是一种智慧,是真知即行的自在之知。不过,无论是"意"还是
"知",从心上讲,他们都是"好善"、是"知善",而"心"亦是"善"
心。但从人生活的实际境遇讲,芸芸众生,人心万种,有善有恶,善
恶并存。本根之心、圣人之心只是"好善""知善",一旦面对与此
心相异的万象之个体之人之人心时,本根之心便能够由"好善"
"知善"而自然、自觉"恶恶""知恶"。只是,从终究的意义上言
心、意、知,只有"善"可为,而"心""意""知"自身就是"善",是
"善"的化身。千善万善,终归一善;知所有善,终归是知"善"。
"心""意""知"所行所在,本便是"有善无恶"。"有善无恶,归之
至善",蕺山名之为"物"。"心"是"意"之外显,"意"是"知"之施
行,"知"是"物"之细则,"心"与"意"与"知"根本为"善",是"物"
之"至善"的自然推演。由而,蕺山定性心、意、知、物:"心、意、知、
物总是至善中全副家当,而必事事以善恶两纠之。"②从终极意义、

---

① 《人谱》,《刘宗周全集》二,第19页。
② 《良知说》,《刘宗周全集》二,第318页。

自我主体性讲,本心之之有意、之主宰,意中又有知,能知之所在之物,贯穿始终的是"至善"本质。从生存世界、多元个体之心的存在讲,此心、意、知、物或是被障蔽,或是被彰显,不一而足。但心、意、知、物之至善本质却不会因个体之心之多元性和多义性而泯灭无迹。

　　蕺山析"意"不仅与心、知、物相融贯,还与"诚"相统合,以此构设"诚意"工夫。何为诚? 蕺山在1645年《答史子复①二》中讨论阳明"知之真切笃实处即是行"之论时指出:"夫'真切笃实'非徒'行'字之合体,实即'诚'字之别名,固知'知行'是一,'诚明'亦是一。……惟立教之旨,必先明而后诚,先致知而后诚意,凡以言乎下手得力之法,若因此而及彼者,而非果有一先一后之可言也。"②这样,一方面,蕺山以"真切笃实"释"诚"。在他看来,"真切笃实非徒'行'字之合体,实即'诚'字之别名","真切笃实"既在描述事实,又在描述过程。从事实之描述讲,"真切笃实"反映出心之"知"的诚实无欺性和真实无妄性;从过程之描述讲,"真切笃实"反映出心之"知"能够、能动、自觉、主动地真实无妄地、诚实无欺地体知和反思自我、体认万物。所以,蕺山将阳明的"知行合一"理论归结到"诚"上,以一"诚"贯之,体现了蕺山融合阳明学的学术特征。另一方面,蕺山以"诚明合一"释诚。"知"与"行"所实现的过程与状态的"合一"便是"诚","诚"从而内蕴了即状态

① 史孝复(? —1644年),字子复,号文学,别号退修,余姚人,自幼举止端凝,退然如不胜衣;性沉静、间修、密行,不事表暴;好读书,知人论世,藻识甚精;大义所在,不毫发假;妙龄能诗,笃信致知之学。(参见钱茂伟:《姚江书院志略》,载《姚江书院派研究》,中国社会科学出版社、文化艺术出版社2005年版,第301—302页)董玚《蕺山弟子籍》著录其为蕺山弟子。(《刘宗周全集》六,第615页)
② 《书》,《刘宗周全集》三,第385页。

即过程的事实存在。"诚"作为心上做工夫的状态，是人之"道心"的体露；作为心上做工夫的过程，是人去寻求自我的"纯真"。体露"道心"，就是"明"心，使心得以"澄明""光明"；寻求自我的"纯真"，就是心之"至善""自觉""诚实无欺"得以自在地开显。"诚"的过程是"明"善、"明"觉的过程，"诚"的状态是至善、自觉、自在得以"光明"的境遇。所以，蕺山说："一诚贯所性之全，而工夫则自明而入，故《中庸》曰'诚身'，曰'明善'，《大学》曰'诚意'，曰'致知'，其旨一也。要之，明善之善，不外一诚，明之所以诚之者也；致知之知，不离此意，致之所以诚之也。本体工夫，委是打合。"①

　　从蕺山对"意"与"诚"的分析可看出，他所论"诚"与"意"自身都是动作性、过程性与描述性、状态性双重意义的和合统一体。"诚"是真实无妄，是真，是止，是人心之自在性、自觉性、纯真性，是人之所以为人的那个灵明。实现了"诚"，就是彰显了人的本质。"诚"作为人性本真，与"意"本质相通。当然，二者亦有其"立场"的不同。"诚"是从天性之路和人性之路的融通讲的。蕺山曾说："一心也，而在天谓之诚，人之本也；在人谓之明，天之本也。故人本天，天亦本人。"②即是说，"诚"彰显出"天道"意蕴，而"诚之"则是在彰显"人道"，"天道"不远，惟内蕴人心，方有着落之处；"人道"自在，但须上达天道，以天道为理论推演依据，方显客观性和必然性。"意"是从"心"之"所存"来讲，强调心之主宰和心之"好恶"动作过程。这样，"诚"既是显象、描述意义上的"诚实无欺的"，体现为"必然如此"；又是动作、过程意义上的"诚实无欺地"，

---

① 《学言》(下)，《刘宗周全集》二，第453页。
② 《学言》(中)，《刘宗周全集》二，第408页。

表现为"事实如此"。"意"自身乃是一种"志",是一种自觉地评判善与恶的能力,亦是好善恶恶的过程,具有作为显象、描述意义上的"能力""自觉"之"意"与作为过程、动作的"意志""能够""好恶"之"意"的双重属性,从而体现出"必然如此"与"实际如此"之意。

当蕺山将"诚"与"意"相统合而论说"诚意"时,"诚意"便落实为"功夫"。1636年的《学言》就有这样的论断:

> 《大学》之教,只要人知本。天下国家之本在身,身之本在心,心之本在意。意者,至善之所止也,而工夫则从格致始。正致其知止之知而格其物有本末之物,归于止至善云耳。格致者,诚意之功,工夫结在主意中,方为真功夫,如离却意根一步,亦更无格致可言。故格致与诚意,二而一,一而二者也。①

按蕺山之意,格致便是"致至善",而此"致至善"便是诚意之功效;诚意之功,是于心之意之上的发用过程。故,离却意根,则无格致可言。意根便是善,格致便是致至善,格致与诚意从而是一不是二。实际上,从蕺山对诚意工夫的体认,可以将诚意进行四种可能境域下的诠解:其一,"诚实无妄"的"意",表明"意"之能力、自觉性的客观性;其二,"诚实无妄"的"意",表明"意"之好恶性的正确性;其三,"诚实无妄"地"意",表明"意"之能力、自觉性被诚实无妄地发挥和自觉发挥;其四,"诚实无妄"地"意",表明"意"之通过"好恶"去真实无妄地"体认"社会与人生、"体认"道德规范与伦理价值的过程。"诚"与"意"相结合,探求的正是"工夫与本体"的合一,唯有从诚意入手,方可称为"真功夫"。无论"诚意"之解之重心落实于"诚"还是"意",诚与意皆是过程与状态、动作与

---

① 《学言》(上),《刘宗周全集》二,第390页。

目标的融合通贯,亦唯此统合之态,蕺山才将之看作是"致至善"的"真功夫"。

（四）"学不知本,即动言本体,终无着落"

蕺山之学由敬而慎独、由慎独而诚意,由对先儒学问的自觉接受到思辨创新,为学功力日深,求学之道日明。探究蕺山"学凡三变"之意蕴,可窥测其中三方面思想特征:

其一,蕺山学凡"三变"之"变"体现了蕺山学思明辨逐渐走向完备、为学之功逐渐达致成熟的"阶段性"特征。

随着学力的增强,对问题分析能力和认知能力的逐渐提高,蕺山站在后一阶段反观自己前一阶段用力功效时,自然存在着前后期对己之"为学之要"的不同认识。刘汋深刻揭示出蕺山的这一前后变化:

> 先生从主敬入门,敬无内外,无动静,故自静存以至动察,皆有事而不敢忽,即其中觅个主宰曰独,谓于此敬则无所不敬,于此肆则无所不肆,而省察于念虑皆其后者耳。故中年专用慎独工夫,谨凛如一念未起之先,自无夹杂;既无夹杂,自无虚假。慎则敬,敬则诚,工夫一步推一步,得手一层进一层。晚年愈精微,愈平实,绝无伸伺虚无之弊,洵乎为伊、洛正脉也。①

刘汋之论正是对蕺山之学三变由低到高、由不系统到系统、由不成熟到成熟演变历程的真切体认。站在较高层次、较系统、较深刻、较完备的哲学思辨角度反观己之"前见"时,必然会有这种以己之"后学"修正己之"前学"的"自我批判"。这是为己之学走向进步的自然现象。当蕺山对"慎独"的理解达致较为完备的层次而反

---

① （清）刘汋:《蕺山刘子年谱》,《刘宗周全集》六,第83页。

观"敬"时,不自觉中将其视为较低级阶段,这便有了1636年《独体编》对先前主"敬"之法的批评:"伊、洛拈出敬字,本《中庸》戒慎恐惧来。然敬字只是死工力,不若《中庸》说得有着落,以戒慎属不睹,以恐惧属不闻。总只为这些子讨消息,胸中实无个敬字也。"①当蕺山晚年对诚意有较深刻理解和体悟之后,当蕺山对为己之学之方向有所衡定之后,亦自然批评前期的"慎独"说。1639年,蕺山在《答叶润山②二》的信中说:

> 所举"视无形,听无声,持行无地"等语,亦只是戒慎不睹、恐惧不闻之意,归之慎独而已。"独"即前所谓乾体也,然不免悠谬其辞,近于佛、老之说,反晦本质。质之修辞立诚之意,殆不如此。乃知吾辈论学,只是朴实头地,一是一、二是二,即指画身心性命,亦须一一有着落。若天道有已然之迹,方可推步寻求,不坠落虚空窠臼耳。③

蕺山认为,将"无声无臭"之地、"戒慎恐惧"之意概之为"独",有"悠谬其辞"之弊,近于佛老之学。而晚年的刘蕺山,学愈进步愈精醇,愈是明辨儒释,愈发凸显己学之"醇儒性",凡是表象出与释学相似的学问思想,蕺山都要厘清与廓正。故,在蕺山那里,若学问有儒释混搭现象,必修正不殆,以免让学者误入"异端",体现了蕺山"醇儒性"的学术性格。因此,若以"慎独"作为蕺山始终不变的"为学主旨",是未能彰显蕺山自身学术演进理路的武断结论。

---

① 《刘宗周年谱》,《刘宗周全集》六,第397页。
② 叶廷秀(?—1650年),字谦斋,号润山,明末濮州(今濮阳)人,著有《诗谭》《西曹秋思》等。董玚《蕺山弟子籍》著录其为蕺山弟子。(《刘宗周全集》六,第615页)全祖望《子刘子祠堂配享碑》曰:"润州叶先生庭秀,字润山,详见明史。子刘子长京兆时,方为推官,因问学。丙戌,官闽中,至侍郎。事败为僧,以忧死。"(《刘宗周全集》六,第646—647页)
③ 《书》,《刘宗周全集》三,第354—355页。

当然,蕺山并不是完全否定前期用功功效,而是以己之后来成熟的思想体系反观、查检前期思想中所存在的问题,甚至在一定的思考基础上,将前后期思想融通起来。比如,到 1639 年,蕺山在《读〈大学〉》中便将诚意与慎独相融通起来:

> 《大学》之道,诚意而已矣。诚意之功,慎独而已矣。意也者,至善归宿之地,其为物不贰,故曰独。其为物不贰,而生物也不测,所谓物有本末也。格此之谓格物。致此之谓知本。知此之谓知至。故格物致知为诚意而设,非诚之先又有所谓致知之功也。必言诚意先致知,正示人以知止之法,欲其止于至善也。意外无善,独外无善也。故诚意者,《大学》之专义也,前此不必在致知,后此不必在正心。亦《大学》之了义也,后此无正心之功,并无修齐治平之功也。①

不仅诚意与慎独相通,意亦与独相通合:"好恶云者,好必于善,恶必于恶,正言此心之体有善而无恶也。故好恶两在而一机,所以谓之'独'。如曰有善有恶,则二三甚矣。独即意也。知独之谓意,则意以所存言,而不专以所发言,明矣。"②

其二,蕺山"学凡三变"之本质是即工夫证本体,体现出"工夫与本体"合一的特征。

蕺山"三变"之敬、慎独、诚意究竟该定性为"工夫"还是"本体",抑或既是工夫又是本体? 甚或它们之后还隐含有另外某种思想观念? 为解决此些问题,且先看蕺山在 1631 年所撰《中庸首章说》中的一段话:

> 天下未有大本之不立而可从事于道生者,工夫用到无可

---

① 《年谱》,《刘宗周全集》六,第 427—428 页。
② 《书·答史子复(孝复)》,《刘宗周全集》三,第 380 页。

着力处,方是真工夫,故曰:"勿忘勿助,未尝致纤毫之力。"此非真用力于独体者,固不足以知之也。大抵诸儒之见,或同或异,多系转相偏矫,因病立方,尽是权教。至于反身力践之间,未尝不同归一路,不谬于慎独之旨。后之学者,无复向语言文字上生葛藤,但反求之吾心,果何处是根本一着,从此得手,方窥进步,有欲罢不能者。学不知本,即动言本体,终无着落。学者但知穷理为支离,而不知同一心耳。舍渊渊静深之地而从事思虑纷起之后、泛应曲当之间,正是寻枝摘叶之大者,其为支离之病,亦一而已。将持此为学,又何成乎? 又何成乎?①

此处有两个问题需分析:第一,真工夫:"天下未有大本之不立而可从事于道生者,工夫用到无可着力处,方是真工夫";第二,知本:"学不知本,即动言本体,终无着落"。

在蕺山看来,为学之"真工夫"应该是"用到无可着力处"的工夫,而"无可着力"应该就是"大本"。即是说,"真工夫"是与"本体"相"合一"的工夫,"本体"通由"工夫"而彰显,工夫与本体在"无可着力"处达致融通。这就是蕺山工夫哲学所坚持的"工夫与本体合一论"。一方面,认定本体做工夫:"说本体,先说个'天命之性',识得天命之性,则率性之道、修道之教在其中;说工夫只说个'慎独',独即中体,识得慎独,则发皆中节,天地万物在其中矣。"②天命之性与本体相融通,以性天之理标示本体,本体既是客观自在,却又无所不在、无所不能,于本体之体知处,一真则无所不真、一诚则无所不明。唯有洞彻了本体并认定本体做工夫,本体才

---

① 《中庸首章说》,《刘宗周全集》二,第301—302页。
② 《学言》(上),《刘宗周全集》二,第382页。

能于工夫中切实落实,工夫亦自然才有客观理据。另一方面,于工夫中见本体:"学者只有工夫可说,其本体处直是著不得一语。才著一语,便是工夫边事。然言工夫,而本体在其中矣。大抵学者肯用工夫处,即是本体流露处;其善用工夫处,即是本体正当处。若工夫之外别有本体,可以两相凑泊,则亦外物而非道矣。"①真切的道德实践工夫乃是彰显本体的基本手段,而切实行工夫的同时便是本体呈露之时。蕺山将本体与工夫打合为一,本体是工夫的主脑,工夫是本体的落实,本体与工夫"体用一源、显微无间"。

这里要注意的是,蕺山将工夫与本体相打合,旨在强调"工夫"的必要性和客观性,他所说的"肯用工夫处即是本体流露处,其善用工夫处,即是本体正当处",是"工夫与本体合一",而非"本体与工夫合一"。这样的工夫哲学逻辑是建立在他对阳明后学"躐等之弊"的批判与回应基础之上的。如果说蕺山在为学主"敬"阶段还未对"敬"的诠解达致"工夫与本体合一"哲学思辨的话,到为学主"慎独""诚意"阶段,蕺山已经明确将它们看作为"工夫与本体合一"的哲学理念,并以此思辨弥补先儒在相关问题上的不尽之意。故,蕺山"学凡三变"之"变"虽是不同时期、不同阶段的"为学之要",但都是以工夫证本体,终究达致"工夫与本体"合一的为学价值方向:"独之外,别无本体;慎独之外,别无工夫"②;"明善之善,不外一诚,明之所以诚之者也;致知之知,不离此意,致之所以诚之也。本体工夫,委是打合"③。

其三,蕺山"学凡三变"不离"本体"的建构,归根到底是挺立"心"体。

---

① 《书·答履思二》,《刘宗周全集》三,第309页。
② 《中庸首章说》,《刘宗周全集》二,第300页。
③ 《学言》(下),《刘宗周全集》二,第453页。

前所引《中庸首章说》需分析的第二个问题便是"知本"问题。"本"为何？蕺山曾经多次讲到"独体""性体""心体""意体"，但是，它们是否就是蕺山哲学所强调的终极"本体"呢？此外，蕺山还讲"盈天地间皆性""盈天地间皆道""盈天地间皆人""盈天地间皆易""盈天地间皆心""盈天地间皆气"，等等，究竟蕺山以何为"本""本领"？且他所理解的"本"之本质究竟为何？《中庸首章说》撰写于1631年，是蕺山"中操功于慎独"时期。是时，蕺山抛出"学要知本"一句，其前提"后之学者，无复向语言文字上生葛藤，但反求之吾心，果何处是根本一着，从此得手，方窥进步，有欲罢不能者"提到了"吾心"概念，反求之"吾心"，于"吾心"之处"根本一着"，而"从此得手，方窥进步"。以"慎独"在"吾心"处用功夫，"吾心"自可使人进步、明朗、顿悟。那么，"吾心"当为何心？吾心之"心"是不是蕺山哲学所构设的"本体"呢？

蕺山1643年所撰的《读易图说》已经最为详尽地明白了"吾心"之意义和价值。《读易图说》因《人极图说》而作，而定本《人谱》亦因《读易图说》而完善和定型。在《读易图说》中，蕺山指出，"人心之妙，无所不至""读易而见吾心""盈天地间皆心"，此"心"便是"本心"。蕺山曾多次提到"本心"概念。如，蕺山1638年的《学言》说："学问之宗，心尚矣。然心一也，而学或异。有本心之学，有师心之学，有任心之学。本心之学，学得其心，圣学也。师心之学，索隐行怪，自以为是，而不可与入尧、舜之道者也。任心之学，则小人而无忌惮矣。"[1]1642年的《学言》亦指出："本心湛然，无思无为，为天下主。"[2]《人谱》之"改过说"中指出："天命流行，

① 《学言》(中)，《刘宗周全集》二，第426页。
② 《学言》(中)，《刘宗周全集》二，第435页。

物与无妄,人得之以为心,是谓本心。"①"本心"就是人"心",是能够"管摄"天、地、人三才之道的"心"。统体而言,三才之道皆"心",就人而言则为"本心"。正如《人谱》之《人极图说》所言:"无善而至善,心之体。(即周子所谓'太极'。太极本无极也。统三才而言,谓之极;分人极而言,谓之善,其义一也。)"②人之为人,有其"本心";"本心"与管摄三才之道之"心"一以贯之,《人极图说》的哲学逻辑结构正是对"心""本心""人极"之意蕴的展示。从其对"本心""师心""任心"的分疏来看,蕺山的"心学"体系已与王学之"心学"及其末流相异。蕺山所提倡的"本心之学"特点在于"学得其心",终究是一种"圣学"。而阳明哲学则是一种"师心之学",其特点是索隐行怪,自以为是;王学后学末流则发展成为"任心之学",肆无忌惮,大胆冲决传统的罗网。无论是"师心之学",还是"任心之学",皆是蕺山不能苟同的。

《人极图说》模仿《太极图说》的逻辑演进思路,以"心"为核心概念,将"心"之致广大、尽精微的品性按照"善"("心")——"继善""成性"("阳动""阴静")——"五性""万性"("五行""万化")——"迁善改过"("其要无咎")的图示加以展开,论说了"人道之所以达""人道之大""尽人之学"的意义与价值和"主静立人极"的学术本旨。在蕺山看来,至善之"心"体天道、明地道、尽人道,融天、地、人于一体。"心"无所不在,亦无所不能,它不仅是"天之所以为天"的"所以然之理",还是"地之所以为地"的"所以然理","三极"统于"人极",从而"人之所以为人,心之所以为

① 《人谱》,《刘宗周全集》二,第17页。
② 《人谱》,《刘宗周全集》二,第3页。

心"①。而且,"人虽犯极恶大罪,其良心仍是不泯,依然与圣人一样,只为习染所引坏了事。若才提起此心,耿耿小明,火然泉达,满盘已是圣人"②。人心自存"本心","本心"生天生地生万物,一旦对"本心"明了彻悟,自然能够认定本体而自觉地改过去恶、却妄还真,在"即知即行"中达致自我"本心"的彰明。

据此反观《中庸首章说》,是时蕺山思想并未定型,但其对"本体"的不懈追求和诚心向往已表露无疑。他将工夫与本体相打合,其所论说的工夫自然是内蕴了本体的"工夫","工夫"之"无可着力"处自然便是"本体"彰明处。实际上,本体本并不与工夫相分,本体自然流露处便是工夫,工夫正当处便是本体,"本体只是这些子,工夫只是这些子,并这些子,仍不得分此为本体,彼为工夫。既无本体工夫可分,则亦并无这些子可指"③。从为学入手讲,学要重工夫;从工夫实质讲,即工夫证本体;从工夫与本体合一讲,本体便是"吾心"之"本心"。

由上可知,蕺山之学凡三变,从"主敬"入手,便是为学之初工夫践履上的战兢恪守、整齐严肃;中期专用"慎独",即是逐渐将先儒为学之旨之动静、内外、中和、涵养省察等二分的工夫路向达致"合一",而以戒慎恐惧、静中涵养为用工之要;晚年归本"诚意",则是在对《大学》全新解释基础上,在对先儒哲学思想全面补偏救弊的过程中,以《大学》统摄《中庸》,以意主心,以性天之诚通合人性之意,在好善恶恶中求索至善自在。蕺山"学"有"三变","变"的是"为学之要",即每一时期为学之功的用功主旨,体现出为学

---

① 《读易图说》,《刘宗周全集》二,第 122 页。
② 《人谱》,《刘宗周全集》二,第 15 页。
③ 《学言》(上),《刘宗周全集》二,第 404 页。

工夫由不成熟到成熟、由不系统到系统的阶段性特征。蕺山"学"虽"三变",然其"不变"的是工夫论的实质,即能够认定本体做工夫,且于工夫中体证本体,坚持即工夫证本体,达致"工夫与本体"合一的"真工夫"境界。

二、"于阳明学凡三变"

蕺山 1643 年撰《证学杂解》和《良知说》,刘汋于此有论:

> 先生于阳明之学凡三变,始疑之,中信之,终而辨难不遗余力。始疑之,疑其近禅也。中信之,信其为圣学也。终而辨难不遗余力,谓其言良知,以《孟子》合《大学》,专在念起念灭用工夫,而于知止一关全未勘入,失之粗且浅也。夫惟有所疑,然后有所信。夫惟信之笃,故其辨之切。而世之竟以玄渺称阳明者,乌足以知阳明也欤!①

刘汋所说,基本客观。但要准确理解蕺山对阳明学的态度,须了解蕺山"疑""信""辩难"阳明学的大致历程及其实质。

(一)"始疑之"

蕺山"始而疑"阳明学是批评阳明直证本体,而疏于工夫践履。蕺山在 1613 年《与陆以建年友一》书信中说:"象山、阳明之学,皆直信本心以证圣,不喜谈克己功夫,则更不用学问思辨之事矣。……要之,象山、阳明授受,终是有上截,无下截"②;在是年《修正学以淑人心以培国家元气疏》中说:"王守仁之学,良知也,无善无恶,其弊也必为佛、老,顽钝而无耻"③;1617 年《与王弘台(应乾)年友》书信中亦说:"阳明先生主脑良知而以格物为第二

---

① (清)刘汋:《蕺山刘子年谱》,《刘宗周全集》六,第 147 页。
② 《书》,《刘宗周全集》三,第 298 页。
③ 《疏》,《刘宗周全集》三,第 20 页。

义,似终与《大学》之旨有异,儒释之分,实在于此。在先生固已择焉而不精,语焉而不详,又何怪后人之滥觞乎?"①戴山认为阳明良知教法纯为利根之人受用,忽略工夫修养,而与他"入门莫如敬"之重践履敦笃之教法相背,故由此"疑"。只是,戴山"疑"阳明并非是认为阳明为"禅",只是为后学弟子留下了"禅学化"良知教法的谿隙。同是《与王弘台(应乾)年友》书说:"如阳明先生,凡三变而后近于道,庶几近之矣。然吾儒与二氏终异途径,即阳明先生未尝不历足二氏,而其后亦公然诋之。且援子静为非禅,则必有独觉禅之为谬者。而后人辄欲范围三教以谈良知之学,恐亦非先生之心矣。"②也就是说,戴山并不认为阳明学为禅学,只是阳明后学范围三教而曲解了阳明学而已。其时,以阳明学为儒学、圣学而非禅学的观点是戴山始终所坚持的。

(二)"中信之"

至 1627 年,戴山著《道统录》而明白表达自己对阳明之学的敬仰和尊信:"先生承绝学于词章训诂之后,一反求诸心而得其所性之觉,曰良知,因示人以求端力之要曰致良知。良知为知,见知不囿于闻见;致良知为行,见行不滞于方隅。即知即行,即心即物,即动即静,即体即用,即工夫即本体,即上即下,无之不一,以救学者支离眩骛,务华而绝根之病。可谓震霆启寐,烈耀破迷,自孔、孟以来,未有若此之深切著明者也。"姚名达于此后评论戴山曰:"盖先生至是细读《阳明文集》,始信之不疑,非复早年之态度矣。"③是时,戴山已由对阳明之学的批判走向对良知学的坚信不疑,对阳明之学的理解也逐渐深刻化。而且,戴山将自己对良知学的理解

① 《书》,《刘宗周全集》三,第 304 页。
② 《书》,《刘宗周全集》三,第 303 页。
③ 《年谱》,《刘宗周全集》六,第 307、308 页。

与自己对"慎独"本旨的理解相贯穿,为日后建构自己圆融一体、和合通贯的"心"学哲学系统打下思想基础。如蕺山撰于1629年的《大学古记约义》论"慎独"时便有如是言:"《大学》之道,一言以蔽之曰:慎独而已矣。……自虞廷执中以来,无非此意。故伊、洛以敬为入道之门。朱子析之曰:'涵养须用敬,进学则在致知。'故于《大学》分格致诚正为两截事。至解慎独,又以为动而省察边事,先此更有一段静存工夫。则愈析之而愈支矣。阳明子反之曰:'慎独即是致良知。'即知即行,即动即静,庶几心学独窥一源。"①在之后较长时期,蕺山与友人、学生的书信、问答及《学言》中皆表现出对阳明学的"信"。如1632年《答履思②六》中说:"迩来深信得阳明先生'良知只是独知时'一语亲切,从此用功,保无走作"③;在1634年的《圣学宗要》中更是将阳明视为"真接濂溪之传者","'致良知'三字直将上下千古一齐穿贯。言本体则是极,极不堕于玄虚;只此是仁,仁不驰于博爱。言工夫,则只此是静,

---

① 《年谱》,《刘宗周全集》六,第315页。
② 秦履思(?—?),名弘佑,山阴县人。蕺山弟子。自崇祯辛未(1631年)始,刘宗周有《答秦生思履》书信近30通,皆以论学为主,是诸生中书信往返最多的一位。据《东南纪事》载,蕺山讲学于古小学,王蓍毓、刘世纯、陆曾晔、秦弘佑、王朝式、秦承显、钱永锡等执贽。(参见(清)邵廷采:《东南纪事》卷八)因与乃师蕺山为学宗旨不合,秦弘佑不信师说,独奉陶奭龄为师。《年谱》"五十五岁"条(1632年)载,陶奭龄虽与先生会讲,仍揭良知以示指归,每令学者识认本体,曰:"识得本体,则工夫在其中。若不识本体,说恁工夫?"蕺山对曰:"不识本体,果如何下工夫。但既识本体,即须认定本体用工夫,工夫愈精愈密,则本体愈昭荧。今谓既识后遂一无事事,可以纵横自如,六通无碍,势必猖狂纵恣,流为无忌惮之归而后已。""宗旨既不合,诸生王朝式、秦弘佑、钱永锡等遂独奉奭龄为师模,纠集同志数十人,别会白马岩居,日求所谓本体而识认之。"(《年谱》,《刘宗周全集》六,第361页)
③ 《书》,《刘宗周全集》三,第313页。

静不涉于偏枯;只此是敬,敬不失之把捉。洵乎其为易简直截之宗"①。

　　蕺山"信"阳明学,一方面看到了阳明学救治明末词章训诂之弊的必要性和重要性,另一方面认识到良知心学对自我主体能动性和自觉性的开显,以及良知学融贯儒释且能以释语阐儒学,的确为学术创新。如蕺山 1638 年《答王金如(朝式)②书》曰:

　　　　又三百余年而阳明子出,始固尝求之二氏之说矣,久而无所得,始反而求之《六经》,特举前日所让弃于佛氏者而恢复之。且周旋于宋儒之说,相与弥缝其隙,两收朱、陆,以求至是。良知之说,有功后学,斯文赖以一光。由今读其恢复之辞,如曰:"佛氏本来面目,即吾圣人所谓良知。"又曰:"工夫本体,大略相似,只佛氏有个自私自利之心,所以不同。"又曰:"佛氏外人伦、遗物理,固不得谓之明心。"可谓良工苦心。③

这正是蕺山赞扬阳明之重要方面。蕺山不仅在"疑"阳明学阶段不以良知学为禅,在"中信"阶段更不以其为禅学。之所以有人以阳明学为禅学,只是"学阳明之学者,意不止于阳明也。读龙溪、

---

① 《圣学宗要》,《刘宗周全集》二,第 252—253 页。
② 王朝式(？—1640 年),字金如,号征士,山阴人,蕺山弟子。《刘宗周年谱》"六十三岁"条(崇祯十三年庚辰,1640 年)载:"(王朝式)甫弱冠即及先生之门,先生因其已得陶奭龄之师承,故以朋友视之。自此往还无间,每相见必以学问相切磨,绝不及流俗一语。至于患难相恤,德义相劝,过失相规,不一而足。相友凡十余年,晚而弥笃。证人会讲,朝式偶举立诚之说及省察克治之说,先生心喜而目之曰:'金如自此进矣。'竟以同人意见相左,不竟其说而罢。先生深惜之。"(《刘宗周全集》六,第 432 页)
③ 《书》,《刘宗周全集》三,第 345 页。

近溪之书,时时不满其师说,而益启瞿昙之秘,举而归之师,渐跻阳明而禅"①而已。因不满意是时谈禅者动援阳明而辟朱子之弊,蕺山于是年成《阳明先生传信录》,有"阳明先生宗旨不越良知二字,乃其教人倦倦于去人欲存天理,以为致良知之实功,何尝杂禅?"②之论。

当然,蕺山"中而信"阳明学为儒学、圣学而非禅学,并非无对阳明学之具体修学方法的异见。阳明有《拔本塞源论》,"以博古今事为乱天下之本",蕺山对此极为不满,"以为君子立教不可不慎",故于1627年撰《读书说》辨而正之。在蕺山看来,读书是通过通读儒家经典文献的方式达致对内在自我督察之效果的体悟和巩固。圣人著书立论,是后人为人处世、躬行道德礼仪的理论根基。"粤自天地既判,万物芸生,时则有三纲五常,万事万化以为之错,而约之不外于吾心。圣人因而谱之以教天下万世,后之人占毕而守之,始有以儒学名者。故读书,儒者之业也。"③读书就是体思"我"与圣贤之"心"的通贯性,读书是学儒士子的应然步骤。因此,蕺山在后来的《人谱》中便将读书视为救治人"心"妄念之过的工夫步骤:"静坐是闲中吃紧一事,其次则读书。朱子曰:'每日取半日静坐,半日读书。'如是行之一二年,不患无长进。"④

（三）"终而辨难不遗余力"

及至晚年,蕺山将先儒之诸哲学理念圆融和合一体,对阳明学某些观点又一次展开批评和检讨。比如1643年《学言》云:"'有善有恶意之动,知善知恶知之良。'二语决不能相入,则知与意分

---

① 《书》,《刘宗周全集》三,第345—346页。
② 《年谱》,《刘宗周全集》六,第414页。
③ 《读书说》,《刘宗周全集》二,第296页。
④ 《人谱》,《刘宗周全集》二,第2页。

明是两事矣。将意先动而知随之邪？抑知先主而意继之邪？如意先动而知随之，则知落后着，不得为良；如知先主而意继之，则离照之下，安得更留鬼魅？若或驱意于心之外，独以知与心，则法惟有除意，不当诚意矣。且自来经传无有以意为心外者，求其说而不得，无乃即知即意乎？果即知即意，则知良意亦良，更不待言。"①戢山晚年归本"诚意"，心、意、知、物一体融贯，从他所思考的问题视域反观阳明之论"意"与"知"，显然有弊端。戢山1643年所著《良知说》对阳明"良知"教法展开集中批判。在他看来，阳明"致良知"说与《大学》的诚意之道"终有分合"："阳明子言良知，最有功于后学，然只是传孟子教法，于大学之说，终有分合"②。在戢山看来，《大学》所说的"致知"已包含了"知止""知先""知本"的意思："知止之知，即知先之知；知先之知，即知本之知。惟其知止、知先、知本也，则谓之良知亦得。"③按照戢山之意，"知"即是"止"，即"止于至善"之"止"。此"止"既是"知"的目标，又是"知"的过程。从"止"作为"知"的目标讲，"止"就是在"至善"处停止，"止"在"至善"，正是表明"止"此一目标与"至善"相重合。"止"就意味着"至善"的到来。"止"是"至善"的代名词，"知"了"止"，就是"知"了"至善"。从"止"作为"知"的过程讲，既然"知"是知善知恶之知，那么"知"自然知道要实现怎样的"知"，即知道"知"的目标是哪里。一旦知道了目标，"知"自然会在那个目标上停止。反过来说，"知"能够主动地"停止"下来，就已经表明这个目标的实现。"止"所表现的正是"知"这个认知主体的认知活动的结束。从"结束"了认知活动，"停止"了"知"看，既然"结

① 《学言》，《刘宗周全集》二，第446页。
② 《良知说》，《刘宗周全集》二，第317页。
③ 《良知说》，《刘宗周全集》二，第318页。

束"、"停止",那自然就是过程与状态、行为与目标的融贯。这就是说,《大学》的"诚意"说和"致知"说,已经包含着王阳明所谓的"致良知"论,若硬是要在这中间加上个"致良知",实在是画蛇添足,多此一举,"若曰以良知之知知止,又以良知之知知先而知本,岂不架屋迭床之甚乎?"①

蕺山的《良知说》还进一步对阳明"四句教"展开批评。蕺山说:"至龙溪所传天泉问答,则曰:'无善无恶者心之体,有善有恶者意之动,知善知恶是良知,为善去恶是格物',益增割裂矣。即所云良知,亦非究竟义也。"②蕺山对"四句教"的"益增割裂"弊端进行了分析③:

首先,"四句教"混淆了概念。蕺山云:"知善知恶"与"知爱知敬""相似而实不同"。④ 说"知爱知敬",则"知"在爱敬之中;而"知善知恶","知"在善恶之外。那么,"知"在爱敬中,"无不爱不敬者以参之",则可谓之"良知";"知"在善恶外,第取分别,可谓之"良知所发",实际此"良知"已落第二义。也就是说,既然"良知"说已承认"知无不良"为前提,那么"知爱知敬"才称得上是良知;"善"与"恶"是对立范畴,所谓"知善知恶"之"知"显然是"在善恶之外",说它是"良知所发"还可以,但却不能说"知善知恶是良知"。所以说,"四句教"本身把概念混淆了。

其次,"四句教"暴露了良知说的内在矛盾。正因为"良知"说混淆了"知爱知敬"之"知"与"知善知恶"之"知",那么,自然会有

---

① 《良知说》,《刘宗周全集》二,第318页。
② 《良知说》,《刘宗周全集》二,第317页。
③ 参见王凤贤:《评刘宗周对理学传统观念的修正》,《孔子研究》1991年第2期。
④ 《良知说》,《刘宗周全集》二,第317—318页。

"知善知恶"之"知"落后一着的毛病："且所谓知善知恶，盖从有善有恶而言者也。因有善有恶，而后知善知恶，是知为意奴也。良在何处？又反无善无恶而言者也，本无善无恶，而又知善知恶，是知为心祟也。良在何处？"①

最后，"致良知"说与"诚意"之道不相合。蕺山指出，王阳明虽说"《大学》之道，诚意而已矣"，但实际上"宛转归到致良知为《大学》宗旨"；他虽说"以诚意为主意，以致良知为工夫"，实际上"盖曰诚意无工夫"。其实，"格致者，诚意之功，功夫结在主意中，方为真功夫，如离却意根一步，亦更无格致可言。故格致与诚意，二而一，一而二者也。"②王阳明所云"有善有恶意之动"，是"善恶杂糅"，倘若"诚意"即诚此"有善有恶"之"意"，诚其有善，固可断然为"君子"，而诚其有恶，则断然为小人，"不意良知既致之后，只落得做半个小人"③。

不过，尽管蕺山认为阳明有"立言之病"，但终究不可以"良知"学为禅。他在1640年《答韩参夫(位)④》中说：

> 然则阳明之学，谓其失之粗且浅、不见道则有之，未可病其为禅也。……只为后人将"无善无恶"四字，播弄得天花乱坠，一顿挤入禅乘，于其平日所谓"良知即天理"、"良知即至善"等处全然抹杀，安得不起后世之惑乎？阳明不幸而有龙溪，犹之象山不幸而有慈湖，皆斯文之阨也。⑤

---

① 《良知说》，《刘宗周全集》二，第318页。

② 《学言》(上)，《刘宗周全集》二，第390页。

③ 《学言》(下)，《刘宗周全集》二，第445页。

④ 韩位(？—？)，字参夫，槀(稿)城人，董玚《蕺山弟子籍》著录其为蕺山弟子。

⑤ 《书》，《刘宗周全集》三，第359—360页。

从此可知,蕺山批评阳明四句教并非针对阳明,而是针对王龙溪。因为,在蕺山看来,"四句教"法中的"无善无恶"之说,正是龙溪私窃师意的结果。蕺山在《道统录》"论王畿"条中说:"愚按:四句教法,考之《阳明集》中,并不经见。其说乃出于龙溪,则阳明未定之见,平日间尝有是言,而未敢笔之于书以滋学者之惑。至龙溪先生始云:'四有之说,猥犯支离。'势必进之四无而后快。既无善恶,又何有心意知物,终必进之无心无意无知无物而后玄。如此,则'致良知'三字着在何处? 先生独悟其所谓无者,以为教外之别传;而实亦并无是无,有无不立,善恶双泯,任一点虚灵知觉之气纵横自在,头头明显,不离着于一处,几何而不蹈佛氏之坑堑也哉?"①不过,蕺山依据《大学》建构其诚意知本之学,因其所关涉的议题与"四句教"所讨论的主题相同,故不得不做理论上的种种辨析或疏释。这正是蕺山晚年对阳明学一再辩难,甚至不遗余力批驳的内在缘由。② 但终究不可以阳明学为禅学。

　　阳明学与禅学二途,但阳明后学王龙溪、周海门、陶奭龄等人并不能"严辨儒释",而是与禅学同流。在蕺山看来,禅学化的儒学是"功利之学",尤其是以《功过格》为首的杂禅化的道德劝善书的广泛流行,更为蕺山不能容忍。这样,既要纠正阳明后学禅学化的儒学思想,又要与功利化的道德劝善相区别,蕺山从而重构以《人谱》为核心的儒家道德场域,为士子遵守醇儒学提供参照。

————————

① 《年谱》,《刘宗周全集》六,第 309 页。这一评论,亦见《明儒学案·师说》(《明儒学案》,第 8 页)。

② 参见陈永革:《从良知之辨看蕺山之学的义理建构》,《中国哲学史》2007年第 2 期。

蕺山"于阳明学凡三变"与其"学凡三变"相对应而展开。当蕺山为学主"敬",自然对阳明立定良知用功教法有所疑虑;当蕺山为学主"慎独",融动静、中和等哲学理念,便对阳明之学重新反思,充分体悟良知学阐扬主体性和能动性的独特意义与价值;当蕺山主"诚意"工夫时,先儒所阐论的哲学理念在蕺山这里得以圆融通合,管摄于一"心",从而又发现"良知教"的粗漏之处,并加以辩难与补偏。只是,无论蕺山"疑"阳明学还是"辩难阳明学",终究不以阳明学为禅。蕺山"于阳明学凡三变",正体现着他自身"心"学系统的建构与完善历程。倘若探寻蕺山"多变"的根源的话,或许与他少年时期从学外祖父章颖及业师鲁念彬的经历有关。章颖使蕺山学会"墨守成规"的道理,念彬则教会蕺山"纵横变化"之法,①"奇正不一的业师既使少年时代的刘宗周陷入顾此失彼、徘徊两歧的境地,同时也在刘氏后来的哲学体系中埋下了深层的因子"②。倘若总结蕺山"多变"的本质的话,可以说,蕺山为学是在倡导"最真实""最纯粹"和"最自在"的为学精神。

---

　　① 据姚名达《刘宗周年谱》"十七岁条"记载:"(章南洲公)尝命宗周读先辈程墨,枳至数百篇,刘宗周行文有绳矩而少变化,念彬试宗周文,讶之曰:'子少而文如老生,非应举之宜也。'于是进之以机法,改授新制艺读之,又另取裁《左》、《史》、先秦诸书,授以纵横变化之法。先生潜心揣摩,越三月而出文,念彬喜曰:'子可谓善变矣。'"但是,章南洲公阅其文则大怒,命易之。而念彬又怒。故,刘宗周每遇私试,必一题而二义,以正者呈公,以奇者呈师。久之,业日进,每有所呈,师辄叹赏,引为益友,章南洲公亦是未尝不亟称善。(《刘宗周全集》六,第223页)
　　② 陈宝良:《"学穷本原,行追先哲"——刘宗周画像》,《福建论坛》(人文社会科学版)1990年第3期。

第二节　严辨儒释

　　蕺山为学严辨儒释,坚持醇儒学价值方向。他坚守儒家君子人格,无论是为仕为官,还是为民讲学,皆能守道尊礼,能以醇儒者形象挺立于世人面前,彰显其学问思辨的"醇儒学"特性。

一、"己之儒、释不可不辨,而人之儒、释可姑置之不问"

　　明末"儒门淡泊,收拾不住",蕺山深有感触。明末学界大弊之一便是儒学为佛老所包围,儒学"禅学化""异端化"的结果便是儒家以格致诚正、修齐治平为主导的伦理道德被弱化和异化,儒家君子人格所强调的真、善、美被玄虚泛化,"猖狂者参之以情识,超杰者荡之以玄虚"①。在蕺山看来,士子一旦落入释道之窠臼,便会走向伪、空、假,他在1613年《与陆以建》书信中便有此论:"然则学禅者未有不伪,作伪者未有不禅,此今日学术之弊也。"②是时,士子杂"禅",已成"风气",蕺山1622年《请兵部职方司主事刘永澄谥典揭》便由此论说:

　　　　今天下以讲学为诟矣,其心曰:"吾殆未得真者而与之,孰知彼之所为真者,非佛、老之影响,则乡愿之蹊径!"尤叶公之好画龙耳,又安知世有永澄其人乎?卒遇永澄其人,鲜不望而去之、久而嫉仇之,不令其坎坷以死不已,则真理学之不显于世,亦已久矣。③

---

① 《证学杂解·解二十五》,《刘宗周全集》二,第278页。
② 《书》,《刘宗周全集》三,第530页。
③ 《疏》,《刘宗周全集》三,第290页。

刘永澄为蕺山六位性命之交友之一①,被蕺山誉为"理学而真者"而奏请谥典,反观可知是时学人之"理学非真者",是假理学、伪道学,是被禅学化的"儒学"。禅学当道,儒学式微,"圣远言湮,学绝道丧",读儒书者附会佛老之学,有"厌常喜新之惑""欲速助长之惑""计功谋利之惑"②,造成"儒门淡泊,收拾不住"之惨局。③ 不过,亦正是"儒门淡泊"方显儒学之至真、至诚与圣人之道之至纯、至正。

蕺山在充分认识儒学惨淡局面的同时,亦提出了"严辨儒释"的价值观。

第一,儒释"多元并存"。蕺山儒释之辨的基本态度是"见道分明",主张二者可以多元并存。蕺山1638年《答履思十四》中指出:"承谕儒佛之说,仆意学者须是见道分明,为坐下第一义。"④在

---

① 黄宗羲《子刘子行状》中说:"先生不妄交。其平生希声慕义于先生者满天下,所称性命之友,则周宁宇、高忠宪、丁元荐、刘静之、魏忠节、先忠端公六人而已。"(《刘宗周全集》六,第47页)此六人即周应中(1540—1629年)、高攀龙(1562—1626年)、丁元荐(? —?)、刘永澄(1570—1619年)、魏大中(1575—1625年)及黄尊素(1584—1626年)。刘永澄,字静之,扬州宝应人。汲汲以王道为心,生民为念,于国朝掌故,兵屯漕储之类,靡不谙练,有条贯,思以见诸行事。高攀龙赞之曰:"静之官不过七品,其志以为天下事莫非吾事:若何而圣贤吾君,若何而圣贤吾相,若何而圣贤吾百司庶职。年不及强仕,而其志以为千古事莫非吾事:生前吾者若何扬揭之,生当吾者若何左右之,生后吾者若何矜式之。"刘宗周赞之曰:"静之尚论千古得失,尝曰:'古人往矣,岂知千载而下,被静之简点破绽出来? 安知千载后又无简点静之者?'其刻厉自任如此。其神苦,其魄大,其气锐。绝尘而往,一日千里,不胜髓竭力耗而死也。"(《年谱》,《刘宗周全集》六,第242页)

② 《书》,《刘宗周全集》三,第344页。

③ 甚至是蕺山弟子中亦有学禅之士,如祁季超。蕺山在《与祁季超问答》中说:"子向来从事于禅,禅中工夫,却如何用"(《问答》,《刘宗周全集》二,第328—329页)。

④ 《书》,《刘宗周全集》三,第342页。

他看来,做学问、读圣贤书、修身养性,必须有基本价值立场,要有明确的为道方向。唯有见道分明、立场明确,才会对视听言动有亲切体会、清晰明辨。"见道分明"可达致"万物并育而不相害,道并行而不相悖"的多元思想、学术和合共存局面。实际上,儒释之间不应该存在你死我活的斗争,因其本质乃是"殊途同归"。从儒、释终极的对可能世界的追求言,他们的目标一致,都有这样的追求,都是要让人走向一种自我的生命的完善和精神的安身立命;从儒释二者实现目标的路径上讲,他们各自有不同的路径设计。蕺山在 1639 年《与管霞标(宗圣)①》书信中便有此说:"儒释之辨,各各取证于心,不害其为大同小异,况足下之教,则全以儒宗诠佛乘,并求所谓小异处不可得矣。"②这也正符合了"理一分殊"之大道自然法则。因此,正确处理儒释关系,无须强求"同一",因为"自其同者而视之,无往而不一也";亦无须强分其异,因为"自其异者而视之,无往而不分也","强之分合,皆出于私智小见,如后世'坚白'、'异同'之辨,而无当于大道之观者也。一儒一佛,说个同字,已不免有打合之见,纷纷辨难从此而起"。③ 故而,蕺山要求学人对待儒释要"见道分明",勿谈儒释之分,勿"以异端摈同侪"④,而是要"埋头向切身处痛切鞭策,莫管异同不异同。即偶见以为异为同也,亦足以向证而相劘,无往非受益之地。"⑤学问如人

---

① 管征君(1578—1641 年),名宗圣,字允中,别号霞标,余姚人,著有《勉学篇》、《募册引》及诗文稿。邵廷采认为管宗圣躬行实践,"为人孝友忠亮,强气自克,其一言一动,皆周旋合礼,邑中后生、先达皆化"((清)邵廷采:《思复堂文集》,浙江古籍出版社 1987 年版,第 54 页)。

② 《书》,《刘宗周全集》三,第 353 页。

③ 《书》,《刘宗周全集》三,第 342 页。

④ 《书·答王生士美(业洵)》,《刘宗周全集》三,第 351 页。

⑤ 《书·与履思十七》,《刘宗周全集》三,第 352 页。

生,不管人生之路多么复杂、千差万别,但人生就是要活出"人"样。学问亦是如此,不管信佛入儒,终究是要求得一个"道",终究是要实现自我的精神完满和心灵自由。

第二,蕺山个人"己之儒、释不可不辨,而人之儒、释可姑置之不问"。"见道分明"尊重了儒释"多元和合"①并存的事实存在,但蕺山自己则坚守"己之儒、释不可不辨,而人之儒、释可姑置之不问"②的价值方向。按照蕺山之意,吾尊重对方,吾承认对方存在的合法性,吾亦不会与之强求异同,但从吾自身为学为己讲,吾有自己的原则,吾要明辨"我"所理解的儒学精髓,唯从此用功,才能做纯粹儒者,而不是杂禅之儒。因此,蕺山有明确的关于"儒释之别"的言论。

比如,儒释言"道"不同。蕺山在 1637 年《与王右仲问答》③

---

① 蕺山将佛教融入中国并与儒学融合的过程称为"和合"。他在 1639 年《与管霞标(宗圣)》书中说:"仆每念如来法是西方教法,至达摩入震旦,便将震旦教法和合其中,此佛法一变也。至今日所讲,则又一变也。子韶、慈湖,其再生乎? 子韶、慈湖亦儒者流,而家风自成,多与程、朱别,故后人目为禅。至象山则又兴二子不同,后人亦目为禅,诚可异也。仆尝病儒者之学不同,自纯公而后,学者苦将孔、孟头地压下,无可立站处,遂将此事一并送出于佛氏。而佛氏亦沾沾自喜,益土苴吾儒,其为世道病亦不小。仆向尝以此意微与朋友言,而闻者似终欲处佛氏于吾儒之上,颇以鄙言为不然,不知足下终以为何如也。"(《书》,《刘宗周全集》三,第353页)

② 《书·答王生士美(业洵)》,《刘宗周全集》三,第352页。

③ 王右仲问:"晦菴亦从禅学勘过来,其精微处未尝不采取,而不讲,故妙,所谓知者不言也。象山、阳明终不出其范围,晚年定论可见"。(《问答》,《刘宗周全集》二,第334页)王嗣奭(1566—1648年),字右仲,浙江鄞县人,蕺山弟子,著有《夷困文编》六卷、《管天笔记外编》二卷。全祖望《王涪州嗣奭传》载:"时陶石梁亦讲学,先生与之往复,不甚许之;独折节于蕺山。叹曰:'若知学统有在,惜不早罢官'。"((明)王嗣奭:《管天笔记外编》,《丛书集成续编》第17册《总类》,新文丰出版公司(台北)1989年版,第128页)

云:"虞廷之训曰:'道心惟微。'佛氏者,微吾儒之微而离道者也。又必先之曰:'人心惟危。'禅宗者,危吾儒之危而远人者也。此儒、释异同之大较也。"①在蕺山看来,释氏既虚空了"道心之微",又夸大了"人心之危",对"道"之蕴涵的阐释与儒有根本差异。蕺山1626年曾有《学言》曰:

> 释氏之学本心,吾儒之学亦本心,但吾儒自心而推之意与知,其工夫实地却在格物,所以心与天通。释氏言心便言觉,合下遗却意,无意则无知,无知则无物。其所谓觉,亦只是虚空圆寂之觉,与吾儒体物之知不同;其所谓心,亦只是虚空圆寂之心,与吾儒尽物之心不同。②

儒学言心自然与意、知、物相和合一体,又实现本体与工夫的圆融通贯,既凸显"道""理""心"的至上性,又彰明本体与工夫的通合性,从而"即理即物""即道心即人心""即心即物"。而释教将"道"与"物"、"道心"与"人心"绝对割裂,言"道"即是"空",言"人心"即是"危",终归于"虚空圆寂"。蕺山以此论评价朱、陆、王,认为朱子"将吾道中静定虚无之说,一并归之禅门,惟恐一托足",理物二分,存心与致知二分,存养与省察二分,"安往而不支离?盖亦禅学有以误之";象山虽直信本心,却姑置穷理为第二义,知有本心,不知有习心,即古人"正心""洗心"等语皆信不过,委犯朱子"心行路绝""语言道断"之讥;阳明笃信象山,于本心中指出"良知",既知心之所以为心,而其教人,独倦倦于去人欲、存天理,以为致良知之实功,然有"妄心亦照,无照无妄"等语,说得良知高妙虚玄。总之,"朱子惑于禅而辟禅,故其失也支;陆子出

---

① 《问答》,《刘宗周全集》二,第334页。
② 《学言》(上),《刘宗周全集》二,第370页。

入于禅而避禅,故其失也粗;文成似禅非禅,故不妨用禅,其失也玄。"①朱、陆、王皆未能实现"微"与"危"、"道心"与"人心"的圆融,故而有弊。反之,蕺山以其一体圆融思维分析儒释,自以其所释儒之"道"为无弊。

再如,儒释言"生死"不同。蕺山于1631年"证人讲会"第九会说:"吾儒之学,以了生死为事。佛氏之说,亦以了生死为事。但吾儒之学,事事求之于实,惟尽其生事,以善其死事。故曰:全而受之,全而归之。佛氏之说,事事求之于虚,必悟于生前,以知于死后,故曰:生从何来,死从何去。"②在蕺山看来,唯在遵循道义基础上把"生"事做好,才是人生最大的事情,至于"死"后如何,无须挂念;而且,人之"生"就是"寻道"的历程,一旦"道理"③明了,"朝闻道,夕死可矣"。而佛氏则求之"生前",虑及"死后",实是空虚"今生",有消极无为之功效。蕺山甚至将佛氏的"生死"论看作"弄精魂伎俩",无非是"自私自利"而已,④与儒家所强调的"万物皆备"之论相去甚远。

总之,蕺山言学严于律己,明辨儒释,并从儒释之别中直窥圣学本真,董玚《刘子全书钞述》有言:"学至于子,自有儒者来,外氏之染殆净。其句字间如'公案、衣钵、光明藏、头出头没'等语,历

① 《书·与王右仲问答》,《刘宗周全集》二,第334—335页。
② 《年谱》,《刘宗周全集》六,第356页。
③ 蕺山《与章晋侯问答》中说:"古人论生死,只就道理上拈起。"(《问答》,《刘宗周全集》二,第328页)
④ 蕺山在《答右仲二》书信中说:"禅家以了生死为第一义,故自私自利是禅家主意,而留住灵明,不还造化,是其果验,然看来只是弄精魂伎俩,上乘所不道。吾儒之道,既云'万物皆备于我',如何自私自利得?生既私不得,死如何私得?'夕死可矣',分明放下了也。"(《书》,《刘宗周全集》三,第322—323页)

来涉笔者词吻相寻而然,非有所沾滞也"①,可谓客观定论。正是
出于对释老的批判,蕺山撰著《人谱》,虽前后修改十一年之久,但
其绪论所彰显的"严辨儒释"的态度却是始终如一。

二、"皭皭完人"

说蕺山为"醇儒",一方面是说他"严辨儒释",以醇儒学为价
值方向,不涉佛道;另一方面是说他读儒学圣贤书籍,培育儒家君
子人格,被乾隆、道光誉为"皭皭完人"。

蕺山"皭皭完人"品行于"九德"皆有杰出表现。"九德"之论
出《易·系辞下传》之第七章:"《易》之兴也,其于中古乎? 作
《易》者,其有忧患乎? 是故,《履》,德之基也;《谦》,德之柄也;
《复》,德之本也;《恒》,德之固也;《损》,德之修也;《益》,德之裕
也;《困》,德之辨也;《井》,德之地也;《巽》,德之制也。履和而
至,谦尊而立,复小而辨于物,恒杂而不厌,损先难而后易,益长裕
而不设,困穷而通,井居其所而迁,巽称而隐。履以和行,谦以制
礼,复以自知,恒以一德,损以远害,益以兴利,困以寡怨,井以辨
义,巽以行权。"蕺山《周易古文钞》于"九德"论曰:

> 《易》道中衰而兴于文、周,则本羑里之拘而述《彖》,东山
> 之征而述爻也。夫子于此得处忧患之说焉,曰在进德,因举九
> 卦以发明之,始于《履》而终于《巽》,一一是实功实行,而渐历
> 之序,自不可诬,以见圣学之大指,宜亦古圣人之所不废也。
> 是学也,有基始无坏,先之以《履》,入德第一义也。有基而后
> 可守,谓之柄,故次之以《谦》。有守而后内反诸心,斯有本,
> 故次之以《复》。有本而后可固,故次之以《恒》。恒则道心坚

----

① 《刘子全书钞述》,《刘宗周全集》六,第688页。

矣,乃始进而讲克治之功,故次以《损》修,又进而求涵养之要,故次以《益》裕。若不恒而漫言损、益,总无用处也,于是次之《困》以言辨。身世之故,离合之交,坚志熟仁,《益》有征矣,又次之《井》以言地。静深之候,取之左右而逢源也,乃终之《巽》以言制,泛应之曲,当于此而出也。此九者衡言之,循序而及,无躐等之嫌;并力而施,无支离之病,故首陈其略,为入德初乘。

遂纵言之,而权进步法:履而不已,则和顺而行有终;谦而不已,则道尊而业益光;复而不已,则几虽微而愈辨于物欲;恒而不已,则处之愈杂而能不厌斁;损而不已,则用力之后,由难得易;益而不已,则充长自然而不假安排之法;困而不已,则穷转能通;井而不已,则地道安而能虑;巽而不已,则称量之下,握机益密。犹是九德,而地位不同如此。此中乘进步法也。

又进而全究竟法:履之至可以和行,即心即行也;谦之至可以制礼,礼从心出也;复之至可以自知,乾知大始也;恒之至可以一德,坤作成物也;损之至可以远害,损无可损也;益之至可以兴利,益与时偕也;困之至可以寡怨,乐天知命也;井之至可以辩义,精义入神也;巽之至可以行权,穷神以知化也。德至此无以加,此上乘进步法也。衡言之以极其量,而又纵言之以究其归,九德总是一德,一德乃为至德。善处忧患者,盖于此图之。意者文、周之德如是,后人又曰“此夫子——自道也”,苦心哉,其然哉?①

蕺山从三陈九卦中“明入德之要”,从“入德初乘”“中乘进步法”和“全究竟”三层面阐释了履德、谦德、复德、恒德、损德、益德、困

---

① 《周易古文钞》,《刘宗周全集》一,第244—245页。

德、井德、巽德等九德的和合融通关系:履德为入德之始基,谦德为德之守成,复德为本心之复返,恒德为本心之巩固,损德为本心之克念,益德为本心之涵养,困德为德之明辨,井德为德之施行,巽德为德之规制。人之道德素养的培育,是无始无终、一以贯之的连贯进阶。人来到世间,总是从接受最为基本的道德规范开始,人唯有踏上自觉的践行道德规范之路,人才会真正体会内心的那个自在诚明"本心",才会从被动的规范约束中走向自我主体的自在、自然。也就是说,当人从践行道德规范的第一步始,随着人的阅历的丰富、思考的缜密、体悟的严谨,人慢慢从被动走进主动、从懵懂走进清明、从养成走进自在。九德之进阶,有其始基,有其归根之境界;有其初乘之循序渐进,亦有其究竟之和合圆融,处处彰显出主体自我的自主性和能动性,时时开显着"本心"之知与能的广大与精微,终究落脚在实功实行、"本心"之澄明。蕺山"皦皦完人"气象是实功实行的最真切反映,是践行"九德"的最本质体现。

蕺山重礼仪规范,履德以循礼为基。《蕺山刘子年谱》指出:"先生居丧,举家蔬食。承重兼峰公,次女患久痢不愈,家人烹鸡疗之,先生知,终不许食。丁太夫人艰,小祥后犹啜粥饮水以为尝";"先生嫁二从妹,令婿亲迎于门。妹升席,醮而命之归。嫁女亦然。汋冠,迎周宁宇先生为宾,门人章明德、婿王毓芝为赞,次第行三加如仪。越中冠婚礼久废,宾友知先生复行古礼,咸造门聚观焉";"先生不昼寝,不岸冠,不脱帻,暑无坦衣,有事则起而应,无事则考订群书,手不释卷,笔不停书,未尝有一息之懈也"①。儒者所重便是礼仪规范,《论语》讲"克己复礼为仁",唯能够守礼、循礼,方能够培养健康的道德心态。人是社会性动物,又是群体性动物。

---

① 以上引文分别见《蕺山刘子年谱》,《刘宗周全集》六,第176、178、193页。

在人的社会性之下，人需要规则、法则，正如《诗·大雅·蒸民》所云："天生蒸民，有物有则，民之秉彝，好是懿德。"在规则的约束下，人才会发展自己的同时，相互皆有所发展。规则的完善，便是"礼"。中国素有礼仪之邦之称誉，千百年来，礼是社会、家庭、个人得以和谐、完善的调节剂。礼是人类赖以存在和延续的社会秩序。儒家知识分子尤为重视"礼"，礼不仅仅是简单的规范，还是"四端之心"、是德性之本。蕺山说："德性之中，本自广大，亦复精微；本自高明，亦复中庸。……致广大，愈广大；尽精微，愈精微；极高明，愈高明；道中庸，愈中庸，是谓知新。而其要归于敦厚以崇礼，只此三千三百，一一体备于身，敦而且厚，日积月累，由中符表，底于崇高。崇礼，所以崇德也；崇德，所以尽性也。此之谓尊德性而道问学。"①蕺山践行礼仪规范正是其哲学思辨的必然要求。

蕺山未有嗜好，谦德以清明为誉。蕺山自弱冠后便躬亲劳役之事，登第十年始买一婢子，即便是入京为官亦是家无余仆，宁使夫人自操井臼；蕺山不爱财，不贪人便宜，有吴生以东坡真品《醉翁亭记》换二金，十年后，蕺山以此画易得三十金而转与吾生，自述"平生无他玩好类如此"；其弟子朱绵之要赠送"解吟轩"与蕺山，他终究不受，于临终前仍还之继孙；池为人作传志亦未尝受润笔费，"子孙为祖父求文，义亦可受"；蕺山平生生活简朴，笔墨之类，适用而已；晚年辑书，稿本以废书复折而用之；一小几，既以之为书案，又以之为食案，且无书室，每就檐前著述，米盐杂处；食不重味，衣不加采，唯冬日复襦及絮被用缯，其他裳裤之类及内襦外袍，终身未尝以寸帛加体。② 蕺山不结交权贵，前后居家，凡朝贵

①　《学言》(下)，《刘宗周全集》二，第 461 页。
②　以上引文分别见《蕺山刘子年谱》，《刘宗周全集》六，第 177、181、191、192、193 页。

人通书问,皆不答;蕺山亦不赴人饮,不召人饮,"不谈道,不讲艺,为此无益之举,无论虚废资财,即光阴讵不可惜乎"?前辈以是服蕺山雅操;蕺山为官清直敢言、振风饬纪,重学校以作人才,讲乡约以兴行谊,严保甲以戢奸宄,锄豪右以安善良,加意民间疾病,重民生,厚民命,威惠有周,为民所呼"刘顺天";为当局高官赞誉为"千秋闲气,一代完人";"梁伯鸾、管幼安以上人物"。① 蕺山所言所行皆发自内心,一个自觉循规蹈矩之人,其道德素养便自然而然得以显现。谦德以守成,日就月将得所成。

蕺山为官自警,复德以自知为察。蕺山严毅清苦,克己自律,从而贞修拔俗、风采孤峻。蕺山夜梦升迁而自责猛省、深自刻责,书于案曰:"予雅欲谢病去官,不知此梦从何来,终是不忘荣进念头在,乃知曰满腔子皆是声色货利,不经发觉,人自不察耳。猛省!"②是时,蕺山只是行人司行人。只此一省,自是彻底将为官行政视为平淡。蕺山为实现为官清正廉洁、率直敢言,曾有自警诗:"居官之病,一曰轻,轻当矫之以重,如山不可移;一曰嫩,嫩当出之以老,如石不可破;一曰猾,猾当守之以介,如霜不可犯;一曰浅,浅当用之以深,如渊不可测。药此病以治此官其几乎! 不然,鲜有不败乃公事者。"③蕺山之举,与其后来"讼过法"相关联一起,本质正在于内心省悟,从体思本心诚明灵动处达致自知、自觉和自然,彰显"心"之澄明无碍,做到"诚于中形于外"④。

蕺山德高恭甚、节劲气和,恒德以乐道为生。蕺山一生皆安贫乐道、执志恒守,难能可贵。刘汋说:"先生饔飧不给,岁贷米于大

① 《年谱》,《刘宗周全集》六,第362、260、347、289、239页。
② 《蕺山刘子年谱》,《刘宗周全集》六,第178页。
③ 《年谱》,《刘宗周全集》六,第449页。
④ 《人谱》,《刘宗周全集》二,第7页。

善寺僧,取之如外府,然恒越一年偿其值。前贷方偿毕,而后贷复已一年,如是者二十载。然故旧穷媚就食者尝满座,先生朝夕蔬粝悉共之,绝无难色也。至官仆少时,夫人始以纺织之余置田二十亩,得免贷米事。"①粗食蔬粝只因清明廉洁,清明廉洁故能安贫守道,安贫守道自显儒士本色:故俭约,淡嗜欲,寡言笑,薄滋味;危椽破屋,寒士弗堪,著书讲德,肆习讨论,孜孜仡仡,乐在其中,"五十年如一日"②;"敞车羸马,廿年犹是书生"③。蕺山一贯之敬德守制,"德日慎小,心日谨微"④,凛然之中有温如之容,端庄静凝之色根于心、畅于四肢、发于事业。

蕺山贞介耿直,损德以明道觉人为泽。蕺山一生清直耿介,为避当道人情,宁愿其子刘汋不赴童子试。⑤ 1614年,蕺山同年徐缙芳(十洲)以御史巡盐淮阳,闻宗周空乏不能为亡亲营葬事,欲遗百金以赡,嘱丁元荐为之先容,宗周答书拒之,"请弗污我先人墓上石。不佞平生固仅有先人一事未了,姑将茹荼带索,待此余生,幸无以为故人念",而使缙芳惭服。⑥ 温睿临⑦《南疆绎史》载,蕺山尝以少宰起官,中道赀乏,受临朐令十金之馈,至前途得故人助,乃如数趣还之;熊、姜之狱时掌宪(1642年),仅六十日罢归,至不能成行,朝士为之敛赆,悉不纳;后赴南都召(1644年),冠服久敞,假于从子之有官者,比其归,仍饬还之,而笑言"吾不可

---

① 《蕺山刘子年谱》,《刘宗周全集》六,第177页。
② 《蕺山先生历任始末·世谱·行实》,《刘宗周全集》六,第606页。
③ 《太仆寺少卿刘宗周并妻诰命》,《刘宗周全集》六,第631页。
④ 《蕺山刘子年谱》,《刘宗周全集》六,第193页。
⑤ 参见《贞孝公列传》,《刘宗周全集》六,第626页。
⑥ 参见《年谱》,《刘宗周全集》六,第256页。
⑦ 温睿临,字邻翼,一字哂园,约生于顺治年间,卒年不详,浙江乌程人,明朝首辅温体仁族孙。

挂他人冠"。① 蕺山之为，在位大夫无不肃然，蕺山亦心安理得、自
得其乐，虽"羸马蹩躠长安道"，而公卿咸俯躬下询；虽"杖策驰驴
辞朝门"，则公卿皆欷歔竦叹。②

　　蕺山行谊俊伟，益德以真儒全归为正。蕺山进退取与，必力辨
义否，故有因抵制"一岁三迁"而革职为民经历③，其弟子陈龙正誉
之为"行谊无愧真儒"④。蕺山一生，"惟忠孝两字，言及君父，肝
心如揭"，⑤故能临终"全归之孝"⑥。蕺山殁后，世人以之"其理学
似周元公⑦，死节似江古心⑧，论谏似胡澹庵⑨，勾党似李元礼⑩，
绝俗似范史云⑪"。⑫

---

① 《南疆绎史》，《刘宗周全集》六，第 643 页。
② 《年谱》，《刘宗周全集》六，第 286、457 页。
③ 《年谱》，《刘宗周全集》六，第 288 页。
④ 《明儒言行录》，《刘宗周全集》六，第 641 页。
⑤ 《刘子全书钞述》，《刘宗周全集》六，第 688 页。
⑥ 蕺山绝食间，"闰六月初五日，先生早觉，抚胸谓祖轼曰：'此中甚凉快。'
　祖轼因问先生：'不以他端立决，必欲绝食而死，非但从容就义，或欲为全
　归之孝乎？'先生微笑肯之。"（《年谱》，《刘宗周全集》六，第 485 页）
⑦ 周敦颐（1017—1073 年），字茂叔，号濂溪，宋营道楼田堡（今湖南道县）人，
　理学开山鼻祖。宁宗赐敦颐谥号为"元"，因此周敦颐又被称为"元公"。
⑧ 江万里（1198—1275 年），字子远，号古心。宋末，元军入饶州，军士执其
　弟江万顷，索金银不得，肢解之，江万里随赴"止水"死。后赠太傅、益国
　公，并加赠太师，谥文忠。
⑨ 胡铨（1102—1180 年），字邦衡，号澹庵，南宋吉州庐陵（今江西吉安）人，
　曾上疏请斩秦桧、王伦、孙近 3 人。遗著有《胡澹庵文集》100 卷。
⑩ 李元礼（110—169 年），名膺，字符礼，东汉颍川襄城（今属河南）人，为官
　期间，反对宦官专擅，纠劾奸佞，号称"天下楷模李元礼"（《资治通鉴》卷
　五十五）。
⑪ 范史云（112—186 年），名丹，又作范冉，一生刻苦俭朴，所址卑陋，常绝粒
　断炊，自甘淡泊，为洁廉穷官。《后汉书·范冉传》："甑中生尘范史云，釜
　中生鱼范莱芜。"
⑫ 黄宗羲：《子刘子行状》，《刘宗周全集》六，第 48 页。

蕺山难进易退，困德以清恕集义为辨。蕺山通籍虽四十余年，实际立朝仅四年，且被革职为民三次：第一次为天启四年（1624年），因反对保姆客氏和阉宦魏忠贤而革职为民；第二次为崇祯九年（1638年），因上疏言弊政，冲撞崇祯帝而被革职为民；第三次为崇祯十五年（1642年），因救言官熊开元、姜埰而冲撞崇祯帝被革职为民。蕺山立朝之日虽少，然所陈奏疏凡九十八通，如《修正学疏》《救世第一要义疏》《不敢怀利事君疏》《备陈治乱疏》《巡城职掌疏》《斸左道以正人心疏》诸疏，皆切中当时利弊，虽"一厄于魏忠贤，再厄于温体仁，终厄于马士英，而姜桂之性介然不改，卒以首阳一饿，日月争光"。① 蕺山官在顺途，不攀附权贵；革职在野，不漫谈失节；进则建言，退则讲学；取困风波荆棘之场，清真清恕；"蕺山首阳，相望并峙，赫然饿夫，至今未死！"②

蕺山忠义气节，并德以拨乱扶危为职。忠义之气则综愚智而皆知、统中外而俱重、历古今而如一、及百世而愈彰，蕺山处神、熹衰季之朝，"力能挽回厄运，而奸宦弄权，旋起旋黜，南都云坠，徒以身殉"，以学问经济，有"旋转乾坤、扶持庙社之才之志"③。蕺山生当岌岌危乱之时，动称王道，"以进君子、退小人为拨乱扶危之要务"④，似近"迂阔"。蕺山于进退之间，无憾无怨，尽显儒者铢视轩冕之志。蕺山宁谔谔而为氓，毋默默而为臣。维士气、感人心，有益于世道不浅。⑤

---

① 《四库全书总目提要·刘蕺山集提要》，《刘宗周全集》六，第 711 页。
② 《刘念台先生像赞》，《刘宗周全集》六，第 620 页。
③ 《蕺山文粹序》，《刘宗周全集》六，第 727 页。
④ 《刘蕺山先生文集序》，《刘宗周全集》六，第 724 页。
⑤ 章凤梧曰："神庙以来，吾越冠进贤者，趋富贵如鹜。言及国家安危，人品邪正，则掉臂而去之，能免于贤哲之诟厉足矣，敢进而语古人之名行乎？自先生以贞介之操，倡明圣学，士大夫后起者翕然宗之，争以救时匡主为

蕺山真知笃行，巽德以退藏微密为妙。蕺山以气节著，亦非仅以气节著，而是真知笃行、学问人生圆融的体现。刘士林《蕺山先生历任始末·世谱·行实》言："夫一死不足以尽道，而尽道者断不能逃此一死也。然则先生之死也，变也，而先生之所以死，则皆出于生平学问之助，诚之至，慎之极，全而归之，不亏体，不辱亲，忠孝两全，仁义兼尽，以夷、齐之首阳、曾子之易箦、孔明之出师、文山之正气，兼而有之，非天下之至诚，其孰能与于斯！"②蕺山立朝，信乎可以扶皇纲，植人纪，参天地而为三也；蕺山论学，恢复心体，合内外，一天人，辟邪说，拒诐行，放淫辞，举措之所让弃于佛氏者而

务。直言敢谏，为忠一时，显名朝右者若而人。下至委巷鄙儒，亦斤斤寡过好修、尚行谊，绌耻辱焉。及夫皇国崩坏，而风概愈振，仗节死义之士后先接踵，天下望而凛焉。请得而备述之：北都则倪文正大司农元璐（上虞），施忠介副院邦曜（余姚），周文节学士凤翔（山阴）；南都之变，同先生死者，则祁忠敏中丞彪佳（山阴），王文学毓蓍（会稽），周文学卜年（山阴），潘布衣集（会稽）；渡钱塘蹈难而死者，则余大宗伯煌（会稽），高兵曹岱（会稽），叶孝廉汝蓟（会稽），高文学朗（会稽，高岱之子），倪布衣文征（山阴），朱布衣玮（山阴），王布衣文字（山阴），傅布衣日炯（诸暨）；陷金华，以越人御敌死者，则张总镇鹏翼兄弟三人，吴总镇邦璇（山阴），徐中军汝琦（山阴）；鲁王航海，从亡而死者，则熊督师汝霖（余姚），孙督师嘉绩（余姚）；全髦隐居，以天年终者，则吴通政从鲁（山阴），傅文学天籁（诸暨）；洁身遐举，莫可踪迹者，则吾宗督师正宸（会稽），何御史弘仁（山阴）；足迹不入城市，以农圃老者，则余邑令增远（会稽），徐进士复仪（上虞）。其它故国旧臣，无一人入仕版。经生杜门诵读，不应制科者，又比比而是也。虽其间存亡，微着不一，要之，均不愧君臣大谊。呜呼！盛矣！夫同一越人也，昔何以与粪土同弃？今何以与日月争光？推其所自，不得不归先生风厉之功矣。或谓死忠死孝，得于秉彝。岂必人人有所训诫而然与？然良心在人，熏烁之则措亡，提撕之则焕发，向非先生诚笃之教，渐磨以数十年之久，乌能使有位无位，咸知幸生为耻，殉国为正，视一死如饴蜜哉？且不见逆珰之祸，称功颂德者，通郡至十余人，而死诏狱者，止一姚江之黄忠端也耶？则今日安得不归功于先生哉？甚矣！先生明道觉人之泽，在百世之远也。"（《蕺山刘子年谱》，《刘宗周全集》六，第195—196页）
② 《刘宗周全集》六，第612页。

还之儒,扫榛芜而开正路;蕺山之学,近维紫阳之坠绪,远接洙、泗之渊源,有功于儒学之醇化。彭启丰①《刘蕺山先生文集序》亦云:"其事君,要以格心为主,而不屑为救时济变一切补苴之说。国亡绝粒,尚从容讲道如平时。姜桂老而愈辣,松柏寒而不凋,真名节,真经济,乃道学中自然结撰,而其根器所胚胎,渊乎莫可测也。"②蕺山和合学问与人生、伦理与道义,以退藏微密之妙,从根深凝极中发为光风霁月,出则为荩臣,入则为纯儒,唯醇儒者所为者也。

刘汋曾这样评价蕺山:

> 先君子学圣人之诚者也,始致力于主敬,中操功于慎独,而晚归本于诚意。诚由敬入,诚者人之道也;意也者,至善栖真之地;物在此,知亦在此。意诚则止于至善,物格而知至矣。意诚而后心定其心焉,而后人定其人焉。是故可从扶皇纲,植人纪,参天地而为三才也。

> 其修于身也:目不视邪色,耳不听淫声,口不出戏言,四体不设怠惰之仪;威仪容止,一范于礼;非其义,一介不取;非其道,一人不苟同也。

> 其刑于家也:事亲极其孝,抚下极其庄;闺门之内,肃若朝庙;妻孥之对,有同大宾;以至接朋友,虚而能受;驭藏获,严而有恩;入其门,翼翼如;登其堂,雍雍如也。

> 其待戚里也:事外祖如其祖,事姊如其母,抚甥如其子,抚甥孙如其孙;其它若母族,若外家,若婿家,贫者助,弱者植,美者教训,务使恩谊周洽,不以亲疏而间焉。

> 其待宗族也:祖免以内,子不娶娶之,女不嫁嫁之;上祀祖

---

① 彭启丰(1701—1784年),字翰文,号芝庭,江苏长洲人(今苏州)人。
② (清)彭启丰:《刘蕺山先生文集序》,《刘宗周全集》六,第725页。

宗,置祀田百亩以供祭;下逮族姓,置义田百亩以赡之;其自奉,则衣取蔽体,食取充腹,居止取足以障风雨,而处之裕如也。

其待乡邑也:地方风教,力为表扬;民生利弊,力为兴革;连年洊饥,则图积贮,以施赈济;所在告警,则讲乡约,以正人心,而设施见于一方矣。

其进而立于朝也:致主期于尧、舜,非天德不以入告;敷治本干三王,非王道不以开陈。而尤倦倦于进君子,退小人,为干济时艰之要;然谨难进易退之节,道合则从,不合则去,未尝终年淹者;天下仰其出处,如祥麟瑞凤,以之卜世道之兴衰焉。

其退而居于野也:横经论道,讲学淑人;上自四书、六籍,一一厘正之;下至廉、洛、关、闽以及有明诸儒,人人折衷之;阐往圣之微言,黜异端之讹谬,存天理于几微,留民彝于一线;其见于著述者,愈弘且伟焉。

盖自作止语默,以至进退辞受,无非一诚之所流行。自家庭日用,以至乡国天下,无非一诚之所贯彻。而至于临难一节,从容就义,全而生之,全而归之,不亏体,不辱身,忠孝两慊,仁义兼尽。合夷齐首阳、曾子易箦而兼有之;信乎可以扶皇纲,植人纪,历千载而不朽也。先君子盛年用功过于严毅,平日庄严端肃,见之者无不不寒而慄;及晚年,造履益醇,涵养益粹,又如坐春风中,不觉浃于肌肤之深也。

窃尝论之:道统之传,自孔、孟以来,晦蚀者千五百年。有宋诸儒,起而承之,濂溪、明道,独契圣真。其言道也,合内外动静而统一之。至晦庵、象山而始分。阳明子言良知,谓即心即理,两收朱、陆,毕竟偏内而遗外,其分弥甚,至先君子而复合。先君子之学,以诚意为宗,而摄格致于中。曰:"知本斯知诚意之为本而本之,本之斯止之矣;知止斯知诚意之为止而止之,止之斯至之矣。"即内而即外,即动而即静;体用一原,显微无间。盖自濂溪、明道以后,一人而已。其余诸子,不能及也。若夫恢复心体之量,学者所让弃于佛氏者,一朝还之吾儒;廓清之功,不在禹下,而即其辟邪教,距跛行,放淫辞,扫榛芜而开正路者,其功又岂在孟子距杨、墨下哉![1]

刘汋之论并无"自我表扬"之嫌,反而是客观、公允。刘汋作为蕺山的儿子、弟子、学术传人,他"坐卧蕺山小楼二十年"[2],全心全力整理蕺山遗著,自然对蕺山学术脉络、为学为道体验深刻、感悟独到。刘汋所言表明蕺山能够实现思想观念间的圆融、思与行的圆融,是蕺山"皭皭完人"气象的最真实写照。孰知,蕺山的所作所行,在《人谱》中都可以找到理论佐证。蕺山书写了《人谱》,而《人谱》彰显了蕺山的"完人境界"。正如学者所指出,《人谱》所阐述的对象、内容及其范围,是儒家立身成圣证人之道的生活哲学、生命哲学、道德哲学、人性哲学和历史哲学,浸透着深厚的儒家式的生命精神、道德精神、人性精神、历史精神。蕺山终生为学,希望自己能够成为一名不杂佛道的"醇儒",《人谱》一著,正是这种成就意识的典型体现。[3]

第三节　为学自得

姚名达《刘宗周年谱》论蕺山"学术渊源"时指出:"刘宗周之

---

① 《蕺山刘子年谱》,《刘宗周全集》六,第173—174页。
② 《年谱》,《刘宗周全集》六,第488页。
③ 参见陈永革:《儒学名臣——刘宗周传》,浙江古籍出版社2005年版,第271页。

学,推本于周敦颐及二程,而与朱、陆皆有龃龉。得源于王守仁,而为说又异。受教于许孚远,而其学非许氏所能范围。切磋于高攀龙、陶奭龄,而其思想迥非高、陶所能合同。传其道者,惟黄宗羲最正,邵廷采则其在传嫡派也,而恽日初、张履祥之流不与焉。"①由此可知,蕺山之学与程朱、陆王皆有异处,有其独特性。邵廷采②《明儒刘子蕺山先生传》亦云:"先生之学出许敬庵,已入东林、首善书院,博取精研,归于自得,专用慎独,从严毅清厉中发为光霁,粹然集宋、明理学诸儒之大成,天下仰其人如泰山北斗。"③蕺山学之独特性,得源于"为学自得"之基本方法。

一、"自得"

中国古代哲学家以"自得"为体认真理的正途,也以"自得"作为启示门人的基本方法。"自得"以其直观性、体验性和渊深性异于西方哲学,它强调的是灵性感悟,是沉思体味,横被于中国思想史的诸多流派之中。④ 对于宋明理学家来讲,"自得"是他们更为明确、凸显的基本治学方法。

在儒家,孟子最早提出"自得"概念。孟子所言的"自得",强调的是"道德"可以达到的一种无任何功利得失负累、"左右逢源"的精神境界。孟子说:"君子深造之以道,欲其自得之也。自得之

---

① 《年谱》,《刘宗周全集》六,第212页。
② 邵廷采(1648—1711年),字念鲁,又字允斯,余姚人。尝从毛奇龄游。师承黄宗羲,为蕺山再传弟子。讲学姚江书院17年,著有《思复堂文集》十卷,《姚江书院志略》四卷,《东南纪事》十二卷,《西南纪事》十二卷等。(《清史稿》,第9979页)
③ 邵廷采:《明儒刘子蕺山先生传》,《刘宗周全集》六,第539页。
④ 张晶:《中国古典哲学与美学中的"自得"思想》,《现代传播》2002年第4期。

则居之安，居之安则资之深，资之深则左右逢其原。故君子欲其自得之也。"（《孟子·离娄下》）朱子对此有阐释："深造之者，进而不已之意。道，则其进为之方也。资，犹籍也。左右，身之两旁，言至近而非一处也。逢，犹值也。原，本也，水之来处也。言君子务于深造而必以其道者，欲其有所持循，以俟夫默识心通，自然而得之于己也。自得于己，则所以处之安固而不摇；处之安固，则所籍者深远而无尽；所籍者深，则日用之间取之至近，无所往而不值其所资之本也。"朱子又引程子之言："学不言而自得者，乃自得也。有安排布置者，皆非自得也。然必潜心积虑，优游厌饫于间，然后可以有所得。若急迫求之，则是私己而已，终不足以得之也。"①透视朱子之论可知，"自得"是要学人于"潜心积虑、优游厌饫"中自我悟道，讲自己之学。

　　宋初大儒邵雍（1011—1077 年）则有一套完整的对"自得"的诠释。邵雍的"观物"学提出"以物观物"法，可看作其"自得"的理论基础。如何"观物"呢？邵雍提出了"道尽于人""物观于心"的"以物观物"之法："以天地观万物，则万物为万物；以道观天地，则天地亦为万物。道之道尽之于天矣，天之道尽之于地矣，天地之道尽之于万物矣，天地万物之道尽之于人矣"；"圣人之所以能一万物之情者，谓其圣人之能反观也，所以谓之反观者，不以我观物也。不以我观物者，以物观物之谓也。既能以物观物，又安有我于其间哉！"②所谓"观物"就是对天地万物，包括人类自身的观察和觉解，而观物不是用眼睛去看，"非以目观之"，而是"观之以心""观之以理"。"理"最终通过人而存在和展现，诚如郭彧所言，邵雍

---

① （宋）朱熹：《四书集注》，第 325—326 页。
② （宋）邵雍：《观物篇》第三篇和第十二篇，《邵雍集》，郭彧整理，中华书局
　　2010 年版，第 9、49 页。

"观物"是为"得物之理","为得道",以穷理尽性以至于命,①而此之认识事物之理的过程则须"心"的体悟和诠解。当然,这个"心"不是一个小我之心,而是一个没有"我"在其间的"性"("道")。邵雍"以物观物"的哲学思辨正是"自得"之学的理论基础。②

二程治学亦重"自得"。程颢(1032—1085 年)曰:"学莫贵乎自得,非在人也。"③他"吾学虽有所受,天理二字,却是自家体贴出来"④这一名言,最为直接、真实地表达了程颢学问的真精神,即他的学问,完全由他自己的生活体验而来,并不从书本文字上建基础。⑤ 程颐(1033—1107 年)有言:"心欲穷四方上下所至,且以无穷置却,则得。若要真得,直是体会"⑥。"体会"就是"体贴",即须以心做主,从而"鞭辟入里",方可有真得。程颐弟子王莘(1082—1153 年)亦曾言:"观书不可桎于文义。'以仁存心',但言能体仁耳。"⑦王莘虽是与人问答"以仁存心"问题,却告知我们不可拘泥书本文义的读书法,而应该学有自得,显然是延续了程门教法,是对"天理二字自家体贴出来"的进一步发挥和彰显。

陆九渊(1139—1193 年)明确以"自得"为其倡言心学的方法论原则,一方面强调"本心"的具足,另一方面则倡导"自主"。自

---

① (宋)邵雍:《邵雍集》,第 9 页。

② 参见苟小泉:《从"道德"到"自得"——中国哲学本体论主体性维度的存在、展开与完成》,《华南师范大学学报》(社会科学版)2009 年第 4 期。

③ (宋)程颢、程颐:《二程集》,《河南程氏粹言》卷一《论学篇》,第 1197 页。

④ (宋)程颢、程颐:《二程集》,《河南程氏遗书》卷十二《外书》,第 424 页。

⑤ 钱穆:《宋明理学概述》,九州出版社 2010 年版,第 56 页。

⑥ (宋)程颢、程颐:《二程集》,《河南程氏遗书》卷三《二先生语三》,第 65 页。

⑦ (清)黄宗羲、全祖望:《宋元学案》卷 29《震泽学案》,中华书局 1986 年版,第 1050 页。

主又叫"收拾精神,自作主宰"。象山言"诚者自诚也,而道自道也。君子以自昭其明德。人之有是四端,而自谓不能者,自贼者也。暴谓自暴,弃为自弃,侮为自侮,反为自反,得谓自得。福祸无不自己求之者,圣贤只道一个自字煞好。"①在象山看来,道德实践的成功与否决定于自我的意志,而不决定于任何外部力量,人只有开发出自我本来内蕴的能动性和自主性,并坚决确信人的内在资源是人自我实现的充分基础和条件,才能在成圣成贤的道路上达致目标。② 此外,象山还说:"自得,自成,自道,不倚师友载籍。"又说:"自立,自重,不可随人脚跟,学人言语。"③皆表明了象山以"自得"为其学术个性。

明初大儒陈献章(1428—1500 年)以"自得"为为学第一要著。据他的《年谱》记载:"自临川归,足不至城市。朱英时为参议,造庐求见,卒避不见。闭户读书,益穷古今载籍。彻夜不寝,少困则以水沃其足。久之叹曰:'夫学贵自得也。自得之,然后博之以载籍。'"④白沙在不能从朱子学获取与自己才智相得的方法之后,走向自我的"自得"之学的探索。这就是要把程朱格物致知的烦琐方法转换为内心的体验,所以强调易简、自得。他说:"学者苟不但求之书而求诸吾心,察于动静有无之机,致养其在我者而勿以闻见乱之,去耳目支离之用,全虚圆不测之神,一开卷尽得之矣。非得之书也,得自我者也。"⑤求之书是博,求之吾心是约,察于有无动静之机,致养其在我者是由博返约。非得自书,而是得自吾心

---

① 《陆九渊集》卷34《语录上》,钟哲点校,中华书局1980年版,第427页。
② 参见陈来:《宋明理学》,辽宁教育出版社1991年版,第205页。
③ 《陆九渊集》卷35《语录上》,第452页。
④ 《陈献章集》附录二,中华书局1987年版,第807页。
⑤ 《陈献章集》,《道学传序》,第20页。

者,是以心统御万事万物。刘蕺山评价白沙之学曰:"先生学宗自然,而要归于自得。自得故资深逢源,与鸢鱼同一活泼,而还以握造化之枢机,可谓独开门户,超然不凡。"①总之,陈献章的学术宗旨归结为一点,即"自得自悟"。②"自得"就是要发挥自己的主体意识,悟出自己的独特看法,而不依傍他人:"是故道也者,自我得之,自我言之,可也。"③明代的心学思潮,就是在白沙"自得之学"的基础之上,开辟出王阳明"心即理""致良知""知行合一"的大成之道。④

明代心学的集大成者王阳明(1472—1529年)依然遵循着"自得"传统。他说:"夫求以自得,而后可与之言圣人之道。某幼不学问,陷溺于邪僻者二十年,而始究心于释老,赖天之灵,因有所觉。始乃沿周程之说求之,而若有得焉。顾一二同志之外,莫予翼也。岌岌乎仆而后兴,晚得友于甘泉子,而后吾之志益坚,毅然若不可遏。"⑤阳明之学从"照着讲"到"接着讲"到最后"自己讲",⑥始泛滥于词章,后笃信朱学、循序格物,但终究未能从"格竹子"中探寻出格物穷理与圣贤人格的关系;进而出入佛老,亦终究无所进步,唯笃志圣学,方能辨析入微,倡明道德,其进步为学方法落脚于"自得","求以自得,而后可与之言圣人之道"。

刘蕺山进一步承续"自得"方法,不仅对"自得"本身的哲学

① (清)黄宗羲:《明儒学案·师说》,第4页。
② 张学智:《明代哲学史》,北京大学出版社2000年版,第44页。
③ 《陈献章集》卷2《复张东白内翰》,第131—132页。
④ 转引自姜允明:《陈白沙其人其学》,台湾洪业文化事业有限公司2003年版,第120页。
⑤ (明)王守仁:《王阳明全集》卷7《别湛甘泉序》,上海古籍出版社1992年版,第231页。
⑥ 参见张立文:《宋明理学研究》,人民出版社2002年版,第456—481页。

意涵有清晰的论说,还充分发挥此方法的意义,开拓创新,自有所得。

二、"无所得,故名自得"

蕺山以"自得"为为学之"精要"。他在1626年的《学言》中有云:"学问之道,只有紧关一下难认得清楚,如所谓寸铁杀人者是。圣贤之训,多随地指点,大约使人思而自得之。此项工夫,直须五更清梦时,血战几场也。"[1]"寸铁杀人"喻贵精不贵多,蕺山以此来说"自得",显见他对"自得"的重视和关注。而且,"自得"非一时所就,乃学者长时期用功着力后所达致的工夫境界。

蕺山在他1631年的证人讲会上第一次明确阐释"自得"问题。据《刘宗周年谱》"五十四岁"条载,是年四月三日第二会,祁凤佳[2]举《素位》一章[3],质自得之义从主敬得来,抑心体自然如此,蕺山指出:"自得全然是个敬体,无时不戒慎,无时不恐惧,则此心已游于天空地阔之境矣。若只认作快活景象,便已落无忌惮一流。是不可不辨。"祁彪佳曰:"反求时尽不安妥,如何说个自得?"先生曰:"唯其反求,所以自得。"许器之曰:"说个自得,毕竟当有所得,得是得个甚么?"先生曰:"实无所得,故名自得。"[4]这

---

[1] 《学言》(上),《刘宗周全集》二,第371页。

[2] 祁凤佳(? —?),字德公,绍兴山阴县人,杜春生《刘子全书遗编钞述》著录其为蕺山弟子:"又于《全书》中《证人社语录》得未载者四人:祁凤佳(德公,山阴)、祁骏佳(季超,山阴)、周懋宗(文仲,山阴)、周尚夫(□□,□□)。"(《刘宗周全集》六,第700—701页)

[3] 《中庸》第14章:"君子素其位而行,不愿乎其外。素富贵,行乎富贵;素贫贱,行乎贫贱;素夷狄,行乎夷狄;素患难,行乎患难。君子无入而不自得焉。"

[4] 《年谱》,《刘宗周全集》六,第351页。

里须注意两个问题:

第一,"无所得,故名自得"。前一个"得"当为从别人那里得到的东西,是建立于从别处学习之后获得的某些"知识",是别人的"知识",并不属于自己心思体悟的效果;后一个"得"当为自己在学习了别人的"知识"后而反思、体悟形成的属于自己心得体验的东西,是主体人的自觉能动性、主动创新性真正发挥之后的感悟、反思效果。可以说,"得"别人的东西,所得是死的;经自我反思和体悟而"自得"的东西是活的,真正有灵魂的东西正是通过"自得"而展现。

"自得"是主体自我生命智慧和心思体悟的真切发挥和彰显。要实现这样的"自得",就必须破除"先入未见",搁置"前人话头"。蕺山在1632年《与履思三》中说:

> 《论语》一书,句句是同,亦句句是异;句句是权,亦句句是实。就中逗出机神,直是峻绝不容立脚。大要在先夺我见,不执我以观书,不强书以就我,直从语下理会圣人气象,又从气象理会圣人心肠,久之胸中具有一部《论语》,万法流出,如道自家屋里事,一一不差。则虽无意于举业,而天下之文章莫大乎是矣,然非可以经生章句可求也。①

这就是要打破先入未见之举,从语句当下,即阅读文献的语句、文献创构作者的时代背景、人文语境中体思文献的具体含义。而不是基于别人口径、二手资料的"道听途说"。须知,文献、古人是固定的、历史存在着的,后人探求古人之学,自应当充分把自己置身于古人生活的环境之中,在体悟古人中体会自己,在探求古人时成就自己,在阐释古人时建构自己。唯有如此,方可成就"一家之

---

① 《书》,《刘宗周全集》三,第315—316页。

言"。蕺山弟子黄宗羲在《明儒学案·发凡》中曾有"一本万殊"之论:"学问之道,以各人自用得着为真。凡依傍门户、依样葫芦者,非流俗之士,则经生之业也。此编所列,有一偏之见,有相反之论。学者于其不同处,正宜著眼理会,所谓一本万殊也。以水济水,岂是学问!"①"一本"乃指古人、古代文献,所要解释的客观存在者,具有唯一性;"万殊"则指研究者、思想者可从相同的文献、相同的问题中实现不同的问题解决之道和思想建构,相同的资料可以有不同的诠释效果。这就表明,做学问不是要墨守陈规,而是要学会歧路开新,要有主见,要"讲自己",而非鹦鹉学舌。

蕺山教人即是要学生学会独立思考,从自身的感悟中探求问题本身。他1645年《与开美十》便进一步表明这一点:"今且将前人话头一切放过,专理会自家事,如上文所云者。久而有得,方知古人多权,不得以文害辞、以辞害意耳。"②而且,蕺山还要求学生要对自己"自得"的可能性给以充分的重视和自信。他在答门生张奠夫(应鳌)问"君子深造"③章时曰:"自得之学,先要自己发个信心,信得自己原是十分具足,不待他求,方肯深造以道。掘井九仞,犹为弃井。决然放手不得,自得左右逢原地位。"④唯对"自得"信的及,方是对自己为己之学信的及,方可称为真学问。

第二,"反求"可得。"得无所得"是要人善于独立思考,并对自己能够独立思想、能够有所思想创新要有信心。但是,独立思考

---

① (清)黄宗羲:《明儒学案·发凡》,第15页。

② 《书》,《刘宗周全集》三,第500页。

③ 《孟子·离娄下》曰:"君子深造之以道,欲其自得之也。自得之,则居之安;居之安,则资之深;资之深,则取之左右逢其原。故君子往其自得之也。"

④ 《问答》,《刘宗周全集》二,第356—357页。

并不表明思考问题的"天花乱坠"和"无忌无惮",不是"向外驰求",而是要回归自我"本心",也就是要真切体会自我主体之中"心"体之诚明无碍、无思无虑。故而,为学"自得"须"反求"。所以,蕺山在回答祁凤佳问《素问》章的答语中还说"唯其反求,所以自得";蕺山在答门生张应鳌的问答中亦有论曰:"深造工夫,凡人都有一段必往之精神,但只向外求得,不求自得。即求自得,亦未免有夹杂;一有夹杂,便摇夺得去。粗言之,是声色货利;约言之,不外名利两字。"①"自得"是明心体性的工夫,是澄明"本心"的工夫,亦是"无所得"的自然、自在、自觉境界,而不是为物欲所窒碍的"有所得"。

蕺山为说明何谓"自得",曾于 1632 年撰《向外驰求说》。他说:

> 今为学者下一顶门针,即'向外驰求'四字,便做成一生病痛。吾侪试以之自反,无不悚然汗浃者。凡人自有生以后,耳濡目染,动与一切外物作缘,以是营营逐逐,将全副精神都用在外,其来旧矣。学者既有志于道,且将自来一切向外精神,尽与之反复身来,此后方有下手工夫可说。须知道不是外物,反求即是,故曰:"我欲仁,斯仁至矣。"②

人生存于世界之中,总会受到物欲利益的诱惑,有的人便从此遮掩了自己的良知,作出一些本来不该如此但却如此的事情,人本真之性、本来之"心"从此黯然。个体之人尽管陷于病痛之中,但"本心"常明:"人虽犯极恶大罪,其良心仍是不泯,依然与圣人一样。只为习染所引坏了事。若才提起此心,耿耿小明,火然泉达,满盘

---

① 《问答》,《刘宗周全集》二,第 357 页。
② 《说》,《刘宗周全集》二,第 307 页。

已是圣人。"①人之过错只是为习染所坏,倘若人于过错本身一旦
明澈,幡然醒悟,自会知何为过错,何为善端。知过就是知善,好善
就是恶恶,一番自我"反求",道在其中。"自得"之所达致的"得无
所得"之心境,并不是在别人劝导之下才实现的,而是在自己自我
主体的警醒中实现的,是主体自我通过自我"反求"而获得的对
"道"的体认。在"自得"心境之下,学者发真实为我心,"每日孜孜
急急,只干办在我家当,身是我身,非关躯壳;心是我心,非关口耳;
性命是我性命,非关名物象数。正目而视之,不可得而见;倾耳而
听之,不可得而闻。非惟人不可得而见闻,虽吾亦不可得而见闻
也"②。人于此体认亲切,自然于起居食息以往,求在"我"者,终
究是"天地万物,无非我有",绝不是功名富贵,气节文章。"我"是
我,我与天地万物为一体。一旦透彻人生的真谛、本心的自然自
在,必然不再向外驰求,亦无所谓向内向外,只是个"暗然而日
章",自然如此、自在如此而已。故而,蕺山1632年的《答履思四》
便如此说:"学问只在反求。今日只问反求得力不得力,更莫问人
之为圣为凡,为欺为实。然就中亦便是反求工夫。"③

　　"得无所得"之心境即是"无思无虑"境界。蕺山1636年《学
言》云:"思则得之,又曰'无思',何谓也?曰:'思其所无思,则无
思矣;得其所无得,则有得矣。'"④无思无虑之处,"心"自然诚明,
自然不为物累,自然未有沾滞。人的终究价值追求正是要实现这
个"自然而然"的"随心所欲不逾矩",是内心精神世界的"涣然冰
释"与"怡然理顺"。《人谱》岂不云:"大哉人乎!无知而无不知,

---

① 《人谱》,《刘宗周全集》二,第17页。
② 《说·向外驰求说》,《刘宗周全集》二,第307页。
③ 《书》,《刘宗周全集》三,第311页。
④ 《学言》(上),《刘宗周全集》二,第404页。

无能而无不能,其惟心之所为乎!《易》曰:'天下何思何虑! 天下
同归而殊涂,一致而百虑。'天下何思何虑! 无知之知,不虑而知。
无能之能,不学而能。是之谓无善之善。"①正因为人之"心"无思
无虑,故能无所不知、无所不能,唯人心至大,故能体认万物,从而
成为事事物物意义和价值、功能和属性的著作者、决定者。作为学
人,读书讲学论道无非是要培养、体悟这样的心境,而一旦于此有
所明澈,自然"心普万物而无心,情顺万物而无情",一切皆归位于
自然、自在、自觉。

　　终究而言,蕺山教人"为学自得",自己不仅对"自得"有理论
认识,还实现了思想创新,能够发先儒之未发、析先儒之未析。黄
宗羲指出,蕺山发先儒之所未发者其大端有四:"静存之外无动
察";"意为心之所存非所发";"已发未发以表里对待言,不已前后
际言";"太极为万物之总名"。② 董玚指出:"先师为特悉是即周
子'主静立人极'、程子'体用一原,显微无间'之旨,标尼山秘旨于
二千一百余年之后,自先儒以来,未有盛于刘子也。"③可见,蕺山
之学能够从对先儒之学的思考中析微探源、重组新诠,其"学凡三
变"正是"为学自得"之方略之"变";其于阳明学凡三变亦是出阳
明、入阳明而最后超阳明;其圆融先儒之诸哲学理念,则是认识到
先儒阐释问题的二分性和割裂性,从而圆融之、通合之;其醇儒正
学,根本上便是在明辨儒释基础上挺立儒者风范,见道明,守道笃,
打合学问与人生,仁义兼尽,德业兼备,处乱世而能安适,怡然自得
耳! 故,蕺山并不是"照着"先儒讲,而是"接着"先儒讲,讲出了自

---

① 《人谱》,《刘宗周全集》二,第3页。
② (清)黄宗羲:《子刘子行状》,《刘宗周全集》六,第39—40页。
③ 《刘子全书钞述》,《刘宗周全集》六,第691页。

己对理学的体悟和思辨,将宋明儒"自得"治学方法充分贯彻于自己的为学历程,实现对先儒哲学思想的创新诠释,而这个思想效果,便集中通过《人谱》展示出来。

第二章 "凡三易稿"——
《人谱》撰著始末

　　蕺山"学凡三变",以"真功夫"探求"大本",此"本"在《人谱》中得以显明;蕺山以醇儒学为价值趋取向,典型标志即是《人谱》;蕺山"为学自得",《人谱》正是他圆融天地人"三才之道"、统合心学与易学、倡明"生生道体"之所在。《人谱》是蕺山自身实功实行精神的升华,又是对人性本质的真切把握,同时还是人学思辨逻辑与心性义理阐释的圆融。只是,《人谱》之作并非一蹴而就,而是"凡三易稿",初撰于崇祯甲戌年(1634 年),再订于崇祯丁丑年(1637 年),定稿于弘光元年即乙酉(1645 年)年闰六月,前后花费 11 年而成。《人谱》撰著、修改的过程是蕺山的学思问辨不断成熟、演变的过程。

第一节　直接诱因

　　据《年谱》"五十七岁"条(1634 年)记载,是年八月,"先生著《证人小谱》,闰八月朔,自序之。此书后改名《人谱》,自序亦修改再四,迄乙酉五月,绝食,犹加参订。"①据此可知,蕺山最初命名

---

　　① 《年谱》,《刘宗周全集》六,第 374 页。

《人谱》为《证人小谱》,之后才改名为《人谱》。① 一般来讲,著作之"自序"是揭示著作者撰著是著的起因缘由,为后人理解是书提供了一定的思想背景。故,有必要将两个"自序"展示出来,以尽可能客观、详细地分析蕺山撰著《人谱》的背景。

《证人小谱·自序》是这样说的:

> 袁了凡先生有《功过格》行于世,自言授旨于云谷老人甚秘,及其一生转移果报,事皆凿凿可凭,以是世人信之不疑,然而学道人不以为是也。近闻人颜壮其氏刻有《迪吉集》,大抵本之了凡,而颇尽其类,其说渐近于学人。友人有叹赏之者,因有有所为而为善之说,夫亦有激乎其言之也。学人居恒谈说理道,必竖第一义,至无善可为,才涉祸福因果,益指以为外道不足信,虽"吉凶同患",语载《大易》,不信也。及徐考其生平,有愚夫愚妇所不为者矣。究其病正坐举话太高,如以贫子说黄白,总无实际,徒滋邪妄。……夫学凡为之而已矣,无所为而为,为也,有所为而为,为也。为圣而圣,为贤而贤。请姑逊圣贤而不为,仅为了凡,一日之间,课功程过,据事直书,一一邀天地鬼神与之昭鉴。如是者为之而不已,即不必问其功罪所准如何,而只此天地鬼神昭鉴之心已逼透圣真,不差毫末,更无所为第一怀矣。虽然,功过不两立,出乎过即入乎功,功之进退即其过之有无,

---

① 姚名达即指出:"《人谱》久已风行于世,版本不一,且几无人知其原名《证人小谱》,旧谱亦仅云'甲戌秋八月著人谱',史实之湮没也久矣。考《刘子全书遗编》卷六初本《证人小谱序》,而知书名前后不一,序文固然不同。考《刘蕺山先生集·人谱跋》,而知此书确经先生再三改订。考《刘子全书·人谱自序》,而知此序虽非初本而仍题甲戌八月闰吉。故参互考证而记录如上。"(《刘宗周全集》六,第374页)

苟纪过而已,何功之有? 因勒《纪过册》,以示学者。又虑其
无所本也,更著《人极图说》以冠之。又继之以日用功课。
总题之日证人小谱。①

戢山临终前改定之《人谱》"自序"则这样说:

> 友人有示予以袁了凡《功过格》者,予读而疑之。了凡自
> 言尝授旨云谷老人,及其一生转移果报,皆取之功过,凿凿不
> 爽。信有之乎? 予窃以为病于道也。子曰:"道不远人。人
> 之为道而远人,不可以为道。"今之言道者,高之或沦于虚无,
> 以为语性而非性也;卑之或出于功利,以为语命而非命也。非
> 性非命,非人也,则皆远人以为道者也。然二者同出异名,而
> 功利之惑人为甚。老氏以虚言道,佛氏以无言道,其说最高
> 妙,虽吾儒亦视以为不及。乃其意主于了生死,其要归之自
> 私。故太上有《感应篇》,佛氏亦多言因果,大抵从生死起见,
> 而动援虚无以设教。猥云功行,实恣邪妄,与吾儒惠迪从逆之
> 旨霄壤。是虚无之说,正功利之尤者也。了凡学儒者也,而笃
> 信因果,辄以身示法,亦不必实有是事。传染至今,遂为度世
> 津梁,则所关于道术晦明之故,有非浅鲜者。予因之有感,特
> 本证人之意,著《人极图说》以示学者。继之以六事功课,而
> 《纪过格》终焉。言过不言功,以远利也。总题之日《人谱》,
> 以为谱人者莫近于是。学者诚知人之所以为人,而于道亦思
> 过半矣。将驯是而至于圣人之域,功崇业广,又何疑乎! 友人
> 闻之,亟许可。遂序而传之。②

透过两个"自序"可知,戢山撰著《人谱》的"最直接诱因"是学术

---

① 《年谱》,《刘宗周全集》六,第 374—375 页。
② 《人谱》,《刘宗周全集》二,第 1—2 页。

上的"异见",因反对以袁黄①为代表的那种"学儒之人却倡禅学修养方式"②的为学进路,反对通过行善获利的功利主义道德价值观。③ 是故,蕺山要撰著一本表现纯粹儒学价值观的小书。

实际上,在明末思想界,由袁黄、颜茂猷④等儒家士人鼓动起来的道德劝善运动,其影响所及非常普遍,甚至到清代亦经久不衰。这场运动的始作俑者,当推 17 世纪初现世的袁黄的《功过格》⑤。正因为此,17 世纪中叶以降,方有大批"善书"的流行,在

---

① 袁黄(1533—1606 年),初名表,后改名黄,字庆远,又字坤仪、仪甫,初号学海,后改了凡,后人常以其了凡称之。袁了凡共计有著述 22 部,198卷,主要有《祈嗣真诠》《皇都水利》《评注八代文宗》《宝坻政书》《两行斋集》《劝农书》《史汉定本》《群书备考》《历法新书》等。(参见嘉善县志编委会编:《嘉善县志》第 35 编《人物》,三联书店 1995 年版,第 1034 页)
② 袁黄所实行的功过体系相当混杂。他对功过格的使用植根于佛教仪式(对佛的祈祷即回向),而且他也极大地依赖佛教僧侣来指导他对体系的解释。同时,他对道德完善的要求和内心纯洁的渴望又与理学家的自修目标完全相符。况且,他也非常愿意在为官任职时遵循体系的指示,并提供一个良好的例子,说明尽管官员在理论上热衷于捍卫正统,但"非正统"的实践却影响着他们的行为。(参见[美]包筠雅著,杜正贞、张林译,赵世瑜校:《〈功过格〉——明末社会的道德秩序》,浙江人民出版社 1999 年版,第 91 页)
③ "功过格"的思想基础是因果报应,行善与改过并非是因为善过本身,而只是一种获得酬报的手段。《人谱》之作与"功过格"有必然联系,前者是对后者的回应,但又不能将这种回应视为单纯的拒斥,"而应理解为是扬弃","刘宗周有感于王学的流弊,一改儒家以往的修身路数,细密地梳理人类的缺点,确立起未曾有过的借改过以成人的方式,无疑是受了《功过格》形式上的启发"(何俊:《刘宗周〈人谱〉析论》,《中国哲学史》1998年第 1 期)
④ 颜茂猷(1578—1637 年),字状其,又字光衷,著有《迪吉录》。
⑤ 关于袁了凡《功过格》一书的书名,颇为复杂,有称《阴骘录》《省心录》《立命篇》,甚至有《了凡四训》之名。其时,"功过格"只是一种有关日常行为的记录簿,而非《阴骘录》的全部内容,《阴骘录》及《立命篇》刻本中均无"功过格"条款。(参见吴震:《"证人社"与明季江南士绅的思想动向》,《中华文史论丛》2008 年第 1 期)

社会上形成一股道德劝善的思潮。道德劝善本身没有错,正如吴震先生所说,劝善作为一种伦理诉求,绝非道家或道教的专利,从历史上看,劝善更是儒学思想的一贯传统,夸大一点说,劝善乃是中国传统伦理思想的重要特质。① 但问题是,明末的《功过格》并不是纯粹儒家的道德修养方式和哲学思想模式,而是"禅学化"的儒学修养方式。可以说,明末儒士之儒学价值观被禅学严重异化。② 因此,明末清初不少儒家士大夫一方面对功过格之类的善书宣扬因果报应思想深感不满,另一方面却又不得不正视功过格的通俗性对于改善社会人心有重要作用,而采取儒学规范对此加以改造,去除其中的神秘成分,从而出现了一股制作"功过格"的风潮,被王汎森先生视为"儒门功过格运动"③。在蕺山看来,道统之内的儒学已经严重转向,而这个转向的"风向标"就是学儒之袁了凡却做"出家人"学问。所以,蕺山反对袁了凡,并不是反对这个人,而是批判那种学术路向。有怎样的学风,就有怎样的道德修养之路。禅学化的儒士所从事的"惠迪从逆"道德修养已然不是纯粹儒家那种对圣人之道、人极之学的追求。蕺山从学术立场上对异化儒学的批判,亦是对坚持异化儒学立场的儒士道德修养观的批判。由而,蕺山希图从正面挺立儒学道统、构建醇儒学道德修养哲学。故,何俊先生有如此论断,认为刘宗周撰著《人谱》虽受《功过格》形式上的启发,只不过,唯独袁了凡的《功过格》成为《人

① 参见吴震:《明末清初道德劝善思想溯源》,《复旦学报》(社会科学版)2008年第6期。
② 参见陈永革:《阳明学派与晚明佛教》,中国人民大学出版社2009年版,第248—263页。
③ 王汎森:《晚明清初思想十论》,复旦大学出版社2004年版,第122—123页。

谱》撰写的契机,实是一偶然的机遇而已。① 从根源来讲,《人谱》之撰著就是要转变儒家以往的修身路数,细密地梳理人类的缺点,以确立借改过以成人的创新思辨方式。

反对《功过格》的思想风潮中,功绩最为卓著的,自然是刘宗周的《人谱》。是时,与他有密切交往之"友人"无限"叹赏"袁了凡的《功过格》,并以书呈刘宗周,其结果必然引起蕺山的反感。在蕺山看来,《功过格》"有有所为而为善之说"、"病于道"。自然而然,他"有激乎其言",有必要撰著某种"醇儒学"著作来批评《功过格》所代表的思想潮流。这构成为《人谱》之撰著缘起。当然,在蕺山面前无限赞赏《功过格》的"友人"是曾为其弟子的秦弘祐。

在蕺山著《人谱》之前,秦弘佑与蕺山书信往来最为频繁。蕺山于1633年的《答履思十》便最早表明了对袁了凡《功过格》的不满。蕺山在信中说:

> 《功过册》条件,仆意先书一圆圈当太极,象未发之中,以静坐法当之,此则为元善。此外推之动念以卜吉凶,为动而生阳;又推之视听言动以卜悔吝,为静而生阴;又推之五伦百行之是非得失,以当五行与万物化生,而其要归于主静以立人极,庶不落了凡窠套。大抵立教不可不慎。若了凡功过之说,鲜不以功为过,以过为功,率天下而归于嗜利邀福之所,为吾道之害有不可言者。乞高明裁之。如蒙许可,敬烦高明起手,以俟请教,何如?②

从此书信,至少可以体会出两层含义:其一,蕺山反对袁黄之《功过册》言论。了凡"以功为过,以过为功",而蕺山则认为"有意为

---

① 参见何俊:《刘宗周〈人谱〉析论》,《中国哲学史》1998 年第 1 期。
② 《书》,《刘宗周全集》三,第 317—318 页。

87

善亦是过"①,根本在于,蕺山以袁黄之《功过格》为主于"功利"之说的劝善书籍,杂以禅学,非醇儒学所为。其二,蕺山于是书信中已经表露了部分《人谱》理论。蕺山建议秦弘佑"《功过册》条件……而其要归于主静以立人极"这段话,与后来的《人谱》有较为接近之处,如元善(无极太极)、动念(动而无动)、视听言动(静而无静)、五伦百行,而且此书信明确要以"主静立人极"作为"立教"之本,这与《人谱》宗旨相同。姚名达《刘宗周年谱》"1633 年条"中便明确指出,是信是"蕺山撰著《人谱》的序曲"②。

1634 年 8 月,秦弘佑仿袁了凡《功过格》著《迁改格》,善与过对举,一理性情,二敦伦纪,三防流俗,四广利济,陶奭龄③序而行之,以一册呈蕺山。陶石梁为是书所写的《迁改格叙》云:

> 《迁改格》者,证人社诸友,深信唯心之指,以为片念之微,喘言蠕动之细,其邪正淑慝,皆足以旋转乾坤,变易世宙,此实理实事,断在不疑。用是终日干干、夕惕若厉,而又惧惠逆之路,不皎如列眉,未免有歧途错趾之虞,不临之以天日,迅之以风霆,悬之以绂绕,凛凛之以铁钺,又未免逡遁悠忽,有足已自封之患。善日集于前不知迁,过日发于躬不知改,究或沦于禽鬼之门而不自觉。于是仿《太微仙君功过格》、云栖大师《自知录》法,稍更其修例,以附《大易》之义,为吾儒希圣达天之阶级。始之以理性情,以端其本;次之以敦伦纪,以践其寔;

---

① 《书》,《刘宗周全集》三,第 319 页。
② 姚名达说:"盖此时秦弘佑拟效袁了凡《功过册》著《迁改格》一书,来书请教,先生意不谓然,故答书云尔。《人谱》之作,即踵此书之意也。"(《年谱》,《刘宗周全集》六,第 370 页)
③ 陶奭龄(1571—1640 年),字君奭,又字公望,号石梁,又号小柴桑老,浙江会稽(今绍兴)人,著有《小柴桑喃喃录》。其兄为陶望龄(1562—1609 年),字周望,号石篑,著有《歇庵集》。二人皆为阳明后学弟子。

次之以防流俗,以固其堤;终之以广利济,以流其泽。遵其途者,半而贤,满而圣,至于忘而天且神。盖体之者善,基之者信,积之者充实,发之者光辉,大而化圣而不可知,皆于是乎成之,有生熟,燕彼此也。①

据此叙可知,《迁改格》是证人社诸友所奉行的一部"迁善改过"的善书,且以《太微仙君功过格》、云楼大师《自知论》为方法,稍更其修例,以附《易》义,"为吾儒希圣达天之阶级",分为四部分,即"理性情"、"敦伦纪"、"防流俗"和"广利济"。在是叙中,陶奭龄进一步设计八个问题,自问自答,然其实质则是在突出:须以释氏"业报"观念、道教"录薄"观念为主要参照,以实现记录无"丝毫之差",从而"以心自照而自录"②。

蕺山则认为《迁改格》"害道之书"③,与《人谱》之"自序"对是时为学进路的批评相对应。故,蕺山在《与履思九》信中指出:

> 《迁改格》广利济一款宜除,此意甚害道。百善五十善,书之无消煞处,不如已之。纪过则无善可称,无过即是善,若双行便有不通处。愚意但欲以改过为善。今善恶并书,但准多少以为销折,则过终无改时;而善之所列,亦与过同归而已。有过,非过也;过而不改,是谓过矣。有善,非善也;有意为善,亦过也。此处头路不清,未有不入于邪者。至于过之分数亦属穿凿,理无大小多寡故也。……平日所讲专要无善,至此又说为善,终落在功利一路。仆以为:论本体,决其有善无恶;论

---

① (明)刘鳞长:《浙学宗传》,《四库全书存目丛书》史部第 111 册,齐鲁书社 1996 年版,第 140 页。
② 吴震:《"证人社"与明季江南士绅的思想动向》,《中华文史论丛》2008 年第 1 期。
③ 《年谱》,《刘宗周全集》六,第 372 页。

工夫,则先事后得,无善有恶可也。①

读此书信,须注意两方面问题:

其一,要正确理解"有过,非过也,过而不改,是谓过矣。有善,非善也,有意为善,亦过也"。"有过非过"当是与"过而不改"之"过"相对应而存在的。即是说,人的言行举止中,未必全部皆是"善",或许有无意之中形成的"过",于己或许本着"善意"而言行,于人却已成为"过""恶"。此种"过"只是在面对另外的参照对象,依据一定的价值判断机制后才给以"定性"的。所以,有些"过"于己乃"无意为之",于人却是"贻害有加"。问题是,当己知晓了"无意为之"之言行于人乃成为"贻害有加"之"过"之后,是否会"改"? 如何"改"? 若知过而不改,尤其是知了此种于己"无意为之"然于人"贻害有加"的"过"而不去改正,那么,这种"不改"之"过"乃是最为害道之"过"。所以,"有过非过"之"过"与"不改"之"过"并不是同质问题。同样,人之"善"与人之所行之"善"亦是不同质问题。人心本根,至善性体,无善可着,亦无恶说起,总之便是"至善"。这一"善"主宰人的言行,真正的言行当是"自觉"、自在而进行的,无须自我或者他人、他事、他物的强制规约,只是一个自自然然、自自在在、无思无虑。但是,人又不是全部能够"识破此理",有时"气拘物弊",人欲之私遮蔽了本善之性,从而表现出"不自觉""不自在",使得其"善"蒙盖上"人为造作"的面纱。故,"有意为善"之"有意为"亦是"过"。

其二,要正确理解"论本体,决其有善无恶;论工夫,则先事后得,无善有恶可也"。"过"而"不改"之"过"与"有意为善"之"有

---

① 《刘念台先生钞稿拾遗》则将此书信视为《答秦履思八》,而《刘子全书》则视为《与履思九》,今从后者。(《刘宗周全集》三,第319页)

意为"之"过"都是存在于人的工夫践履中,都是人在向道、求道、显道的过程中产生的自然结果,是人实现由"无所知"到"无所不知"、"有意为"到"自在为"历程上的必然阶段。"过"并不否认至善本性的"自在存在","虽然气拘物弊之不齐,而其所谓良知之无圣无凡者,自在也"①,所以,"论本体,决其有善无恶;论工夫,则先事后得,无善有恶可也"。

是月,蕺山《与履思十》②集中表达了对秦履思以及袁了凡、颜壮其的不满和批评。从是信可以看出,先前秦弘佑在给蕺山的信中流露出对许孚远《九谛》的不满,而对周海门③的《九解》赞赏有加。蕺山对秦弘佑的思想表示强烈的不满:"仆生平服膺许师者也,于周师之言,望门而不敢入焉。"④蕺山甚是盛赞乃师之学,在他所撰《道统录》中可见一斑。⑤ 而今,秦弘佑将许孚远与周海门作比,"以《九谛》为非,而信《九解》",显然与蕺山对二说的看法不同。在蕺山看来,许孚远之学是儒家之学,而周海门之学则已经滑入禅学。蕺山1644年《会录》曾言:"吾师许恭简公与周海门在南都,有《九谛》《九解》,辨有辨无,可谓详尽。而师论辞严而理直,凛乎日月为昭。今即从海门作妙解,亦只是至善作注脚,终脱

---

① 《答履思六》,《刘宗周全集》三,第313页。
② 《刘念台先生钞稿拾遗》则将此书信视为《答秦履思九》,而《刘子全书》则视为《与履思十》,今从后者。(《刘宗周全集》三,第522页)
③ 周汝登(1547—1629年),字继元,号海门,学者称海门先生,浙江嵊县人,王畿弟子。
④ 《书》,《刘宗周全集》三,第320页。
⑤ 蕺山在《皇明道统录》"论许孚远"条中说:"余尝亲受业许师,见师端凝敦大,言动兢兢,俨然儒矩。其密缮身心,纤悉不肯放过,于天理人欲之辨,三致意焉。尝深夜与门人弟辈窅然静坐,辄追数平生酒色财气、分数消长以自证,其所学笃实如此。"(《刘宗周全集》六,第309—310页)

不得善字。"①蕺山赞许批周之为考虑更多的是"无善无恶"理论
所产生的实际效果，即这一理论对伦理道德的破坏。蕺山早在
1626 年的《学言》中便对龙溪"无善无恶"说进行了批评：

> 龙溪四无之说，心是无善无恶之心，是为无心；意是无善
> 无恶之意，是谓无意；知是无善无恶之知，是谓无知；物是无善
> 无恶之物，是谓无物。并无格致诚正，无修齐治平，无先后，无
> 本末，无终始，毕竟如何是《大学》的义？曰"不思善不思恶
> 时，见本来面目"，不更泄漏天机在？此龙溪意中事也，几何
> 而不为异学？②

在蕺山看来，若说"心"无善无恶，则意、知、物亦一体无善无恶，终
究是无作为，既无修养工夫之必要，亦无道德实践之自觉，总之是
沦落于"道德虚无"。是时，顾宪成③亦表达了这样的忧虑："所谓
无善无恶……是故一则可以抬高地步，为谈玄说妙者树标榜；一则
可以放松地步，恣情肆欲者决堤防。宜乎！君子小人咸乐其便，而
相与靡然趋之也。"④

在《与履思十》书信中，蕺山进而批评秦履思会通周、许之论
的错误治学方法。蕺山说："今方欲通两家之言，以归于一。而足
下又持论如此，是何异晦庵夫子以象山先生为禅，而象山先生又斥
晦翁主张无极之说为真禅乎？然则古今之言道者，惟其意而已矣，
意之所在，奴可以为主；意之所不在，主可以为奴。"⑤这里，蕺山对

---

① 《会录》，《刘宗周全集》二，第 544 页。
② 《学言》（上），《刘宗周全集》二，第 363—364 页。
③ 顾宪成（1550—1612 年），字叔时，号泾阳，世称东林先生，江苏无锡人，有
　《顾端文公遗书》《泾皋藏稿》等。
④ 转引自（明）顾宪成：《小心斋札记》卷四，载《顾端文公遗书》，《四库全书
　存目丛书·子部》第 14 册，齐鲁书社 1995 年版，第 271 页。
⑤ 《书》，《刘宗周全集》三，第 320 页。

秦弘佑的批评,则展现了一种治学方法,即是说,倘后人读前人书而不能明其"意",则必造成对前人的"误解""误读",后人所解释出来的前人之意乃成为解释者"个人之意"的发挥,被解释者"曲解",从而失去其本来意义和价值,"主可以为奴";反之,唯有尽可能对前人之意客观、逻辑地"还原",古人才能够在一定程度上被"显像"。作为解释者的意义和价值便是"还原""显像"被解释者,古人以今人之语得以体现,"奴可以为主"。蕺山一方面从哲学诠释方法上指出对待古人的基本的客观态度,另一方面批评秦履思无原则地会通许、周,造成学术价值观方向上的错误,从而批判"禅学化"的儒学,提倡"醇儒学"。

"醇儒学"主张"至善"。在《与履思十》书信中,蕺山指出:

> 仆窃谓:天地间道理只是个有善而无恶;我辈人学问,只是个为善而去恶。言有善便是无恶,言无恶便是有善。以此思之,则阳明先生所谓"无善无恶心之体"未必然也。言为善便是去恶,言去恶便是为善,即阳明先生所谓"去人欲便是存天理"是也。以此思之,则阳明先生所谓"为善去恶是格物"亦未必然也。①

蕺山在《与履思九》书信中已经指出:"论本体,决其有善无恶;论工夫,则先事后得,无善有恶可也。"按照蕺山的理论,阳明"无善无恶心之体"之论便不能成立,因为至善不是空无玄远之"无善",而是"善",是善之上已无另外之善可以概观之"善";阳明之"为善去恶是格物"亦不能成立,为善便是去恶,去恶便是为善,为善与去恶是相互转语。在蕺山看来,无过既为善,改过便是迁善。但是,任何有意为善、记过迁善的做法和行为都是不值

---

① 《书》,《刘宗周全集》三,第320页。

得提倡的,"吾辈要做向上工夫,立一条款,而一旦据册书曰:'某日以某事行一百善'。心下打得去否? 此仆所谓无治煞处也"①。蕺山所倡的"醇儒学"讲究"至善"本体中的改过迁善,提倡自觉、自在和自主,一旦人的言行举止能够时时、处处、事事恰到好处、自在自觉、行善无过,此人便达致"随心所欲"之境界。儒家道德修养和齐家治国事业,亦于此处追求最为高明。然而,学儒之人不见得都能够"识破"此理,往往是从急功近利处入手,甚至放弃自身的严苛修养而陷入因果报应中。蕺山据此而批评士风、时弊,批评袁了凡为代表的禅学化儒学在身心修养工夫上的弊病:

> 大抵诸君子之意,皆从袁了凡、颜壮其来。了凡之意,本是积功累行,要求功名得功名、求子女得子女,其题目大旨显然揭出,虽是害道,然亦自成一家言。诸君子平日竖义,本是上上义,要识认良知下落,绝不喜迁改边事。一旦下梢头,则取袁了凡之言以为津梁,浸入因果边去。②

蕺山批评袁了凡的禅学化儒学工夫修养论,根本是以其为"功利主义"。基于自己的儒学价值观立场,蕺山对儒士学袁了凡之学的性质进行总结:"一上一下之间,如以为打合得一,则是道差也;以为打合不得一,则是教差也;二者宜何居焉?"③醇儒学讲求本体之至善,而本体又内蕴工夫之中,工夫可以有恶无善,但不否定本体之至善;学者便是在做工夫中逐渐体会了本体与工夫的合一,从而实现人之道德性的自在发挥和自觉实践。"一上一下之间,如以为打合得一,则是道差也"是对醇儒学之工夫修养进路与禅学

---

① 《书》,《刘宗周全集》三,第320页。
② 《书》,《刘宗周全集》三,第320页。
③ 《书》,《刘宗周全集》三,第320—321页。

修养进路和本体认知问题间差异的分析,二者并不相同,不能"等同",亦不可无原则的"会通",毕竟是两种"道"路:"一上一下之间,如以为打合不得一,则是教差也",当是要求在儒释之途中有所辨析、明断,并从二者的差异中警醒过来,黜玄辟禅,醇儒正人,方为人间正道。

这样,蕺山于 1634 年 8 月撰著了《人谱》,其主要内容当有三部分,即《太极图说》《记过册》和《日用功课》,蕺山亦"遂自立纪过格,日日纪之,迄于甲申九月"①。

第二节　思想渊导

《人谱》内涵丰富的为人处世规范、规则,而它们渊源有自,即刘宗周长期以来所确立的"学生守则"和"做人方法"。

一、早年讲学与《四箴》

《人谱》所创构的为人处世规范规则与蕺山早期教学生的规范相对应。1616 年,时年三十九岁的刘宗周教授于陈氏石家池②,撰酒色财气四箴以警示学生。其中《酒箴》说:"诸生无故不得约人酌,常举酌以九行为度,暂举者倍之,不及于醉。主人进常膳,设四豆一荤二素;暂举各四之。仍不得呼卢为乐,违者加罚。尤禁三两成群,出入酒肆。犯者猥属市廛行径,非吾徒也,逐之。其或被人引诱者,重责之;再犯者,逐之。"其意是戒学生不得酗酒,不可

---

① 《年谱》,《刘宗周全集》六,第 375 页。
② 《年谱》,《刘宗周全集》六,第 259 页。

"流连酒食",不可"宴会奢靡",与《人谱》之《纪过格》"大过""丛
过"有对应。《色箴》说:"诸生父母在,一月一归省;父母亡,再月
一奉先。此外无故私归家者加罚。若昼狎淫朋,夜宿娼妓,干犯名
教,言之污口,犯者立逐。"其意是戒学生不得狎妓淫乱,与《纪过
格》"大过""丛过"条目有对应。《财箴》说:"今约诸生毋与米盐,
毋权子母,毋假财帛。此外更有博弈赌钱者,逐之。"其意是戒学
生毋私财博弈,与《纪过格》之"大过""丛过"条目有对应。具体
对应情况,见表一。

表一 《四箴》与《纪过格》对应表

《四箴》①		《纪过格》	
《酒箴》	诸生无故不得约人酌,常举酌以九行为度,暂举者倍之,不及于醉。主人进常膳,设四豆一荤二素;暂举各四之。仍不得呼卢为乐。	宴会奢靡	丛过
	禁三两成群,出入酒肆。	流连酒食	大过(朋友)
《色箴》	若昼狎淫朋,夜宿娼妓,干犯名教,言之污口,犯者立逐。	挟妓	丛过
《财箴》	今约诸生毋与米盐,毋权子母,毋假财帛。	私财	大过(父母)
	更有博弈赌钱者,逐之。	博弈	丛过
《气箴》	今约尔诸生,善则相传,过则相规。值月轮掌,美恶必书于册。闻过不举者罚之,轻重与犯者同科。仍责首座生提领,无忽。	懈怠	显过

不过,此处要注意,《人谱》之《纪过格》"微过"条指出:"妄根

---

① 蕺山所著酒色财气《四箴》已做成牌匾悬挂于重建的蕺山书院"刘念台先
生讲堂"中。

所中曰惑,为利为名,为生死;其粗者,为酒、色、财、气"①,可以看出,酒色财气之"过"亦是从微处不"独知"时长成。读此四箴,若肤浅地读,会以为是某种不近人情的说教,是对人生活的无限干涉。但是,仔细思考之后会感觉到,蕺山之所以要让他的学生这样做,最直接亦是最根本的原因就在于,那时的士人已经不像"士子"该有的样子,人们的言行举止已然走向庸俗、世俗,世人对酒色财气的错误体认,已经在彰明明末社会生活、道德面目、精神理想、处世观念的颓败与迷乱。救世抚民,明伦讲道,显然是蕺山胸中大志,既然居家无事,倒不如通过授徒传学来改变世道。而这个突破口即是对问学于己的学生们道德修养规范的严格化和系统化,亦唯在此严格的做人规范系统中体会人之为人的那个"灵明"所在。而这样的为学进路,亦与他为学主"敬"主旨密切关联。

二、证人讲会与《社约》

至 1631 年,蕺山始与陶奭龄讲会。据《年谱》"五十四岁"条记载,是时,"自邹元标、冯从吾、高攀龙卒后,士大夫争以讲学为讳。此道不绝如线。惟先生巍然鲁殿灵光,久而弥信。而陶望龄之弟奭龄(石梁)潜心学术,辞济阳之檄,息机林下。先生偶过奭龄,谋所以寿斯道者,奭龄欣然许诺,因相与商订旧闻,谋会同志而讲学"②。这便是"证人"讲会的开端。三月初三日的第一次讲会,蕺山深刻地指出:"此学不讲久矣。文成指出良知二字,直为后人拔去自暴自弃病根。今日开口第一义,须信我辈人人是个人。

---

① 《人谱》,《刘宗周全集》二,第 10 页。
② 《年谱》,《刘宗周全集》六,第 348 页。

人便是圣人之人,圣人却人人可做。于此信得及,方是良知眼孔。"①讲会之后,陶奭龄"首发圣人非人之论,为多士告。一时闻之,无不汗下者。先生因次其仪节,以示可久。遂题其社曰证人,而稍述所闻,作《证人社约》。"②《证人社约》分四篇:《学檄》《会仪》《约言》《约戒》,其《约言》《约戒》便与《人谱》之《纪过格》相对应,比之前的《四箴》更为完善、详细、严谨。

蕺山在《证人社约》之《约言》中说得明白:"社有约,约为学之大旨而言之,凡以为证人地也。并附诸戒条于后,即证即修。在斯学者,幸相与守之,天鉴在兹。"③其意是说,《约言》说明了人"是"人,只要人做到了这些看似琐碎、杂乱,但却真实、客观、体系的道德规范和礼仪准则,受学之士子自然可以成为人,成为堂堂正正的人,士子所要"学"的也无非是从此处入手;《约戒》则表明了人要成为这样的人,必须遵从一套与《约言》所对应的"戒律",从生活的点滴、角落、侧面,由知道而行道,既明学之本又行学之实,"即证即修",在自我的规范约束中实现道德践履的自觉化和自然化。

不过,在看到《约言》和《约戒》在士子学人中的教化敦促作用的同时,还应注意它们与《人谱》的某种关联性。蕺山在《约言》和《约戒》中所作的规定,在后来的《人谱》之《纪过格》中几乎都能够找到它们的踪影,可透过表二、表三得以展示:

---

① 《年谱》,《刘宗周全集》六,第 349 页。
② 《年谱》,《刘宗周全集》六,第 349—350 页。
③ 《证人会约》,《刘宗周全集》二,第 486 页。

《约言》		《纪过格》
其一： 圣人可学	戒讥侮儒先、诋诃名教	丛过：雌黄经传
	戒不讲学、不读书、读非圣之书	丛过：读书无序
	戒弗求友	大过之朋友类：耻下问
	戒轻作诗文	丛过：轻刻诗文
	戒好名斗艳	丛过：祷赛
	戒素隐行怪	丛过：衣冠异制
	戒参拜僧道	丛过：近方士、拜僧尼
其二： 孝弟为本	戒私财私爨	大过之父子类：私财 大过之长幼类：私蓄、早年分爨
	戒出入交际	大过之父子类：私出入、私交游、浪游
	戒制中宴乐	大过之父子类：忌日不哀（饮酒、茹荤）
	戒酷好风水	丛过：谋风水
	戒年久停丧	大过之父子类：停丧
其三： 敬爱广推	戒利己妨人	丛过：疏九族、薄三党、欺乡里、侮邻佑、慢流寓
	戒架势殴人辱人	丛过：欺凌寒贱、挤告
	戒动致人于官	丛过：讼、终讼、主讼
其四： 乡愿窠臼	戒会中投递书揭	大过之朋友类：势交、利交、滥交、狎比匪人
	戒借名道学	丛过：假道学
	戒生事地方	丛过：宿怨
	戒把持官府	大过之君臣类：居乡把持官府
	戒雌黄人物	丛过：造歌谣、传流言、称人恶、暴人阴事、面讦、讥议前贤

续表

《约言》		《纪过格》
其五：酒色财气	戒呼卢酗酊	丛过：纵饮
	戒饮以长夜	丛过：深夜饮
	戒蓄顽童	丛过：俊仆、畜优人
	戒挟优妓	丛过：挟妓
	戒摴蒱为生	丛过：博、弈
	戒求田问舍	丛过：田宅方圆
	戒终讼	丛过：终讼
其六：礼教成体	戒侧听	显过之头容：岸冠、脱帻、摇首、侧耳
	戒淫视	显过之目容：偷视、邪视、视非礼
	戒疾言	显过之口容：貌言、易言、烦言
	戒遽色	显过之色容：令色、遽色、作色
	戒跛立	显过之立容：跛倚、当门、履阈
	戒箕坐	显过之足容：箕踞、交股（大交、小交）、趋、蹶
	衣不紫、履无朱、冠不采	丛过：衣服异制
	闺阃无惰容	丛过：早眠晏起
	戒丧不用浮屠、祭无淫外神	丛过：亵渎神社
	戒动行祈禳	丛过：近方士、祷赛
其七：廉耻名节	戒结交衙门官吏	丛过：武断乡曲
	戒说事过钱	丛过：居间为利
	戒碑轴献谀当涂	丛过：献媚当途
其八：奢靡败俗	戒嫁娶相竞	丛过：嫁娶侈靡
	戒宴会相高	丛过：宴会侈靡
	戒宫室、舆马、服饰踰制	丛过：衣冠异制、怀居（居处器什）

《约言》		《纪过格》
其九： 遮形之言	戒多言	丛过：设誓、骂詈
	戒言市井	丛过：习市语、称绰号、造歌谣
	戒闺阃事	丛过：传流言
其十： 不耻闻过	戒腹诽背憎	丛过：面讦
	戒乐道人短	丛过：称人恶、暴人阴事
	戒匿怨结交	丛过：宿怨

表三 《约戒》与《纪过格》对应表

《约戒》		《纪过格》	犯戒惩罚
戒不孝	语言触忤，行事自专	大过之父子类：唯诺不谨	上罚
	甘旨不供，阴厚妻、子及妻、子触忤公、姑	大过之父子类：私财	上罚
	异姓承祧，出继外姓，越次夺继	大过之父子类：事伯叔父母不视父母以降	上罚
	制中嫁娶宴乐，(会荤酒)纳妾(近妇女)	大过之父子类：读礼不慎(衣服饮食居处)	上罚
	亏体辱亲，匿丧赴试	大过之父子类：私出入、私交游、浪游	出会
	亲死改名，忘先志，违祖训，毁遗书宗器	大过之父子类：不守成业	上罚
	亲过不谏，侍疾不谨，祭祀不敬，忌不哀，停丧不葬，继述无闻	大过之父子类：亲过不谏、不谨疾、侍疾不致谨、停丧、祭祀不敬(失斋、失戒、不备物)、继述无闻、忌日不哀(饮酒、茹荤)	上罚

续表

《约戒》		《纪过格》	犯戒惩罚
戒不友	分析不平,争财构衅	大过之长幼类:私蓄、早年分爨、侵公产	上罚
	偏听妇言,嫉妒伤和	大过之长幼类:听妻子离间	上罚
	异母相嫌,阋墙外诉	大过之长幼类:异母相嫌、阋墙、外诉	上罚
	贫富相形,忧患不恤	大过之长幼类:忧患不恤、贫富相形	上罚
戒苟取	依势欺陵,设机诓骗	大过之君臣类:陵下位	出会
	交结官吏,说事过钱	丛过:居间为利	出会
	把持官吏,武断乡曲,拿讹诈钱	大过之君臣类:居乡把持官府;丛过:武断乡曲、多取、滥受、居间为利	出会
	设机局骗,逐戏赌钱	丛过:博、弈	出会
	贪婪,悭吝,交易不明	丛过:交易不公	中罚
	为证作保,好讼,终讼,唆讼,和事取钱	丛过:好间、讼、终讼、主讼	上罚
戒干进	赇求权势,钻刺衙门	大过:嘱托公事	上罚
	怀挟买题,请人代笔	丛过:燥进	上罚
	要结当途,树碑刻石	丛过:献媚当途	上罚
	借名讲学,奔走势位	丛过:假道学	上罚
	易姓冒名顶替,徼幸结拜权要		出会
戒闺帏	弃妻宠妾,以妾为妻,妾饰拟主母	大过之夫妇类:私宠婢妾	上罚
	纵妻女入庙烧香、看戏、看灯	大过之夫妇类:帷薄不谨(如纵妇女入庙烧香之类)	出会
	纵妻女延偹拜师、削发为尼		出会
	交警不时,夫妻反目,妇言踰阃	大过之夫妇类:妇言逾阃	上罚
	纵妻女学诗词、写扇作书、琴棋夸耀		出会

《约戒》		《纪过格》	犯戒惩罚
戒贪色	少年娶妾,及有子娶妾	大过之夫妇类:无故娶妾	中罚
	多畜婢妾,屡进屡出	丛过:狎使婢女	中罚
	溺比顽童,携挟娼优买妓作妾	丛过:挟妓	上罚
	淫污外色,有干名义	丛过:畜优人	出会
戒妄言	期约不信,面谀背毁	丛过:与人期爽约	上罚
	文过饰非,巧言佞口		上罚
	好谈闺闱,攻发阴私	丛过:床笫私言、称人恶、暴人阴事	上罚
	搬斗是非,使机舞智		出会
戒任气	强项自满,刚愎拒谏	大过之朋友类:耻下问、嫉视净友、善不长、过不相规	中罚
	凌虐寡弱,动辄殴骂	丛过:骂詈	中罚
戒过饮	呼卢酗酊,长夜不止	丛过:纵饮、深夜饮	中罚
	擎拳攘臂,脱巾岸帻	丛过:暑月袒、科跣	上罚
	使酒骂座,执成嫌隙	丛过:轻诺、轻假(我假人)	上罚
	盛肴奇品,梨园宴客	丛过:观戏场	出会
戒奢侈	衣冠过丽,随俗习非	丛过:衣冠异制、怀居(居处器什)	中罚
	饮食过侈,暴殄无纪	丛过:饕食、特杀、食耕牛野禽、杀起蛰、无故拔一草折一木、暴殄天物	上罚
	田宅方圆,嫁娶侈靡	丛过:囗宅方圆、嫁娶侈靡	上罚
戒游荡	戏动谵言,闲游好事	丛过:戏动	中罚
	观戏场,看龙舟、神会、妇女	丛过:观戏场、行不避妇女	上罚
	畜娼妓、博弈、赌钱、纵饮	丛过:挟妓、俊仆、畜优人、纵饮	出会
	习市语,称绰号,造歌谣、传奇、小说	丛过:习市语、称绰号、造歌谣、传流言	上罚

续表

	《约戒》	《纪过格》	犯戒惩罚
戒惰容	科头翘足,恣肆不检	丛过:暑月袒、科跣	中罚
	拍肩执袂,相接无礼		中罚

这表明,蕺山早期与后期的言谈论说有内在连贯性和继承性。反言之,蕺山在《约言》和《约戒》中的条目框架,已然为后来撰著《人谱》拉开了证人、立人、成人的"序曲",是一次通过讲学而明道的真正"践履"。为了使受学的士子真正成为"人",成为人应该成为的人,蕺山对违反《约戒》的学生制定了"惩罚"。这样的惩罚,分"上罚":"罚杜门谢会讲一次(静坐讼过,立下便改),至赴会日捐古书一册,藏古小学。仍治具以供汤饼一次,诸友不更赏分";"中罚":"谢会讲一次(静坐讼过,立下便改),至赴会之日,仍捐古书一册,藏古小学";"出会"。① 针对不同的违反《约戒》的行为,受学士子会受到相应的惩罚(参见上表)。须注意的是,蕺山用以惩罚学生的方法"静坐讼过法"与《人谱》之《讼过法(静坐法)》亦存在一定的关系。在《约戒》中蕺山虽然没有明确说明"静坐讼过法"到底是种怎样的方法,但他在 1632 年所撰《静坐说》中有详细论说,即是要求人"日用之间,除应事接物外,苟有余刻,且静坐。坐间本无一切事,即以无事付之。既无一切事,亦无一切心,无心之心,正是本心。瞥起则放下,沾滞则扫除,只与之常惺惺可也。此时伎俩,不合眼,不掩耳,不趺跏,不数息,不参话头。只在寻常日用之中,有时倦则起,有时感则应,行住坐卧,都作坐观,食息起居,都作静会",从而"坐如尸,坐时习。学者且从整齐严肃入,渐

---

① 《证人会约》,《刘宗周全集》二,第486页。

进于自然"。① 蕺山的《静坐法》使人明晰两点:其一,本心之心,无心之心,本无一事,心外无事,日用之间,事事物物,皆人心所为,本自自然,本自理顺,故于静坐中体悟此一"事实"而已;其二,静坐之法,初始之时,有所强制而为,但若能从此"整齐严肃"入手,日积月累,必然"渐近于自然",静坐成为自我检点、体思世界、证悟修身的"自然选择"。静坐之法所阐明的道理在于,无事非心,万物非心,心中神明朗照,人自须从此心下手,离心之自觉、自主、能动理性,人便不可理解此气象万千的世界。《人谱》之《讼过法(静坐法)》亦在表明人心之"一线清明之气徐徐来","此心便与太虚同体","一真自若,湛湛澄澄,迎之无来,随之无去,却是本来真面目"②,这样一种工夫法与此处表示惩戒之法的《静坐法》具有继承性和连贯性。

另外,蕺山于 1632 年 10 月著《第一义》等说,发明静存之意,示人人道之方,成为之后撰著《人谱》的主要思想观念。据《刘宗周年谱》"五十五岁"条记载,是年 10 月,刘宗周著有《说》11 篇,包括《第一义说》《求放心说》《静坐说》《读书说》《应事说》《处人说》《向外驰求说》《气质说》《习说》《读书要义说》《养气说》等。刘汋曾于是《说》之下有按语:

> 是时先生用慎独工夫。独体只是个微字。慎独之功,只于微处下一着子,故专从静中讨消息。久之,始悟独说不得个静字。曰:"一独耳,指其体,谓之中;指其用,谓之和。"又曰:"中,阳之动也。和,阴之静也。不得以未发为静,已发为动。又不得以未发属性,已发属情。"盖谓喜怒哀乐,以四德言,不

① 《说》,《刘宗周全集》二,第 304—305 页。
② 《人谱》,《刘宗周全集》二,第 16 页。

以七情言,亦一时事,不分前后际。遂有丙子以后《语录》及
《圣学宗要》、《人谱》、《原旨》、《读易图说》、《证学杂解》诸
书。大抵于先儒成说掀翻无遗。即延平看未发气象,亦谓落
边际。独信濂溪、伯淳为无弊,俱卓然明道之书也。①

前已指出,《人谱》一书并不是简单的做人条纲的罗列,而是将哲
学理论阐释与做人具体方略实现内在通贯,在明理中实现"真知
笃行""知过即改""改过迁善",终究是实现主体之人之自觉性、自
在性和能动性的自我彰明,即实现"即工夫即本体""即自知即自
行"的道德自觉和自在,将道德规范与道德德性相融贯,将为学与
为人相统合。是时,蕺山之学已实现由"敬"而"慎独"的转变,其
"慎独"之说之最大特点便是对先儒动与静、内与外、中与和等二
分的哲学理念实现"一体圆融"。这样的思考,虽然不是蕺山的最
终定论和成熟展示,但这样的思考原则和思辨方向却能够在其今
后的为学、治学中得以继承和完善,也就有了刘汋对乃父治学理念
本质的论说。在一定意义上说,蕺山是年诸《说》所确立起来的理
论思维方式和治学方向,是《人谱》的重要思想渊导,是分析《人
谱》工夫哲学的理论始基。

第三节 修改与定稿

蕺山于1634年8月撰著《证人小谱》(后改名为《人谱》,自序
亦修改再四),至于是著是否立即示人,《年谱》并未详说,只是刘
汋有这样话:"《人谱》作于甲戌,重订于丁丑,而是谱则乙酉五月

---

① 《年谱》,《刘宗周全集》六,第363页。

之绝笔也。一句一字,皆经再三参订而成。向吴峦稺初刻于湖,鲍长孺再刻于杭,俱旧本也。"①据此而知,吴刻本和后来的鲍刻本皆非蕺山定稿本。而且,《人谱》初稿完成后,蕺山便围绕是著就相关思想与人论学。如 1634 年 12 月,蕺山在《答管生而抑》的书信中便指出:"学问人贵真发心,如将钱取物,决不徒手,又必取其紧要之货,以济家当之不足,归于实有受用而已。"在他看来,秦履思所撰《迁改格》如"市肆开场,百货冗集,美恶并陈",摊场虽有百事,而主顾或许只为某一事而来,故学者读《迁改格》理应要"于痛痒相关切处,取一二条作工夫,便可事事打透",蕺山且举张横渠"十五年学个恭而安"不成、李延平读"志士不忘在沟壑"而悟道等典故说明读书要"诚不在贪多",关键就是要学有针对性,于己之道德修养、心性培养、病痛治愈处得最为真切的东西。② 无病吃药只会长病,学不有"的",便不是真正的学,那种一味"条目记载""框架补充"式记过、迁改,终究不能明为学之本旨。而蕺山所论的"痛痒相关切"乃是醇儒学式的"纪过"法,"言过不言功",与《迁改格》"言过即言功"的"功利主义"价值取向相异。

　　蕺山于 1634 年撰著完《人谱》第一稿之后,虽有一段时间进京为官,但作为学者,始终不放弃为学论道,并能于乱世中探究圣学本质,不断完善和修正《人谱》,从而成为蕺山平生最为重要的著作,亦是当时较为有影响的儒家道德劝善书。

---

① 《年谱》,《刘宗周全集》六,第 477 页。
② 《书》,《刘宗周全集》三,第 322 页。

一、补充图示

据蕺山 1637 年 8 月 17 日《示金鋐鲍滨①两生》的信可知，蕺山初版的《人谱》当是没有图，或者说图示并不完善。董玚《刘子全书钞述》中谈吴峦稚初刻《人谱》版本时说："至初本与底版本，若《图》，若《图说》，若《要旨》，若《纪过格》，若《讼过法》，若《改过说》，有初少而增者，有初合而分者，有初定而更者，有初析而并者，有初先而后者，有初存而去者，亦注于下，且可以得功候之浅深焉。"②所谓底版本即蕺山临终前改定而且有刘汋识语的《人谱》版本，而吴峦稚初版刻于 1635 年，通过董玚之论，自然可知是时初刻本中定是缺失后来定稿版本的部分内容。那么，结合蕺山与鲍斌、金鋐二生书信，可知蕺山一定是据相应理论而作图，并将图收录进后来重订的《人谱》之中。蕺山于此信说：

> 昨言学当求之于静，其说终谬。道无分于动静，心无分于动静，则学亦无分于动静。"伐柯伐柯，其则不远。"天下有远人而可以为学者乎？所云造化人事，皆以收敛为主，发散是不得已事，正指独体边事。"天向一中分造化，人从心上起经纶"是也。非以收敛为静，发散为动也。一敛一发，自是造化流行不息之气机，而必有所以枢纽乎是，运旋乎是，则所谓天枢也，即所谓独体也。今若以独为至静之体，又将以何者为动用乎？藏而后发，白沙有是言，其始学亦误也。其后自知其非，又随动静以施其功，亦误也。总在二五边生活故耳。故

---

① 金鋐（？—？），字宏民，嘉善人；鲍斌（？—？），字长孺，余姚人，杜春生《刘子全书遗编钞述》著录他们为蕺山弟子。（（清）杜春生：《刘子全书遗编钞述》，《刘宗周全集》六，第 700 页）
② 《年谱》，《刘宗周全集》六，第 658 页。

曰：君子之学，慎独而已矣。①

此信表明，动静不可分，动中有静，静中有动；动中之静是说人事万千虽有各种性质的呈露，然其中自然有人心独体"天枢"的静而不动，人事终究不离心之独体的内在规约与引领；静中之动是说人心虽独体至静，却并不掩饰人事万千之各种性质的必然呈露，有此"天枢"之独体之静，人事之千变万化终究不失其所由、不失其所本。蕺山所论，独体即是"天枢"："一敛一发，自是造化流行不息之气机，而必有所以枢纽乎是，运旋乎是，则所谓天枢也，即所谓独体也"，此"独体"并非一实在之物，而是一种"状态"，是人事、物理、情感"围绕"它展开"动"的那个"轴心""依托"，是能够促使气机流行变化却又不使之离散、飘落的"主宰之点"。这个"点"，看似是一个"静"，实际是围绕它而进行着永无止境、永不止息的"动"；而若说它是"动"，却又不能否认所有的"动"之中自然所内蕴的好似轴心一样的"静"之体。这样的"动中之静"与"静中之动"的制约状态，便是"独体"。犹如"天枢"，从北极到南极，其中间好似有一根"轴"贯穿起来而使地球自西向东运转，"周天三百六十五度四分之一，而其中为天枢。天无一息之不运，至其枢纽处，实万古常止，却无一隙缝子，是其止处"②。其实，并没有这样的"轴"，地球只是在围绕那个"轴心""平衡点"展开自转，"动中有静"；但是，虽然并没有这样的"轴"，地球始终进行自转，并且永无止息，"静中有动"。对动与静的关系的理解，本身便是一种哲学的思辨。蕺山为了说明理论的方便，

---

① 《书》，《刘宗周全集》三，第337页。
② 《书》，《刘宗周全集》三，第337页。

特以图①表示：

- ㊌——独体即天体。
- ㊊——常人之心，其动也众欲交驰，其止也物而不化，合之昏迷放逸。
- ◎——静存动察之象。
- ◑——静存动察之讹。
- ㊀——看未发气象之说。

姚名达在《刘宗周年谱》中于是有这样案语："右列之图，后来收入重订《人谱》中，此实其最初发明之式"②，已然说明，蕺山所谈论的问题、所创作的图示，都成为他进一步补充和完善《人谱》的思想资源。只是，此时蕺山所论、所展示之图，与临终改定之《人谱》之图毕竟存在一定差异。如蕺山于是信中用以表示"独体即天体"的图示"㊌"，到定稿《人谱》则变为《纪过格》中表示"五行不叙"的图示。据此可以看出，蕺山对图示的理解、阐释和应用是在不断地完善和自我厘正。

其时，蕺山在 1636 年的《学言》"体认亲切法"③中亦有一定的图示：

- ◎身在天地万物之中，非有我之得私。
- ◎心包天地万物之外，非一膜之能囿。
- ○通天地万物为一心，更无中外可言。
- ⊙体天地万物为一本，更无本之可觅。

---

① 吴光主编《刘宗周全集》于蕺山是信并没有将蕺山所画诸图加以印刷，本文据《刘子全书》补充于此。（参见（清）董玚：《刘子全书》卷十九《书》（上），第 1354—1355 页）
② 《年谱》，《刘宗周全集》六，第 409 页。
③ 《学言》（上），《刘宗周全集》二，第 394 页。

这四句话可看作蕺山对"身"与"心"内涵及其关系的说明。按照蕺山之意,"身"与"心"皆有"形体"之"身"与"心"和"大生死"之"身"与"心"的区别。从"形体"而言,"身"为吾身,肉体之存在者,"心"亦是如此,"一膜之苑囿"者。但从"大生死"角度讲,天地万物生生不已,事事物物生生灭灭、无始无终,吾一人之"肉体之身"终究是一"时间历程"而已,故有其生与灭。"我"身之生灭并不表示他人、他事之皆生灭。从万事万物"生生不已"讲,"身"灭并不是其他都灭。同样,作为"肉体之心"与"身"有相同存在道理。不过,从"大生死""生生不已"而言,"心"已然不是局限于"人心",而是"通天地万物为一心"的"心",是含蕴者"生生之道"的"心之体"。这在《人谱》那里得以落实。而且,蕺山以"〇"图示之,正与《人谱》"无极太极"之图示相同。终究来说,蕺山的《体认情切法》图示虽未全部被应用于《人谱》,但它所凸显的"仁者以天地万物为一体""心外无物""心外无理""心之体"等理念却被蕺山纳入《人谱》之中,成为《人谱》心体论哲学思想的重要展示。

二、理论推演

蕺山对所撰《人谱》中所涉及的理论问题,亦是不断进行自我反思、自我完善的。据《年谱》可知,蕺山为学用力方向,至1636年又有一变,即"晚归本诚意",实现从"慎独"说向"诚意"说的转型:"是时先生工夫只在略绰提撕间。每爱举'天下何思何虑','诚无为,无欲故静,有所向便是欲'等语。……自此专举立诚之旨,即慎独姑置第二义矣。"①于是年,蕺山专提"诚"。当然,蕺山论"诚",自然与他对"意"的认识相关联,从而阐发《大学》"诚意"

---

① 《年谱》,《刘宗周全集》六,第398—399页。

之说,发明了"意为心之所存"①之论。这样,蕺山将为学用功方向定位于"诚意",慎独之说则搁置于第二位。那么,曾经在"慎独"之为学主旨之下撰著的《人谱》,自然成为蕺山重新思考、修改以实现前后思想融贯的改造对象。我们可以通过蕺山于1637年、1638年与其学生魏学濂的两封书信看出这种变化。1637年12月15日,蕺山在《答魏生子一(学濂)②》中说:

> 今世不知有圣贤之学久矣,病在治经者徒以资口耳而忽身心之印证,治事者徒以博功利而忘干济之成绩。是以学愈讲,而叛道乃愈甚;才愈高,而惑世诬民之祸亦愈深。政坐本领全疏耳。足下以忠孝立身,以名节道义砥俗,自不至蹈此流弊。然业已具载道之器,尤不可不猛寻向上一路,以规进步。③

蕺山告诫魏学濂,是时学弊在于"学不知本",此本当为"向上一路",是一种实现了无为无欲、无动无静、心诚意主的"即体即用"④之学。在蕺山,这个"学"就是"诚意",是是时蕺山所极力挺立的为学主旨方向。至1638年,蕺山又有《复魏子一二》书,其中指出:"士习之坏也,非一日矣。大都上无教而下无学,沦胥以没。……幸贤者力作狂澜之砥,其要止在讲明正学而已"。那么,"正学"当为"何学"?蕺山紧接着说:"向偶著《人谱编》,多属未定之见,是以未敢示人。去年所示仲木者,别后思之,亦多瞀语。

---

① 《学言》(上),《刘宗周全集》二,第390页。
② 魏学濂(1608—1644年),字子一,号内斋,一作容斋,浙江嘉善人,崇祯十六年(1643年)进士,蕺山弟子。
③ 《书》,《刘宗周全集》三,第339页。
④ 《书》,《刘宗周全集》三,第339页。

俟少迟日另作抄本以奉正"。① 据此而知,蕺山在《人谱》之中的理论亦已成为蕺山自己批评的对象,从他说自己之论为"瞽语"看——或许其中涵蕴着自谦之意——蕺山定对自己曾经的言论有"修改"的念想,而且这种修改,自然是与他此时阶段"归本于诚意"之为学方向大旨相连。

1637年,蕺山于《示金铉鲍滨两生》书信创构出系列图示而增添至后来的《人谱》之中,1638年的《复魏子一二》书信则明确表示《人谱》"多未定之见""去年所示仲木者亦多瞽语",那么,蕺山于此两年间当曾经对《人谱》有过修改,只是蕺山对修改后的《人谱》并不十分满意。刘汋曾说"《人谱》作于甲戌,重订于丁丑",董场亦据此而说:"戊寅以前有再订本,亦多未定语,而迟日别有本也。"②据此可推知,蕺山修订本之《人谱》当增加了图示。

实际上,《人谱》修订过程本身便是蕺山学力增进、学思明辨的过程。从而,受学蕺山的士子皆对蕺山为学、讲学、明道、传道的精神和治学进路,表示了赞赏与钦佩。比如,1639年9月,武进人张玮③(二无)谒蕺山,蕺山:

> 叩其所学,玮以静对。先生曰:"心无分于动静,故学亦无分于动静。若专求之于静,便有喜静恶动之病,凡九容九思,应事接物,未免多疏略处,非古人体用一源之学也。"玮然之。已而更端请曰:"读先生《人谱》,而知学者得力莫过《损》《益》二卦。惩忿窒欲,克己也。迁善改过,进德也。固有终身用之不尽者。"先生曰:"不然,要识得乾元,乾知大始,惩窒

---

① 《书》,《刘宗周全集》三,第341页。
② 《年谱》,《刘宗周全集》六,第657页。
③ 张玮(? —?),字二无,江苏武进人,万历四十七年(1619年)进士,蕺山弟子。

迁改纲领也。得此纲领，则功夫入粗入细，皆为有益。不然，即少有得力，总入人为凑泊，于身心了无干涉，几何而达本原之地乎？"玮欣服曰："此旨自元公后，不图今日复闻于先生也。"①

自蕺山提慎独时起，他便将内与外、动与静、中与和等先儒"分而言之"的概念"合一"观之。故而，当张玮回答"为学主静"时，蕺山自然讲"学无动静""心无动静"。前已指出，蕺山之意，动中有静，静中有动，动静本是"体用一源，显微无间"而已。当张玮进一步就《人谱》发表评论时，蕺山则明确反对二无以《损》《益》二卦为《人谱》为学纲领之论，而是主张"乾元"为纲领，唯有识得"乾元大始"，方可"惩窒迁改"。在蕺山看来，《损》《益》二卦虽本质上是要人"惩忿窒欲""迁善改过"②，但终究是"言盛衰之始"。③《损》《益》说明人犯过有恶，人可以迁善改过、惩忿窒欲，但更为根本的是要明晰人之"本心"如何、人究竟是什么、世界究竟是什么、人与世界间有怎样的关系、人如何实现与自我的和合融通等问题才是更为根本的思考目标所在。《损》《益》告之人的只是要做道德修养工夫，并没有说明为什么做工夫。因此，蕺山看重"乾元"，"乾，健也，真阳之德"，"乾之为道，当始亨而利于正，言可大又可久也，天下之盛德大业"④，乾作为万物始生之基，与坤和合而生生万物。《人谱》之论正是看到了乾坤之道的生生之义而将之系统性和本体化，从而使此书作为开放的文本体系，为各种思维层面的人实现

① 《年谱》，《刘宗周全集》六，第424页。
② 《损》卦之《象》辞曰："山下有泽，损。君子以惩忿窒欲。"《益》卦之《象》辞曰："风雷益，君子以见善则迁，有过则改。"
③ 《周易古文钞》，《刘宗周全集》一，第149页。
④ 《周易古文钞》，《刘宗周全集》一，第31页。

自我道德修养的提升,提供一定的理论支持。

《人谱》之《人极图说》首言"无善而至善,心之体"①,"心之体"即是作为本体的"心",即"本心","无善而至善"。蕺山对此语的解释是承接濂溪"无极而太极"而来,"善"与"极"相对待,"善"自然、自在存在,为万物之主宰,只是落实于"人",可以说是"善",若通天、地、人而言,"太极"为主宰。不过,"通三才而言谓之极,分人极而言谓之善,其意一也",蕺山已然将人与地与天合贯一体,那么,就人而言的"无善而至善""继善成性"与就天而言的"无极而太极""元亨利贞"实现合贯一体。从而,蕺山在1643年的《学言》有如此之论:

> 周子曰:"诚者,圣人之本。大哉乾元,万物资始,诚之原也。乾道变化,各正性命,诚斯立焉,纯粹至善者也。故曰:'一阴一阳之谓道,继之者善也,成之者性也。'元亨,诚之通;利贞,诚之复。大哉易也,其性命之原乎。"濂溪为后世儒者鼻祖,《通书》一编,将《中庸》道理又翻新谱,直是勺水不漏。第一章言诚,言圣人分上事,句句言天之道也,却句句指圣人家当。继善成性即是元亨利贞,本无天人之别。②

蕺山明确将"继善成性"与"元亨利贞"合贯来看,以此表明"天人无别"之蕴含,恰是对《人谱》之"人"之存在客观性、根据性的最真实概括。唯能明晰"天人无别",方可厘正"惩窒迁改"的可能性,从而增进"惩窒迁改"的信心。因此,张二无赞蕺山"此旨自元公后,不图今日复闻于先生"之论,有他的客观态度,已经充分认识到蕺山言论的缜密性和说理的逻辑性,从侧面亦能够体会出《人

---

① 《人谱》,《刘宗周全集》二,第2页。
② 《学言》(下),《刘宗周全集》二,第468页。

谱》哲学意蕴的深刻性和其对明末士风、仕风和世风"补偏救弊"
的及时性。

1643 年，蕺山因《人谱》之《人极图说》而发明易道，撰著《读
易图说》，并进而撰著《古文易抄》。在《读易图说》之序言中，蕺
山说：

> 余尝著《人极图说》，以明圣学之要，因而得易道焉。盈
> 天地间，皆易也；盈天地间之易，皆人也。人外无易，故人外无
> 极。人极立，而天之所以为天，此易此极也；地之所以为地，此
> 易此极也。故曰："六爻之动，三极之道也。"又曰："易有太
> 极"。三极一极也，人之所以为人，心之所以为心也。惟人心
> 之妙，无所不至，而不可以图像求，故圣学之妙，亦无所不至，
> 而不可以思议入。学者苟能读易而见吾心焉，盈天地间，皆心
> 也。任取一法以求之，安往而非学乎！因再述诸图，而复衍其
> 说于后，以补前说之未尽，总题之曰《读易图说》。诚亦自愧
> 瞽见矣，殆由是发轫焉，庶存跬步之一跌云。①

《人极图说》是《人谱》之"正篇"，《读易图说》虽说是蕺山对《人
谱》作进一步思考和发挥的结果，但定本之《人谱》亦因《读易图
说》而完善和定性。在《读易图说》中，蕺山说："人心之妙，无所不
至""读易而见吾心""盈天地间，皆心"，便明确了"心之体"的价
值。此外，蕺山于是著中结合《河图》《洛书》之图，并自创新图，分
析"人心"之"妙有之象""全体太极之象""以阳统阴之象""参天
两地之象""先天之象""后天之象""天圆合地方之象""四气之
象""十二辰之象""六合一体之象""万古无穷之象""六十四卦、
三百八十四爻之象"，等等，凡天道、地道与人道皆内蕴人心，心自

---

① 《读易图说》，《刘宗周全集》二，第 122 页。

然合天、地、人之理，心外无易，"心外无理"，正是蕺山37岁"悟道"之论的思想升华，更是与《人极图说》"无善而至善，心之体"的立论总纲相对应。刘汋据此而论曰："《太极图说》谓天以阴阳五行化生万物，物钟灵有人，人合德为圣，似一一有层次。先生独言：'人即天即地，人心具有太极阴阳五行万化之理。'《人极图说》与语录中备言此意，至《读易图说》，则发挥无余蕴矣。诚扩前圣所未发也。"①

　　1645年5月，蕺山改订《人谱》，于谱中未当者再加改正。姚名达在《刘宗周年谱》中指出："是书凡三易稿始定。单行本多系初刻，惟《刘子全书》中所载系定本"②，此"三易"，是指甲戌年（1634年）初撰、丁丑年（1637年）修改和乙酉年（1645年）最终改定。临终改定本之"自序"与初撰本《证人小谱》之"自序"存在一定的差别，这在前面已经说明。在这里则要说，两个"自序"的落款时间及著者皆是"时崇祯甲戌秋八月闰吉，蕺山长者刘宗周书"，蕺山弟子董玚《刘子全书钞述》说："今底版本于自序后载'时崇祯甲戌秋八月闰吉，蕺山长者刘某书'，而初本自序后载同之，其文与底版本大异。兹将全文注底版本序后，而'崇祯'等十八字于注中载之。"③这就是说，虽然两个序内容不同，但都注为"甲戌秋八月"，实是对蕺山的尊重，亦是要说明蕺山最早撰著《人谱》的时间。只是，我们应该明白，收录于《刘子全书》之定稿本《人谱》自序实际是作于"乙酉年"。姚名达于《刘宗周年谱》"六十八岁"条中，就改定本之《人谱》自序之下有按语："按此序作于甲戌八月

①　《年谱》，《刘宗周全集》六，第459页。
②　《年谱》，《刘宗周全集》六，第475页。
③　《刘子全书钞述》，《刘宗周全集》六，第657页。

闰吉,但屡经修改,可视为此时所作"①,是时为"明福王弘光元年
己酉即鲁王监国之年,清顺治二年",即 1645 年。

此外,蕺山生前出版的《人谱》与去世后由弟子董玚所编辑的
《人谱》,在内容上有差异。董玚《刘子全书钞述》有这样记载:

> 首《人谱》,如《王子全书》首《传习录》。刘子于乙酉五
> 月改订后,六月戊寅示伯绳氏曰:"做人之方,尽于是谱也。"
> 盖《人谱》自子课后,凡经再订,底本已入版本,附有伯绳《识
> 语》,此当为定本矣。(续又有刻本,大同小异。)而录版本复
> 多不同,今以底本为正,而以续录版本之不同者注于下,以备
> 参览。录本作卷之四,兹定为卷之一。

> 忆自戊寅岁,瑞生始侍诲,即请得甲戌初本抄之。而是岁
> 六月,子复魏子一有云:"向偶著《人谱》编,多属未定之见。
> 去年(丁丑)所示仲木者,别后思之,亦多瞽语。俟少迟日,另
> 作抄本以奉正。"(又云"仲木精进否?")仲木,海盐吴仲木繁
> 昌也,瑞生于子没后数年,会于禾郡。所云"亦多瞽语",是戊
> 寅以前有再订本,亦多未定语,而迟日别有本也。今底版本于
> 《自序》后载"时崇祯甲戌秋八月闰吉,蕺山长者刘某书",而
> 初本《自序》后载同之,其文与底版本大异。兹将全文注底版
> 本序后,而"崇祯"等十八字于注中载之。其伯绳识语云:"吴
> 峦稺初刻于湖。"峦稺,吴泰伯乡吴氏锺峦也,卒辛卯九月二
> 日,后有属瑞生为之传者。峦稺,甲戌成进士,后令长兴。是
> 所刻当即初本。(当在乙亥。)至初本与底版本,若《图》,若
> 《图说》,若《要旨》,若《纪过格》,若《讼过法》,若《改过说》,
> 有初少而增者,有初合而分者,有初定而更者,有初析而并者,

---

① 《年谱》,《刘宗周全集》六,第 476 页。

有初先而后者,有初存而去者,亦注于下,且可以得功候之浅深焉。绪山钱氏曰:"师没既久,表仪日隔,苟得一纸一墨,如亲面觌,奚以太繁为病?"瑞生侍子岁年颇同钱氏(嘉靖辛巳,王子返越,德洪辈侍者尚寥落。癸未后,环室而居,临席环坐不下数百人。洪七年日侍。)或藉以窃比云。(底版本"卜动念以知几"下有"可不费丝毫气力",语本程子,录版本改注下。)①

1645 年 6 月 19 日,蕺山始绝食。6 月 29 日,刘汋请示训,蕺山诫之曰:"常将此心放在宽荡荡地,则天理自存,人欲自去矣。"汋再请,蕺山说:"做人之方,尽于《人谱》。汝作家训守之可也。"②蕺山之论,彰明他对《人谱》学术价值和社会价值的自信,尽显《人谱》在蕺山平生哲学思想中的重要地位。

同时,《人谱》之下还有《人谱杂记》。③ 只是,《人谱杂记》是蕺山未竟事业,终究由其子刘汋补充完成。刘汋《蕺山刘子年谱》中指出:"先生绝食中,谓汋曰:'……《人谱杂记》属垂绝之笔,尚多残缺,宜辑补完之。'"④姚名达《刘宗周年谱》亦载:"先生又取古人言行,从《纪过格》诸款类次,以备警惕,名曰《人谱杂记》。尚未写定,临没时命子汋补成之。"⑤《人谱杂记》终究是刘汋之功。

———————

① 《刘子全书钞述》,《刘宗周全集》六,第 657—658 页。
② 《年谱》,《刘宗周全集》六,第 484 页。
③ 《四库全书》所录《人谱》所据"浙江巡抚采进本"和傅彩于康熙三十八年所刻《人谱》本称是著为《人谱类记》,吴光曾对之"书名"称谓有一番考定工作,最终确定《人谱杂记》之"名"。(参见《刘宗周遗著考》,《刘宗周全集》六,第 763—765 页)
④ (清)刘汋:《蕺山刘子年谱》,《刘宗周全集》六,第 192 页。
⑤ 《年谱》,《刘宗周全集》六,第 477 页。

　　辛鸣先生的硕士毕业论文《〈人谱〉探究》有《〈人谱杂记〉考辩》①，据北京大学图书馆藏清初题名为《刘蕺山先生传》的稿本，考察了《人谱杂记》编纂情况。此稿本为蕺山之孙刘士林所辑，其中有刘汋所作《人谱杂记记事》，可进一步印证刘汋补充、完善《人谱杂记》之事实。兹转抄述如下：

　　　　《人谱》曷为乎有《杂记》也？备警也。其备警者何？学为人必进而师诸古也。师诸古将退而省诸躬也。其为师古省躬奈何？昔先君子著《人谱》出以示人，人以辟二氏也，束之高阁，独朱绵之读而亟称之，以为作圣之阶梯在是。一日过先君子，请曰：读《人谱》而知人之所以为人，以其心之善也；且知人之所以为人，莫过于去其心之不善以复于善也。祚②不敏，欲请事而未能幸，先生辑古人嘉言懿行，为后学众弦助，可乎？先君子许诺，逡巡数年，而绵之已却世矣。会国家鼎革，狗（失）地至渐，先君子自分必死，日取往哲载籍可为谱中六事法鉴者书之。或曰：斯时而为此，将如国事何？先君子曰："昔朱生请我为此书，吾许之而未果，今虽待死有日，不可负前言于地下也。抑守吾道而毙焉，斯亦已矣，他非老臣敢望也。"竟编之，题曰《杂记》，谓随阅随录，各以其事记之，云缺者数类，弗及遍搜。垂绝谓曰："汝为我重加订正，毋废临歧苦心，谨志不敢忘。越八年，出而差次之，阙者补之，错者移

----

① 参见辛鸣：《〈人谱〉探究》，北京大学中国哲学哲学硕士研究生毕业论文，1993年，第16—17页。

② 祚，即朱昌祚（朱绵之），蕺山弟子。全祖望以朱昌祚为服侍蕺山最久之三人之一，并进一步述论绵之赠送解吟轩之事："绵之居即在蕺山下，其解吟轩，子刘子讲堂也。朝夕不离杖履，所造甚邃。今轩为比邱尼所据，予伤之，欲赎之归书院中，不果。"（（清）全祖望：《子刘子祠堂配享碑》，《刘宗周全集》六，第648页）

之,合者分之,泛者删之,悉从原本大体而厘焉,非敢妄有损益,聊以卒先君子遗命已尔。因是窃有感焉,世之集拾前闻,旁搜近记如是书者多矣,岂不足以资众弦之助?而究无补于身心者,何也?不立志故也。不立志而读古人书,无异不掘泉而疏沟塍,不种树而事耕耨,且欲望其流之长,获之丰,得乎?学者诚必有为圣之志,徐取古人嘉言懿行,一一体之于躬,恍如师保诏我而父母诚我也,而其所以为迁善改过者倍切,不然,虽日考典陈谟,有何补益,况后世之言行乎?敢籍手为读斯编者励。

　　时岁在癸巳秋七月,不孝男汋百拜谨书。

从这篇记中可知,其一,《人谱杂记》是蕺山因门人朱绵之的建议而编辑成书的。但直至临终,亦未能编辑完备。故而有临终遗命子刘汋编纂完成是著之事。其二,刘汋对蕺山所编著《人谱杂记》有删有补、有移有分,但于蕺山大旨当无太大改动。其三,刘汋完成《人谱杂记》的编辑是在"癸巳"秋七月(1653年),蕺山已去世八年。其间有《人谱杂记》的刊刻,但因刘汋改定本未完成,故坊间流行的《人谱杂记》多与时下流行的劝善书相类似,大失蕺山本意。即便是《四库全书》所收录《人谱杂记》,其题名亦被易为《人谱类记》,且有如此之按语:"姚江之学多言心,宗周惩其末流,故课之以实践。是书乃其主蕺山书院时所述以授生徒者也。《人谱》一卷,首列《人极图说》,次《记过格》,次《改过说》。《人谱类记》二卷,曰《体独篇》、曰《知几篇》、曰《凝道篇》、曰《考旋篇》、曰《作圣篇》,皆集古人嘉言善行分类录之,以为楷模。每篇前有总记,后列条目,间附以论断。主于启迪初学,故词多平实浅显。兼为下愚劝戒,故或参以福善祸淫之说。然偶一及之,与袁黄《功过格》立命之学终不同也。或以芜杂病之则不知宗周此书本为中人

以下立教,失其著作之本旨矣。"①提要之论并未切中《人谱》之意
义要害,但从其对《人谱类记》的叙述可以反观,是时所流行的《人
谱杂记》并非符合蕺山本意的《人谱杂记》,且经刘汋改定的《人谱
杂记》还未刊行。

《人谱杂记》与《人谱》当看为一整体,但各有偏重。《人谱》
重在理论建构,《人谱杂记》则是对应《人谱》而来的人物、事例排
列。《人谱杂记》以其人物故事形象展示了何为君子、何为圣人;
《人谱》以其哲学思辨架构了"什么是人""如何为人"。《人谱杂
记》可看作以人物的道德精神为中心的人物列传,蕺山的此种写
作方法直接影响了后世学者的写史方法,正如蒋年丰先生所说:
"自有《史记》以来,中国史学即重列传。但经过刘蕺山与黄梨洲
之影响的列传,即强调为体道的人格列传。换句话说,经此影响,
列传转型为'仁人志士的列传'。历史真理表现在仁人志士的节
操之中。这种史学思想乃是新的发展。"②

总之,《人谱》非一蹴而就,而是蕺山前后花费十一年,"凡三
易稿"而成。《人谱》虽因《功过格》而作,但却是蕺山长期讲学、明
道的思想结晶。1634 年《人谱》初稿完成后,蕺山又于 1637 年重
订,于 1645 年临终前改定。蕺山完善《人谱》的同时,亦与朋友、
学人交流思想,《人谱》的相关哲学思想得以不同层面的阐发,而
且因《人极图说》,蕺山发明易道,撰著《读易图说》《周易古文
钞》。《人谱》所开显的圆融天、地、人三才之道的"心之体",因

① 《〈人谱〉、〈人谱类记〉提要》,《刘宗周全集》六,第 709—710 页。
② 蒋年丰:《从朱子与刘蕺山的心性论分析其史学精神》,《文本与实践
(一):儒家思想的当代诠释》,桂冠图书股份有限公司(台北)2000 年版,
第 271 页。

"心易哲学"更加明朗。蕺山撰著《人谱》之后，受学生朱绵之启发又作《人谱杂记》，但终究未能完成，而由其子刘汋补充完善。《人谱杂记》将《人谱》枯燥的哲学义理通过人物列传的形式表象出来，是理解《人谱》哲学义理和做人之方的重要参照。

第三章　"无善而至善，心之体"
——《人谱》心体论

　　《人谱》是蕺山晚年成熟思想的集中展示，体现了蕺山对"心体论"的哲学思辨和对工夫修养进路的探索。故而，蕺山弟子张应鳌称赞是著为"精义熟仁之正学，天德王道之全功"；蕺山临终易箦时亦谆嘱弟子，务必传习兢兢。《人谱》分正篇和续篇，正篇包含《人极图》和《人极图说》，续篇则为《证人要旨》《纪过格》《讼过法》和《改过说》。正篇与续篇并不是截然分开的两部分，而是相互照应、互相阐发。《人极图》解构周敦颐《太极图》，修正"太极"概念，以之为"生生道体"。《人极图说》则是对《人极图》的发挥和注释，以"太极"为出发点，以"心"圆融天、地、人三才之道，以"人极"涵摄"太极"，彰明"人之为人"的客观理则和必然根据。

第一节　《人极图》与"太极"

　　《人极图》(见图一)是从《太极图》演变而来的。蕺山对此说得明白："此第二、第三图，即濂溪《太极图》之第二图。然分而为二，自有别解，且左右互易，学者详之。"①既然《人极图》与《太极

---

① 《人谱》，《刘宗周全集》二，第3页。

图一 《人极图》

图》相关联,必须对此有所厘清,尤其是重点分析蕺山将《太极图》之第二图拆解且互易的深层原因。蕺山虽然形式上有学习濂溪的地方,但在对哲学理念的诠解方面,实现创新,最直接地表现于《人极图说》以"心"为核心而展开的哲学逻辑结构之中。蕺山由对濂溪"太极"的体认落实于"人极",终究以"心"管摄三极之道。《人谱》的哲学思想宗旨恰与蕺山 37 岁悟道之论相通合,从而尽显蕺山"心"学特质。

一、《人极图》解构《太极图》

蕺山在解构《太极图》、建构《人极图》的过程中,对"太极"概念重新诠释,而且实现"太极""人极"和"心"之间的转换。

蕺山《人极图》将濂溪《太极图》第二图拆解为二图,即图〇和图◉。按照蕺山所说,我们可以把二者重合起来,并左右互易,所形成的图示便是濂溪《太极图》之第二图◉。此图为"坎(☵)离(☲)图",又称"水火匡廓图",图左表示为"阳动",图右为"阴静"。对于此图,蕺山并不认同。在 1637 年的《学言》中,蕺山指出:

> 《河图》左畔阳居内,而阴居外;右畔阴居内,而阳居外。阳左阴右,皆以内者为主,盖阳生于阴,阴生于阳也。至周子图,太极左畔言阳之动,而反以阴居内;右畔言阴之静,而反以阳居内。将以内者为主乎? 外者为主乎? 内者生气也,外者伪气也,似与图意不同,虽各有取义,而终以《河图》为正。盖河图阳生于阴,而周子以为太极动而生阳;《河图》阴生于阳,而周子以为太极静而生阴,是《河》《图》之二气自相生,而周子皆以太极生之也。自相生则不必有太极,若以太极生两仪,则太极实有一物矣。为此言者,盖拟夫子赞《易》之说,而误焉者也。毫厘之差,千里之谬也。①

在蕺山看来,《河图》(见图二)左半阳居内,右半阴居内,阳左阴右,说"阳生于阴""阴生于阳",实际上是在说明"阴阳二气自相生"。但是,濂溪《太极图》之第二图则表明"太极"左半为"阳之动"而"阴居内";右半为"阴之静"而"阳居内"。即是说,按照蕺山的理解,濂溪之图所揭示的是"太极"生两仪,即"太极"生"阴阳",那么,"太极"便"实有一物",而且,"太极""阴阳"进一步生"动静"。就蕺山不以"太极"为"实有之物"言,他对"本体"的体

---

① 《学言》(中),《刘宗周全集》二,第405—406页。

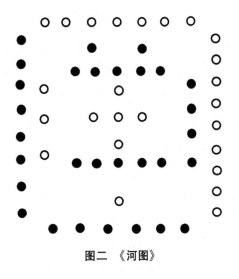

图二　《河图》

认已然超越了宋明理学家。当把"本体"囿于某种具体之物,即"实存之物"时,这一"本体"实际上已经失去了活力。

　　对于濂溪的"生成"理论,蕺山有自己的看法。他早在1628年的《学言》中就已经指出:"只此动静之理,分言之是阴阳,合言之是太极,故曰:'一阴一阳之谓道。'即分即合是太极,非分非合是无极,故曰:'阴阳不测之谓神。'"①1634年的《学言》亦有论:"周子主静之静,与动静之静迥然不同。盖动静生阴阳,两者缺一不得,若于其中偏处一焉,则将何以为生生化化之本乎?然则何以又下个静字?曰:'只为主宰处着不得注脚,只得就流行处讨消息。'亦以见动静只是一理,而阴阳太极只是一事也。"②从中可以看出,蕺山认为"太极"自身内蕴"阴阳动静",凡言"阴阳动静"皆是"太极"之"自动",是"太极"自身的"动"与"静"。也就是说,

────────────

① 《学言》(上),《刘宗周全集》二,第377页。
② 《学言》(上),《刘宗周全集》二,第378页。

"太极"自然"动静",自然便分为"阴阳";"动静"自然是"太极"之
"动静","阴阳"自然是"太极"之"阴阳"。"阴阳""动静"与"太
极"本不相分,亦不存在"生成"问题。

　　蕺山在《会录》中对濂溪《太极图说》所论说的这种万物"生
成"演进模式提出批评。他说:"濂溪《太极图说》,前面是一段,
'惟人也'以下又是一段,(旧有'不合'二字)将天地与人分作两
橛。如此说,是先有个太极之理贮在空虚,而人得之以为道。不知
盈天地间皆是此个,天得之以为天,地得之以为地,人得之以为人,
物得之以为物,即至根荄鳞介,无不各具五行之性。即此是阴阳之
理,即此是太极之妙,故曰:'阴阳之上更无太极也。'"①蕺山1637
年的《学言》亦指出:"《太极图说》言:太极生阴阳,阴阳生五行,五
行生成万物,物钟灵有人,人立极有圣,圣合德天地。似一事事有
层节,岂知此理一齐俱到? 在天为阴阳,在地为刚柔,在人为仁义。
人与物亦复同得此理,蠢不为偏,灵不为全,圣不加丰,凡不加啬。
直是浑然一致,万碎万圆,不烦比拟,不假作合,方见此理之妙。"②
蕺山一句"此理一齐俱到",当可谓是点破他不认同濂溪"生成"说
的原因所在。即是说,"太极""阴阳""动静"皆是互蕴在一起的,
不存在谁"生"谁的问题,只是在一定的条件之下,他们之间有一
个互相彰明、开显的过程。"太极"动便是阳,静便是阴,而且,动
中有静,静中有动。而且,天、地、人、物从本质上说是"生生化
化"。"生生化化"不是"生成"。"生成"必有一"生成"者为其始
根;"生生化化"则是"自相生",乃是事事物物存在的基本状态。
故而,事物无有"层节",无有主宰之"生成者"。

---

① 《会录》,《刘宗周全集》二,第535—536页。
② 《学言》(中),《刘宗周全集》二,第409页。

二、《太极图》之阙漏

实际上,按照濂溪《太极图说》之推演理论看,《太极图》自身存在一定的弊病。不过,对于《太极图》与《太极图说》之间关系的厘定,一直是见仁见智的问题。《太极图》究竟是不是《太极图说》的真实反映,或者说,《太极图说》是不是一定客观反映着《太极图》的哲学思辨逻辑,不同的学者给出不同的答案。按照"传图者必传说,决不可能前人创图,后人作说"①的理论,《太极图》与《太极图说》之间有反映与被反映、体现与被体现的关系。但是,透过《太极图说》看《太极图》,《太极图》终究有值得改进的地方。倘若不认同以上观点,独立看《太极图》和《太极图说》,那么,目前所传沿的《太极图》和《太极图说》也存在不对应情况,因为,《太极图说》自经朱熹改定后,几乎成为学者研究濂溪哲学思想的"金科玉律",而按照改定之《太极图说》看《太极图》,所得结论又不见得为濂溪所自有。

关于濂溪《太极图》的来源,张立文先生指出:"周敦颐在构筑其《太极图》时,虽基本上吸取《道藏·太极先天之图》的图式,也作了一些改造。这个改造的过程,便是儒、释、道合一的过程。一方面他取《周易参同契》'乾坤者易之门户,众卦之父母,坎离匡廓,运毂正轴'的《水火匡廓图》以代替《道藏·太极先天之图》中的《坎(☵)乾(☰)图》。同时取宗密的《阿黎耶识图》(见《禅源诸诠集都序》卷下二),以为补充。"②同时,张先生还指出,自濂溪之后,道教、佛教均吸收《周子太极图》图式,而对原来的《太极先天之图》和《阿黎耶识图》加以改造。③ 张先生又根据《道藏·洞真

---

① 李申:《易图考》,北京大学出版社 2001 年版,第 14 页。
② 张立文:《宋明理学研究》,第 103—104 页。
③ 参见张立文:《宋明理学研究》,第 106 页。

部·灵图类》本《周易图上·周氏太极图》图文、《通志堂经解》本
朱震所进《汉上易卦图上·周子太极图》图文、《性理大全》本朱熹
所定《周子太极图》图文以及《宋元学案》本和正谊堂《全书》本合
勘《太极图说》全文,并据《国史·濂溪传》定其首句为"自无极而
为太极"①。张先生所整理《太极图》(见图三)及《太极图说》
如下:

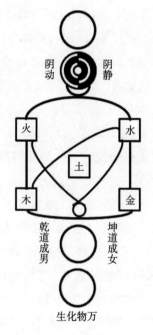

图三 《太极图》

自无极而为太极。太极动而生阳,动极而静;静而生阴,静极
复动。一动一静,互为其根。分阴分阳,两仪立焉。阳变阴
合,而生水、火、木、金、土。五气顺布,四时行焉。五行,一阴

───────────

① 参见张立文:《宋明理学研究》,第114—116页。

阳也。阴阳，一太极也。太极本无极也。五行之生也，各一其
性。无极之真，二五之精，妙合而凝。乾道成男，坤道成女。
二气交感，化生万物。万物生生，而变化无穷焉。惟人也得其
秀而最灵。形既生矣，神发知矣，五性感动而善恶分，万事出
矣。圣人定之以中正仁义（自注：圣人之道，仁义中正而已
矣。）而主静（自注：无欲故静），立人极焉。故圣人与天地合
其德，日月合其明，四时合其序，鬼神合其吉凶。君子修之吉，
小人悖之凶。故曰：立天之道，曰阴与阳；立地之道，曰柔与
刚；立人之道，曰仁与义。又曰：原始反终，故知死生之说。大
哉易也，斯其至矣。（《周子全书》卷一）①

当张先生将《太极图》与《太极图说》统合而阐释濂溪思想时，发现
了濂溪"无极太极"理论与图式之间的矛盾。也就是说，尊重濂溪
既创《太极图》又作《太极图说》，且后者是前者的解说的事实，那
么，按照濂溪"自无极而生太极"的哲学逻辑起点，"无极"为宇宙
之根，"无极"而生"太极"，"太极"生"阴阳"、"阴阳"生"五行"、
"五行"生"男女"、"男女"生"万物"，即"无极"是他哲学逻辑结构
的形而上范畴与其体系的出发点和归宿点。那么，在《太极图》最
上一图（○）之上还应该有一个○图来表示，从而形成"无极"图、
"太极"图、"阴静阳动"图、"五行顺布"图、"乾道成男、坤道成女"
图、"万物化生"图等七图的思辨逻辑进路。但是，濂溪《太极图》
之上并没有这个图式。故而，张先生说周敦颐的《太极图》与《太
极图说》有冲突，有"逻辑的不严密"，朱熹改《太极图说》首句"自
无极而为太极"为"无极而太极"，原因亦出自与此。② 由此可见，

---

① 张立文：《宋明理学研究》，第 108 页。
② 张立文：《宋明理学研究》，第 114—116 页。

若将图与图说皆看成是同一人所为,那么,濂溪所构架《太极图》
并不能反映《太极图说》的逻辑进程;反之,《太极图说》所推演的
思辨逻辑,《太极图》不能完全涵盖。因此,按照张先生所整理《太
极图说》来看《太极图》,是图自然有不完善之处。

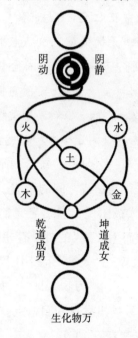

图四 朱熹《太极图说解》之《太极图》

当然,有学者的主张与张先生不同,而是以朱熹所改"无极而
太极"为《太极图说》首句,并以"太极"作为濂溪宇宙论起点。如
陈来先生说:"太极指未分化的混沌的原始物质,无极是指混沌的
无限。太极作为原始物质本身是无形的、无限的,这就是所谓'无
极而太极'。"①张祥龙先生亦有论:"无极之'无',意味着'无朕'、

———————————

① 陈来:《宋明理学》,第49页。

'无声无臭'，或'不可［在任何意义上］对象化'，而非标示着一个特别的与太极不同的无极状态、无极阶段。"①朱熹的确有这样言论："'无极而太极'，只是一句。如'冲漠无朕'，毕竟是上面无形象，然却实有此理。……只言'无极之真'。真便是太极"②；"上天之载，无声无臭，而实造化之枢纽，品汇之根抵也。故曰'无极而太极'，非太极之外，复有无极也"③。须知，朱熹定《太极图说》《通书》，而且，随着朱熹学术地位的上升，朱子所定本成为后来士子学习的范本。去研究濂溪，一定程度上便是在朱学笼罩之下展开。若打破这样的治学"学术权威论"，定能发现另外的一番学术风景。因此，将濂溪置之于他时代学术大背景之下，他在创构《太极图》和撰作《太极图说》之时，"无极"作为哲学本体，已经存在，并且在濂溪《太极图说》流行的版本中，有些便是用的"无极而生太极"，张先生主张濂溪所作《太极图说》首句为"自无极而生太极"也并不是随意所说，而是花较长篇幅考释之后所得的结论。④因此，我们回到先前所预设的前提，若说《太极图》与《太极图说》皆为濂溪所作，而且，从尊重历史事实和严谨的考证角度看，以"无极"为濂溪哲学思辨起点，那么，《太极图》自然有其不完善地方；若虽然主张《太极图》与《太极图说》为濂溪所作，但以朱熹所改造之《太极图说》（朱熹《太极图说解》之《太极图》如图四⑤）为正，以"太极"为濂溪哲学思辨之起点，那么，图与图说之间便有了

---

① 张祥龙：《周敦颐〈太极图说〉、〈易〉象数及西方有关学说》，《现代哲学》2005 年第 1 期。

② （宋）朱熹：《朱子语类》卷 94《周子之书》，第 2365 页。

③ 《周敦颐集》中朱熹对《太极图说》的注解，第 4 页。

④ 参见张立文：《宋明理学研究》，第 114—123 页。

⑤ 参见张祥龙：《周敦颐〈太极图说〉、〈易〉象数及西方有关学说》，《现代哲学》2005 年第 1 期。

隔膜,虽形式上《太极图》反映《太极图说》意涵,但已经不是濂溪本意。不过,从这种学术演变进路倒可以推知,恰是后人对前人理论的修改,哲学理论才得以发展、前行、创新。从历史角度看,濂溪之著述本意存在自我的矛盾;从朱熹改订角度看,朱子能够将濂溪哲学思想中的矛盾实现一定程度上的消解,反映出朱熹哲学对濂溪哲学的发展与推进。

三、《人极图》辨"太极"

至此,反观蕺山对濂溪《太极图》的改造。朱熹改造了濂溪哲学思辨逻辑的起点,而蕺山则改造了濂溪哲学的思辨方式。朱熹确立了"太极"哲学范畴,蕺山亦将此范畴运用于自己哲学体系,并对"太极"加以新释。蕺山在 1634 年所撰《圣学宗要》论濂溪《太极图说》中指出:

> "一阴一阳之谓道",即太极也。天地之间,一气而已,非有理而后有气,乃气立而理因之寓也。就形下之中而指其形而上者,不得不推高一层,以立至尊之位,故谓之太极;而实本无太极之可言,所谓"无极而太极"也。使实有是太极之理,为此气从出之母,则亦一物而已,又何以生生不息,妙万物而无穷乎? 今曰:"理本无形,故谓之无极。"无乃转落注脚。[1]

在 1637 年的《学言》中亦说:"子曰:'易有太极。'周子则云:'无极而太极。'无极则有极之转语,故曰:'太极本无极。'盖恐人执极于有也。而后之人又执无于有之上,则有是无矣。转云'无是无',语愈玄而道愈晦矣。"[2]按照蕺山意思,"太极"就是那个"根本",

---

① 《圣学宗要》,《刘宗周全集》二,第 230 页。
② 《学言》(中),《刘宗周全集》二,第 405 页。

宇宙万物皆有这样的一个"根本"内蕴自身,故而可说"有"。但是,这个"根本"之"有"却是存在于万事万物之中,"物物各具一太极",因此不能给"太极"以某种确定的描述。即是说,虽然有"有",却不能对"有"进行描述,那么,这个"有"从形式上看便表现为"无"。蕺山说"无极"是"有极"之转语,根本上是要人从对"有"的执着追求中解放出来,要看到"有"之"根本"本便是内蕴事物之中,事物之中自然内蕴"根本"之"有",无论是否"识破","有"并不因之而消逝。"有"因事物而"显明",却不是因事物而"存在"。跳出对"有"的执着,自然能够达致一种"即有即物,即物即有"的豁然开朗之境地。而这个境地就是"太极":"盈天地间,一气也。气即理也,天得之以为天,地得之以为地,人物得之以为人物,一也。人未尝假贷于天,犹之物未尝假贷于人,此物未尝假贷于彼物,故曰:'万物统体一太极,物物各具一太极'。自太极之统体而言,苍苍之天亦物也。自太极之各具而言,林林之人,芸芸之物,各有一天也。"①"太极"含蕴于万物之中,万物自然含蕴着"太极"。由此可说,"太极为万物之总名"。"太极"之上并没有"无极","无极"只是"太极"的"转语",是对"太极"之"即有即物、即物即有"状态的描述。因此,蕺山1643年的《学言》对执着于"无极"的观点提出批评:"太极本无极,是直截语。如后人参解,乃曰'太极本于无极'耳,信如此,岂不加一重障碍?"②由此可说,"太极"具有"本体"之意义,是天、地、人、物共有共存的那个"本根"。

实际上,蕺山对"太极"的理解,是与他对"理气"关系、"道

① 《学言》(中),《刘宗周全集》二,第408页。
② 《学言》(下),《刘宗周全集》二,第464页。

器"关系的认识分不开的。据姚名达《刘宗周年谱》记载,蕺山曾经于1637年"辨太极之误":

> 一奇即太极之象,因而偶之,即阴阳两仪之象。
>
> 道理皆从形气而立。离形,无所谓道。离气,无所谓理。
>
> 天者,万物之总名,非与物为君也。道者,万器之总名,非与器为体也。性者,万形之总名,非与形为偶也。
>
> 理即是气之理,断然不在气先,不在气外。知此,则知道心即人心之本心,义理之性即气质之本性,千古支离之说,可以尽扫。而学者从事于入道之路,高之不堕于虚无,卑之不沦于象数,道术始归于一乎!①

按照蕺山的意思,"阴阳"即"太极"的"两仪之象",但不是"太极""生""阴阳"两仪,只是自然便内蕴它们。"生"这一哲学概念的基本前提是"生者"与"被生者"之间的"二分",蕺山平生治学用力处,便是要打合这样的"二分"思辨方式,从而实现"一体圆融"的思辨方式,也就是对孔子所倡导之"一以贯之"大道的具体践履。蕺山对"太极""阴阳""动静"等概念关系的厘正,同样应用于他对其他观念关系的梳理上,从而能够将"道"与"器"、"理"与"气"、"气质之性"与"义理之性"等先儒所"二分"的概念以"一体圆融"的思维方式加以统合。

那么,"太极"到底意蕴何在? 蕺山所理解的"太极"本质为何? 回到蕺山对《人极图》第二图和第三图的说明上。蕺山说图 ◎"左半"为"太极",图 ◉"右半"为"太极"。蕺山在1634年所撰《圣学宗要》论濂溪《太极图说》说:

> 太极之妙,生生不息而已矣。生阳生阴,而生水火木金

---

① 《年谱》,《刘宗周全集》六,第410页。

土,而生万物,皆一气自然之变化,而合之只是一个生意,此造化之蕴也。唯人得之以为人,则太极为灵秀之钟,而一阴一阳分见于形神之际,由是毂之为五性,而感应之涂出,善恶之介分,人事之所以万有不齐也。[①]

蕺山《周易古文钞》释《易·系辞下》第一章"是故《易》有太极,是生两仪,两仪生四象,四象生八卦,八卦定吉凶,吉凶生大业"[②]时,指出:"于是圣人分明指示道体,曰'易有太极',盖曰道无道,即乾坤之生生而不息者是,是以乾坤列而四象与八卦相蕴而生。此易道之所以为至也。强名之曰'太极',而实非另有一物立于两仪、四象之前也。"[③]在这里,蕺山认为"太极"之本质意蕴乃是"生生"。"生生"并不是指生成的某个结果,而是事物、要素之间共生、互蕴的共存关系,以及由这样的关系制约所达致的它们之间的平衡状态。在此"生生"之意下,物与物之间是互相体现、互相显像的。"太极"的实质所在就是"生生"。因"太极"为本体,故称为"生生道体",即"圣人分明指示道体,曰'易有太极'"之论的潜台词。"太极"生生,从而"动"便体现为"阳","静"便体现为"阴";"阳"之根为"阴","阴"之根为"阳",阴阳互为其根,阴阳动静互蕴,故而"动"与"静"生生不息,有"动"自然有"静",有"静"定会开显出"动"。"动"与"静"互蕴,"阴"与"阳"互蕴,"阳动"自然是从"阴静"中来,"阴静"自然要达致"阳动",它们体现的正是"生生"。由此可说,从"动"中见"太极",因为"动"内蕴"静"、

---

① 《圣学宗要》,《刘宗周全集》二,第230—231页。

② 蕺山对他所诠释的《系辞上》第十二章后有这样的说明:"旧本'用之谓之神'后有'易有太极',二节文势不类,今改入下章"(《周易古文钞》,《刘宗周全集》一,第233页)

③ 《周易古文钞》,《刘宗周全集》一,第234—235页。

"阳"源自"阴";从"静"中见"太极",因为"静"开显为"动"、"阴"根本"阳"。"生生"即为"太极"。故而,蕺山将第二图之左与第二图之右所表示的"生生"之意视为"太极",是一种最为形象、直观表示"太极"之意涵的方式。

总之,蕺山在对濂溪"太极"概念辨正的基础上,创新思维方式,重新诠释"太极"与"阴阳"、"动静"的关系,从而将濂溪"坎离图"拆解且左右互易,以"动而无动"图(◐)和"静而无静"图(◉)来表述它们之间的关系,实现了对先儒哲学思想的"创造性转换"。

第二节 《人极图说》与"心之体"

蕺山将濂溪《太极图》之"坎离图"拆解为二图,即"动而无动"图(◐)和"静而无静"图(◉),又自创二图,即"五行攸叙"图(🌑)和"物物太极"图(▦)。同时,蕺山以一圆圈置之最上,称"无极太极"图(○),另以一圆圈置之最下,称"其要无咎"图(○),从而构成完整的《人极图》。《人谱》诸图如下:

《证人要旨》		《纪过格》	
○无极太极	一曰凛闲居以体独	◌物先兆	一曰微过,独知主之
◐动而无动	二曰卜动念以知几	◉动而有动	二曰隐过,七情主之
◉静而无静	三曰谨威仪以定命	◉静而有静	三曰显过,九容主之
🌑五行攸叙	四曰敦大伦以凝道	🌀五行不叙	四曰大过,五伦主之

続表

《证人要旨》	《纪过格》
⊛物物太极　五曰备百行以考旋	⊛物物不极　五曰丛过,百行主之
○其要无咎　六曰迁善改过以作圣	●迷复　六曰成过,为众恶门,以克念终焉

须知,蕺山最早对《人极图》的设想是在 1633 年给秦履思的答信。在是信《答履思十》中,蕺山根据社会流行的《功过册》而指出:

> 《功过册》条件,仆意先书一圆圈当太极,象未发之中,以静坐法当之,此则为元善。此外推之动念以卜吉凶,为动而生阳;又推之视听言动以卜悔吝,为静而生阴;又推之五伦百行之是非得失,以当五行与万物化生,而其要归于主静以立人极,庶不落了凡窠套。①

从这段话可知,蕺山所设计《人极图》的大致轮廓:首圆圈,表示"太极","太极"表象为"未发之中",亦是"元善"之谓;"太极"之圆圈之下有一表示"动而生阳"之图,表象为"卜吉凶",与动念相连;之下又有表示"静而生阴"之图,表象为"卜悔吝",与视听言动相连;之下又有表示"五行与万物化生"之图,与五伦和百行相连。整个图的核心主旨是"主静立人极"。虽然蕺山是时还未撰著《人极图说》,但他已经将自己图示的价值归宿定性为"人极"。不过,在成熟、定稿的《人极图》中,蕺山释义第二、第三图时却使用"太极"概念,的确有些让人"迷茫"。故而,须通过分析、阐释《人极图说》的哲学逻辑结构以厘清"太极"与"人极"间的转换关系,据此

---

① 《书》,《刘宗周全集》三,第 317—318 页。

139

明晰《人极图说》"人极"之意蕴。

《人极图说》全文如下：

①无善而至善，心之体也。

即周子所谓"太极"，"太极本无极也"。统三才而言，谓之极；分人极而言，谓之善。其意一也。

②继之者善也。

动而阳也。乾知大始是也。

③成之者性也。

静而阴也。坤作成物是也。

④由是而之焉，达于天下者，道也。放勋曰："父子有亲，君臣有义，夫妇有别，长幼有序，朋友有信。"此五者，五性之所以著也。五性既著，万化出焉。万化既行，万性正矣。

五性之德，各有专属，以配水火木金土。此人道之所以达也。

⑤万性，一性也。性，一至善也。至善，本无善也。无善之真，分为二五，散为万善。上际为乾，下蟠为坤。乾知大始，吾易知也；坤作成物，吾简能也。其俯仰于乾坤之内者，皆其与吾之知能者也。

乾道成男，即上际之天；坤道成女，即下蟠之地。而万物之胞与，不言可知矣。《西铭》以乾坤为父母，至此以天地为男女，乃见人道之大。

⑥大哉人乎！无知而无不知，无能而无不能，其惟心之所为乎！《易》曰："天下何思何虑？天下同归而殊涂，一致而百虑。"天下何思何虑！

无知之知，不虑而知。无能之能，不学而能。是之谓无善之善。

⑦君子存之,善莫积焉;小人去之,过莫加焉。吉凶悔吝,惟所感也。积善积不善,人禽之路也。知其不善,以改于善。始于有善,终于无不善。其道至善,其要无咎。所以尽人之学也。

　　君子存之,即存此何思何虑之心。周子所谓"主静立人极"是也。然其要归之善。补过所由,殆与不思善恶之旨异矣。此圣学也。①

显然,蕺山并不是像濂溪《太极图说》截然分成前后"宇宙化生论"和"伦理道德学说"两部分那样②,而是实现"三道融合",即以天道、地道释人道,以人道涵摄天道、地道,三道互蕴通涵,不分内外天人,终究落实于"心"。《人极图说》是对《人极图》的诠释,按照"三道融合"的思辨方式,形成如下紧密的系统:

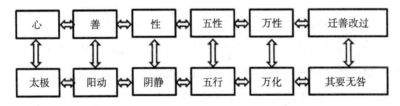

蕺山将"心"与"太极"、"善"与"阳动"、"性"与"阴静"、"五性"与"五行"、"万性"与"万化"、"迁善改过"与"其要无咎"——对应而互解,呈现为以"心"为"本"、以"心"与"太极"、"善"与"阳动"、

----

①　《刘宗周全集》二,第3—4页。按:句前序号为引者所加,以方便后面问题的阐释。

②　张立文先生指出:"《太极图说》第一部分为宇宙化生论,当宇宙间化生了人类男女以后,便提出了一个如何做人、做什么人和人的修养的问题。因此,《太极图说》的后半部分便讲为'圣'的标准、内容、工夫等问题。"(《宋明理学研究》,第138页)

"性"与"阴静"、"五性"与"五行"、"万性"与"万化"、"迁善改过"与"其要无咎"之间"一体圆融"为思维路向。所谓"圆融",以公式"即……即……"来表示。所谓"即",《说文解字》云:"即,食也",徐锴注曰:"即,就也";《尔雅·释诂》曰:"即,尼也";郭璞《尔雅注》云:"尼,近也";邢昺《尔雅疏》云:"即今相近也":"即"即"不二"之义。① 在这个"即……即……"思维方式下,前者"即……"是后者"即……"的基础,后者要通过前者来体现,后者建立在前者基础之上而存在;后者"即……"是前者"即……"的落实与开显,前者一定由后者体现。前者"即……"与后者"即……"不是"二分独立"的,而是"一体融贯"的。蕺山实现天道、地道与人道的圆融,根本上是在凸显"人道",即凸显"人之所以为人"的必然之道。

一、"太极""人极"与"心"

《人极图》突出了"太极"的本体意义,《人极图说》则从"太极"出发,以"太极"释"人极",从而"太极"与"人极"圆融一体,彰明了"人极"的本体之义。这可从《人极图说》首句窥见一斑。透过《人极图说》首句以及蕺山的解释可获得三层信息:其一,"无善"与"至善"的关系与"无极"和"太极"的关系同,蕺山解"无善而至善"与解"无极而太极"②的思辨方式相对应;其二,"太极"统"三才","太极"落实于"人"便是"人极";其三,"人极"本旨为"善",且为"心"所本有。

---

① 参见张立文:《宋明理学研究》,第491页。
② 在这里,笔者采用"无极而太极"而不是"自无极而为太极",是因为蕺山在《圣学宗要》论濂溪《太极图说》中,所引用的《太极图说》首句便是"无极而太极"。(《刘宗周全集》二,第230页)

蕺山说"无善而至善,心之体也。即周子所谓'太极'。太极本无极也",知"无极"为"太极"之"转语",则知"无善"为"至善"之"转语"。"至善"就是"善"。"善"自然如此而已,著不得半点人为。蕺山于此早已说得明白:"有善非善也,有意为善亦过也。"①正因如此,蕺山《证人小谱·自序》专门提到"友人有叹赏之者,因有有所为而为善之说,夫亦有激乎其言之也"之论,显见"善"之自然性、自在性特征,本质上是一种知善而行、见善而迁、省过而改的能动性、自觉性。"善"并不是有意作出来的,所以说"无善";"善"又无时不知、无时不行、无时不显,"善"本身亦是"生生"不已,故可说"至善"。据此而知,"至善"之"善"并非与"恶"相对待之具有一定道德意义和价值的"善",而是相当于"极"的对"本体"之意蕴价值的描述。蕺山早在作于1629年的《大学古记约义》中便有是言:"后之言《大学》者,曰'无善无恶心之体',盖云善本不与恶对耳。然无对之善,即是至善,有善可止,便非无善。其所云心体,是'人生而静'以上之体,此处不容说,说有说无皆不得。《大学》言'止至善'是工夫边事,非专言心体也。必也'上天之载,无声无臭',至矣乎!"②在他看来,"心体"是"人生而静"以上的"体","说有说无皆不得"。为强调本体不可以善恶言,蕺山进一步认为《大学》"止于至善"一语是就工夫而言的,并非专言本体。即是说,"止于至善"只是为设立工夫而权称本体为"至善";若就本体自身而言,说"无声无臭"最为恰当。"无声无臭"是对超越本体的遮诠,正是对"无善而至善"之义的真切描述。不过,蕺山将这个"善"落实于"人",故可视为对"人极"本体的

---

① 《书·与履思九》,《刘宗周全集》三,第319页。
② 《大学古记约义》,《刘宗周全集》一,第646—647页。

描述。

　　蕺山在分析"无善而至善"之"转语"含义后,进一步阐释"心之体"的内涵,指出:"统三才而言,谓之极;分人极而言,谓之善。其义一也"。此处,"人极"是"太极"的具体落实,二者本旨相通。"三才"即天道、地道和人道。《周易·系辞下》云:"《易》之为书也,广大悉备。有天道焉,有人道焉,有地道焉,兼三才而两之,故六。六者非它也,三才之道也。"①蕺山《周易古文钞》释此章曰:"三画已居三才,又必重六画而道始备",即是认为"三才居,道始备",三才即天地人三道。紧接着,他解释下句"道有变动,故曰爻。爻有等,故曰物。物相杂,故曰文。文不当,故吉凶生焉"时说:"在天阴阳,在人仁义,在地刚柔,此道中变动而爻以效之,物则自其不变者而言之也。一阴一阳,相错而位,所谓文也,当否异而吉凶乃生,皆自道而裁之也。道虽有三才之分,而自人用之,总一人道也。"②"三才"各有其极,即有其"本",统体而言为"太极":"在天为阴阳,在地为刚柔,在人为仁义。人与物亦复同得此理,蠢不为偏,灵不为全,圣不加丰,凡不加啬。直是浑然一致,万碎万圆,不烦比拟,不假作合,方见此理之妙"③;分体而言为天道、地道和人道,是"象"之"所以然"。④ 就它们皆为"所以然"之道讲,"道"就是"太极","太极"就是"道";就"太极"显于人而言,"太极"就是"人极","人极"就是"仁义"。不论天道之阴阳、地道之柔刚、人道之仁义,终究是"生生不息",此"太极"蕴于天,便是"天

---

① 陈鼓应、赵建伟:《周易今注今译》,商务印书馆 2005 年版,第 689—690 页。

② 《周易古文钞》,《刘宗周全集》一,第 248 页。

③ 《学言》(中),《刘宗周全集》二,第 409 页。

④ 《周易古文钞》,《刘宗周全集》一,第 250 页。

道"之阴阳生生不已;蕴于地,便是"地道"柔刚生生不已;蕴于人,便是"人道"仁义生生不已。就三才之道之内蕴"生生不已"之意讲,三才之"极"就是"太极",此理甚妙,"浑然一致,万碎万圆,不烦比拟,不假作合";就"人极"之"仁义"之"生生不已"讲,"仁义"为"善","善"便是有善而无恶。

　　蕺山从"太极"到"人极"、从"三才之道"到"善",绕过一个圆圈,终究落实在"心之体"。这个"心之体"最难解,究竟是"心的本体"还是"心的体露",不同的解释会产生不同的效果。若是前者,"无善而至善"为"心"的"本体",即是说"人极"为"本体",则与蕺山的言论相矛盾。蕺山在1642年的《学言》中说:"人心之体,气行而上,本天者也;形丽而下,本地者也;知宅其中,本人者也;三才之道备矣。天曰神,地曰祇,人曰鬼。鬼藏其宅,不可睹闻,是名曰独。发窍于天,神明著焉;成形于地,德行显焉。"[①]从中可见,"人心之体"气行而上为"天道",形丽而下为"地道",知宅于人为"人道",三才之道皆备于此"体"。从而不可说"人极"为心的"本体",倒是可以将"人极"看作是"心的体露",目的即是揭示"人心""备"三才之道这个事实。实际上,蕺山早在1628年的学言就有这样的言论:

　　　　一元生生之理,亘万古常存,先天地而无始,后天地而无终。浑沌者,元之复;开辟者,元之通。推之至于一荣一瘁、一往一来、一昼一夜、一呼一吸,莫非此理。天得之以为命,人得之以为性,性率而为道,道修而为教,一而已矣,而实管摄于吾之一心。此心在人,亦与之无始无终。不以生存,不以死亡,

---

　　① 《学言》(下),《刘宗周全集》二,第436页。

故曰:"尧、舜其心至今在"。①

是论中,蕺山以"管摄"一词深刻地描绘了"心"的意义和价值。那么,我们不能说"人极"为"心"之本体,只能说是"心"之体露,是"心"知宅于人的结果。即是说,"心"彰显于"人"就是"善",彰显与"天"便是"阴阳",彰显于地乃是"柔刚"。从蕺山思想演进史角度看,他的这种"心"涵摄"三才之道"的理论,在1643年所撰著的《读易图说》之"自序"中,给予了最为清晰的描述:

> 盈天地间,皆易也;盈天地间之易,皆人也。人外无易,故人外无极。人极立,而天之所以为天,此易此极也;地之所以为地,此易此极也。故曰:"六爻之动,三极之道也。"又曰:"《易》有太极。"三极一极也,人之所以为人,心之所以为心也。惟人心之妙,无所不至,而不可以图像求,故圣学之妙,亦无所不至,而不可以思议入。学者苟能读《易》而见吾心焉,盈天地间,皆心也。②

通读蕺山此论,至少给以两层信息:

其一,"人外无易"。蕺山在《周易古文钞》释《系辞上》第一章"天尊地卑,乾坤定矣。卑高以陈,贵贱位矣。动静有常,刚柔断矣。方以类聚,物以群分,吉凶生矣。在天成象,在地成形,变化见矣"之句时指出:"《易》道虽本之天地,而实具于圣人之一心,以圣人之心具有天地之全体也。圣人一心耳,有天道焉,有地道焉,此即《易》画乾坤之撰也。天地之道在,而卑高、动静、方物、象形随在,则《易》卦之蕴亦悉于此在矣。方谓事情所向,因方有物,其类不离淑慝者,是圣人之心本有善无恶,而界限转见分明,则吉凶

---

① 《学言》(上),《刘宗周全集》二,第374页。
② 《读易图说》,《刘宗周全集》二,第122页。

之路,于此决矣。成象成于中者,成形成于外者,即下文知始成物是也。"①圣人作《易》缘于圣人之"心"中有《易》,"心"具天、地、人三才之道,所以蕺山说"人外无易,人外无极"。

其二,"盈天地间,皆心也"。既然人管摄、本有三才之道,自然而然,"道"皆蕴于"心"。蕺山1637年的《学言》说:"盈天地间,皆道也,而归管于人心为最真,故慈湖有'心易'之说。太极、阴阳、四象、八卦而六十四卦,皆人心之撰也。圣人近取诸身如此,既而远取诸物如此,大取诸天地亦如此,方见得此理平分,物我无间,无大无小,直是活泼泼地,令人不可思议。"②透过蕺山之语,他对慈湖③的"己易"思想是非常赞赏的。慈湖"己易"思想认为:"《易》者,己也,非有他也。以《易》为书,不以《易》为己,不可也。以《易》为天地之变化,不以《易》为己之变化,不可也。天地,我之天地;变化,我之变化,非他物也。"④蕺山认为"人外无易",实际是"心外无易"⑤,比慈湖所认为的"己外无易"之论更为明确了"心""管摄"一切的意义和价值。

由此可以看出,《人极图说》首句"无善而至善,心之体也"实质是从"本"的角度凸显"心"的意义和价值,"确证人之所以为人的德性本体,建立既内在又超越的价值体系,在理论上解决道德实践理性中自由与必然的矛盾","只有浑然至善之心体,才是含万

---

① 《周易古文钞》,《刘宗周全集》一,第213—214页。
② 《学言》(中),《刘宗周全集》二,第407页。
③ 杨简(1141—1226年),字敬仲,慈溪(今属浙江)人,因在慈湖筑堂居住,故称慈湖先生,传世有《慈湖遗书》18卷《慈湖遗书续集》2卷、《慈湖诗传》20卷、《杨氏易传》20卷等。(参见(元)脱脱:《宋史》卷407《列传》第166,吉林人民出版社1995年版,第8555—8558页)
④ (清)黄宗羲、全祖望:《宋元学案》卷74《慈湖学案》,第2467页。
⑤ 本书第五章专门讨论蕺山的"心易"哲学思想。

象、造万有的生生之主和价值真元"。① "心之体"所说明的是"心这个本体",或者为"以心为本体",而不是"心的本体"。"太极"就是"心","心"具有如"太极"本体之义相同的义理内涵。由此可知三才之道皆管摄于"心",故可说"心"即是生生道体。

二、"阳动阴静"与"继善成性"

《人极图说》第二句说"继之者善也。动而阳也。乾知大始也",与《人极图》"动而无动"图(◉)相对应,第三句则说"成之者性也。静而阴也。坤做成物也",与《人极图》"静而无静"图(◉)相对应。"继善"与"成性"圆融,"阳动"与"阴静"圆融,"继善成性"与"阴阳动静"又相圆融,深刻展示了"心"生生不已之义。

"继善成性"见《易·系辞上》第五章:"一阴一阳之谓道。继之者善也,成之者性也。仁者见之谓之仁,知者见之谓之知,百姓日用而不知,故君子之道鲜矣。显诸仁,藏诸用,鼓万物而不与圣人同忧,盛德大业至矣哉! 富有之谓大业,日新之谓盛德。生生之谓易,成象之谓乾,效法之谓坤,极数知来之谓占,通变之谓事,阴阳不测之谓神。"蕺山《周易古文钞》释此章曰:

> 一阴一阳,专就人心中指出一气流行不已之妙,而得道体焉。故下文即承之曰"继之者善也",道之微机也;"成之者性也",道之实体也。至此言道,遂谓之率性之道矣,而终不能无气禀之偏也。气质之所囿,见亦囿焉。见仁见知未尝非道,而非君子全体阴阳之道,至百姓之日用不知,一切并无所见,抑又不足言矣。继善,谓自静而动,一念惺然而善端于此呈露

---

① 李振纲:《论蕺山之学的定性与定位》,《河北大学学报》(哲社版)1999年第1期。

也。成性,谓自生而成,一理凝然而善体于此备见也。此正阴阳分现之体,而仁知之见则局于阴阳者也。①

在蕺山看来,"继之者善"是"道体"之微机,"成之者性"是"道体"之实体。所谓"道",就是"一阴一阳"之"流行不已",也就是"生生不已"之意。"生生不已"谓"道",此道自然是"心"之"道",是"心"这个本体所自然表象出来的。按照蕺山逻辑,"心"与"道"并不存在"生"的问题,即是说,"心"不是"生"阴阳之道,而是"心"中"阴阳"之自然变动,"道"本身就是"心"所有,是"心"的自然属性而已。那么,"善"只是"道体"之"微机","性"只是"道体"之"实体"。"微机"与"实体"终究只是"道体"之不同侧面,而不是离开"道体"的两种"独立之物"。这里,蕺山以"阳动"和"阴静"释"继善"与"成性"。阴与阳是"心"之自然流行,"即心即阴阳"者也。阳动故有善之呈露,阴静故有性之体备。无论是"善之呈露"还是"性之体备"皆是"心"生生不已的具体显明。同时,继善与成性又非截然分开,而是阴与阳的"分见之体"。"继善"表明"心"生生不已之义必会由万事万物而彰显,"成性"表明事事物物之中皆涵含"心"之生生不已之义。"继善"是"从心而物"的展开,"成性"是"由物见心"的展开,二者虽然"路向"不同,但本质皆是在彰显"生生道体"之"心"的客观性与实在性。

蕺山将"阴阳"与"继善成性"圆融一体的同时,还以"乾坤合德"释"继善成性"。他在《学言》中指出:

> 乾坤合德而无为,故曰"一阴一阳之谓道",非迭运之谓也。至化育之功,实始乎继体之长子,而长女配之;成乎少男,而少女配之。故曰:"继之者善也,成之者性也。"今曰继静而

---

① 《周易古文钞》,《刘宗周全集》一,第219—220页。

动,亦非也。以斯知人心之独体不可以动静言,而动静者其所乘之位也,分明造化之理。①

从此可以看出,蕺山以"乾坤合德"为"阴阳之道"。关于"乾坤合德",蕺山在阐释《易·系辞下》第五章"子曰:'乾坤,其《易》之门耶?'乾,阳物也;坤,阴物也。阴阳合德,而刚柔有体,以体天地之撰,以通神明之德"时,指出:"一部《易》书皆从乾、坤两画而出,乾坤分阴分阳,不过两物耳,而妙在合处。分则为物,物乃不化;合则为德,德妙一原。由其合者以为分,而分刚分柔,各有定体,体即是天地之体,德即是天地之德。因其体而体之,而合德之妙不徒显昭其撰,抑又冥通其理矣。此圣人作《易》之大纲也。"②据此而知,蕺山强调乾与坤、阴与阳之间的"合"性,而这样的"合",并不是有意使之"统合",而是乾与坤、阴与阳自然、本来的"一原"之妙。即是说,乾与坤、阴与阳只是天地之德,乾之阳物与坤之阴物并不是两类独立的"物",而是"一物",是同出于"天地之德"之物,只是"造化生生"之理的自然趋势。此一"生生不已"之理,蕺山将之视为"太极":"道无道,即乾坤之生生而不息者是,是以乾坤列而四象与八卦相蕴而生。此易道之所以为至也。强名之曰'太极',而实非另有一物立于两仪、四象之前也。"③"乾坤合德"就是"阴阳之道","阴阳之道"就是"太极之道",实也就是"心"之"流行不已"。

蕺山坚持"乾坤合德""阴阳一原"之说,自然与朱熹所主张的"阴阳二分"之论有异。朱熹《周易本义》解"继善成性"曰:"道具于阴而行乎阳。继,言其发也。善,谓化育之功,阳之事也。成,言

---

① 《学言》(中),《刘宗周全集》二,第411页。
② 《周易古文钞》,《刘宗周全集》一,第242页。
③ 《周易古文钞》,《刘宗周全集》一,第234—235页。

其具也。性，谓物之所受，言物生则有性，而各具是道也，阴之事也。"①朱子将"继善"看作是"阳"之事，将"成性"看作是"阴"之事，显然是"阴"与"阳"二分，"继善"与"成性"二分。《朱子语类》所说更为明确：

> 问"一阴一阳之谓道"。曰："一阴一阳，此是天地之理。如'大哉乾元，万物资始'，乃'继之者善也'；'乾道变化，各正性命'，此'成之者性也'。这一段是说天地生成万物之意，不是说人性上事。"②

显然，在朱子这里，"阴阳"与"乾坤"是二分的，而且，将"继善成性"看作是"天地生成万物"，与"人性"之事无关。

蕺山当然不同意此论。在蕺山这里，"乾坤合德"便是"阴阳之道"，"道"又是"心中一气流行不已"而已。而且，"继善成性"本身便是"天人一体"关系的呈露。蕺山1643年的《学言》指出：

> 周子曰："诚者，圣人之本。大哉乾元，万物资始，诚之原也。乾道变化，各正性命，诚斯立焉，纯粹至善者也。故曰：'一阴一阳之谓道，继之者善也，成之者性也。'元亨，诚之通；利贞，诚之复。大哉易也，其性命之原乎。"濂溪为后世儒者鼻祖，《通书》一编，将《中庸》道理又翻新谱，直是勺水不漏。第一章言诚，言圣人分上事，句句言天之道也，却句句指圣人家当。继善成性即是元亨利贞，本无天人之别，而《本义》错会，又以解"天命之谓性"，将人分上家当一并推在造化上，所

———

① （宋）朱熹：《周易本义》，中华书局2009年版，第228页。
② （宋）朱熹：《朱子语类》卷74《易十·上系》，第1897页。

关不小。然朱子解《通书》此条下原不错也。①

按蕺山之意,濂溪由"诚"解"继善成性"是将"天之道"与"圣人分上事"相通合,落脚处在"人"。朱子则不然,落脚处则是"天人二分",尤其是将"性"二分,"气质之性"与"天命之性"成为两种各具独立性的"性",显然不适合蕺山为学方向。蕺山将"继善成性"与"元亨利贞"相通合,主张"继善成性即是元亨利贞",讲究"天人无别",乃是"一体融贯"思维方式的延续。所以,蕺山批评朱熹,而有"迭运"之说。

按照蕺山之意,不论是"阴阳",还是"乾坤",抑或"性",归根结底都是"心"所自然内蕴,"至化育之功,实始乎继体之长子,而长女配之,成乎少男,而少女配之",无非亦是"心"生生不已、开显为万事万物,而且物物又挺立其"生性"而已,也就是:"继善,谓自静而动,一念惺然而善端于此呈露也。成性,谓自生而成,一理凝然而善体于此备见也"。由此表明,"继善"是"一理"之"呈露";"成性"是"一理"之"体备"。"一理"便是"心"生生不已之意。"继善"无非表明"心"生生不已而成就万物,万物为"心"之呈露,万物亦是生生不已;"成性"无非表明"心"生生不已之意化蕴万物,万物各备与"心"相近的生生不已之意。从本根之意讲,"心"为本体,但"心"不是那个由它而生万物的"生成者",而是代表万物之实质、属性、本根价值的"意义者",是个"虚性"本体而已。"虚"在中国古代典籍中有空无的意思。《尔雅·释诂》曰:"虚,空也。"因其空无,故能容纳和接收事物。如《庄子·人间世》曰:"国维虚厉";《荀子·大略》曰:"非其里而虚之,非礼也"。但"虚"作为范畴便不是一般的居所,而是道的处所。《管子·心术上》曰:

---

① 《学言》(下),《刘宗周全集》二,第468页。

"天之道曰虚。"《吕氏春秋·有度》曰："清明则虚。"高诱注曰：
"虚者，道也。"《淮南子·诠言训》曰："虚者，道之舍也。"①《贾谊
新书·道术》云："道者，所从接物也，其本者谓之虚，其末者谓之
术。"②故"虚"引申为"道"的居所的模型，或者说虚为之"道"。称
某范畴为虚性范畴，则它的形式是空无的，内容是客观的。这样的
范畴所表达的是定性与个性的统一，是抽象性与具体性的统一，是
灵活性与确定性的统一。③

　　蕺山又以"乾知大始"和"坤作成物"说明"继之者善"和"成
之者性"。蕺山曾说过"人外无极""心外无易"，那么，他解"乾知
大始，坤做成物"自然是依循了这样的思维逻辑。《周易古文钞》
释"乾知大始，坤做成物"曰："一始一生，交致其功，如男女构精，
万物化生然。"④"继善成性"是"心"通过"乾坤合德"而自然变化
的结果。"乾坤合德"构成为"阴阳之道"，"阳动"自是"道"之动，
亦即"心"之动；"阴静"自是"道"之静，亦即"心"之静。实际上，
"动静"本不可二分，蕺山1628年的《学言》说得明白："动中有静，
静中有动者，天理之所以妙合而无间也。静以宰动，动复归静者，
人心之所以有主而常一也。故天理无动无静，而人心惟以静为主。
以静为主，则时静而静，时动而动，即静即动，无静无动，君子尽性
至命之极则也。"⑤而且，在蕺山看来，"心"亦无动静，1643年的
《学言》有说："心体本无动静，动静者，所乘之机也。有谓喜怒哀
乐未感时属静，既感时属动。静焉而喜怒哀乐藏于无形谓之中，动

　　①　张双棣：《淮南子校释》，北京大学出版社1997年版，第1476页。
　　②　于智荣：《贾谊新书译注》，黑龙江人民出版社2003年版，第233页。
　　③　参见张立文：《中国哲学逻辑结构论》（修订本），第293—294页。
　　④　《周易古文钞》，《刘宗周全集》一，第214页。
　　⑤　《学言》（上），《刘宗周全集》二，第377页。

焉而喜怒哀乐显于有象谓之和,则心体分明有动静可言矣。"①就"心"呈露出来而为"继善"、成就万物讲,"心"有动,乃为"阳动";就"心"生生不已之意体备于万物而"成性"讲,"心"为静,乃是"阴静"。"动"与"静"总是"心"之"动"与"静",是"一体两翼"之关系。那么,蕺山以"动而阳"说明"继之者善"、以"静而阴"说明"成之者性",并不是将动与静、阴与阳截然二分,而是凸显本体之"心"生生不已之意,是彰明人与万事万物之间的"一体性"。蕺山《周易古文钞》释《易·系辞上》第六章"夫乾,其静也专,其动也直,是以大生焉;夫坤,其静也翕,其动也辟,是以广生焉"时,指出:"此言天道之广大也。天地之大德曰生。大只是大生,广只是广生,而其理分见于动静之际如此,即四德是也。静翕、动辟,即静专、动直之有终处,非截然两事也。"②这是对"心"与"物"一体性和互蕴性的说明。

按照蕺山之意,"生生之谓《易》"就是"生生之谓心":"又合而言之谓之易。易即仁,仁乃生生。生生之谓心"。③"心"本质是"生生",如太极一样为"生生道体"。"心"生生不已,"继善"而化育万物、"成性"而万物生。从而,"心"与"物"圆融,"即心即物",心由物显,物中有心,心物生生不已。

三、"五行"与"五性"

《人极图说》第四句曰:"由是而之焉,达于天下者道也。放勋曰:'父子有亲,君臣有义,夫妇有别,长幼有序,朋友有信。'此五

---

① 《学言》(下),《刘宗周全集》二,第454页。

② 《周易古文钞》,《刘宗周全集》一,第221页。

③ 《周易古文钞》,《刘宗周全集》一,第220页。

者,五性之所以著也。五性既著,万化出焉。万化既行,万性正矣。五性之德,各有专属,以配水火木金土,此人道之所以达也。"①蕺山紧承"成之者性"之论,进一步提出"五性"之说。这里,蕺山以"五伦"为"五性",以"五性"为"达道",并将"五伦"与"五行"相配,以此阐释"五性"的"正当性"和"合理性"。

"由是而之焉,达于天下者道也"一句显然是承接"继善成性"而来。"心"中一气流行不已而成"阴阳之道","阴阳之道"自然是"乾坤合德"生生不已之意,"心"生生不已而"化育万物",从而"物物生性",天下万事万物无不内蕴有"心"之生生不已之义,物物之间互蕴融通。不过,天下万物之中,唯"人"为最灵。蕺山早在1634年的《圣学宗要》中就有此论:"太极之妙,生生不息而已矣。生阳生阴,而生水火木金土,而生万物,皆一气自然之变化,而合之只是一个生意,此造化之蕴也。唯人得之以为人,则太极为灵秀之钟,而一阴一阳分见于形神之际,由是殽之为五性,而感应之涂出,善恶之介分,人事之所以万有不齐也。"②也就是说,"太极"生生不已而终究落脚于人,人成为最灵最秀者。而且,正因为"太极"落实于人之一身,阴阳互蕴、动静交错,从而在人身上化育出"五性"。继而,围绕"五性",人世间善恶端倪呈现,万象森然、人事多端。

这个"生而有之"之"五性"便是"五伦"。蕺山说:

> 人生七尺堕地后,便为五大伦关切之身。而所性之理,与之一齐俱到。分寄五行,天然定位。父子有亲属少阳之木,喜之性也;君臣有义,属少阴之金,怒之性也;长幼有序,属太阳

---

① 《人谱》,《刘宗周全集》二,第3页。
② 《圣学宗要》,《刘宗周全集》二,第230—231页。

之火,乐之性也;夫妇有别,属太阴之水,哀之性也;朋友有信,属阴阳会合之土,中之性也。此五者,天下之达道也,"率性之谓道"是也。①

人为万物之灵,人来到世间,首要的便是为五伦所包围。人作为文化的产物,人在成熟自己自然生命之体的同时,必然要成熟自己的意义生命之体。也就是说,人在人类所创造的这个"意义世界"之中,人不断地实践和完善人"怎样活""怎样活得更好"的问题,在文化的积淀中,在人类文明的进步中,人对这些问题的思考逐渐成熟、系统。当后代人面对生活的世界时,他们便踏入了由前代人所规划的、实践的"意义世界"的规范和模式之中。作为人,他的生成之始自然是夫妇,其后便是父母、君臣、长幼、朋友,在五大伦之中,人在诸多的规约之中实现"合道德"化。

蕺山将君臣、夫子、夫妇、兄弟、朋友"五伦"看成是人成长历程中的天经地义之事,以之为"五性",并秉承《中庸》之论,以"五性"为"五达道"。春秋末,礼崩乐坏,孔子力挽狂澜,重视"君君臣臣、父父子子"(《论语·颜渊》)的伦常规矩。至战国后期,孟子明确提出五伦观念:"后稷教民稼穑,树艺五谷,五谷熟而民人育。人之有道也,饱食、暖衣、逸居而无教,则近于禽兽。圣人有忧之,使契为司徒,教以人伦:父子有亲,君臣有义,夫妇有别,长幼有叙,朋友有信"(《孟子·滕文公上》)。而《中庸》不仅有"五达道",还有"九经"论。《中庸》言:"天下之达道五,所以行之者三。曰:君臣也,父子也,夫妇也,昆弟也,朋友之交也,五者天下之达道也",所谓天下国家之"九经"是指:"凡为天下国家有九经,曰:修身也,尊贤也,亲亲也,敬大臣也,体群臣也,子庶民也,来百工也,柔远人

---

① 《人谱》,《刘宗周全集》二,第7—8页。

也,怀诸侯也。修身则道立,尊贤则不惑,亲亲则诸父昆弟不怨,敬大臣则不眩,体群臣则士之报礼重,子庶民则百姓劝,来百工则财用足,柔远人则四方归之,怀诸侯则天下畏之。齐明盛服,非礼不动,所以修身也;去谗远色,贱货而贵德,所以劝贤也;尊其位,重其禄,同其好恶,所以劝亲亲也;官盛任使,所以劝大臣也;忠信重禄,所以劝士也;时使薄敛,所以劝百姓也;日省月试,既廪称事,所以劝百工也;送往迎来,嘉善而矜不能,所以柔远人也;继绝世,举废国,治乱持危,朝聘以时,厚往而薄来,所以怀诸侯也。"从中可见,"五伦"起始于人类血亲之联结,本之于自然的交往,和人类文明的创化同步。① "五伦"伴随人生始终,是任何人都无法摆脱的,人唯有在这个文化背景之下思考人性、体悟人生,方能够实现自我完善和成熟。蕺山正是看到了"五伦"在人成长历程中的制约作用,才把它看作是"五性",并与"五行"相结合而阐释它们的"合逻辑性"和"合道理性",并承《中庸》之意,以之为"达道"。

在蕺山看来,"五伦"以"夫妇"之道为本。《证学杂解·解六》云:

> 《中庸》言"君子之道,造端乎夫妇",以是征"莫见乎隐"之实,故先之曰"费而隐",而"莫显乎微"之义,即在其中。"鸢飞戾天",鸢不可见;"鱼跃于渊",鱼不可窥。即隐即见,即微即显,夫妇之造端如此夫。《大戴》亦云:"匹夫匹妇,相与于墙阴之下,明日则或闻其言。"正言莫见莫显也。乃知幽独一关,惟妻子为最严,于此行不去,更无慎独可说。《诗》称文王之德,必先刑于寡妻,而后至于兄弟,以御于家邦,有味乎!《关雎》之为《风》始也。然则夫妇其人道之本乎。"有夫

---

① 参见景海峰:《五伦观念的再认识》,《哲学研究》2008 年第 5 期。

妇而后有父子,有父子而后有兄弟,有兄弟而后有朋友,有朋友而后有君臣",故五伦以君父为大,而夫妇其本也。夫子称"道不远人",止言子臣弟友,而不及为人夫,其意固有在,夫亦曰:"君子达乎此四者,而其所以为人夫可得而知也。"①

显然,蕺山所解乃是针对《中庸》"君子之道费而隐"章②而发。蕺山解此章虽是要说明"工夫必用到切实处,见之躬行"③之论,但却看到了"夫妇之道"在五伦中的重要性,"夫妇其人道之本"。《周易·序卦》早已指出:"有天地然后有万物,有万物然后有男女,有男女然后有夫妇,有夫妇然后有父子,有父子然后有君臣,有君臣然后有上下,有上下然后礼义有所错。"天地变化,乾坤合德,阴阳互蕴,男女和合而生生,从此便有了父子、君臣等,一切人道之理则,无不以有男女夫妇相和合而生为前提。蕺山之论,看到了人伦关系之建构的顺序和地位的不同,把握了五伦生生关系的基始与实质。

不过,蕺山以"喜怒哀乐中"配金木水火土"五行",又以"五伦"配"五行",并不是他的首创。他在1643年的《学言》中有说明:"喜怒哀乐与元亨利贞、春夏秋冬、宫商角徵羽、东南西北中、金木水火土相配,已见于蔡九峰《洪范》一书,有图可考,但加一欲字以配五行,似无据。何不径以中字代之?"④蔡沈⑤在《洪范皇

---

① 《证学杂解》,《刘宗周全集》二,第264页。
② 《中庸》第十二章:"君子之道费而隐。夫妇之愚,可以与知焉,及其至也,虽圣人亦有所不知焉。夫妇之不肖,可以能行焉,及其至也,虽圣人亦有所不能焉。天地之大也,人犹有所憾。故君子语大,天下莫能载焉;语小,天下莫能破焉。《诗》云:'鸢飞戾天,鱼跃于渊。'言其上下察也。君子之道,造端乎夫妇,及其至也,察乎天地。"
③ 《证学杂解》,《刘宗周全集》二,第264页。
④ 《学言》(下),《刘宗周全集》二,第455页。
⑤ 蔡沈(1167—1230年),字仲默,学者称九峰先生,南宋建州建阳(今属福建)人,著有《洪范皇极》《书集传》《九峰公集》。

极》中有《九九圆数图》《九九方数图》《九九积数图》《五行植物属图》《五行动物属图》《五行事类吉图》《五行事类凶图》《五行支干图》《五行人体性情图》等,将喜怒哀乐与元亨利贞、春夏秋冬、宫商角徵羽、东南西北中、金木水火土相配。蕺山之论当受蔡氏启发。此外,蕺山利用"五行"配"喜怒哀乐",重点则是以"中"合"土"之性,"朋友有信属阴阳会合之土,中之性也"。他说:"金木水火之质,皆属于土。金者,土之华实也。水得土之润,火得土之焦,皆土之属也。古人谓水火不属土,则土安能统四气而居于中央。土制水而止,妻统于夫也;土传火而化,子生于母也。土也者,四时之中气也。"①蕺山这样的观点,早在 1626 年的《学言》便有所体现:"周子《太极图》第三圈,即第二圈之蕴;五行本从圆,今从长者,误也。火居左,阳之盛也;木为少阳,故次之。合之见阳中之阴,即☽之象也。水居右,阴之盛也;金为少阴,故次之。合之见阴中之阳,即☾之象也。土居中,为太极,即〇之象也。天地之用,水火而已矣。五行,一水火也。金木者,水火之母气也。土者,水火之中气也。合木金土,而水火之变生生而不穷,阴阳之所以神也。"②按照蕺山的分析,"五行"所构成的图示当为◉,也就是《太极图》之第二图,而在《人极图》,则是第三图和第二图的合图。蕺山以图的形式明确了"土"在五行中的地位和作用,"土"为四时中气。

蕺山以"五性"为"达道",并同时指出:"此五者,天下之达道也,'率性之谓道'是也"③。在"性""道""教"与"心"的关系上,

---

① 《遗编学言》,《刘宗周全集》二,第 475 页。
② 《学言》(上),《刘宗周全集》二,第 360 页。
③ 《人谱》,《刘宗周全集》二,第 8 页。

　　蕺山 1637 年的《学言》曾有曰:"心生之谓性,心率之谓道,心修之谓教。"①究竟该如何理解"率性之谓道"? 蕺山 1640 年《张蓬玄玄尘序》中说:"圣人之所谓道者,率性而已矣。盈天地间,皆性也。性,一命也。命,一天也。天即心即理,即事即物,而浑然一致,无有乎精粗上下之歧。此所以为中庸之道也。故学以尽性为极则,尽性者,道中庸者也。"②这里,蕺山规划了这样一个逻辑关系:道即性、性即命、命即天、天即心、心即理、理即事、事即物。在蕺山看来,它们之间是一体涵摄、相互融通的。"即",表明前者通过后者来体现,后者又不离前者,二者是"你不离我、我不离你、由我显你、你依靠我"的关系。所以说,"道"即"率性"而已,"率性"便是"道";"性"即"命","命"以见"性";"命"即"天","天"然为"命";"天"即"心","心"外无"天";"心"即"事"、即"物","事"与"物"自然便是"心"之所见;"事"即"物"、"物"即"事",皆"心"之所在。

　　其时,蕺山 1631 年《答李生明初》的书信早已将"率性即道"之意发挥详尽。他说:"性既善,则率性仍是率此善之性,而率亦无不善可知。"③按照《说文》,"率"是指"捕鸟毕",而"毕"是指捕鸟的网,"捕鸟毕"乃指网的杆柄,率与网本是一体。由率之词源义而引申为率领、引导、遵循等义。④ 那么,性之"率"便是指与性之本质相一体、同体的"率",讲"率性"自然是按照、遵循"性"之本质而展开的一种与"性"质地相同的实践过程,且"率"与"性"

①　《学言》(中),《刘宗周全集》二,第 409 页。
②　《年谱》,《刘宗周全集》六,第 429 页。
③　《书》,《刘宗周全集》三,第 304 页。
④　(汉)许慎撰,(清)段玉裁注:《说文解字注》,许惟贤整理,凤凰出版社 2007 年版,第 1153 页。

本是自在统一。故而,蕺山说"率性仍是率此性",不是"率"别的
与之无关的"性"。同时,"性"之"善"亦通过"率"来体现,而且此
"率"亦便具有了"善"性,其根本原因即是"率"与"性"的内在自
在统一。既然"性"是"善",那么"率"此"性"的"率"自然而然便
是"善"的了。恰恰是"率"与"性"的这种自在统一关系,决定了
"性"必定在"率"上显见。为什么?程明道曾说:"'人生而静'以
上不容说,才说性时,已不是性也,"①"不容说",指的是在人物未
生的时候,天命之性即无所表现,甚至连"性"这一名字也无由确
立。因此,只能就人之"已生"处言性,即在具体的"所生"中体察
天命之性。但是,"才说性时,已不是性也",意指在人既生之后,
人所谈的"性"已非"人生而静以上"那种抽象的静止的性了。②
无须给"性"什么明确的言语的界定,因为"言有尽而意无穷"。③
但是,从"率"中可看出"性"之本质所在。故而,蕺山说:"所谓性
善,全在率性之道上见。"④这就是本体与工夫的合一性。

为说明"道"与"率性"间的关系,蕺山有"读书非书"之喻。
他在《答李生明初》中继续说:

> 率性之非性,犹饮水之非水,读书之非书。然饮只是饮此
> 水,读只是读此书。即读此书,未必尽此书之理,则亦读书之
> 功有所未至,而终不可以读为罪。曰读不是书,另有书在,何
> 异握灯而觅火乎?且书与人终二物,非人性比也。率正是性,

---

① (宋)程颢、程颐:《二程集》,《河南程氏遗书》卷1《二先生语一》,第
120页。
② 郭晓冬:《"生之谓性"与"天命之谓性"——程明道"性"论研究》,《复旦
学报》2004年第1期。
③ 《书·与以建四》,《刘宗周全集》三,第302页。
④ 《书·答李生明初》,《刘宗周全集》三,第304页。

性即是道。①

读、饮便是"率",书、水便是"性",读的便是"书",饮的便是"水",书有未尽之意,只缘读者未能尽功,非书之本质为坏,倘若于此另寻一出路,自然便是"握灯索照",因为光照自然为灯所发,有灯自然有光。偌说无光、光弱,只是说明灯里无油、少油,是表明拥有灯的人"未能"及时给灯灌油,握灯之人的"不努力""不尽职"等"不为"或者"为而不尽"之"行为"所造成"光"的暗或者无,与灯没有任何关系。拿到"性"与"率性之道"关系讲,同样如此理解。性便是光,率性之道便是灯,有灯自然有光,有光自然有灯,灯只要有油,自然发光。"率"的自然是"性";"性"自然由"率"而彰明。当然,"灯火"之喻、书人之喻终不能代表"性"与"率性之道"之全部意义,只是用来说明而已,蕺山亦已表明此点"且书与人终二物,非人性比也"。

从蕺山对"道"与"率性"关系的分析,可明白一个道理,无论是"道"还是"性",无论是"善"还是"率",其时都要从最根源之处讲起,都要从"人"之所以为"人"、"物"之所以为"物"的本根讲起。"人"与"物"的"本根"之处是"心","无善而至善";落实于事事物物,则"生性","性"亦为"善"。也就是说,从"心"到"性",二者存在着"即心即性"的关系。"心"化育万物而万物各有其性,然终归于"心"。蕺山 1640 年的《学言》有说:"有万物而后有万形,有万形而后有万化,有万化而后有万心。以一心纳万心,退藏于密,是名金锁钥;以一恕推万恕,偏置人腹,是名玉钥匙。持匙启锁,强恕而行,但见邦家无怨,终身可行,止此一心,是名大统

_____
① 《书·答李生明初》,《刘宗周全集》三,第 306 页。

会。"①蕺山之语说明了"万物──→万行──→万化──→万心──→一心""由末而体"的逻辑上升历程,终究是"心统合万心",它所反映的实质在于"心外无道、心外无理",终究是以"心"为"体"。这句话内涵两层意思:

其一,"以一心纳万心,退藏于密"。"退藏于密"本见《易·系辞上》第十二章"是故蓍之德圆而神,卦之德方以知,六爻之义易以贡。圣人以此洗心,退藏于密,吉凶与民同患;神以知来,知以藏往,其孰能与于此哉,古之聪明睿知、神武而不杀者夫。"②蕺山《周易古文钞》释此句曰:"以蓍德与卦爻比类而称,以见体非用不显,而神物之称有自来矣。圣人即心是《易》,渣滓荡涤净尽,得洗心之说焉。洗之极,藏处是易,用处亦是易。藏不可窥,故曰密;用不可测,故曰知来,曰藏往。知来之神,即是藏往之知,仍归之藏地而已。往无可往,密之至也。聪明睿智,一知也;不弑之武,神武也。断而行之,鬼神避之也。"③在蕺山看来,"心"净处为《易》,《易》藏于心;"心"用处为《易》,"用"以显"体"。"心纳万心"之"纳"可以说"心"收摄"万心",但本质是说"心"为"万心"之"体","万心"是"心"之显露。

其二,"以一恕推万恕,偏置人腹"。"恕"论见《论语·里仁》篇曾子论"夫子之道,忠恕而已矣"之说。蕺山1617年所撰《论语学案》释此章曰:

> 一贯之道,即天地之道,非圣人所得而私也。圣人自任以为吾道者,圣人从自己心上看出此道,满盘流露,一实万分,盈

---

① 《学言》(中),《刘宗周全集》二,第431页。
② 陈鼓应、赵建伟:《周易今注今译》,第627页。
③ 《周易古文钞》,《刘宗周全集》一,第232页。

天地间,万事万物各有条理,而其血脉贯通处,浑无内外人已感应之迹,亦无精粗大小之殊,所谓"一以贯之"也。"一"本无体,就至不一中会得无二无杂之体,从此手提线索,一一贯通,才有壅淤,便与消融,才有偏枯,便与圆满,时时澄彻,处处流行,直将天地万物之理打合一处,亦更无以我合彼之劳,方是圣学分量。此孔门求仁之旨也。求仁之旨,"忠恕"之说也。假令曾子未唯,更作何谓之问,则夫子必以"忠恕"答之,而谓"曾子浅言之,以解门人之惑"者,谬也。何也?天下无心外之道,圣人无心外之学也。此心本一实万分,无有内外人已感应之迹,亦无精粗大小之殊,所谓"忠恕"也。故曰:"夫子之道,忠恕而已矣。"忠恕是一贯真头面,又以忠为一,恕为贯者,亦谬也。盖曾子于圣人之道,以身体之而实有得焉。一唯之下,得心应手,将圣人无限幽深宏胜不可思议妙道,只作布帛菽粟承当在,所谓善发师门之蕴也。①

蕺山论曾参以"忠恕"释"夫子之道",本旨不离"心外无道""心外无学"。"心"虽为"一",但落实于万事万物,故又可说"心有万分"。只是,去体认"心",不能仅仅停留于吾之个体的、随心所欲的"个体之人心",而应当上升到对"个体之心""他物之心"的"共通性""共同性"之"所以然"和"所当然"之道的体思。也就是说,我们要学会"推己及人""举一反三",要从"自我"之"个体"中超脱出来而进入所有"全体"之"共性""根本"中。那么,从"本根"之"意义存在"看,"心"外无道,"心"通由个体之人、万事万物之体而彰明;从"流行"之"多元存在"看,所有人、所有物、所有事皆同,皆为"心"之呈露,"心外无极"。"心"为万物之"本",自然而

---

①　《论语学案》,《刘宗周全集》一,第313—314页。

然,当人理解他物他事之时,必须"即"心言之。离"心"不可透彻他事他物,唯有通由"心"才能体悟他事他物的意义和价值。

故而,"心"与"物"之间是"即心即物"的关系,于"心"之生生之义言,天地万物打合为一。回归到"五性"之论,则应从"即心即性"视角体思。五伦被视为五性,则五伦自然成为"心"之显露。五伦必然存在,必须存在。因为五伦是"心"这一"生生道体"的必然体现和应然要求。"心"通由"人"最终显明,人是天地间万物最灵最秀者,可以这样说,人的灵秀正是通过"五性""五伦"得以最直接彰明。

四、"万化"与"万性"

由"心"而透视万物,"万物"总不离"心";"万物"内蕴"心",故"万物"有"性"。"万物"之"性"虽各异,但终究为"一性"、为"至善"、为"生生"。蕺山《学言》有说:

> 阴阳二五之气流行不已,只是个真实无妄。如水必寒,如火必热。人得之以为性,即是至善之性。然同此阴阳二五,而陶铸万类,一一不同,即人类之中清浊厚薄,万有不齐。所以君子之中不能无小人,大道之外不能无异端。如桃李之仁同禀一树,而其仁各各化生千树万树,各一其树,枝枝叶叶,岂能尽如其母?亦有夭折而不成,臃肿而不秀老矣,然其为天下之桃李则一也。故孟子一言以断之曰性善。[1]

"心"之阴阳二气流行不已,化育万物,万物各具其性。"性"有千层万面,即便为"人之性",亦是"清浊厚薄,万有不齐",然其"性"之本皆同,即皆有"性"。就万事万物皆有"生生不已"之义而言,

---

① 《遗编学言》,《刘宗周全集》二,第480—481页。

"性"为"一";就万事万物之"性"万有不齐言,"性"为"万"。所以,《人极图说》第五句便有如是言:"万性,一性也。性,一至善也。至善,本无善也。无善之真,分为二五,散为万善。上际为乾,下蟠为坤。乾知大始,吾易知也;坤做成物,吾简能也。其俯仰于乾坤之内者,皆其与吾之知能者也。"①万物各有其性,"万性"本质为"一",即都是"性",是"成之者性"之"自然生生之性"。但是,"性"并不可言,唯通由"心"方可理解和显现。也就是说,"性"不离"心",必须即"心"而言性,否则,所论之"性"便非"自生之生性"。因此,要从两方面对蕺山"万性"论展开分析:其一,蕺山所论之"性"究竟有何含义?"性"与"心体"的关系如何? 其二,蕺山论"万性"是与事事物物之"万化"关联在一起的,并以"万物皆备"之论论说由"性"而"万性"的"生生"哲学:"乾道成男,即上际之天。坤道成女,即下蟠之地。而万物之胞与不言可知矣。《西铭》以乾坤为父母,至此以天地为男女,乃见人道之大"②,故须分析蕺山的"万物皆备"思想。

(一)"性"

蕺山论"性",一方面是"即心即性","性"因"心"而名;另一方面是"言性要诸天","性"与"天""命"相融贯。

首先,"性"因"心"而名,"性"为"心"之性,"即心即性","心"与"性"一体圆融。在蕺山看来,"性"无性,"性"亦无善恶之分。但因有"心体"的客观存在,"心"在人、事、物上能够彰明、呈露,从而使得人、事、物具有一定的特质,表现出一人区别于他人、一物区别于他物、一事区别于他事的"特殊性"及其功能、价值和

---

① 《人谱》,《刘宗周全集》二,第3—4页。
② 《人谱》,《刘宗周全集》二,第4页。

意义。无论人、事、物有怎样的表现，总是有一定的"性质"的存在，而这样的"性质"的存在，根本上受制于"心"的存在。正是因为"心"的"生生不已"之意的"意义存在"，人、事、物才能够从此"生生不已"中实现自我的"生生不已"，自我的"生生不已"方使得自我具备了不同于"他者"的独特性。由此可见，"性"是"心"之"生生不已"之意在人、事、物上的具体呈露，无"心"则无所谓"生生不已"，无"生生不已"则无所谓人、事、物之自性与个性的呈露，即无"性"的显明。蕺山撰于1642年的《原性》对此问题有所阐释：

> 告子曰："性无善无不善也。"此言似之而非也。夫性无性也，况可以善恶言？然则性善之说，盖为时人下药云。夫性无性也，前人言之略矣。自学术不明，战国诸人始纷纷言性，立一说复矫一说，宜有当时三者之论。故孟子不得已而标一善字以明宗，后之人犹或不能无疑焉。于是又导而为荀、杨、韩，下至宋儒之说益支。然则性果无性乎？夫性因心而名者也。盈天地间一性也，而在人则专以心言，性者，心之性也。心之所同然者，理也。生而有此理之谓性，非性为心之理也。如谓心，但一物而已，得性之理以贮之而后灵，则心之与性，断然不能为一物矣。①

告子认为"性无善无不善"，而孟子认为"性善"，蕺山对他们师徒二人各有分析，既反对告子之说，又认为孟子之论乃是"为时人卜猛药"，其本旨就是要说明"性无可名""性无所指"："后人皆以性求性，妄意有一物可指，终失面目。即孟子道性善，亦是下了脚

---

① 《原旨·原性》，《刘宗周全集》二，第280页。

注"①;"孟子曰:'乃若其情,则可以为善矣。'何故避性字不言?
只为性不可指言也"②;"古今性学不明,只是将此理另作一物看,
大抵臧三耳之说。佛氏曰:'性,空也。'空与色对,空一物也。老
氏曰:'性,玄也。'玄与白对,玄一物也。吾儒曰:'性,理也。'理与
气对,理一物也。佛、老叛理,而吾儒障于理,几何而胜之?"③
"性"并不能用什么"具体"之言语加以分析,并没有什么"具体"
之内容,但它却因"心"而"名",正是因为有了"心",性才被赋予
了价值和意义,所以,蕺山说"性者,心之性"。蕺山进一步指出,
"心之所同然者,理也。生而有此理之谓性,非性为心之理也",其
意则指,作为人、事、物之存在的"意义者","心"通过"生生不已"
之意使得他们有了意义和价值,就"心"之"生生不已"之意而言,
"心"天然、自然、自在蕴有如此之"理";就人、事、物之意义和价值
为"心"所赋予,"心"之"生生不已"之意蕴含于人、事、物而言,
人、事、物无不含蕴了这样的"理",无不透过这样的"生生不已"而
实现自己的"生生不已",无不是从这样的"生生不已"之中挺立主
体性、自觉性和能动性,无不将自己的特性、价值和意义充分流显,
正如蕺山 1637 年《学言》所说:"性者,生而有之之理,无处无之。
如心能思,心之性也;耳能听,耳之性也;目能视,目之性也;未发谓
之中,未发之性也;已发谓之和,已发之性也。搏而跃之,可使过
颡;激而行之,可使在山,势之性也。"④由此可见,此处所讲之
"性"是指"心"之"生生不已"之意含蕴于万事万物并使之呈露出
的特殊性、个性。"性"是"心"之"性":"凡所云性,只是心之性,

---

① 《学言》(下),《刘宗周全集》二,第 464 页。
② 《学言》(下),《刘宗周全集》二,第 465 页。
③ 《学言》(中),《刘宗周全集》二,第 419 页。
④ 《学言》(中),《刘宗周全集》二,第 418 页。

决不得心与性对"①。"生而有此理之谓性"充分说明"性"存在的客观性和多元性。就凡物生则有其特殊性讲,物物皆有"性",皆有其存在的意义和价值,有特定的属性与功能,"性"为客观,"性相近"也;就物物皆有"性"言,物物之间之"性"并不相同,物物各有性,物物之性自因各种天时、地理、人际因素的变迁而有其独特性,故性为多元,"习相远"也。总而言之,在蕺山那里,"不能把性作为一个独立的实体来对待"②。

此处须注意,"性"因"心"而名,而"心"亦不离"性":"如谓心,但一物而已,得性之理以贮之而后灵"。前已指出,在"即……即……"关系中,前者为后者之基础,后者为前者之显现,前后不离不弃。"性"因"心"而名,"心"是"性"存在的前提和基础,"性"是"心"之性。同时,"心"必然有此"性",唯有通过"性"才能将其"灵秀"加以彰明。"心"通过"继善成性"而落实于人、事、物,就人之"性"言,人之"性"为"仁义礼智",四者便是对"心"的显明:"仁非他也,即恻隐之心是;义非他也,即羞恶之心是;礼非他也,即辞让之心是;智非他也,即是非之心是也。"③总之,在"心"与"性"的关系上,既不能离心言性,又不可尊心而贱性,"心"与"性""一体圆融",而以"心"为基础和前提。

其次,言"性"而要诸"天","性"与"天""命"相融贯。"性"因"心"而存有,就其客观之"存有"讲,"性"体现出"实在性",蕺山视之为"天命之性"。蕺山在1637年的《答叶润山民部》书信中说:

学莫先于知性,只为"天命之谓性"一句,早已看错了,天人杳不相属,性命仍是二理。今曰"天命谓性",而不曰"天命为性",断然是一不是二。然则天岂外人乎? 而命岂外于吾心乎? 故曰:"尽其心者,知其性也;知其性,则知天矣。"言性而不要诸天,性无是处;言天而不要诸心,天无是处。说天者莫辨于《中庸》之卒章,正不讳言空寂也。而学者以为佛氏也者而去之,曰"吾欲舍是而求心焉",何异舍京师而求长安,断无适从之路可知矣!①

《说文解字》解"命"为"令","命,使也,从口令。令者,发号也,君子事也,非君而口使之,是亦令也。故曰:'命者,天之令也。'"②因此,"命"具有客观性、强制性,是受命之人之言行举止的"必然之理""当然之则"。"天命"之"命""令"非出自"君"或者其他长官,而是"天",天命之、天之令,更显"命"之尊严、郑重、不可逾越。谁来承载此"天之命""天之令"? "上际为乾,下蟠为坤。乾知大始,吾易知也;坤做成物,吾简能也。其俯仰于乾坤之内,皆其与吾之知能者也",天之命、天之令在"人"身上得以承载。人之身上所承载的"天之令""天之命"便是"天命之性":"天命之性兼人物言,而人有专属。人得其全,物得其偏故也"③;"天之命脉独钟于人,飞潜动植,人之余气也。尽其人者,并飞潜动植与之俱尽矣"④。不过,"天命"并不就"是"性,"天命"乃是描述"性"之本质特征,归根结底,以"天"阐说"性","性"自然而然表现出客观性、实在性,故有"天命谓性"之论。

然则,"天"究竟为何? 蕺山进而指出:"说天者莫辨于《中庸》

---

① 《书》,《刘宗周全集》三,第328页。
② (汉)许慎撰,(清)段玉裁注:《说文解字注》,第99页。
③ 《遗编学言》,《刘宗周全集》二,第480页。
④ 《学言》(上),《刘宗周全集》二,第395页。

之卒章,正不讳言空寂也。"《中庸》之卒章是说:"'上天之载,无声无臭。'至矣。""上天之载,无声无臭"出自《诗经·大雅·文王》:"命之不易,无遏尔躬。宣昭义问、有虞殷自天。上天之载,无声无臭。仪刑文王,万邦作孚。"其意乃指天道、神意幽微玄妙,难以直觉感知。天不可言,因天"无声无臭";但天又无须言,因为"天要诸心","心外无极,心外无易"之谓也。所以,最是高远玄幽的,恰恰是最为直接内在的,其远者之"天"本内蕴迩者"自心""本心",长安便是京师,京师自在长安。"性"因"天"而彰明客观性,"天"因"人"而落实于"天人互蕴"之"心"。自"心"便是"天",体现出人之"心"的自然性、自在性和客观性。

若说"性"与"天"相关联而彰明客观实在性的话,那么,它又自然而然与"命"相关联,从而体显必然性。蕺山在 1643 年给《与开美①三》书信中指出:"凡祸福之来,若是意中事,则当安之固然;若是意外事,则当付之适然。适然之谓命,固然之谓性,尽性至命之学,即斯而在。世人以七尺为性命,君子以性命为七尺,知道者盖于此辨之。"②蕺山对祸福的论说只是他"性命"之论的引语,

---

① 祝渊(1614—1645 年),字开美,海宁人。有《祝子遗书》传世。《四库全书总目提要》载,《祝子遗书》四卷、《附录》一卷(浙江巡抚采进本),明祝渊撰。是集为其友陈确、吴蕃昌所编。卷一为《问学录》,卷二为《传习录》,皆与宗周讲学之语。三卷为奏疏书札,其《勍马士英疏》,仅残稿半篇,以福王时已就擒,而辍笔未竟也。四卷为诗及所记吴麟徵殉节事实及祭文,而终以《自警条规》十六条。附录一卷,则刘宗周疏及所作别渊序、赠渊诗,而以谈迁等所作"小传"缀其后。(《四库全书总目提要》卷180《集部》第33《别集类存目七》,第 36 册,第 58 页)陈确在《辑祝子遗书序》中说:"吾友祝子开美,在蕺山之门,最称好学,有'庶乎? 回也!'之叹。"(《陈确集》(上),第 239 页)

② 《刘宗周全集》三,第 486 页。1642 年,蕺山因救姜垛而被革职为民,其友人、弟子皆表示同情。祝渊因书信与蕺山论及此事,故蕺山有此祸福之说、性命之论。

"适然之谓命""固然之谓性"说深刻地点明了"性"与"命"的关系。"命"表示"不期然而然","性"表示"必然如此","尽性至命"则表示人必须毫无保留、毫无造作地按照"必然之性"行为,至于行为之后终究会达致何样的"效果",我们勿要强求,因为那种结果自然有其"不期然而然"①的各种可能,"我"只管"尽性",所得何样效果,只是"命"该如此而已。蕺山1642年的《学言》对"性"与"命"二者关系继续分析:"莫非命也,顺而受之,正也。莫之为而为,莫之致而至,如斯而已矣。受制焉,侥幸苟免焉,一为桎梏,一为岩墙矣。莫非性也,率而由之,真也。无为其所不为,无欲其所不欲,如斯而已矣。安排焉,知故造作焉,一为湍水,一为杞柳矣。"②也就是说,人世间所作所为必然有"当然之则",有一定的"命定性",要求人必须"向善去恶",必须合德符节,不可不依规则、规范而"随心所欲"。

最后,"性"与"命"终究不离"心",唯在"心"的囿苑之下,二者方可彰显。蕺山1643年有《学言》针对《孟子》"口之于味章"③而详细阐发了"性""命"与"心"之关系:

> 孟子论性之说,惟"口之于味"一章最费解说,今略为拈出。盖曰耳目口鼻之欲,虽生而有之之性乎！然独无所以宰

---

① 蕺山说:"人有恒言曰'性命',由一念之起灭,一息之呼吸,一日之昼夜,推之以至百年之生死。时然而然,不期然而然,莫非性也,则莫非命也。今人专以生死言性命,盖指其尽处言也。而渐易以七尺之成毁,则性命之说有时而晦矣。"(《学言》(下),《刘宗周全集》二,第437页)
② 《学言》(下),《刘宗周全集》二,第440页。
③ 孟子曰:"口之于味也,目之于色也,耳之于声也,鼻之于臭也,四肢之于安佚也,性也,有命焉,君子不谓性也。仁之于父子也,义之于君臣也,礼之于宾主也,知之于贤者也,圣人之于天道也,命也,有性焉,君子不谓命也。"(《孟子·尽心下》)

制之乎？是即所谓命也。故君子言命不言性，以致遏欲存理之功。纲常伦物之则，有至有不至，虽生而若限之命乎！然孰非心之所固有乎？是则所谓性也。故君子言性不言命，以致尽人达天之学。盖性命本无定名，合而言之，皆心也。自其权藉而言，则曰命，故常能为耳目口鼻君。自其体蕴而言，则曰性，故可合天人，齐圣凡，而归于一。总许人在心上用功，就气中参出理来，故两下分疏如此。若谓命有不齐，惟圣人全处其丰，岂耳目口鼻之欲，圣人亦处其丰乎？性有不一，惟圣人全出乎理，岂耳目口鼻之性，独非天道之流行乎？审若此，既有二性，又有二命。将小人有纵恶之途，而君子沮为善之志矣。惟提起心字，则性命各有条理，令人一一推诿不得，此孟子道性善本旨也。后之言性者，离心而言之，离之而弗能离，则曰一而二，二而一，愈玄愈远，离性言命亦然。①

在蕺山看来，耳、目、口、鼻有欲，本是天然如此，人不能否认耳、目、口、鼻对声、色、臭、味的认知，"然衣食居处之念，亦是天性所有"②。而这样的观点便为其徒陈确所发展，从而有"人心本无天理，天理正从人欲中见，人欲恰到好处，即天理也"③的命题，更是对理学家"存天理、灭人欲"之理学教条的救正。当然，蕺山在体认"欲"的一定的正当性的同时还指出，"欲"是受"宰制"的，因人所处地位、条件、方式的不同，耳、目、口、鼻之欲定然有多元性和差异性。故而，对于个体之人来讲，他们之间的耳、目、口、鼻之欲表现为"命"定性。那么，君了自然是"言命不言性"，即从"命"定性的客观事实出发，立定伦理道德和价值规范，从对自身的约束中

① 《学言》(下)，《刘宗周全集》二，第466—467页。
② 《书·与以建五》，《刘宗周全集》三，第483页。
③ 《陈确集》(下)，中华书局1979年版，第461页。

"遏欲存理"。"欲"是正当的,但"一点好名心是毒药,不可不克治"①,人一旦超出了基本的、正常的生理诉求而求"欲",那就要"遏欲存理"。对蕺山来讲,"理"与"欲""同行而异情,故即欲可以还理"②,遏欲便是存理,存理便是遏欲。蕺山"即欲还理"的主张既肯定了人性欲求与道德规范的一致性,又强调了道德规范对人性欲求的制约性,从而突出了道德规范的至上性③,对于解放程朱教条主义的禁欲主义有一定的指导意义。

耳、目、口、鼻有正当、自然之"欲",此为"性"之当然,若超越一定条件限制而强求"欲",那么,与天理相对的"私欲"便油然而生,从而君子"遏欲存理"。但是,君子所用之以"存理遏欲"的伦理道德、价值规范、纲常伦物之则,总是在特定条件之下而为人所创构,总是体现出时代性和特殊性。对于个体之人讲,他生活在某个时代,自然受时代的纲常伦物之则的约束,这就是他的"命",就是他不得不遵守的基本的限制条件。那种不得不如此不如彼的约束,对个体之人讲是"命",但对人之整体、人之存在之必然如此讲,则是"性"。故而,君子面对纲常伦物之则,"言性不言命",他所考虑的是人应该有一定的道德规范的限制,至于受怎样的约束,因时因地而异,从而在"言性不言命"中实现"尽人达天"。

因耳、目、口、鼻之欲,君子或"言命不言性",或"言性不言命",根本上皆是从"心"出发而体认这些道理。对"欲"的意义和价值的衡定,落脚于"命"与"性",而"衡定"的主体则是"心",因为"心"外无理、"心"外无极,"心"以其生生不已之生意,根据条

① 《书·与以建五》,《刘宗周全集》三,第483页。
② 《学言》(上),《刘宗周全集》二,第386页。
③ 鲍博:《简论刘宗周的心性论思想》,《孔子研究》1988年第4期。

件的不同、认知方式的不同和价值评判视角的不同，或衡之为
"命"，或衡之为"性"，"性"与"命"皆因"心"而始"名"。故蕺山
说："性命本无定名，合而言之，皆心也。""性"与"命"并不是超越
于本体之"心"之外的东西，而是"心"囿苑之中的对人、事、物之状
态、过程的描述，表明的是人、事、物存在状态与过程的客观性、必
然性和可能性。因此，在一定条件之下，"命"会主宰人、事、物的
存在状态和演变过程，"自其权藉而言，则曰命，故常能为耳目口
鼻君"；在另外的条件之下，在打破"命"定的约束之后，在反思人、
事、物存在的必然性和正当性的基础之上，"性"又是人、事、物合
理存在、自在存在和自然存在的实质与本旨，"自其体蕴而言，则
曰性，故可合天人，齐圣凡，而归于一"。"命"与"性"唯在"心"的
提领之下，方"各有条理"。

(二)"万物皆备"

"性"不离"心"，即"心"而有名。"性"就是"善"，就是"真"，
是人、事、物独特性、功能性和价值性的描述。万事万物的存在，是
因为"性"的存在，"性"表明了万事万物的意义和价值，"性"的存
在证明了万事万物的存在。"性"是"心"的彰明，"心"生生不已，
"性"从而体现出差异性和多元性。"心"生生不已，万事万物故而
生生不已、千变万化，但无论事、物如何多元、多样，终究因"心"而
有其存在的意义和价值。"心"生生不已，人、事、物生生不已，就
万事万物之"生生不已"讲，人与他事、他物共存而融通，体现出共
通性。体思"人"之存在的合理性、客观性和必然性，必然能够体
思他事、他物之存在的合理性、客观性和必然性。蕺山的"万物皆
备"之论，便是源于此。具体而言，"万物皆备"内含三方面内容：

其一，"万物皆备"是"造化生生"之"心"的自觉。《人极图
说》曰："无善之真，分为二五，散为万善。上际为乾，下蟠为坤。

乾知大始,吾易知也;坤作成物,吾简能也。其俯仰于乾坤之内者,
皆其与吾之知能者也",蕺山以"乾道成男,坤道成女"说明万事万
物创生的进程。在《周易古文钞》中,蕺山释《易·系辞》之"乾道
成男,坤道成女;乾知大始,坤作成物;乾以易知,坤以简能"曰:
"圣人之心既体力用形,全具一副造化,而生物之功自有不容已
者。男女,盖以配合而为父母者言。一始一生,交致其功。如男女
构精,万物化生然。……乾道健,故曰易;坤道顺,故曰简。易知简
能,乃乾坤之道,而即圣人之道。"①可以看出,按照蕺山之意,"乾
道成男,坤道成女"便是"造化生生","心"之实质亦正是这个"造
化生生"之理。凡物,无不是"造化生生"之理的显明;凡论物,无
不是内蕴"造化生生"之理。无物非"造化生生",无物无"造化生
生"之"心"。从物物皆具"造化生生"之"心"讲,万物同然,万物
皆具于"心"。蕺山撰著于 1632 年的《读书要义说》即有如此之
论:"盈天地间,只是个生生之理,人得之以为心,则曰'仁',亦万
物之所同得者也。唯其为万物之所同得,故生生一脉,互融于物我
而无闲,人之所以合天地万物而成其为己者,此也。"②

其二,"万物皆备"既是"万统于一",又是"一统于万"。万物皆
备于一"心",体现的是万事万物的"生生不已"之"心"所同然,故而
说"万统于一"。从另一侧面而言,"性"虽由"心"而名,但"心"又由
"性"显,"心"不离"性"。万物之有"性",万物之有"心",皆是在彰
明同一个"心",皆是对"心"之造化生生之道的真切体现,故而说
"一统于万"。蕺山 1640 年的《学言》有对此问题的清晰论说:

问万物皆备之义。曰:"万物统于我矣,万形统于身矣,

---

① 《周易古文钞》,《刘宗周全集》一,第 214 页。
② 《说》,《刘宗周全集》二,第 312 页。

万化统于心矣,万心统于一矣。"问:"一何统乎?"曰:"统于万。一统于万,一故无一。万统于一,万故无万。无一之一是谓一本,无万之万是谓万殊,致一者体仁之功,汇万者强恕之说。二乎?一乎?安乎?勉乎?"①

蕺山还以"月落万川"之喻进一步说明:"万统于一,其理易见;一统于万,旨奥难明。知万者一所散见,而一者万所同然。月落万川,处处皆圆,正以处处此月,故尔处处皆圆。今以万月之圆,仰印孤悬之月,曾无有二。既无二圆,是无二月。既无二月,万川之月摄归一体。吾举一川之月,摄尽各川之月,以一统万,旨正如此。"②月落万川之喻有其恰当性和合理性。就万川之月言,它们无不是天上那个孤悬之月的影子,因天上之月之圆,万川之月亦圆,故"万月统于一月";就天上孤悬一月言,因它是圆,万川之月无不皆圆,万川之月之圆,更可彰明天上之月之圆,故"一月统于万月"。不过,蕺山这个比喻较为聪明之处是,他以"圆"而不是"明"说明"一"与"万"之关系。若以"明"来喻,则不能尽明二者之关系。一月之"明"固然可以使"万川"之月"明",但万川之月之"明"不明、"明"之程度却是有别。"万物皆备"说"万物"与"心"的关系,从"造化生生"之理讲,"万物"就是"心"之生生的彰明,不存在彰明的深度、广度问题,终究就是"彰明""心"。同时须知,"一"者之"心"并不是"实体之心",而是"虚性之心"。在蕺山这里,作为本体的"心"是表示"生生之道",与朱熹"理一分殊"之"理"本质并不相同。

其三,蕺山以"吾"提挈"乾知""坤能",落脚处在于"人"与"天地万物"一体,彰显出"人道之大"。蕺山 1632 年的《答履思

---

① 《学言》(中),《刘宗周全集》二,第 430 页。
② 《学言》(中),《刘宗周全集》二,第 430 页。

五》书信较早对此问题加以阐释。他说:"仁者以天地万物为一体。乃人以天地万物为一体,非仁者以天地万物为一体也。若人与天地万物本是二体,必借仁者以合之,早已成隔膜见矣。"①要清晰蕺山此论,首先要区分两对概念:其一是"人"与"仁者",其二是"以"与"合"。由"人以天地万物为一体,非仁者以天地万物为一体也"可以推知,"人"与"仁者"显然不是同一所指;"若人与天地万物本是二体,必借仁者以合之,早已成隔膜见矣"一语则进一步表明二者之间有较大"差异"。那么,"人"究竟是什么? 蕺山接着说:"人合天地万物以为人,犹之心合耳、目、口、鼻、四肢以为心。今人以七尺言人,而遗其天地万物皆备之人者,不知人者也;以一膜言心,而遗其耳、目、口、鼻、四肢皆备之心者,不知心者也。"②所谓"合",《说文解字》解之曰:"合,亼口也,从亼口。"其上半部分"亼"为古文"集"字,《说文解字》解"亼"为:"三合也,从人一。象三合之形。凡亼之属皆从亼,读若集"③,意指将诸多元素采集到一块。而"合"下半部分"口"像人体或容器的口形,意指质能或信息输入或输出的接口。"合"的总体意象是:广泛采集众多元素,汇合纳入口中,酝酿出新生态④。即"合"自身便内在了"潜存、无间、融通"之义。那么蕺山以"合"分析"心"与"耳目口鼻四肢"之关系,"心合耳目口鼻四肢以为心"表明"心"通由"耳目口鼻四肢"而显现,"耳目口鼻四肢"之功能、价值和意义自然是"心"的内在规定性、能动性和基本属性,"心"是"耳目口鼻四肢"多元要素的内在主

---

① 《书》,《刘宗周全集》三,第 312 页。
② 《书》,《刘宗周全集》三,第 312 页。
③ (汉)许慎撰,(清)段玉裁注:《说文解字注》,第 394 页。
④ 祁润兴:《化解价值冲突的和合学——和合学的创立者张立文教授访谈录》,《社会科学家》1998 年第 3 期。

体和意义主宰者。那么，蕺山以"人"来"合""天地万物"，同样便具有这样的意思。即是说，"人"作为天地万物中最灵、最秀者，天地万物的价值、意义透过"人"加以显发；反之，"人"之价值和意义就是探求天地万物之价值和意义，"天地万物"之中自然内蕴者"人"之能动性、自觉性和必然性，"人"自然、必然与天地万物相关联。既然"人"与万物有着这样的关系，又有什么道理要将"人"与"天地万物"分割开来呢？"人"自然便与"天地万物"为一体无间，"天地万物"通由"人"的能动性和主动性而彰显，"人"的意义和价值亦自然通过"天地万物"而彰明，这便形成了"我与天地万物本无间隔"[①]的关系。回到"人以天地万物为一体"之论，《说文解字》解"以"为"用"，解"用"为"行"。[②] 统观而断，可说"以"便是"行"。"人""行"于"天地万物"之中，显然，"人"融贯于"天地万物"之中。既然"融贯"其中，又何尝不是"一体"？故而，不论是"合"，还是"以"，"人"无论如何都离不开"万事万物"，同样，"万事万物"亦都在彰明"人"的知、能意义和价值。明白此种关系，"自然亲亲而仁民，仁民而爱物，义、礼、智、信一齐俱到，此所以为性学也。"[③]

蕺山在《圣学宗要》释张载《西铭》时，进一步发挥"民胞物与"之论及"仁者以天地万物为一体"之说[④]，并构设"求其所为一

① 《书》，《刘宗周全集》三，第 312 页。
② （汉）许慎撰，（清）段玉裁注：《说文解字注》，第 228 页。
③ 《书》，《刘宗周全集》三，第 312 页。
④ 蕺山说："仁者以天地万物为一体，真如一头两足，合之百体然。盖原其付畀之物，吾体吾性，即是天地；吾胞吾与，本同父母。而君相任家督之责，圣贤表合德之选，皆吾一体中人也。然则当是时而苟有一夫之不得其所，其能自己于一体之痛乎？于时保之，畏天以保国也。乐且不忧，乐天以保天下也。反是而违天，则自贼其仁。甚焉济恶，亦天之戮民而已。"（《圣学宗要》，《刘宗周全集》二，第 233 页）

体之脉"的工夫哲学:"必也反求诸身,即天地之所以与我者一一
而践之。践之心即是穷神,践之事即是知化,而工夫则在不愧屋漏
始。于是有存养之功焉,继之有省察之要焉,进之有推己及人以及
天下万世者焉"①,而终究是"本体工夫都无漏义"。② 其时,蕺山
所提出的明晰、践履"万物皆备"之说的工夫落脚便是"反求"。个
体之人若意愿某事、某物,"反求"自身而清晰他人亦如吾等意愿
某事、某物,那么,在推己及人中彰明"万物皆备"之论。这就落实
到体认事物的具体方式和方法上。从而可说,"万物皆备"既是
"心"自然应有之意,是"境界",同时又是工夫方法。

物物皆有其"性",物物皆涵蕴生生不已之"心","性"因"心"
而名,"心"因"性"而显。物物有其"性",故"性"有万种。但就其
本质为生生不已之"心"讲,万"性"为一"性",万物皆备于一
"心"。"万物皆备"既是境界又是方法,体现了工夫与本体的圆融
合一。

五、"其要无咎"与"迁善改过"

"心"生生不已而造化事事物物,故而"心"致广大,尽精微,既
易知,又简能,唯人承"心"而能"以天地万物为一体",万物皆备于
我。人心至大,无知而无所不知,无能而无所不能;人心至微,无思
无虑而能无善至善,好善恶恶而能本心常明。《人极图说》有曰:
"大哉人乎! 无知而无不知,无能而无不能,其惟心之所为乎!
《易》曰:'天下何思何虑! 天下同归而殊涂,一致而百虑。'天下何
思何虑! 无知之知,不虑而知。无能之能,不学而能。是之谓无善

---

① 《圣学宗要》,《刘宗周全集》二,第233页。
② 《圣学宗要》,《刘宗周全集》二,第234页。

之善。"①人行天地之间,人之日用常行虽有纲常伦则、名物制度,但个体之人生存世界之千万差异,生活习性、道德求索总有万千气象,从终究之意义存在者讲,"心"无善而至善;从客观生存事实讲,个体人之"心"有善有恶、知善去恶、彰善抑恶。《人极图说》承上言而有论曰:"君子存之,善莫积焉。小人去之,过莫加焉。吉凶悔吝,惟所感也。积善积不善,人禽之路也。知其不善,以改于善,始于有善,终于无不善。其道至善,其要无咎,所以尽人之学也。君子存之,即存此何思何虑之心。周子所谓'主静立人极'是也。然其要归之善。补过所由,殆与不思善恶之旨异矣。此圣学也。"②《人极图说》此第六、七句话告之于人,"心"虽为万物之本、人事之则,但其落脚地之"人"非全体皆将此"心"承当。面对人之生存世界之万千景象,人须"学"而成人,善于迁善改过,以为"尽人之学"。但须明辨:"心"本至善,何以个体之人有善有恶? 人"迁善改过",何以便证成为"人"?

人是世间最难以把握的"东西"。蕺山曾说:"有一种说不出的道理,又有一种形容不得的头面,一齐和合在这里,吾强而名之曰'人',是甚亲切。"③"说不出的道理"构成"人"之为人的那个"所以然","形容不得的头面"构成"人"之为人的那些"容貌辞气"。人因身上承载的"道理"和体露的"头面","生而最灵"④。但是,人又是生活于人类自己所创构的文化环境之中,成为环境的

① 《人谱》,《刘宗周全集》二,第4页。
② 《人谱》,《刘宗周全集》二,第4页。
③ 《学言》(下),《刘宗周全集》二,第433页。
④ 《原旨·原心》:"盈天地间,皆物也。人,其生而最灵者也。"(《刘宗周全集》二,第279页)

产物。在其中,人"随俗习非,因而行有不慊",①本来人"心""廓然而大公,物来而顺应,终身不动些子"②,却为"俗习"所遮蔽。概括来讲,导致人"心"遮蔽的主要原因便是"私""欲"。在蕺山看来,人"每日间只是一团私意憧憧往来,全不见有坦然释然处,此害道之甚者"③,有"私"意,便不能"廓然大公",而且,"有我之病,惟发为胜心胜气,最难持"④。这样的一种心态,自然争强好胜。"求胜之心"即是要"立着意见要与人异,即如外面周旋,却加些意在",故而"碍道"。⑤ 好"胜"便是有"私",有"私"即不能实现"公"。"私"与"欲"相关联。"私"是人向"内"寻求,是为"我"谋求,"向内向外皆欲"⑥,"欲"使人"心""动而不止","吾辈心不能静,只为有根在。假如科举的人,他只着在科举上,即不专为此,总是旁枝生来。所以濂溪先生教人,只把'无欲'两字做丹头"⑦。人不能有非分之"欲",一旦超出了人的正常的生理诉求和情感需要,他的所作所为必然"非本心使然,已然走进'伪'、'欲'"⑧。人有"私""欲",皆是"为习所转,一切捱排是非计较凡圣,恐都是习心"⑨。"习"是后天而起,虽说有"习心",实"心"并无不善,只是"习"有善有不善:"人生孩提知爱,稍长知敬,盖因幼时真性如八窗玲珑,四宇洞达,无所遮蔽。不知向后如何一转,便蒙蔽了。此

① 《学言》(下),《刘宗周全集》二,第433页。
② 《学言》(下),《刘宗周全集》二,第434页。
③ 《学言》(上),《刘宗周全集》二,第382页。
④ 《学言》(上),《刘宗周全集》二,第382页。
⑤ 《问答》(下),《刘宗周全集》二,第356页。
⑥ 《学言》(上),《刘宗周全集》二,第370页。
⑦ 《问答》(下),《刘宗周全集》二,第355页。
⑧ 《学言》(上),《刘宗周全集》二,第378页。
⑨ 《遗编学言》,《刘宗周全集》二,第476页。

一转甚是害人,大抵日转日甚,世故日深,真性日蔽,声色货利之场
为所汩没者多矣。"①人在不断成长过程中,随着接受外界事物的
增多,本"心"之"净"与"明"被逐渐遮蔽。只是,"心"被遮蔽,并
不是说"心"被"磨灭",本心依然常在:"然虽被习染,而真性未尝
不在。"②此个"真性"就是"本然之心":"人皆有本然之真心在,不
曾把来理会,遽要与人公物,与人忘善,不知隔了几重公案。这本
然的心原坐下完足,人自不体察耳。"③"真性""真心"也就是"何
思何虑之心"。"何思何虑"见《易·系辞下》第五章:"《易》曰:憧
憧往来,朋从尔思。子曰:天下何思何虑? 天下同归而殊途,一致
而百虑,天下何思何虑? 日往则月来,月往则日来,日月相推而明
生焉。寒往则暑来,暑往则寒来,寒暑相推而岁成焉。"④其意是说
天下万物出于阴阳自然相感而无须人为思虑,表明万事万物自然
生生而已,正与"心"造化万物而万物生性之论相承。蕺山虽未对
此章有所阐发,但他于 1645 年《与开美三》书信中指出:"凡道体
以得而无所得为真得,但有一物焉可指以为得,皆其得在外者也。
必也天下何思何虑乎!"⑤即是说,道本自然,人"心"本是"自然而
然"。"本心"之明时时提醒人何为善,何为过;知过即是有善,有
善自然知过。"本心"自然知善知过、迁善改过,蕺山 1643 年的
《学言》便深刻指出:"至诚尽性之至,不学而能,即经纶大经,已足
见其心精密而无漏矣。又出之不穷,为立天下之大本;运之无外,

---

① 《问答》(下),《刘宗周全集》二,第 353 页。
② 《问答》(下),《刘宗周全集》二,第 353 页。
③ 《问答》(下),《刘宗周全集》二,第 355 页。
④ 陈鼓应、赵建伟:《周易今注今译》,第 660 页。但刘蕺山《周易古文钞》却
    无此第五章。
⑤ 《书》,《刘宗周全集》三,第 382 页。

为知天地之化育;其要归于无能而已。无能故无所,何倚之有?"①
当然,"本心"为善,无善而至善,并不表示所有人皆有善无过,现
实中人孰能无过?"自古无现成的圣人,即尧、舜不废兢业。其次
只一味迁善改过,便做成圣人"。② 此处须考虑的问题是:人开展
道德践履、迁善改过,如何便能常葆本心澄明?

　　人之所以能够实现主体之"心"的常明与澄明,自然是与人对
"心""意""知""物"的体认相关联。不过要注意,"本心"是就人
人共有,人、事、物共通的"意义存在者"讲,是万事万物存在的本
根、本体;人成就自己、迁善改过、成圣成贤,人"心"是"本心"在人
身上的具体落实。

　　在"心""意""知""物"四者关系上,蕺山提出区别于阳明的
四句教③:"有善有恶者心之动,好善恶恶者意之静,知善知恶者是
良知,为善去恶者是物则。"④所谓"有善有恶者心之动",表明人
心之可塑性。"人心"作为个性化的实存的个体之"心",可以践行
善行,亦可能行恶,甚至是本意行善行,结果是恶果。或者说,具体
之人的具体的属于道德评价体系范围的"行为事件"自身,会因事
件实施者的不同"想法""观念""目的"而体现出善性和恶性。这
些"善性"或者是善的念头,或者是善的效果,或者是善的过程。
同样,这些"恶性"抑或者是恶的念头,或者是恶的效果,或者是恶
的过程。总之,具体的人,只要是出于"目的"的、有所为而为的行

---

① 《学言》(下),《刘宗周全集》二,第462—463页。
② 《人谱》,《刘宗周全集》二,第9页。
③ 刘宗周并没有用"四句"或"四句教"来表达自己的观点,只是后来学者
　对他的不同于阳明之"四句教"的四句话的一种"说明"。
④ 《学言》(上),《刘宗周全集》二,第391页。

为、事件，自然就有善与恶的性质之区别，从而可说"有意为善亦是过"①。

所谓"好善恶恶者意之静"是说，作为内蕴人心之中的"意"，对人心之行为举止起到规范和约束作用。它不是"心之发"，而是"心之存"。蕺山在1637年的《学言》说："人心径寸耳，而空中四达，有太虚之象。虚故生灵，灵生觉，觉有主，是曰意。此天命之体，而性道教所从出也。"②人心虽表象为"径寸之肉体"，但其中自有"虚体"，有生生之意流行其中。从最根本的存在之必然性讲，心中有"性"理，"盈天地间一性也，而在人则专以心言，性者，心之性也"③；从性居于人之心，性为个体之"心"之能动性、主体性言，心中有意："意者心之所以为心也。止言心，则心只是径寸虚体耳。着个'意'字，方见下了定盘针，有子午可指。"④定盘针的本质特征是始终向南，而盘子只是维持盘针正常运作的载体。心与意的关系犹如盘子与盘针的关系，有了意，心才有能动性，才能彰明道德理性。"性"成为"心"之能动性、主体性的代名词。从而，蕺山将意看作是"心之所存"。"人心"可行善与恶，或表现为善与恶，但是"意"却使得"心"有努力实践善行的举动。"意"之"好善"就是"恶恶"，"恶恶"自然就是"好善"，故说"好恶只是一机。"这是人的本领，是人性之天命如此的，是人自然、自在、绝对享有和自觉彰显的特有能力。作为存于"心"的"意"，时时活跃，又时时处于"销迹"处。因为它是"自觉"，是主体性，是人之内心的道德法则，时时规定，却时时不张扬。故而可说，"好善恶恶者

①　《书・与履思九》，《刘宗周全集》三，第319页。
②　《学言》(中)，《刘宗周全集》二，第409页。
③　《原旨・原性》，《刘宗周全集》二，第280页。
④　《问答・答董标心意十问》，《刘宗周全集》二，第337页。

意之静"在本质上表现为主体的自主选择:"在好(喜好)恶(憎恶)的形式下,对善的肯定和追求和对恶的否定与拒斥,已不是外在强制的结果,而完全是出于主体的内在意愿"①,这样,"意"作为定向之意的同时又彰显了人的自我主体性和自主选择性。蕺山晚年极力表彰江右归寂主静派之邹守益、聂双江、罗念庵,其用意正在于说"归寂、主静工夫就是对良知进行过滤作用,是道德理性最大限度地返回洁净精微的本体"②。

有此"好善恶恶"之意,必有可"彰善抑恶"而无不善之心。但是,意又如何能够做到"好恶"的呢? 蕺山云:"就意中指出最初之机,则仅有知善知恶之知而已,此即意之不可欺者也。故知藏于意,非意之所起也。"③能够使心自在、自主展开道德实践的是意,意之本质是善必好、恶必恶,心以意为主宰,心自然能够见善必好,见恶必恶。意之"好恶"实质上是一种"自觉地行",是基于"知善知恶"之"知"的"行"。无对善与恶的"知",哪能有对善与恶的"自觉"道德评价? 也就是说,有知方有行,而行自然建基于真知。知是行之基,行是知之实:"'知行只是一事。知者行之始,行者知之终;知者行之审,行者知之实。'故言知,则不必言行;言行,亦不必言知,而知为要。"④有如此自然而存有的知善知恶之"知",便自然"好善而恶恶",故而可说"知善知恶者是良知"。就知善知恶之知的自觉能力讲,知的只是"善",凡不"善"自然便知为"恶"。作为道德主体之心,"意为心之存主"而"好善恶恶","知为意之精明"而"知善知恶",由"意"与"知"作用的"心"则自然"为善去

① 杨国荣:《刘宗周思想的历史地位》,《中国哲学史》1996 年第 4 期。
② 张学智:《论刘宗周的"意"》,《哲学研究》1993 年第 9 期。
③ 《学言》(上),《刘宗周全集》二,第 389 页。
④ 《人谱》,《刘宗周全集》二,第 19 页。

恶"。而且,"知"与"意"圆融一体,无先无后,只是自然互蕴互显而已。

终究来说,"心""意""知"自身就是"善",是"善"的化身。千善万善,终归一善;知所有善,终归是知"善"。"心""意""知"所行所在,本便是"有善无恶"。"有善无恶,归之至善",蕺山名之为"物"。此"物"并不是"物体"之"物",而是"事件""规则"之"事"。"事"是人为所就,是人所普遍遵循的"规则",实际上具有了"天理"的本性。① 由于个体之人心之善恶交杂,现实生活、道德实践亦是善恶交杂。对于每一个人来讲,他在众多的道德事件②中总会体验出何谓善、何谓恶。作为群体生活、从事实践活动和接受各种伦理规范、价值规范、道德规范等规范约束的人讲,每个人都会面对属于"道德"评判的体系,都会由被动接受规范到主动实践规范,进而自觉体贴和反思生活、生命价值的状态。生活与规范已经成为人存在的必然方式。在对"事"的体思中体悟出"知",践行"知","知"与"物"实现实践路径上的通和。故蕺山有说:"就知中指出最初之机,则仅有体物不遗之物而已,此所谓独也。故物即知,非知之所照也。"③所以,"物"是人成长与成熟的起点,亦是人走向自觉的起点。当然,有的人不见得从"物"中体思自己,反观生命。善与恶的观念并不是所有人都体思勘悟到的,但却是所有人都必然面对的。从根本上讲,从人作为终极的道德实践主体

---

① 参见黄敏浩:《刘宗周"四句"的诠释》,《中国文哲研究通讯》1998 年 9 月第八卷第三期。

② 道德事件不是道德的事件。前者表述事件的性质是伦理意义上的人的情感行为,侧重于对事件性质的描述;后者表述事件的性质是具有高尚道德情操的行为结果,侧重于对结果的肯定。

③ 《学言》(上),《刘宗周全集》二,第 389 页。

讲,人终究会走向自觉。终极的意义不能取代现实的意义,现实的意义也不能否认终究的价值,故而可说"为善去恶是物则"。这就是蕺山四句教的道德哲学。总之,"心"是"意"之外显,"意"是"知"之施行,"知"是"物"之细则,"心""意""知"是"物"之"至善"的指画与推演。故而,蕺山在《答史子复(孝复)》说:"一心耳,以其存主而言谓之意,以其存主之精明而言谓之知,以其精明之地有善无恶归之至善谓之物。识得此,方见心学一原之妙,不然未见不堕于支离者"。① 同时,在心、意、知、物间的关系上,蕺山1643 年的《学言》有这样概括:"心无体,以意为体;意无体,以知为体;知无体,以物为体。物无用,以知为用;知无用,以意为用;意无用,以心为用。此之谓体用一原,此之谓显微无间。"②那么,综括来看,心、意、知、物四者实际上"一体融贯"在一起,"即意即心""即知即意""即物即知"。这里,"心"是"有善有恶者心之动"之"心",而非"生生道体"之"心"。从"道体"之"心"讲,"心"即是"人极","人极"亦即"本心"。作为人,"本心"常明,"人极"常在,从而"人"乃成其为人。正是因为人有其作为人的"必然之理",在意的主宰下,使人从"有善有恶"之中明晰"本心"之常明。

这样,以意、知、物融通、提挈心,个体之"人心"便具有了能动性、自觉性和主体性;而人心的能动性、自觉性和主体性又根源于天,乃与天命之性相通。故,人之"心":"心一也,合性而言,则曰仁;离性而言,则曰觉。……又总而言之,则曰心;析而言之,则曰天下、国、家、身、心、意、知、物。惟心精之合意知物,粗之合天下国家与身,而后成其为觉。为觉,其为人也。若单言心,则心亦一物

---

① 《书》,《刘宗周全集》三,第 380 页。
② 《学言》(下),《刘宗周全集》二,第 450 页。

而已。凡圣贤言心,皆合八条目而言者也,或止合意知物言。"①这样,"心"便具有了"天人一路"的品质,"人心,浑然一天体也。"②此心是人的道德理性精神,是人开展道德实践活动的自在主体。依此心而展开道德实践之人一定是君子、贤人,一定能维护社会道德、挺立道德主体、尽显主体能动性。故而,有学者指出:"(刘宗周)明确地提出心具有道德价值判断和选择的能力,指出道德理性和善良意志相互蕴涵、相互制约,这一思想与一个半世纪后康德在《实践理性批判》中所阐述的自律道德的原理颇为相近。这是难能可贵的。"③蕺山以"心"为客观存在和必然存有者,人是"心"的具体承担者和自觉体验者。这既为人"迁善改过"探索了客观依据,又为人之所以为人树立了客观理则。

总之,《人极图说》以"心"为万事万物之存在的意义主宰者,"心"管摄天、地、人"三才之道","三极一极也,人之所以为人,心之所以为心也"④。在这一"心体"之下,"无极太极"与"无善至善"圆融一体,凸显了"心"之"生生道体"本质;"动而无动"与"继之者善"圆融,凸显了"心"生生不已而为万事万物之意义和价值的主宰者;"静而无静"与"成之者性"圆融,凸显事事物物皆涵含"生生之道";"五行攸叙"与"五性达道"圆融一体,凸显了五伦存在的客观必然性;"物物太极"与"万性胞与"圆融一体,物物有其"性",万物皆备于"心",从而"人以天地万物为一体";"其要无

---

① 《学言》(上),《刘宗周全集》二,第388—389页。
② 《学言》(中),《刘宗周全集》二,第410页。
③ 马振铎:《王学的罅漏和刘宗周对王学的补救》,《浙江学刊》1992年第6期。
④ 《读易图说》,《刘宗周全集》二,第127页。

咎"与"迁善改过"圆融一体,尽管个体之"人心"有善有恶,但在意、知、物提挈之下,人皆明"本心","本心"常明。《人谱》"心体论"将天道与人道实现圆融统合,天道的客观性落实于人道之中,人道以其主体性、能动性彰显了天道之自在性和自然性。天道不离人道,人道开显天道,"即天道即人道"。唐君毅先生曾将《人极图说》视为宋明理学的终结之作:"在蕺山之教中,此心性於穆不已者即天,而天之太极,不外于此心之性。故圣人成圣而能立太极,则天人之道备。故归于著《人极图》,以'无善而至善,心之体也'为首句,以言立人极之道。此即是将濂溪思维太极之义,皆摄于此人极之中。蕺山为宋明儒学之最后之大师,而濂溪为宋明理学之开山祖。故吾尝谓宋明理学以濂溪之为太极图说,以人之主静立人极以合太极始,而以蕺山之人极图说摄太极之义于人极之义终。"①故,《人极图说》所开显的"心"学系统,彰明天地万物中最灵与最秀者之"人"的意义和价值,是"天人合一"哲学的最精彩展现。

---

① 唐君毅:《中国哲学原论·原教》,中国社会科学出版社 2006 年版,第320 页。

第四章 "证心以证人"——
《人谱》工夫论

　　《人谱》挺立"心"体,构设人成为"人"的"可能世界"。有"心"并不一定成其为"人",因为由"心"而开显为"人"须有一个"自我主体"不断反思和体悟的历程。人是现实的,但人却是有此"心",因为"心"生生不已,于人自然便有落脚。人既有"可能世界"的境界追求和理论铺垫,又有基于"意义世界"反思的"工夫论"。"心"体的澄明与"工夫"的圆融,造就真实的"人"、德性的"人"。说"人",他(她)已然成为君子、圣人,是"心"的自在澄明与"自我主体"能动性、主体性的圆融。人通过"工夫"明辨"善"与"恶",却妄还真、迁善改过、立志圣域,从而成其为"人"。

第一节 "过"与"恶"

　　《人谱》既彰露人作为"人"的本根埋据"心之体",又显明"善恶相陈"之"意义世界"的客观存在。《人谱》事无巨细地将人之"过"划分为六个层次,即:微过、隐过、显过、大过、丛过和成过之恶。"过"之危害是由微而著、由隐而显、由浅入深,"过"形象地展露于人之身、思、言、行。《人谱》所揭露和描述的"过"与"恶"既是时代的产物,又是历史的总结,是对人性多样性的深切体认。

一、"物先兆"与妄心之微过

《纪过格》所记第一过即是"微过"。"一曰:微过,独知主之。"①"微过"因"妄"而起,而"妄"与"独"相对应。要清晰"妄"过之起的深层缘由及其影响和表现,务必从对"独"的理解入手。

(一)"独"

《证人要旨》之"凛闲居以体独"章说:

> 学以学为人,则必证其所以为人。证其所以为人,证其所以为心而已。自昔孔门相传心法,一则曰慎独,再则曰慎独。夫人心有独体焉,即天命之性。而率性之道所从出也。慎独而中和位育,天下之能事毕矣。然独体至微,安所容慎?惟有一独处之时可为下手法。而在小人,仍谓之"闲居,为不善,无所不至"。至念及掩著无益之时,而已不觉其爽然自失矣。君子曰:"闲居之地可惧也,而转可图也。"吾姑即闲居以证此心。此时一念未起,无善可着,更何不善可为?止有一真无妄在不睹不闻之地,无所容吾自欺也,吾亦与之毋自欺而已。则虽一善不立之中,而已具有浑然至善之极。君子所为必慎其独也。夫一闲居耳,小人得之为万恶渊薮,而君子善反之,即是证性之路。盖敬肆之分也。敬肆之分,人禽之辨也。此证人第一义也。②

蕺山这段话告人两层信息:其一,"心""性"与"独"相互关联;其二,"妄"之生与"慎独"有关。在上一章,笔者就"心"与"性"之关

---

① 《人谱》,《刘宗周全集》二,第 10 页。
② 《人谱》,《刘宗周全集》二,第 5—6 页。

系提出"即……即……"的"一体融贯"思维方式,那么,在理解"独"与"心""性"的关系上,亦须坚持这样的思维方式。

第一,"即心即独"。蕺山说"人心有独体焉,即天命之性",如何理解?在蕺山看来,学做人,必证人之"所以为"人之"所以然";要证人之"所以然"之理,必证"所以然"之"所当然"之则。"人"为天地万物之最灵、最秀者,人凭借"知"与"能",尽显"心"之本根意义和价值。"心"继善成性,实现天地事物之万化与万性之存有。"继之者善也。动而阳也。乾知大始者也"、"成之者性也。静而阴也。坤作成物者也","继善"与"动而阳"相对应。"成性"与"静而阴"相对应,那么,"独"就是对"动静互蕴"之自然状态及其效果的真切表达。

关于这样的言论,蕺山说过许多。如:蕺山1626年的《学言》曰:"独者,静之神、动之机也。动而无妄,曰静,慎之至也。是谓主静立极"①;1631年的《中庸首章说》云:"独体惺惺,本无须臾之间,吾亦与之为无间而已。惟其本是惺惺也,故一念未起之中,耳目有所不及加,而天下之可睹可闻者,即于此而在。冲漠无朕之中,万象森然已备也。故曰'莫见莫显'。君子乌得不戒慎恐惧、兢兢慎之!慎独而见独之妙焉"②;1636年的《学言》指出:"莫见乎隐,亦莫隐乎见;莫显乎微,亦莫微乎显,此之谓无隐见、无显微。无隐见、显微之谓独,故君子慎之"③;"读'衣锦尚䌹'之诗,而识独体之蕴焉。所谓'暗然日章'是也。天下文章莫著于是,而却藏于至暗之中,不可得而睹,不可得而闻。淡简温二句,正见独体之妙,分明《中庸》真面目。知远之近三句,独中自有之真知也。善

---

① 《学言》(上),《刘宗周全集》二,第361页。
② 《中庸首章说》,《刘宗周全集》二,第299页。
③ 《学言》(上),《刘宗周全集》二,第392页。

学者,时时提醒,此便是圣路,便是天衢,故曰:'可与入德矣。'"①
等等。其时,"暗然日章"最能体现"独"即隐即显、即微即著的形
象。"心"生生不已而成就事事物物。即是说,在"心之体"思辨
下,才有对"意义和价值""功能与属性"的体认与省思。认定事事
物物的意义和价值、功能和属性,都是在"心"的苑围之中进行,无
"心"便无事事物物意义和价值、功能与属性的彰明。正是有了
"心",所谓的事事物物才有了意义和价值、功能和属性,事事物物
也才成其为他自身,事事物物才被彰明起来。这就是"继之者
善"。"心"生生不已,从而事事物物生生不已,事事物物之意义和
价值、功能与属性亦是生生不已、变幻无穷。只是,在一定条件之
下,"心"生生而万物成,万物自然便有"性",即"成之者性"。"继
善"自然能够"成性","成性"是"继善"的自然效果;"继善"表明
"生生不已"之动的过程,"成性"表明"生生不已"之静的效果。
"继善"与"成性"为"心"之自然运动效果,是"心"之一元阴阳生
气运行过程。"独"正是对此的表达。因此,离"心"说不得"独",
"独"是对"心"之生生不已之义的展示、描述,故须"即心言独",
而非"以独代心"。同样,蕺山完备的哲学思辨逻辑,以"独"来彰

① 《学言》(上),《刘宗周全集》二,第386—387页。《中庸》第三十三章云:
"诗曰:'衣锦尚绚',恶其文之着也。故君子之道,暗然而日章;小人之
道,的然而日亡。君子之道,淡而不厌、简而文、温而理。知远之近,知风
之自,知微之显。可与入德矣。诗云:'潜虽伏矣,亦孔之昭。'故君子内
省不疚,无恶于志。君子之所不可及者,其唯人之所不见乎。诗云:'相
在尔室,尚不愧于屋漏。'故君子不动而敬,不言而信。诗曰:'奏假无言,
时靡有争。'是故君子不赏而民劝,不怒而民威于铁钺。诗曰:'不显惟
德,百辟其刑之。'是故君子笃恭而天下平。诗云:'予怀明德,不大声以
色。'子曰:'声色之于以化民,末也。'诗曰:'德輶如毛。'毛犹有伦。'上
天之载,无声无臭。'至矣。"蕺山此论,便是针对此而阐发。

明"心"体运行的此种状态,更能使人体会"心""无能而无所不能、无知而无所不知"的广大与至微之所在。

"独体"无动静,但它彰明了"动静"之理。"独体"既是自在,又是自觉;既是隐微,又是显发。自在之中隐微"独体"之"无思无虑";自觉之下显发"独体"之"吾之知能"。君子之"独体"隐微,但却无时不显发,无时不影响他人、他事、他物。从而,隐微的状态之中自有显发、影响、彰显的过程,"知远之近,知风之自,知微之显"。只是,隐微与显发、暗然与日章自身是"一体圆融"在一起的,不可二分:"中以言乎其阳之动也,和以言乎其阴之静也,然未发为中而实以藏已发之和,已发为和而即以显未发之中,此阴阳所以互藏其宅而相生不已也。"①因此,偏执任何一方都是对"独体"之蕴的曲解。故而,蕺山有如此之论:"一独耳,指其体谓之中,指其用谓之和。"②从中可知,"独"自身无所谓"动静",但它却是对"动静"之理的表达。在蕺山看来,"人心之独体不可以动静言,而动静者其所乘之位也,分明造化之理。"③这进一步表明,"独"之中进行着"动静"运动,而这样的运动并不体现为"时位"即位置之移动意义上的"动静",而是彰显为"寂然不动,感而遂通"之过程与状态意义上的"动静"。"独"所表示的正是"心"体之"继善成性"的"动静"过程:

> 无极而太极,独之体也。动而生阳,即喜怒哀乐未发谓之中;静而生阴,即发而皆中节谓之和。才动于中,即发于外,发于外则无事矣,是谓动极复静;才发于外,即止于中,止于中则有本矣,是谓静极复动。一动一静,互为其根,分阴分阳,两仪

① 《学言》(上),《刘宗周全集》二,第392页。
② 《学言》(上),《刘宗周全集》二,第396页。
③ 《学言》(中),《刘宗周全集》二,第411页。

第四章 「证心以证人」——《人谱》工夫论

立焉。若谓有时而动,因感乃生,有时而静,与感俱灭,则性有
时而生灭矣。盖时位不能无动静,而性体不与时位为推迁,故
君子戒慎乎其所不睹,恐惧乎其所不闻,何时位动静之有?①
这里,蕺山又有"无极而太极,独之体"之论,显然与他"无善而至
善,心之体也"之论有"一定冲突",给人感觉是蕺山运用概念的
"随意"。不过,看《证人要旨》之"体独"章"人心有独体"之论,当
说蕺山并不是以"独"作为与"心"同等"本根"之意义和地位的哲
学概念。毕竟,思索"独"之概念需在"心"的苑囿之中进行。而
且,蕺山还将"独"与"性"相勾连,"性"因"心"名,"即心即性",即
此而知,"独"亦是"心"之下的哲学概念。当然,蕺山释"独"坚持
"动静无端,显微无间",是他"一体融通"思维方式的延伸而已,是
蕺山所始终坚持的思辨方式②,并以此方法教导学生体思问题。③

第二,"即性即独"。蕺山撰于1636年的《独体编》有云:"或
曰:慎独是第二义,学者须先识天命之性否? 曰:不慎独,又如何识
得天命之性?"④同年的《学言》亦指出:"'天命之谓性'。以其情
状而言,则曰'鬼神';以其理而言,则曰'太极';以其恍兮惚兮而

---

① 《学言》(上),《刘宗周全集》二,第395页。
② 早在1626年,蕺山就以他在"中和"问题上的"一体融通"思维方式对朱
子之论展开批评。是年《学言》有曰:"隐微者,未发之中;显见者,已发之
和。莫见乎隐,莫显乎微,故中为天下之大本。慎独之功,全用之以立大
本,而天下之达道行焉,此亦理之易明者也。朱子以戒惧属致中,慎独属
致和,两者分配动静,岂不睹不闻与独有二体乎? 戒惧与慎独有二功乎?
致中之外复有致和之功乎?"(《学言》(上),《刘宗周全集》二,第372页)
③ 蕺山1640年《学言》有云:"示韩参夫云:'力划浮夸之习,深培真一之
心。'又曰:'从闻见上体验,即从不闻不见稍归。从思虑中研审,即向何
思何虑究竟。庶几慎独之学。'"(《学言》(中),《刘宗周全集》二,第
431页)
④ 《刘宗周年谱》,《刘宗周全集》第六册,第397页。

言,则曰'几'、曰'希';以其位而言,则曰'独'";"'天命之谓性',此独体也。"①蕺山将"天命之性"与"独"相关联,如何理解？前一章已指出,"性"因心而名,离"心"无"性","性"是事事物物所具意义和价值、功能和属性的"统称"。"心"生生不已而"继善成性","性"便自然如此。因"心"之知、之能而赋予事物之意义和价值、功能和属性,事物之有"性"体现出事物之意义和价值、功能和属性的客观存有。但"性"是否显明,却因"心"而主宰,唯"心"赋予事物特定条件下的特定的意义与价值、功能与属性。当然,在其他条件之下,不能说事物无"性",只是"性"并不能因"心"而彰明。从而,"性"因"心"而名,事物之意义和价值、功能与属性为"心"所赋予,有"心"才有"性"之体认。反之,"性"作为表达事物之客观存有之意义和价值、功能和属性之"性质"的"统称理念",唯因人"心"而明,因为"人"是天地万物之最灵、最秀者。"心"是界定、体认"性"的基础,"性"也是彰明"心"的基本路径。正是有了多元的"性"的显明,"心"生生不已之义,"心"之知、能之能动性、主动性、自觉性才得以开显。就"性"之客观存有讲,"心"生生不已之义而使之尽显,"心"赋予事物意义和价值、功能和属性便是事物之"性"的显明,但"性"并非因"心"而"始有",只是因"心"而"得名",故"性"为"天命之性";就"性"之在事事物物身上显明讲,"心"之知、能得以发挥,根据不同的认识层面、认知对象和体认方式,赋予了事物意义和价值、功能和属性,"心"之生生不已之义通过"万化""万性"开显出来,而"万化""万性"之开显"心"的过程亦是客观存在、自然如此的。"心"不会因"性"开显自己与否而"始有",只会因"性"开显自己的程度、深度和广度而说明自己

<hr>

① 《学言》(上),《刘宗周全集》二,第383、396页。

之知、能的"广大"与"精微"。也就是说，"心"继善成性之"独"的生生运旋本身亦成为"心"自身之"性"；"独"之继善成性的历程便是"心"之知、能"名""性"、"显""性"的历程，亦是"性"开显"心"体的历程。故而，有"心"之知、能方才有"万化""万性"，但"性"乃"天命"之自然存有；有"性"之开显，"心"生生不已之义的意义和价值亦才得以显现。"心"生生不已之"独"运旋不止，为"心"本然如此，可谓之"心"之"性"本然如此。

故而，"独体"自身是"性"之一种。就其作为"心"之"性"讲，就其作为"心"之知、能"继善成性"之动静互蕴、阴阳互动之状态讲，"独"便具有天命之"性"之特性，为"心"所本有。

"独"不离"心"，唯在"心"中，"独"才有存在的意义和价值；"心"中之"独"，"动静无端，显微无间"，通由"继善成性"彰明"心"之知、能，成为"心"之"性"，为"心"之本然，故视为"天命之性"。然，"心"之"天命之性"本然所在，以"独"承之，依然归因于"即心即性"之思想逻辑。从而，"心""性""独"间的关系为"即心即性""即性即独""即心即独"，表明"心""性""独"的"一体融贯"性。

"凛闲居而体独"之下，蕺山指出"慎独而中和位育，天下之能事毕矣"，"慎独"何谓？蕺山 1636 年释《中庸》三十三章的《学言》还说：

> 又读"潜伏"之诗，而知君子慎独之功焉。首从人所不见处杜其疚病之门，而犹虑其孔昭也。又读"屋漏"之诗，而愈知慎独之功焉。同是尔室之中，又向屋漏中讨消息，并已不可得而见矣。又读"靡争"之诗，而愈知慎独之功焉。当奏格之时，止有一湛然纯一气象，并喜怒且不可窥，而民已化。又读"不显"之诗，而愈知慎独之功焉。一理浑然，名言莫措，并其德且归之不显，而百辟已刑之。当此之时，内外两忘而化于

道,只是个笃恭而天下平,慎之至也。又连咏"明德"之诗,而知君子慎独之功之至焉。由人所不见处,一步推入一步,微之又微,曰"不大",曰"如毛",曰"无声"且"无臭"。呜呼,至矣!无以复加矣。可见独体只是个微字,慎独之功,亦只于微处下一着子。故曰:"道心惟微。"①

"独体"之蕴为"暗然日章",为"动静无端、隐微无间",那么,"慎独"之功便是于"微"处下一"着"字,即对"独体"蕴意的"慎""谨""顺"。"独"者不自欺、率性而为,自然合道。"慎独"之工夫便是对"独"的谨从、随顺,是对"独体"之蕴的另一种表达。《说文解字》解"慎"为"谨",解"谨"为"慎",表明了"慎"之意在于"谨从""严谨""不离不弃","慎独"当看作为"谨从独体"②。《大学》有云:"此谓诚于中,形于外,君子必慎其独也",蕺山于此释曰:"独之言自也;慎者,敬德也。"③上引《学言》蕺山亦有论"当此之时,内外两忘而化于道,只是个笃恭而天下平,慎之至也"。从一定程度上可以说,"慎"的过程必然是以"独"为主宰,"独体"虽自在、自然,但应由"慎"加以支撑。回应前面所构设公式"即……即……","慎"与"独"间关系当为"即独即慎",所"慎"必然为"独","独"需有"慎"而彰明。"独体"作为状态与过程的"和合存在",通由"慎"之谨从、遵从、顺从,"独体"可明白运动起来,从而

---

① 《学言》(上),《刘宗周全集》二,第387页。
② 蕺山自身就有"谨独"之说:"人心如谷种,满腔都是生意,物欲锢之而滞矣。然而生意未尝不在也,疏之而已耳。又如明镜,全体浑是光明,习染熏之而暗矣。然而明体未尝不存也,拂拭而已耳。惟有内起之贼,从意根受者不易除;更加气与之拘,物与之蔽,则表里夹攻,更无生意可留、明体可覩矣,是谓丧心之人。君子惓惓于谨独,以此故也。"(《学言》(中),《刘宗周全集》二,第429页)
③ 《大学古文参疑》,《刘宗周全集》一,第613页。

约束、规范"自我",使个体人"心"合德符节、遵法守纪,实现"自我"的自然的道德践行。

"慎独"将内在的道德省思与外在的道德践行实现自觉对接,而非"人伪造作",一切皆是自然而然、顺性自然,达致"湛然纯一气象"。蕺山便以此"慎独"之功表达自己对《中庸》的看法:

> 《中庸》有数吃紧语。一曰"知行合一"之说,言不明,而曰"贤者过,不肖者不及";言不行,而曰"知者过,愚者不及"是也。一曰"诚明合一"之说,言诚则明,而曰"至诚之道,可以前知";言明则诚,而曰"曲能有诚"是也。有"隐见合一"之说,"君子之道费而隐"是也。有"显微合一"之说,"鬼神之为德"是也。有"天人合一"之说,"暗然而日章","上天之载,无声无臭"是也。然约之,则曰"慎独"而已矣。"[1]

在蕺山看来,"知行合一""诚明合一""隐见合一""天人合一"等,无非都是"慎独"工夫的表现形式。而在"慎独"之下,知与行、诚与明、隐与见、天与人并非"二分",而是"一体融贯"的。[2] 而且,随着自己哲学思辨的不断成熟,蕺山还将"慎独"与"诚意"相融贯[3],走向哲学思辨的圆融与和合。

---

① 《学言》(上),《刘宗周全集》二,第385—386页。

② 蕺山据此批评朱子:"朱子表章《大学》,于格致之说最为吃紧,而于诚意反草草,平日不知作何解?至易箦乃定为今《章句》曰:'实其心之所发。'不过是就事盟心伎俩,于法已疏矣。至'慎独'二字,明是尽性吃紧工夫,与《中庸》无异旨,而亦以'心之所发'言,不更疏乎?朱子一生学问,半得力于主敬,今不从慎独二字认取,而欲搁敬于格物之前,真所谓握灯而索照也。"(《学言》(下),《刘宗周全集》二,第451页)

③ 如撰著于1643年的《证学杂解·解十》云:"本觉之觉,无所缘而觉,无所起而自觉,要之不离独位者近是。故曰:'暗然而日章。'暗则通微,通微则达性,达性则诚,诚则真,真则常,故君子慎独。"(《证学杂解》,《刘宗周全集》二,第266—267页)

（二）"妄"

何谓"妄"？蕺山1642年《学言》云："人心一气而已矣，而枢纽至微，才入粗一二，则枢纽之地霍然散矣。散则浮，有浮气，因有浮质；有浮质，因有浮性；有浮性，因有浮想。为此四浮，合成妄根；为此一妄，种成万恶。嗟乎！其所由来者渐矣。"①"人心"有"妄"，"本心"乃无"妄"之诚明境地。"妄"为"四浮"合成。何为"浮"？蕺山说："执德不弘曰拘，信道不笃曰浮。"②"浮"就是"信道不笃"。而"道"所彰显的正是"心体""独体"和"本心"。《人谱》之《纪过格》"微过，独知主之"章便以"独而离其天者是"释"妄"，以之为"物先兆"。在蕺山看来，"妄"之过"实函后来种种诸过，而藏在未起念以前，仿佛不可名状，故曰微。原从无过中看出过来者"，而且"'妄'字最难解，直是无病痛可指。如人元气偶虚耳，然百邪从此易入。人犯此者，便一生受亏，无药可疗，最可畏也"③。概括来讲，"妄"有三方面特征：

第一，"妄"者非"真"。在蕺山看来，"天命流行，物与无妄，此所为'人生而静'以上不容说"④，人"心"本来自自然然、无善至善，本来并没有"妄"，但个体之"心"有"念"而生"妄"。而"妄"便是"真之似者也"。在蕺山看来，"似者，非之微者也。道心惟微，妄即依焉，依真而立，即托真而行。官骸性命之地，犹是人也，而生意有弗贯焉者。是人非人之间，不可方物，强名之曰妄。"⑤"妄"托"真"而行，似是而非，故成"妄心"，从而起"妄"形、"妄"解识、

---

① 《学言》（下），《刘宗周全集》二，第435页。
② 《遗编学言》，《刘宗周全集》二，第475页。
③ 《人谱》，《刘宗周全集》二，第10页。
④ 《证学杂解·解二》，《刘宗周全集》二，第262页。
⑤ 《证学杂解·解二》，《刘宗周全集》二，第262页。

"妄"名理、"妄"言说、"妄"事功,以此造成"妄"世界,拥有个体之"心"之人可称之为"妄人"矣。"妄"似是而非,且依"真"而立。一念错认,乾坤即毁:"一念未起之先,生死关头最为碶紧。于此合下清楚,则一真即立,群妄皆消。即妄求真,无妄非真。"①

第二,"妄"者为"伪"。在蕺山看来,人心自"妄"根受病,"自微而著,益增泄漏,遂授之以欺。欺与谦对,言亏欠也。"②《说文解字》曰:"欺,诈也";"谦,敬也"。"欺"就是"亏欠",因有"亏欠",不能尽"万物皆备"之学:"万物皆备,而后成其所谓我。若一物不备,我分中便有亏欠,一物有亏欠,并物物皆成渗漏。如人身五官、百骸,有一官一骸之不备,则众官众骸皆不成其位置。故君子一举足而不敢忘敬也,一启口而不敢忘信也。"③也就是说,因个体之"心"的自"欺"而不能"谦"敬"本心"。"本心"即是人"心"。实际上,"谦"敬"本心"的过程就是"诚"的过程:"一者,诚也;主一,敬也。主一即慎独之说,诚由敬入也。"④主"敬"就是"诚"人之"心"之体。但在蕺山那里,"诚"自身亦是"无为","'诚无为','如恶恶臭,如好好色',直是出乎天而不系乎人。此中原不动些子,何为之有?"⑤

不仅仅"心"体无"妄",并"诚"亦是"无":"程子曰:'无妄之谓诚。'无妄亦无诚。"⑥所谓"诚",乃是"心体"本真状态而已,"肫肫其仁,仁之至也;渊渊其渊,静之至也;浩浩其天,化之至也;合而

---

① 《证学杂解·解二》,《刘宗周全集》二,第262页。
② 《证学杂解·解三》,《刘宗周全集》二,第262页。
③ 《学言》(中),《刘宗周全集》二,第429页。
④ 《学言》(下),《刘宗周全集》二,第442页。
⑤ 《学言》(下),《刘宗周全集》二,第446页。
⑥ 《学言》(上),《刘宗周全集》二,第379页。

言之，诚之至也"①。因"妄"而有"欺"，因"欺"而非"诚"。故而，人一步步走向"伪"，"诚与伪对，妄乃生伪也"②。因人之"伪"而"一味挟智任术，色取仁而行违。心体至此百碎，进之则为乡原，似忠信，似廉洁，欺天罔人，无所不至，犹宴然自以为是，全不识人间有廉耻事。充其类为王莽之谦恭，冯道之廉谨，弑父与君，皆由此出"③。在蕺山看来，人一旦走上"伪"，自然会进之于乡愿、奸佞（"大奸似忠，大佞似信"），欺天罔人，而不识廉耻。这正是他所批判的明末士大夫"皆坐'伪'字"之"伪"④。

第三，"妄"者重形骸之"生死"。蕺山撰于1643年的《证学杂解》指出："妄者，亡也。故曰'罔之生也幸而免'，一生一死，真罔乃见，是故君子欲辨之早也。一念未起之先，生死关头，最为吃紧。于此合下清楚，则一真既立，群妄皆消。"⑤即是说，因"妄"而有"生死"，而且，这样的"生死"是"形骸"之"生死"，是出于"私意"的"贪生怕死"。早在1631年，蕺山所撰《生死说》中便有是论："藉令区区执百年以内之生死而知之，则知生之尽，只是知个贪生之生；知死之尽，只是知个怕死之死而已。"⑥当然，形骸之生死并不是不重视，但从"闻道"角度讲，人要"破除生死心"，要"从天地万物一体处看出大身子，天地万物之始即吾之始，天地万物之终即吾之终，终终始始，无有穷尽，只此是生死之说。原来生死只是寻常事"⑦。

① 《学言》（下），《刘宗周全集》二，第463页。
② 《人谱》，《刘宗周全集》二，第10页。
③ 《证学杂解·解四》，《刘宗周全集》二，第263页。
④ 《证学杂解·解四》，《刘宗周全集》二，第263页。
⑤ 《证学杂解·解二》，《刘宗周全集》二，第262页。
⑥ 《说》，《刘宗周全集》二，第323页。
⑦ 《说》，《刘宗周全集》二，第323页。

　　破形骸之"生死",坚持"大生死",实是蕺山"万物皆备"思想的题中应有之义。蕺山《证学杂解·解二十三》有云:"天地之大德曰生,而人得以为生。然有生必有死,仍是天地间生生不已之运,即天地亦在囿,而况人乎? 人将此身放在天地间,果能大小一例看,则一身之成毁,何啻草木之荣枯,昆虫之起蛰已乎?"①从天地万物之"生生不已"之意讲,个体人之"生"与"死"只是天地间事物"生生"历程中的某个阶段,是"生生不已"之道的自然如此,无须将人之"生死"看作是"极大事"。《证学杂解·解二十四》亦云:

　　　　"人之生也直",直便是道,"闻道"即是闻此道,"知生"只是知此生,"罔之生也幸而免"。直、罔二字,其理甚该,圣人理会生死,不过如此。惟大《易》之训,颇费解说,其曰:"原始反终,是故知死生之说。"此其意从仰观俯察、知幽明之故来,死生之说即幽明之故也。下文则继之曰"鬼神之情状",因一死一生见鬼神之情状。幽明、死生、鬼神,岂止以七尺之成毁言乎? 虽七尺之成毁,亦死生之大者,然原始反终,决非生前死后之说。终始相因,原其所自,始即是终;反其所已,终即是始。一终一始,自是造化诚通诚复之理。凡天之所以成文,地之所以成理,皆是也。②

人"心"内蕴生生不已之天地之"心","本心"运旋不止,人"心"自然常明尝知,万物皆备于我,吾与万物为一体,吾之"生"便是天地万物之生,吾之"死"只是天地万物之生生不已、绵延不息而已。因此,在蕺山看来,凡是将"生死"事看作"极大"的作为都是"自私

---

① 《证学杂解》,《刘宗周全集》二,第275页。
② 《证学杂解》,《刘宗周全集》二,第276页。

之见"，那种以"死"守住"精魂"而要"死后有知"、因"生"追述"前事"而要"公讨来历"的"生死"论将"耽误一生"①。可以这样说，蕺山破"形骸"之"生死"而实现"大生死"的观念，其实质就是"向生处理会"，根本上是要挺立一种"生生不已"之真精神。

蕺山平生以"大生死"为"求学为道"之基，亦以之评判社会、勘查弟子。蕺山平生"三次被革职"，每一次都有被杀头的危险，但蕺山依然铮铮铁骨、大义面前直言敢谏，从不把自己之生死看作何等重要之事，已然是一种"大生死"。1645 年，蕺山弟子王毓蓍赴水死，他在《答秦嗣瞻（祖轼）》中对之大加赞赏，亦批评是时士大夫苟蝇心态，宣扬"士死义"之论。蕺山说："君臣之义，本以情决，舍情而言义，非义也。朱子讥庄子之言不见道以此。父子之亲，固不解于心；君臣之义，亦不可解于心。故曰：'求仁而得仁，又何怨！'今谓：'可以不死而死，可以有待而死，而早死颇伤于近名。'则随地出脱，终成一贪生怕死之徒而已。不见王玄趾赴水而死乎？所谓士死义也。"②是否为"大生死"，是否"尽生善死"，亦成为蕺山判别儒释的基本标准之一，这在第一章分析蕺山学思历程之"醇儒性"特征时已有论说，此不赘述。

总之，从人"心"所内蕴的"本心"角度讲，"独体"正当如此，自然而然，知善而恶恶，"动静无端，隐微无间"。人"心"枢纽之地至微，稍有不"慎"，离"独"而生"妄"。而"妄"则与真""伪""生死"相关联，又含有后来诸过，虽"微"却影响深远，故称为"物先兆"。

二、"动而有动"与七情之隐过

"独体"本无动静，但却是"动静无端，显微无间"之理的表达，

---

① 《证学杂解·解二十三》，《刘宗周全集》二，第 275 页。
② 《书》，《刘宗周全集》三，第 517 页。

是对动静过程与动静效果"和合存在"状态的描述。"动中有静"，显见之发有隐微之中，"中为天下之大本，和为天下之达道"①。若动与静相分，专注于"时位"之动与静，则"动中无静"即"动而有动"、"静中无动"即"静而有静"，"动"而有所发，其"发"却不能"和"，势必成"过"。《纪过格》曰："二曰：隐过，七情主之"。②

（一）"念"

《证人要旨》之"卜动念以知几"章指出："独体本无动静，而动念其端倪也。动而生阳，七情著焉。念如其初，则情返乎性。动无不善，动亦静也。转一念而不善随之，动而动矣。"③动而无静，从而有"念"，因"念"之"转"，"情"离乎"性"，便造成"隐过"之"七情"：溢喜、迁怒、伤哀、多惧、溺爱、作恶、纵欲。

"心"无善恶，只是一意至善耳。倘若有意为善，"动而无静"便会生"念"。蕺山1637年《学言》曾说："人生而静，天之性也。感于物而动，性之欲也。欲动情炽而念结焉。感有去来，念有起灭，起灭相寻，复自起灭。人心出入存亡之机，实系于此。甚矣！念之为心祟也，如苗有莠。"④"祟"之一字深刻揭示出"念"对"心"的破坏作用。何以起"念"？起"念"之"心"又是何"心"？起"念"之"心"与"心之体"之"心"有何关系？

从人、事、物之存有的本根讲，"心"为天地万物之本、之根、之

---

① 蕺山说"隐微者，未发之中；显见者，已发之和。莫见乎隐，莫显乎微，故中为天下之大本。慎独之功，全用之以立大本，而天下之达道行焉，此亦理之易明者也。朱子以戒惧属致中，慎独属致和，两者分配动静，岂不睹不闻与独有二体乎？戒惧与慎独有二功乎？致中之外复有致和之功乎？"（《学言》（上），《刘宗周全集》二，第372页）
② 《人谱》，《刘宗周全集》二，第10页。
③ 《人谱》，《刘宗周全集》二，第6页。
④ 《学言》（中），《刘宗周全集》二，第417—418页。

道,无论是生命体之人与他物,还是无生命体之事件、行为、举止、现象,其意义和价值所在便是"自然而然""生生不已",便有了属于自身的"性",一种客观存有,表明自身意义和价值、功能与属性的"意义主宰"。盈天地间万事万物,唯人承"心"而为最灵、最秀,管摄天、地、人三才之道的"本体"之"心"、"其道无善"之"心"落实于群体、整体、全体之"人",人便有其"心",人"心"便有善无恶,一意至善。蕺山撰著于1643年的《证学杂解·解一》如此说:"仁者,人也,天地之心也。人得天地之心以为心,生生不息,乃成为人,故人与天地同体,而万物在宥"。① 但是,整体之人之下却是个体之"人";有个体之"人",自然便有个体之"心";个体之"心"会因条件之差异而具有不同的表现方式与体思视阈,所彰显的是"个体性"和"差异性",从而具有"有善有恶"之多元性与现实性。当然,个体之"心"在为善去恶、迁善改过之道德践履过程中,最终走向自觉为善,"始于有善,终于无不善",并且将自己的道德践履行为看作是一种自然、自在、自觉,能够不思善、不思恶,但却是无不善,便实现了个体之"心"向人"心"的转变。而一旦落实于人"心",自然"廓然而大公,物来而顺应",自然明晰"万物皆吾胞与"之意义所在,在推己及人中实现由此及彼、物我一体,此时便是"心",便是"生生不已"之"心"的终极显像。三者之关系可以图表示为:

而"念",恰是对个体之"心"之变幻不测性的揭示与彰露。个

---

① 《证学杂解》,《刘宗周全集》二,第261页。

体之"心""感于物而动"则"念"生。个体之"心"面对复杂的社会
环境、物质利益、事件冲突、道德抉择,有时会违反"本心"之"无善
至善"之旨,"有意为善"。其"有意"之"为"定是因某种"欲"而
为,故而起"念"。这种带有"人为"色彩的"善"念,已然不是"自
在之善""无善之善"。念念无穷,于"好善""恶恶"无益:"欲为善
则为之而已矣,不必举念以为之也;欲去恶则去之而已矣,不必举
念以去之也。举念以为善,念已焉,如善何? 举念以不为恶,念已
焉,如恶何? 又举一念焉,可乎? 曰:念念以为善,穷于善矣,如念
何? 念念以不为恶,穷于恶矣,又如念何?"①因"念"而好、而恶,
皆是"伪":"为善而取辨于动念之间,则已入于伪,何善之果
为?"②。个体之"心"亦本来至善、好善恶恶,多此一起"念",便丧
失其"真性"。故而,基于功过目的的"记善"行为自然成为蕺山批
评的对象。

　　蕺山还将"念"与"意"相区别。从根本上说,"意之好恶,一机
而互见;起念之好恶,两在而异情"③。"意"好善便是恶恶,恶恶
便是好善,是与"心体""无善无恶"而"至善"相对应,表现出的是
"心"的一意有善而无恶。这是"心"彰明其作为万事万物之意义
和价值、功能和属性之"主宰者""意义者"的表达方式,一切皆是
苑囿于"心体"之下。而"念"则是个体之"心"因物、因事所体露
的"一时情感",其"好"是有为而为,其"恶"亦是有为而为,"起一
念,固是恶,除一念,亦是恶"④。透过蕺山的论述可以看出,"念"
无主,而"意"是有主的,这个主宰就是"心"。"心"无善而无不

---

① 《治念说》,《刘宗周全集》二,第 316 页。
② 《治念说》,《刘宗周全集》二,第 316 页。
③ 《学言》(中),《刘宗周全集》二,第 411—412 页。
④ 《学言》(下),《刘宗周全集》二,第 434 页。

善,好善而至善:"念起念灭不尝,所以忽忘忽忆,若主意一定,岂有迁者? 心既有主而无主,正是主宰之妙处。决不是离却意之有主,又有个心之有主而无主。果有二主,是有二心也。"①"心"本来与"意""知""物"一体融贯、和合共存,却因个体之"心"之感物起"念","今心为念,盖心之余气也。余气也者,动气也,动而远乎天,故念起念灭,为厥心病。故念有善恶,而物即与之为善恶,物本无善恶也;念有昏明,而知即与之为昏明,知本无昏明也;念有真妄,而意即与之为真妄,意本无真妄也;念有起灭,而心即与之为起灭,心本无起灭也。故圣人化念归心"。②"念"与个体之"心"相关联,与本体之"心"、人"心"并无关涉。个体之"心"起"念","心有余气",余气动而离天、离"独体"之"动静无端,隐微无间"之自在、自然,从而为"心"病,"意""知""物"俱随之受病,皆"感物而动",有起灭之善与恶,"万起万灭,总是一念起灭",而根本上,"圣人无念,才有念,便是妄也"③。个体之"心"感于物而起"念",因"念"而"本心"遮蔽。

（二）"七情"之隐过

人"心"之"情"本为"性"中应有之义,"即性即情"。但个体之"心"有"念","念"与"欲"相关联,有"欲"之"念"便"转"为"七情"而为"过"。

第一,"性"与"情"。人生而有人之"性",即"仁义礼智"者。蕺山早在 1626 年的《学言》便指出:"天之所以与我者,甚美且富。……人生具有仁义礼智之性,一似好家当,总或汩没了一端,却又有一端。如有时不见恻隐之心,便须有羞恶之心;有时不见辞

① 《商疑十则·答史子复》,《刘宗周全集》二,第 346 页。
② 《学言》(中),《刘宗周全集》二,第 417 页。
③ 《学言》(下),《刘宗周全集》二,第 433 页。

让之心,便须有是非之心。四者更隐迭见,一见则全体皆见,终无
由入禽兽一途去。"①"性"因"心"而名,"心"因"性"而彰明。
"性"与"情"彰显出一种"表里"之意涵。② 人"心"禀有"天命之
性"之"仁义礼智",由此显见"人兽"非一途也。四端之"心"相为
表里,"性"显像为"情",即"喜怒哀乐"。蕺山 1637 年的《学
言》云:

> 恻隐之心,喜之发也;羞恶之心,怒之发也;辞让之心,乐
> 之发也;是非之心,哀之发也。喜怒哀乐之未发,则仁义礼智
> 之性也。

> 《中庸》言喜怒哀乐,专指四德而言,非以七情言也。喜,
> 仁之德也;怒,义之德也;乐,礼之德也;哀,智之德也。

> 恻隐,心动貌,即性之生机,故属喜,非哀伤也。辞让,心
> 秩貌,即性之长机,故属乐,非严肃也。羞恶,心克貌,即性之
> 收机,故属怒,非奋发也。是非,心湛貌,即性之藏机,故属哀,
> 非分辨也。又四德相为表里,生中有克,克中有生,发中有藏,
> 藏中有发。③

蕺山将"仁义礼智"四端与"喜怒哀乐"四德相挂搭,彰显出"性"
与"情"间的紧密关系。其一,"即性言情"。即是说,作为天然、自
在如此的"性"之四端,必然有四德之显发,而且这种显发亦是自
然如此、自在如此,掺杂不得"人伪"。就"性"之固然如此讲,四德

---

① 《学言》(上),《刘宗周全集》二,第 369 页。

② 东方朔先生说:"性情关系不是相生,而是相表里。"(东方朔:《刘蕺山哲
学研究》,上海人民出版社 1997 年版,第 148 页)当然,此"表里"不是内
外之空间概念,而是一理之"隐显"或性体之"体用"关系。(参见黄敏
浩:《刘宗周及其慎独哲学》,学生书局(台北)2001 年版,第 55—56 页)

③ 以上引文见《学言》(中),《刘宗周全集》二,第 413、414、421 页。

正是四端之显。蕺山 1642 年的《商疑十则,答史子复》说:"天无一刻无春夏秋冬之时,人无一刻无喜怒哀乐之时。……夫喜怒哀乐,即仁义礼智之别名;春夏秋冬,即元亨利贞之别名。'形而下者谓之器,形而上者谓之道'是也。"①离"性"而无"情",故即"性"言"情"。其二,"指情言性"。即是说,喜怒哀乐之"情"本来亦是自在如此的,人"心"本是"诚通诚复",自然而然。而其中自然内蕴着"天性"之四端,皆是"心"的自觉运旋过程,是人"心"自在践行效果。蕺山 1637 年《学言》曰:"阳明子曰:'言语正到快意时,便截然能忍默得;意气正到发扬时,便翕然能收敛得;愤怒嗜欲正到沸腾时,便廓然能消化得,此非天下之大勇不能。然见得良知亲切,工夫亦自不难。'愚谓言语既到快意时,自当继以忍默;意气既到发扬时,自当继以收敛;愤怒嗜欲既到沸腾时,自当继以消化。此正一气之自通自复,分明喜怒哀乐相为循环之妙,有不待品节限制而然。即其间非无过不及之差,而性体原自周流,不害其为中和之德。"②人有天命之"性",显像为"仁义礼智"四端,有此自然之"四端",必然有如此之自然而然"喜怒哀乐"四德。"四德"与"四端"相为表里。"情"与"性"亦遵循了"即……即……"的思维方式,以"即性即情"括之。在这个思维框架下,与"性"圆融的"情"并不是一般而言的可以任意列举的感性之情,而是意谓"性之情"(喜怒哀乐)、"心之情"(恻隐、羞恶、辞让、是非)、"意之情"(好、恶)。如此一来,"情"便被提升到"形而上"境地,③而与"喜怒哀乐"相异质的"喜怒哀惧爱恶欲",则是与"欲"相关联之"七情"。

① 《问答》(上),《刘宗周全集》二,第 345 页。
② 《学言》(中),《刘宗周全集》二,第 414 页。
③ 林月惠:《从宋明理学的"性情论"考察刘蕺山对〈中庸〉"喜怒哀乐"的诠释》,《中国文哲研究集刊》第 25 期(2004 年)。

第二,"欲"与"七情"。"心"本无内外,自是"天理"如此,"其浑然不见内外处,即天理",但个体之"心""有所向","向内向外皆欲"①,"向内向外"就是有"欲"而为。有"欲"便打破了"即性即情"的逻辑关系。蕺山 1636 年《学言》说:"正谛当时,切忌又起炉灶"②。为学之功用在"当下",合善当为则为,恶当去则去,即此"当"之处,便见本心之至真、至善。若于此信不及、打不过、把握不住,却另有念想思付,则所行所为必然非本心使然,已然走进"伪""欲"。"当"善则为,"当"恶则去,体现出"心体"的自然性、自在性和自觉性,若"诚"此"心体",于此信得及、打得过,"独体"自然"动静无端、显微无间";若另有"念"想,有意"为"善,或有意"去"恶,便走进"欲",皆非"本心"如此。因有"欲",个体之人有意"为"善,有意"去"恶,他所表现出来的"情感"非"本真"之"情"。有"欲","重之为货利,轻之为衣食;浓之为声色,澹之为花草;俗之为田宅舆马,雅之为诗琴书画;大之为功名,小之为技艺"③。有"欲"便是"心病""病根","吾辈心不能静,只为有根在。假如科举的人,他只着在科举上,即不专为此,总是旁枝生来"④;"升沉得失之际,因感而动,不能忘情。前辈周宁宇每以此自责,看来此事大难克……然既有此病根,则出手展足不免时时掣肘,当大利害,便全身放倒耳"⑤。因此,"欲"导致"性情之变","七情"纷然错出,蕺山 1636 年的《学言》便指出这一点:"喜怒哀乐,虽错综其文,实以气序而言。至殽为七情,曰喜怒哀惧爱恶欲,是性情

---

① 《学言》(上),《刘宗周全集》二,第 370 页。
② 《学言》(上),《刘宗周全集》二,第 378 页。
③ 《学言》(上),《刘宗周全集》二,第 400—401 页。
④ 《问答》(下),《刘宗周全集》二,第 355 页。
⑤ 《学言》(下),《刘宗周全集》二,第 434 页。

之变,离乎天而出乎人者,故纷然错出而不齐。"①七情之"喜怒哀惧爱恶欲"为"性情之变",离乎天、出乎人。

四德之"喜怒哀乐"与七情之"喜怒哀惧爱恶欲"本质不同。蕺山1636年《学言》说:"喜怒哀乐,性之发也;因感而动,天之为也。忿懥恐惧好乐忧患,心之发也;逐物而迁,人之为也。众人以人而汨天,圣人尽人以达天。"②"喜怒哀乐"为"性"之彰露,"喜怒哀惧爱恶欲"为个体之"心"感物而迁所成,前者乃天道之常运,后者为人事之常情:"天有常运,人有常情。至于当喜而忽感之以怒,当怒而忽感之以喜,则情与之俱变矣。如冬日愆阳,夏日伏阴,惟人事之感召使然,而天卒不改其常运。"③四德之天命之"性"不变,与之对应之"情"亦自然如此、自在如此。但"七情"却一直处于变动之中。当然,"七情"之动并不改变天运如此。这里,"喜怒哀乐"四气乃是形而上之元气,意味性体之"於穆不已"之创生性,故谓之"性之发"。四德作为"性之情",其"发用"自然是至善之元气之自然流行,其"感应"亦是自然自发之不容已,乃谓不待人为品节安排者。④

表一 《七情之过》

七情	隐过
溢喜	损者三乐⑤之类

---

① 《学言》(上),《刘宗周全集》二,第399页。
② 《学言》(上),《刘宗周全集》二,第381页。
③ 《学言》(上),《刘宗周全集》二,第396页。
④ 参见林月惠:《从宋明理学的"性情论"考察刘蕺山对〈中庸〉"喜怒哀乐"的诠释》,《中国文哲研究集刊》第25期(2004年)。
⑤ "损者三乐"见《论语》:"益者三乐,损者三乐。乐节礼乐,乐道人之善,乐多贤友,益矣。乐骄乐,乐佚游,乐晏乐,损矣。"(《论语·季氏》)

续表

七情	隐过
迁怒	尤忌藏怒
伤哀	长戚戚
多惧	忧谗畏讥,或遇事变而失其所守
溺爱	多坐妻子
作恶	多坐疏贱
纵欲	耳目口体之属

　　在《纪过格》中,蕺山将"七情"之"喜怒哀惧爱恶欲"进行详细界定(表一)。在蕺山看来,人无"无"喜怒哀乐之时,但一旦"喜怒哀乐""过"或"不及",便走向"偏至","性"种断灭,"过"乃生,甚至由此而酿成大"恶"。他在《证学杂解·解十六》中说:"才有过不及,则偏至之气,独阳不生,独阴不成,性种遂已断灭。如喜之过便是淫,又进之以乐而益淫。淫之流为贪财,为好色,贪财好色不已,又有无所不至者,而天下之大恶归焉。怒之过便是伤,又进之以哀而益伤。伤之流为贼人,为害物,贼人害物不已,又有无所不至者,而天下之大恶归焉。"①不过蕺山还指出,"七情"之"过"为"心"上之过,也就是个体之"心"因物感动而造成的"性情之变",还只是"藏而未露",故为"隐"过。②同时,蕺山还说:"仍坐前微过来,一过积二过。"③也就是说,"隐过"是建立于"微过"之"妄"基础上的,只要"微过"之"妄"不改,因"妄"而生之"念"便"转"为"七情","心"有"动"却不思量"独体"之谨微,进而"积"

———————

① 《证学杂解》,《刘宗周全集》二,第270页。
② 参见《人谱》,《刘宗周全集》二,第11页。
③ 《人谱》,《刘宗周全集》二,第11页。

为"隐过"。"过"之从"微"至"显",一步步明朗起来,一步步遮蔽"本心"之真,"心体"之澄明逐渐为个体之"心"之"过"所黯淡下去。当然,"本心"之明被"黯淡"是有"物"遮蔽,并不是"消解",因为"本心"常明。当我们说"本心"被"黯淡"时,当个体之"心"进行"改过"时,已然在表明人"心"中之"本心"常明!

三、"静而有静"与九容之显过

《证人要旨》之"谨威仪以定命"章指出:"慎独之学,既于动念上卜贞邪,已足端本澄源。而诚于中者形于外,容貌辞气之间有为之符者矣。所谓'静而生阴'也。"[1]清晰表明这样的思辨逻辑:内有澄明之"本心",外必有自觉之"践行",亦即所谓"诚于中者形于外"者。从"心体"之"动静无端""继善成性"角度讲,内外融通、表里如一,"容貌辞气之间,莫不各有当然之则"[2]。但从个体之"心"的现实存有讲,并不见得每个人皆将其本真之"心"彰显无遗,而因"妄"起"念"、由"念"生"情",已然不能与"本心"融贯,必然流显为四体之"过"。正如蕺山 1636 年《学言》所说:"容貌辞气之间,皆一心之妙用,非但德符而已,一丝一窦漏,一隙一缺陷,正是独体之莫见莫显处。若于此更加装点意思,一似引贼入室,永难破除,厥害匪轻。"[3]这就构成"显过"。《纪过格》曰:"三曰:显过,九容主之"。[4]

(一)"诚"

人禀"本心"而生,人之容貌辞气自有其"当然之则",故称为

---

① 《人谱》,《刘宗周全集》二,第 7 页。
② 《人谱》,《刘宗周全集》二,第 7 页。
③ 《学言》(上),《刘宗周全集》二,第 402 页。
④ 《人谱》,《刘宗周全集》二,第 11 页。

第四章 「证心以证人」——《人谱》工夫论

215

"命"定。蕺山曾说:"顺人而人,故曰'道';道本然,故曰'性';性自然,故曰'命'。"①人"心"有怎样的"天命之性",自然便彰明出与之相对应的"动作礼义威仪之则"②。表现如此表里"一以贯之"之意蕴状态的哲学概念便是"诚"。具体来讲,"诚"含蕴三层意思:

第一,"诚"体本天。在蕺山看来,"诚"为至善,本自"无为"。早在1626年的《学言》中便指出:"圣贤垂训,字字皆可发病,惟诚字无病,所谓调元剂也。一诚立,而万善从之";"乾,元亨利贞。乾,天道也。诚者,天之道也,四德之本也。诚之者,人之道也。立诚所以立命也,知几其神所以事天也。圣同天,信乎!"③也就是说,"诚"本质上表现为"天之道"。"诚"作为自然如此、应该如此、事实如此,就其"如此"而言,体现出必然性、客观性和自在性。人"心"天然"诚",所"诚"的便是"本心",即是对"本心"的"信"、"无欺"。人"心"所天然开显的对"本心"的"诚",具有"天"命之义。人"心"自然有"诚",自然要"诚",唯"诚"此"心","本心"才会显露无遗,亦才使所有个体之人明晰人"心"存有的自在性和自然性。

实际上,从"诚"作为"本心"的必然要求和自然属性讲,"诚"亦是人"心"之"性"。"性"为"天命之性","诚"亦自然为"天命之性"耳。作为"性"的"诚",自我实现"无为"、"自得"。蕺山

---

① 《读易图说·易衍》,《刘宗周全集》二,第135页。
② 《人谱杂记》之《定命篇》引刘康公语:"民受天地之中以生,所谓命也;是以有动作礼义威仪之则,所以定命也。君子养之以福,小人败之以凶。"(《刘宗周全集》二,第31页)刘康公(前592—前544年),名季子,为东周诸侯国刘国开国君主,他为周顷王的儿子,周匡王、周定王的弟弟。
③ 《学言》(上),《刘宗周全集》二,第364页。

1643 年的《学言》说:

> 意根最微,诚体本天;本天者,至善者也。以其至善,还之至微,乃见真止;定、静、安、虑,次第俱到,以归之得,得无所得,乃为真得。此处圆满,无处不圆满;此处亏欠,无处不亏欠。故君子起戒于微,以克完其天心焉。欺之为言欠也,所自者欠也。自处一动,便有夹杂;因无夹杂,故无亏欠。而端倪在好恶之地,性光呈露,善必好,恶必恶,彼此两关,乃呈至善。故谓之"如好好色,如恶恶臭"。此时浑然天体用事,不着人力丝毫。于此寻个下手工夫,惟有慎之一法,乃得还他本位,曰独。仍不许乱动手脚一毫,所谓诚之者也。此是尧、舜以来相传心法,学者勿得草草放过。①

这段话深刻揭示出"诚"的基本特质就是"无为"。"诚"为"天命之性",自然"至善",本身无善无恶所为,唯其"无为"之"为",乃能以己之"至善"还至"至微",终究是落脚于"无所得"之"自得",即对"本心"的诚敬遵行,自然保持"本心"之澄明而已。唯"自得"非"有意之为"之"所得",内无"亏欠",外显亦自然"无处亏欠";内有"圆满",其外显自然而然"无处不圆满"。

第二,"诚"蕴工夫。首先,"诚无为"体现出"诚"内蕴工夫之义。据《刘宗周年谱》记载,蕺山从 1636 年始治学专提"诚"字:

> 是时先生工夫只在略绰提撕间。每爱举"天下何思何虑","诚无为,无欲故静,有所向便是欲"等语。曰:"本体只是这些子,工夫只是这些子,并这些子仍不得分此为本体,彼为工夫。既无本体工夫可分,则亦并无这些子可指。故曰:

---

① 《学言》(下),《刘宗周全集》二,第 453—454 页。

'上天之载,无声无臭',至矣。"①

从中看出,蕺山以"无为"释"诚",已然内涵着"本体与工夫"融贯和合的治学方法论。"诚"是人"心"所自然内蕴,亦是必然要求。这样,"诚"一方面表示为与"本体"相"融贯"的特性,是人"心"的"天命之性";另一方面又表现为"工夫"的特性,即"崇信""无欺""本心",且将"心"之本然、自然如此之"性"真实无妄地彰显为客观的、必然的"礼义威仪"。故而,蕺山1643年的《学言》有如此之论断:"天命之性不可得而见,即就喜怒哀乐一气流行之间,而诚通诚复,有所谓鬼神之德者言之。德即人心之德,即天命之性。故不睹不闻之中,而莫见莫显者存焉。……一切工夫,总是一诚。乃信阳明先生'戒慎恐惧是本体'之说,非虚语也。本体此诚,工夫亦此诚,相逼成象,洋洋复洋洋,凡以见鬼神之为德如此。"②这就把"诚"所流显的"一体两翼"之特性表白无遗。

其次,"诚意"之工夫论自身亦显明"诚"本具"工夫"义。"诚"者必然为"意","诚"自然是"工夫"过程。前已指出,人"心"有主,是谓"意","意"者,"好善恶恶"者也。而"诚"者必与"意"融贯,即是说,"诚者,自成也,诚于意之谓也"③。蕺山在《答董标心意十问》中曾就董标之问"百姓日用不知之意,与圣人不思勉之意有分别否"阐论己见:"百姓日用而不知,惟其定盘针时时做得主,所以日用得着不知之知,恍然诚体流露焉。故圣人知之,而与百姓同日用,则意于是乎诚矣。诚无为,才着思勉则不诚。不诚,便非意之本体矣。观诚之为义,益知意为心之主宰,不属动念

---

① 《刘宗周全集》六,第398页。
② 《学言》(下),《刘宗周全集》二,第460页。
③ 《学言》(下),《刘宗周全集》二,第463页。

矣。"①也就是说,百姓与圣人间的差异在于,圣人自觉"诚"内蕴之"意",无所为却能无所不为、无所不善,"本心"常明常显而已;百姓日用之间虽有好善之举、恶恶之为,却不是自然而为,"本心"虽内蕴"意",却不能时时被"诚"之。此正是个体之"心"之现实性、多元化和复杂性的显现。圣人之"诚"必然合"意",自然是"意"的明白显现。但若不"诚",人"心"之"意"便会有所走做:"意本是善的,但不诚,则流失之病有无所不至者,然初,意原不如是"②;"'如恶恶臭,如好好色',全是指点微体。过此一关,微而着矣。好而流为好乐,恶而流为忿懥,又再流而为亲爱之辟,为贱恶之辟,又再流而为民好之辟,民恶之辟,滥觞之弊一至于此,总为不诚意故。"③故而,"意"之显明,必离不开"诚";"诚意"的过程就是"诚"作为工夫与人"心"之"意"之主宰实现融贯、通合的过程,根本上就是"诚"做工夫的过程。

最后,"诚"则必形。"诚"于中,必然"形"于外;容貌辞气之后,自然是"本心"。蕺山1636年《学言》云:"诚则必形。有诚者,天道之形。有诚之者,人道之形。天道之形,见乎蓍龟,动乎四体是也。人道之形,晬面盎背,施于四体是也。语曰:'人无所不至,惟天不容伪。'故君子不问其形之者,而惟问其诚之者。"④从作为"天命之性"言,"诚"是"心体"的自然要求和必然步骤;从工夫角度言,"诚"实现本体与工夫、自在"本心"与自觉礼义威仪的融贯。所以说"诚者,天道之形;诚之者,人道之形",而天道之形见于蓍龟,人道之形施于四体。蕺山将施于四体的"人道之形"称为"九

① 《问答》,《刘宗周全集》二,第339—340页。
② 《学言》(下),《刘宗周全集》二,第446页。
③ 《学言》(下),《刘宗周全集》二,第447页。
④ 《学言》(上),《刘宗周全集》二,第402页。

容",即足容、手容、目容、口容、声容、头容、气容、立容和色容,而且蕺山对每一容的"当然之则"一一给以揭示:足容当重,无以轻佻心失之;手容当恭,无以弛慢心失之;目容当端,无以淫僻心失之;口容当止,无以烦易心失之;声容当静,无以暴厉心失之;头容当直,无以邪曲心失之;气容当肃,无以浮荡心失之;立容当德,无以徙倚心失之;色容当庄,无以表暴心失之。①

（二）"九容"之显过

"心"中之"诚"以"九容"的形式将"天命之性"之必然原则彰明无遗,"天命之性不可见,而见于容貌辞气之间,莫不各有当然之则,是即所谓性也。故曰威仪所以定命"②。但是,随着个体之"心"欲与念的升起,"仁义礼智"之四端已然蜕变为"喜怒哀惧爱恶欲"之七情,本来"一以贯之"的心中之"诚"将继续、进一步被遮蔽,从而,个体之人之"放心"演变为"九容"之显过。

第一,"放心"。早在1632年,蕺山便撰有《求放心说》,其中指出:"仔细检点,或以思维放,或以卜度放,或以安排放,或以知故放,或以虚空放,只此心动一下,便是放。所放甚微,而人欲从此而横流,其究甚大。盖此心既离自家,便有无所不至者。心斋云:'凡有所向,便是欲;有所见,便是妄。'既无所向,又无所见,便是无极而太极。无极而太极,即自家真底蕴处。"③蕺山所提到的"放心"实质上就是一种有所欲念的"心",而这样的"心"显然不是"本心",而是个体之人受自己生存环境之影响而遮蔽了"本心"之本来面目的个体之"心"。只是,当说个体之"心"是"放心",其依据为何?我们所说的拥有表现为"放心"之个体之"心"的个体之

---

① 参见《人谱》,《刘宗周全集》二,第7页。
② 《人谱》,《刘宗周全集》二,第7页。
③ 《说》,《刘宗周全集》二,第304页。

人如何才能体验到自己的个体之"心"走向的就是"放心"？显然，说个体之"心"是一种"放心"，出发点便是他人所共同挺立的规范和原则，是合德符节的"九容"之当然之则。因为个体之人之肢体"语言"流露出非规范化道德所允许的行为方式，必是为规范化道德所排斥，对于强调自身"身正行端"的儒家正统知识分子言，观察一个人是否遵从了仪礼规范的最为直接的标杆就是这个人的言谈举止是否合体、得体、适时。而且，当一个人的行为举止一旦被多数人所批判之时，他在进行自我的反省观察中，本质上就是对人"心"的觉醒，也就是对个体之"心"之"放"的省悟。

按照蕺山的理论，或者说按照从孟子以来的正统儒家知识分子的哲学体悟方式，人一旦明白了自我的"心"之"放"，也就是"求放心"，其自然结果便是"悟道"，"下士得之为入道之门，上根得之即达天之路"①，根本上就是"心"体澄明。当说"放心"时，自然便知"不放心"为如何，也就是说，"求放心"本质正是"本心"彰明的过程。一旦明白了"放心""求放心"与"本心"间的这种互蕴关系，自然便能够常葆此人"心"常明。蕺山 1641 年在《答嘉善令》中就此有所阐发："夫心非一膜之心，而宇宙皆足之心也。故善事其心者，无有乎内外、显微、动静之间，而求其所谓本心者，亦曰仁义而已矣。"②倘若不能"诚"于中且"形"于外，便是"放心"之举，便是内外、显微、动静"二分"，循此而展开的身体上的言行举止自然非"本心"之自然，而是造作、娇柔之"过"。据《二程遗书》卷二十八载："问：人之燕居，形休怠惰，心不慢，可否？伊川曰：安有箕踞而心不慢者？昔吕与叔六月中来缑氏，闲居中某尝窥之，必见其

① 《说》，《刘宗周全集》二，第 304 页。
② 《书》，《刘宗周全集》三，第 368 页。

俨然危坐,可谓敦笃矣。心志须恭敬,但不可令拘迫,拘迫则难久。"①蕺山承接伊川之论而说:"戏动出于为"。在他看来,"九容分明画出有道形容气象,然学者一味学不得,为吾病其徇外而为人也"②。也就是说,个体之"心"有"放",体现于容貌辞气,便与"本心"之"真"相走做,从而有"过"之生。

表二 《九容之显过》

九容	显过
足容	箕踞、交股(大交、小交。)、趋、蹶。
手容	擎拳、攘臂、高卑任意。
目容	偷视、邪视、视非礼。
口容	貌言、易言、烦言。
声容	高声、谑、笑、詈骂。
头容	岸冠、脱帻、摇首、侧耳。
气容	好刚使气、怠懈。
立容	跛倚、当门、履阈。
色容	令色、遽色、作色。

第二,"九容"之显过。前有微过、隐过,若不能及时"迁改",由一过而积聚成三过,流显为"九容"之显过,其主要表现如表二所示。这里,应注意两个问题:

一是"心"之"放"从多"言"始。蕺山早在 1626 年的《学言》便有论:"罪莫大于亵天,恶莫大于无耻,过莫大于多言"③;1642

---

① (宋)朱熹、吕祖谦编订:《近思录》,江苏古籍出版社 2001 年版,第 151—152 页。
② 《学言》(上),《刘宗周全集》二,第 402 页。
③ 《学言》(上),《刘宗周全集》二,第 363 页。

年的《学言》便明确指出："心放自多言始,多言自言人短长始。"①
不过,也恰是"言语",反倒成为"不睹不闻"的入门。蕺山1636年
的《学言》便有此论:"除却矜己之言与短人之言,笺笺之陈言,悠
悠之漫言、谑言、绮言、游言,终日无可启口者,此即不睹不闻入路
处也。"②多言正是"放心"之一种表现,若能实现自我禁"多言",
便是对"放心"之"求"。正是此一"求",乃人"心"之澄明的显像。
于此入手,最为直接、最为明了。

　　二是"七情"与"九容"相交融。蕺山在《纪过格》中指出:"九
容之地,即七情穿插其中。每容都有七种情状伏在里许。今姑言
其略。如箕踞,喜也会箕踞,怒也会箕踞。其它可以类推。"③也就
是说,"九容"之每一容都有"七情"内蕴其中,而且每一容之下的
"每一种过"都可能因"七情"而引起。这样,"九容"之过共有二
十九种,"九容"之过因"七情"之过引起,从而,共有二百零三种
"过"之形态,亦即蕺山所举例,"喜"会带来"足容"之过之箕踞、
交股、趋、蹶,"怒""哀""惧""爱""恶""欲"亦会如此。以此类
推,它们还会分别带来"手容""目容""口容""声容""头容""气
容""立容"和"色容"诸容诸过。

四、"五行不叙"与五伦之大过

　　《人极图说》将"五伦"视为"五达道",是人生之后自然受制
于此。《证人要旨》便明白指出,人就是五大伦关切之身,"人生七
尺坠地后,便为五大伦关切之身。而所性之理,与之一齐俱到",

　　① 《学言》(下),《刘宗周全集》二,第437页。
　　② 《学言》(上),《刘宗周全集》二,第401页。
　　③ 《人谱》,《刘宗周全集》二,第12页。

夫子有亲、君臣有义、夫妇有别、长幼有序、朋友有信之五者,成为"天下之达道"。但是,五伦之道处处须践行敦笃,"畅于四肢,发于事业"者,①倘若不能力尽其分,便不能体悟其中自然之韵味、应然之规模,从而透过容貌辞气,流变为"五行不叙"之大过。《纪过格》曰:"大过,五伦主之"。②

　　前章在论说《人极图说》哲学逻辑结构时,已经阐发了五伦作为达道的必然性及其意义。在蕺山看来,人之生自然蕴有五性之德,人道之经纶自然尽于其中。蕺山 1632 年的《处人说》即明确指出:"自有生以后,此身已属之父母;及其稍长,便有兄弟与之比肩;长而有室,又有妻子与之室家。至于食毛践土,君臣之义,无所不在。惟朋友联合,于稠人广众之中,似属疏阔,而人生实赖以有觉。合之称五伦,人道之经纶管于此矣。"③"心"无善至善,于"继善成性"过程中,人之性得以彰明。在这里,笔者要指出,按照蕺山思维逻辑,五达道亦是人"心"之"诚"者。《人谱杂记》有论:"右记五伦,学问随人,大做大是,小做小是,总之,不远于一诚者皆是。而品地之高下,有不必尽论者,君子亦诚而已矣。"④"九容"之地是"诚"畅于四肢的表现,而"五伦"之德则是"诚"达于事业的反映。但是,因前有微过、隐过和显过,过过相积,不能从人"心"之"诚"处实现内外、显微间的融贯通畅,便会在五伦之上造成更为广泛的"过"。蕺山将五伦之大过详细阐释,如表三所示。

---

① 《人谱》,《刘宗周全集》二,第 8 页。
② 《人谱》,《刘宗周全集》二,第 12 页。
③ 《说》,《刘宗周全集》二,第 307 页。
④ 《人谱杂记》,《刘宗周全集》二,第 51 页。

表三　《五伦之大过》

五伦	大过
父子类	非道事亲、亲过不谏、责善、轻违教令、先意失欢、定省失节、唯诺不谨、奔走不恪、私财、私出入、私交游、浪游、不守成业、不谨疾、侍疾不致谨、读礼不慎（衣服、饮食、居处）、停丧、祭祀不敬（失斋、失戒、不备物）、继述无闻、忌日不哀（饮酒、茹荤）、事伯叔父母不视父母以降。以上父子类，皆坐为人子者。其为父而过，可以类推。
君臣类	非道事君、长君、逢君、始进欺君（考校、筮仕钻刺之类）、迁转欺君（夤缘、速化）、宦成欺君（贪位、固宠）、不谨、疲软、贪、酷、傲上官、陵下位、居乡把持官府、嘱托私事、迟完国课、脱漏差徭、擅议诏令、私议公祖父母官政美恶、纵子弟出入衙门、诬告。
夫妇类	交警不时、听妇言、反目、帷薄不谨（如纵妇女入庙烧香之类）、私宠婢妾、无故娶妾、妇言逾阈。以上夫妇类，皆坐为人夫者。其妇而过，可以类推。
长幼类	非道事兄、疾行先长、衣食凌竞、语次先举、出入不禀命、忧患不恤、侍疾不谨、私蓄、早年分爨、侵公产、异母相嫌、阋墙、外诉、听妻子离间、贫富相形、久疏动定、疏视犹子、遇族兄弟于途不让行、遇族尊长于途不起居。以上长幼类，皆坐为人幼者。其为长而过，可以类推。
朋友类	势交、利交、滥交、狎比匪人、延誉、耻下问、嫉视诤友、善不相长、过不相规、群居游谈、流连酒食、缓急不相视、初终渝盟、匿怨、强聒、好为人师。以上朋友类。①

从蕺山对大过之种类的详细说明，应该注意这样两个问题：

其一，"过"与"善"相对，知如何是"过"，便知如何为"善"。五伦作为人生之性，畅于四肢、发于事业，自然有合道德、合规范的具体表现。而这些表现，正是"过"之对立面。也就是说，从"过"之中能够看到善行，看到正当的、自然的、必然的五伦之规则。通由如此推论，"夫子有亲"之具体道德规范：以道事亲、亲过有谏、

---

① 《人谱》，《刘宗周全集》二，第 12—13 页。

称善、无违教令、无意有欢、定省谨节、唯诺严谨、奔走节俭、无私财、无私出入、无私交游、无浪游、守成业、谨疾、侍疾致谨、读礼谨慎、不停丧久不葬、祭祀谦敬、继述有闻、忌日大哀、事伯叔父母同视父母以降;"君臣有义"之具体道德规范:以道事君、勿助长君、勿逢迎君、勿始进欺君、勿迁转欺君、谨言、干练、廉、温、勿傲上官、勿陵下位、居乡勿把持官府、避讳私事、及时完成国课、及时完成差徭、勿擅议诏令、勿私议公祖父母官政美恶、禁子弟出入衙门、勿诬告;"夫妇有别"之具体道德规范:时时警告、勿听妇言、举案齐眉、帷薄谨严、无私宠婢妾、娶妾有合礼、妇言不逾阈;"长幼有序"之具体道德规范:以道事兄、勿疾行先长、衣食勿凌竞、勿语次先举、出入禀命、忧患体恤、侍疾有谨、勿私蓄、早年勿分爨、勿侵公产、异母不相嫌、勿阋墙、勿外诉、勿听妻子离间、贫富相随、勤走动、亲爱子弟、遇族兄弟于途让行、遇族尊长于途起居;"朋友有信"之具体道德规范:勿势交、勿利交、勿滥交、勿狎比匪人、勿延誉、不耻下问、尊重净友、善相长、过相规、群居勿游谈、勿流连酒食、缓急相视、初终不渝盟、勿藏怨、勿强聒、勿好为人师。

　　对以上"啰唆"的道德规范或许不以为然,但蕺山传达给人的信息却是非常重要,即一个人的成长必然是受条纲的规范和约束,必然有行为举止的"当然之则""应然之理","我"首先是那个制度之下的人、是应该遵守一定社会道德规范的人。也恰恰是这样的"规范",才是使人明晰何谓"人"、"人"当如何的前提和基础。没有"规范",没有一定社会之下人们普遍遵守的道德规范,人们便难以有某种积极向上的精神面貌,便不能挺立一种时代下的主流的道德价值方向。在蕺山生活的明代社会,不仅社会动荡,而且思想动荡,时人的精神面貌、道德价值追求,不能不说已达致"崩溃"的境地。虽然一定程度上说,明末思想界开显出一种自由、解放、民主的趋向①,预示着中国走向进步、科学。但是,应该注意到,像蕺山这样的纯粹儒家知识分子,满腔的是家、国、天下信念,其对儒学经典解读之后所达致的终极的修身理念便是家国天下一体,他们并不想通过改变国家而改变社会,他们只是要改良国家机器而改进社会。从一定意义上讲,蕺山之辈是"保守主义",但如若说蕺山之辈是纯粹"保守主义"、绝对顽固派,倒是对他们这些儒士的极端曲解。笔者并不否认蕺山之辈对社会道德规范的系统规划之下体现出的对国家的维护与忠诚,但我们亦应看到问题的另一面,每个时代倘若无这些人的忠诚、爱国,国家必然不能存在,中国传统知识分子的那种责任、情怀、道义、精神诉求亦早就不值得一提。正是学儒之士对国家文化体制、道德规范、精神追求的点滴改良与完善,最终实现中国文化传统的绵延。明末动荡和混乱的道德世界并不妨碍蕺山的为人,其醇儒形象和皦皦完人气象正是他所设计的道德规范的真切体现。

其二,"规范伦理"与"德性伦理"的圆融。从"微过"始,无论是"七情"之隐过,还是"九容"之"显过"、"五伦"之大过,甚或"百行"之丛过,蕺山对"过"的具体表现进行详细罗列和分疏,一层递进一层,一种比一种完善,而且与"本心"之诚明相挂搭,在一定意义上将"规范伦理"与"德性伦理"相融贯。按照伦理学所讲,所谓"规范伦理"就是依凭规范的伦理,是以原则、准则、制度等规范形式为行为向导并视其为道德价值之根源的伦理。在规范伦理看来,规范具有原初的价值意义,而德性则因其不确定而处于相对不重要甚至可疑的价值地位。而所谓"德性伦理"是指出个体德

---

① 参见杨芳燕:《明清之际思想转向的近代意涵——研究现状与方法的省察》,《汉学研究通讯》2001年第2期。

性的伦理,即以个体的德性为自因的伦理,德性伦理的实现过程是道德、伦理的主体化、个性化过程,是将外在的伦理要求内化为个体自身的道德品性、道德素质的过程。① 蕺山从挺立"心"体这一逻辑起点出发,看到了人之为人的内在规定性,同时亦看到了作为现实生活中人的个体的多元性和复杂性。他在肯定个体之"心"之善端恶念存在事实之基础上,完备道德规范,以之与根源之"心"相统合,以规范照应"心"体,以"心"体提领规范,个体之人自然能够从规范中体思人之为人的必然性,而且一旦遵从了规范、践行了规范,在一定程度上便实现了规范约束下的自觉与自在,亦即是"本心"德性的澄明。从蕺山对规范的重视和对心体的强调可以看出,每个人内在的德性之本,唯有围绕道德规范而进行系统的、不间断的道德践履,德性才能彰明。人无须对德性产生怀疑,因为人有人"心"的自在,而人"心"又是管摄天、地、人三才之道之"心"的内蕴,正是人"心"之知与能方使得"心"体澄明常明。但是,人"心"之知、能到底有怎样的表现? 到底要人做什么、不做什么? 这就要通过一定时代的、社会的、普遍遵从的道德规范来标明。规范不是永恒的,但规范表现德性却是永恒的。蕺山在构设"心"体德性的同时也完备了规范,为人成为人既提供了必然之理,又阐发了当然之则。

五、"物物不及"与百行之丛过

人生之性为五达道,通由此道而明晰"万物皆备于我"。《证人要旨》说:"只由五大伦推之,盈天地间,皆吾父子兄弟、夫妇君

---

① 参见吕耀怀:《规范伦理、德性伦理及其关联》,《哲学动态》2009 年第 5 期。

臣朋友也。其间知之明,处之当,无不一一责备于君子之身。大是一体,关切痛痒"①,正表明人道之达之所在及其具体体现。因五性而万化,居万化而体备百行诸业,人世间万事万物、万形万象,无不是人"心"之"诚"所必然要求、自然显像。但是,五伦之上人若不能把持人"心"之诚,容貌辞气之间自然流显出对色、食、财、气的关注与沉溺,亦走向为学的虚假与伪作,作为道德规范之百行诸业便走做模样,不能与"本心"之德性诚明相对应、观照,丛过始生。《纪过格》:"五曰:丛过,百行主之。"②

（一）"物"

人为万物中最灵、最秀者,而人生便为"五性之德"所包裹,为万化生物所规制,人须于事事物物之中反求"本心",澄明"心体"。《人谱杂记》云:"百事只是一事,学者诚能于一处打得彻,则百事自然就理"③,百事万物无非"万物皆备"而已。鉴于此,须进一步明晰"物"与"心"之关系。

在"心"与"物"之关系上,蕺山坚持"即心即物"之思辨逻辑。早在1617年蕺山与《王弘台(应乾)年友》的书信中明确提出了儒释之"分"的其中一个重要标志:"先物求心"拟或"即物求心"。在蕺山看来,"先物求心"是释氏之学的出发点,其本质是"空",一种无所依靠、无所寄怀的空无一物、空洞无意。且不管蕺山对释氏之"空"的理解是否正确,亦不管蕺山应否以"空"来论断"先物求心"之本质,我们只看其对"先物求心"的解读特征。蕺山在是书信中说:

　　　　读年台《格致辨》,大抵力提主翁,以为印证物理之学,而

---

① 《人谱》,《刘宗周全集》二,第8页。
② 《人谱》,《刘宗周全集》二,第12页。
③ 《人谱杂记》,《刘宗周全集》二,第116页。

八者一齐俱到,可为深契文成之旨。弟其所为主翁者,果即物
以求之乎? 抑先物以求之乎? 如先物而求之也,则心自心,物
自物矣。而复本心以格物,是役其心于外物也,势必偏内而遗
外矣,焉能格之? 而焉能致之? 即其所为格而致焉,亦格其无
物之物,而非吾之所为物也;且致其无知之知,而非吾之所为
知也;且其所为诚与正者,亦无意之意、无心之心,而非吾之所
为心与意也。修齐治平一举而空之矣。①

所谓"先物求心,心自心,物自物",乃指心物二分。应知,蕺山是
主张心物一体的。蕺山早在 37 岁就已经参悟出"心外无学,心外
无理"之道,之后,蕺山在谈论此问题时始终坚持"心物融通"论,
心不可与物二分,心亦不能与物二分。讲"心","心"自然要通由
物而彰显;讲"物",自然在"物"之中有"心"的显现,"心"与"物"
二者是"即……即……"的关系。《人极图说》讲"上际之天,吾以
易知,下蟠之地,吾简能也,盈乾坤内外,皆与吾知能者也",正是
说事事物物之间内蕴者"吾之知能",而"吾之知能"亦正是"天下
何思何虑"之"心"、"无善至善"之"心"。"物"是"心"的直接显
露,"物"是"心"的"物化"和外显,是"心"所创造的意义和价值、
功能和属性的"物化所在","万化""万性"正是对此的描述。

既然"物"彰显"心",人便可以透过"物"去认识"心",对"物"
的认识就是对"心"之创构道德理念、价值观念和自觉意念之"知
能"的认知。这里有两种意义的"知",创构"物"的能动之"知"和
后天对"物"认知而成的"知"。就是说,"知"即是内心的自觉体
知、体悟、创构过程,又是体知、体悟、创构的认知效果,是"过程"
与"效果"的合一。不论是过程,还是效果,"知"都有自觉性在里

---

① 《书》,《刘宗周全集》三,第 303 页。

面。所谓"自觉",是指"心"的"无所为"之状态。"无善至善"之"心之体"不是"为了什么"而"去什么",而是"自然如此"的践行"心"之"知能"的自在心理状态,是"随心所欲不逾矩"的心理体验过程。"自觉"本身就是"状态"与"过程"的融贯。

既然"心"由"物"彰显,由"物"而知"知",那么"心""物""知"自然而然地关联在一起,实现动态的"过程"与静态的"效果"的合一。无论从哪一个角度讲,它们都是互涵互蕴、和合融通的。故而,所谓的"先物求心"自然是对"物"与"心"之直接通贯融合性的不理解。若由此思辨开显,"物"并非蕴含"心"之知、能的物,所"致知"的"知"亦非"心"自在、自觉当下即知的"知"。同样,"心"与"物"的二分,自然便是"知"与"行"的二分,亦是"本体"与"工夫"、"伦理"与"道德"的二分,《大学》"八目"之间便出现了断裂,而不是当下即知即行、即心即物、即本体即工夫的"一体融贯"之思辨。因此,蕺山撰于1629年的《大学古记约义》释"格物"章便有如下之长论:

> 盈天地间皆物也。自其分者而观之,天地万物各一物也;自其合者而观之,天地万物一物也,一物本无物也。无物者,理之不物于物,为至善之体而统于吾心者也。虽不物于物,而不能不显于物:耳得之而成声,目寓之而成色,莫非物也,则莫非心也。耳能辨天下之声而不可欺以清浊,吾因而致焉,并不可欺以一切清浊,所以致吾心之聪也;目能辨天下之色而不可欺以淄素,吾因而致焉,并不可欺以一切淄素,所以致吾心之明也。致吾心之聪明者,致吾之良知也。良知之于物,如鉴之于妍媸,衡之于高下,而规矩之于方圆也。鉴不离物而定妍媸,衡不离物而取高下,规矩不离物而起方圆,良知不离物而辨是非,一也。故曰:"致知在格物"。然而致吾心之聪,非无

不闻之谓也,闻吾至善而已矣;致吾心之明,非无不见之谓也,见吾至善而已矣。闻吾至善,返于无闻矣;见吾至善,返于无见矣,知无知矣。……心非内也,耳目非外也,物非粗也,无物之物非精也,即心即物,非心非物,此谓一以贯之。①

究竟"物"之所指到底为何?蕺山1631年与《与李生明初》的书信中指出:"天下无性外之人,则亦无性外之物,物即道之散于事者。今曰性善,而率性之道有不善,则质之物理有碍。天下无性外之人,则亦无性外之事,事即道之措于物者。"②"无性外之'物',无性外之'事'"表明"物"与"事"皆内蕴着"性",皆是"性"的显明。"心"继善成性,"性"因"心"而名,"心"之知、能创构了万事万物的意义和价值、功能与属性,从而"事"与"物"便有了"性"。如此可说,无论是"事",还是"物",皆是具有一定意义和价值、功能和属性的东西,是"心"之知能所彰明出来的东西。凡是称为"物"或"事"者,皆为"心"所认知,亦皆为"心"之"知"所成就。这就是"道之散于事者"为"物"与"道之措于物者"为"事"之论。

从一定意义上可以将"事"与"物"互训。从上所引,所谓"物",《说文》解之为"万物",《诗·大雅·蒸民》解之为"事","物"与"事"融通。所谓"事",《说文》解之为"职也";而"职",《说文》又解之为"记微",段玉裁注之为"凡言职也,谓其善听也"。即是说,"事"为"善"举,自然而然体现着某种道德意蕴和价值趋向,并且是遵从"德性"的行为举止。"道"之散于"事"便为"物","道"之置于"物"便为"事","道"之所在便是"事","事"之显明便是"物","物"之本来便是"道",而"道"之彰明便是"心"之

---

① 《大学古记约义》,《刘宗周全集》一,第647—648页。
② 《书》,《刘宗周全集》三,第305页。

"性"。从中看出,蕺山将具有道德意义的"行为举止"之"事"与"物"融贯,"物"就是道德之"事","事"就是道德"物",从属于"规范伦理"的"事"终究与"德性伦理"的"物"相统合,其本根所在便是"心"之无善而至善,便是《大学》之"至至善"之所"止"。

(二) 色食财气与"百行"之丛过

万事与万物皆为"心"之知、能所创构,实现了道德规范与道德德性的融贯。本来如此并不表示必然如此。因此,从"性"之本然看"物"与"事",它们皆为"善";从生存世界的现实情况看,个体之人所成就的言行举止并非皆能成就"物"与"事"。因微过而隐过,因隐过而显过,因显过而大过,因大过而丛过,从内至外、从隐至显、从微至大,通由容、貌、辞、气而上升为色、食、财、气,及至伪道学,生存世界中诸形诸为流变为"丛过"。

蕺山将"丛过"细分为"百行",涉及各种情况,而其类型,则"先之以谨独一关,而纲纪之以色、食、财、气,终之以学而畔道者,大抵者皆从五伦不叙生来"[1]。按照蕺山逻辑,大致可以将"丛过"这样划分:

"谨独"关之过:游梦、戏动、谩语、嫌疑、造次、乘危、由径、好闲、博、弈、流连花石、好古玩、好书画、暑月袒、科跣、衣冠异制、怀居(居处器什)、舆马;

"色"关之过:床笫私言、早眠晏起、昼处内室、狎使婢女、挟妓、俊仆、畜优人、观戏场、行不避妇女;

"食"关之过:饕食、憎食、纵饮、深夜饮、市饮、轻赴人席、宴会侈靡;

"财"关之过:轻诺、轻假(我假人)、轻施、与人期爽约、多取、

---

① 《人谱》,《刘宗周全集》二,第14页。

滥受、居间为利、献媚当途、躁进、交易不公（亏小经纪一文二文以上，及买田产短价）、拾遗不还、持筹、田宅方圆、嫁娶侈靡、诛求亲故、穷追远年债负、违例取息；

"气"关之过：谋风水、有恩不报、拒人乞贷、遇事不行方便（如排难解纷、劝善阻恶之类）、横逆相报、宿怨、武断乡曲、设誓、骂詈、习市语、称绰号、造歌谣、传流言、称人恶、暴人阴事、面讦、讥议前贤、讼、终讼、主讼、失盗穷治、捐弃故旧、疏九族、薄三党、欺乡里、侮邻佑、慢流寓、虐使仆童、欺凌寒贱、挤无告、遇死丧不恤、见骼不掩、特杀、食耕牛野禽、杀起蛰、无故拔一草折一木、暴殄天物、亵渎神社、呵风怨雨；

"学"关之过：弃毁文字、雌黄经传、读书无序、作字潦草、轻刻诗文、近方士、祷赛、主创庵院、拜僧尼、假道学。①

关于假道学，蕺山便身临其境。据《刘宗周年谱》记载，蕺山20岁时，"由会稽县弟子员补绍兴府学生，贫无以赞见学师，师故屡召之，勒作课"②。是时，学师已不能安贫守道也。师者，传道、授业、解惑，而其时，老师却因学生不能纳赞而频频折腾学生，可见是时学风之一般。如此之尚物循利之学风不得不改正也。幸有宗周之辈，以其坚贞正直之作风、求真圆融之学风、善变创新之文风开时代之新风。

从上面的条框中可看出，蕺山将人不该做的事，甚至是不该想的事，一一作了详细、完备的梳理，可以想见他是何等严于律己！蕺山对道德规范的强调又与"本心"相统合，皆是要标明"本心"之明与诚，亦与妄心之微过相照应。蕺山在述说"微过"时已经指

① 《人谱》，《刘宗周全集》二，第13—14页。
② 《年谱》，《刘宗周全集》六，第225页。

出："妄根所中曰'惑'，为利、为名、为生死；其粗者，为酒、色、财、气。"①从中可看出，所有"过"皆是从人"心"受蔽始起，"微过"积而成七情之"隐过"，"隐过"积而成九容之"显过"，"显过"积而成五伦之"大过"，"大过"积而成百行之"丛过"，后来之过皆是从前面之过之不改而来，前面之过不改而日积月累成就后来之过，过过相积，"本心"蒙蔽，人离当然之"人"、应然之"人"越来越远，甚至人不再堪称为"人"了。只是，从蕺山的道德规范中明了这样的事实，这是蕺山从自己的为学之道、为人之则和做人之方中逐渐总结、归纳出来的。从一定意义上说，蕺山对合规范、合德性之人的规划，恰是对自己一生道德践履、实功实行的形象写照。

六、"迷复"与成过之"恶"

有过并不可怕，只要人能够善于迁善改过，"便做成圣人"，"自古无现成的圣人，即尧、舜不废兢业"②。但是，人若遇过不改，自然便可成"恶"。即便是人迁善改过，若不能自"心"而克念终始，常葆"本心"之诚明，依然是"恶"。迁善改过可以"复"其"本心"而"无妄"，故而称谓"迷复"。《纪过格》："六曰：成过，为众恶门，以克念终焉。"③

"迷复"一词来源于《复卦》(䷗)之"上六"爻辞。《复卦》卦辞说："复，亨。出入无疾，朋来无咎；反复其道，七日来复。利有攸往。"蕺山《周易古文钞》释之曰："— 阳生于下，若来复其固有，然见阳不可一日无也。阳复故亨，卦象如重门洞开，故曰：'出入无

---

① 《人谱》，《刘宗周全集》二，第10页。

② 《人谱》，《刘宗周全集》二，第9页。

③ 《人谱》，《刘宗周全集》二，第13页。

疾,朋来无咎.'姤、复相为循环。自姤至复,得七月也。讳月言日,从阳类也。攸往,阳进而上也,盖圣人示人以心学之要如此。圣人言复,又遡姤,见姤、复通为一体,是人心至妙至妙处。不然,只是孤阳,岂成复?"①《复》卦爻辞进而曰:"初九,不远复,无只悔,元吉。六二,休复,吉。六三,频复,厉,无咎。六四,中行独复。六五,敦复,无悔。上六,迷复,凶,有灾眚。用行师,终有大败;以其国,君凶。至于十年不克征。"蕺山释上六爻辞曰:"复至于上,又更端而示诚曰迷。未尝不复也,而不胜其迷。乃重云叠雾,暂露日光,随复随蔽,于是谬戾百出,大灾小眚,无所不备,何凶如之!虽然,尚可图也。用困勉之力,如行师然,决胜于往,至无益反害,动为心痌,迷转得迷,不之恤也。逮用力既久,幸而一当,庶几迷者悟、复者永复乎! 此所为远复者乎! 近而复,故可喜也;而远复之复,尤大可幸也。及其成功,一也。"②按照蕺山之意,"不远复""休复""频复""中行独复""敦复"可以复"心"之诚明,即便是"迷复",亦是"复心"之举。

蕺山对"迷复"的诠释,内蕴两层意思:

其一,"迷复"本身即是"行"。"迷",《说文》曰:"惑也。从辵,米声。"《广雅·释诂》:"迷,误也。"《周易集解》引卢氏曰:"坤,臣道也,妻道也。后而不先,先则迷失道矣,故曰先迷。"卢氏以"迷"有"失"义。《韩非子·解老篇》曰:"凡失其欲往之路而忘行者之谓迷。"③可见,"迷"就是迷失道。而"复",《杂卦传》曰:"复,返也。"《周易集解》引何妥曰:"复者,归本之名"。《释文》

---

① 《周易古文钞》,《刘宗周全集》一,第 103 页。
② 《周易古文钞》,《刘宗周全集》一,第 104 页。
③ 张立文:《帛书周易注译》,中州古籍出版社 2008 年版,第 236 页。

曰:"音复,反也,还也。"朱熹《周易本义》曰:"反复之复。"①那么,"复"就是"回来""返回"之意。结合蕺山之意,"复"就是回到"心"上,也就是在人"心"之自作主宰之下,无论个体之人有怎样的"放心之举","心"都能够实现自我的"复",此可见"人心至妙"处,亦即圣人所展示的"心学之要"。至于"迷复",虽然"重云叠雾,暂露日光,随复随蔽,于是谬戾百出,大灾小眚,无所不备",但"尚可图"。迷者一悟,自然复归"心"体,其要便是要"即知即行",当下即行。蕺山1643年的《学言》深刻指出:"有剥即复,间不容发,此一点元阳,在天地间无一息间断。七日来复,言复已久也。若操未剥之阳,为来复之阳,所争不远,看来仍是占先手。若已落后着,则手忙脚乱中安得有如许力量,便与不行?不复行,谓当下消化,不是后日不再作也。今人皆所谓频复者,甚之迷复,迷复亦是学。"②也就是说,个体之人须时时谨记"迁善改过"之理,时时"借他人眼孔照自己肺肝"③,时时反观"心体",时时从"迷失"中走向自我人"心"的净洁纯真,"是故君子无日而非至日也,无时而非至时也"④。由"迷"而"复"本心,复心即止而不复行,便再无过,故称为"不贰过"。

其二,"迷复"以"本心"常明为根基。既然"迷复"为"行",可

---

① 张立文:《帛书周易注译》,第275页。
② 《学言》(下),《刘宗周全集》二,第459页。
③ 蕺山1626年的《学言》曰:"每遇拂意事,即须诵《孟子》'三自反'章,我必坐一项在。孟子盖为学圣人而未至者言,若吾侪小人直是自取横逆,自取妄人,于他人报施平等耳。不知又经几十会自反,方得到君子不仁无礼地位,正是乡人亦不易及也。惭愧,惭愧。""孟子三自反,全是借他人眼孔照自己肺肝,故能毛发皆竖,毫无躲闪。人不甘以禽兽自居,则我之自责宁有穷时?"(《学言》(上),《刘宗周全集》二,第367页)
④ 《周易古文钞》,《刘宗周全集》一,第105页。

以达致"本心"之"明",那么,"本心"之明是因"迷复"而"明"还是"常明不止"? 蕺山在《证人要旨》中指出:"一迁一改,时迁时改,忽不觉其入于圣人之域,此证人之极则也。然所谓是善是不善,本心原自历落分明。学者但就本心明处一决,决定如此不如彼,便时时有迁改工夫可做。"①显然,"迷复"之明道过程是建立于"本心"常明基础上的。即是说,无论个体之"心"有怎样的"过",其人"心"始终诚明净洁,并不会因生存世界中之"习染"遮蔽而消失,"人心如谷种,满腔都是生意,物欲锢之而滞矣。然而生意未尝不在也,疏之而已耳。又如明镜,全体浑是光明,习染熏之而暗矣。然而明体未尝不存也,拂拭而已耳"②;"真性中岂有习染? 后来世故交接,遂有习染。习之既深,口之所言,身之所行,即至衾影梦寐,无非是习。然此点良心却又完完全全,是以为小人者,虽习染深厚,至于呼之即应,叩之即觉,又不因习染深浅,遂分利钝。"③正是"心体"常在、"本心"常明,个体之人才能够做工夫,开展道德践行,从而能够不断迁善改过。个体之"心"有"过"便是"迷",有"迷"但可改,改过便是"迷复",便是诚明"本心":"人虽犯极恶大罪,其良心仍是不泯,依然与圣人一样。只为习染所引坏了事。若才提起此心,耿耿小明,火然泉达,满盘已是圣人。"④

虽然说个体之人能够迁善改过,但人"心"受蔽,"本心"之明被遮蔽昏暗之后,倘若个体之人不做迁改工夫,那么,随着"过"之由微而显、有小而大逐渐显现、加深、广泛,过而不改,最终演变成"恶"。"恶"是对"过而不改"之状态的描述。《说文》段玉裁注

① 《人谱》,《刘宗周全集》二,第9页。
② 《学言》(中),《刘宗周全集》二,第429页。
③ 《问答》(下),《刘宗周全集》二,第353页。
④ 《人谱》,《刘宗周全集》二,第15页。

"恶"曰:"人有过为恶"。人"心"受蔽而有"过",过而不改便是人之"过",人有"过"便成为"恶"。"恶"就是"过"而不改之人之"过"。按照人之"过"之层次的深浅,《纪过格》将"恶"划分为五类,即微恶、隐恶、显恶、大恶、丛恶。人有恶就是"迷",但因"本心"之诚明、常明,故"迷"而能"复"。一旦实现"迷复",自然便是立定圣域而成圣成贤。"迷复"不是过,而是对"迁善改过"之效果的描述。蕺山将不同层面的"恶"之端始视为不同的"门",即崇门、妖门、戾门、兽门、贼门,由此入"门"用功夫,不断迁善改过,从而实现自我"迷复",回归"本心"之诚明。蕺山《纪过格》对"迷复"之"恶""门"有如下展示和说明:

> 崇门(微过成过曰微恶。用小讼法解之,闭阁一时。)
>
> 妖门(隐过成过曰隐恶。用小讼法解之,闭阁二时。)
>
> 戾门(显过成过曰显恶。用小讼法解之,闭阁三时。)
>
> 兽门(大过成过曰大恶。用大讼法解之,闭阁终日。)
>
> 贼门(丛过成过曰丛恶。轻者用小讼,重者用大讼解之。闭阁如前。)
>
> 圣域(诸过成过,还以成过得改地,一一进以讼法,立登圣域。)①

透过蕺山对"迷复"一关的把握,兼及《证人要旨》之"迁善改过以作圣"章的论说,须明晰蕺山两层意蕴:

其一,"心"本常明,但个体之"心"并非常葆此"心"常明。个体之人生活于现实生存世界之下,不能不受习俗之影响,"本心"受蔽亦是在所难免。而关键问题在于,人要知晓自己所犯之过错,人要时时改过,勿使过成其为过。倘若有过不改,不能及时改过,

---

① 《人谱》,《刘宗周全集》二,第 15 页。

其过便演变为恶。过有大小,离"本心"之明有远近。知小过而改,人之幸;知大过而改,人之大幸;由恶而改过,由迷而复,更是人之大幸之中大幸者,如蕺山所言:"逮用力既久,幸而一当,庶几迷者悟、复者永复乎! 此所谓远复者乎! 近而复,故可喜也;而远复之复,尤大可幸也。及其成功,一也。"①

其二,有过自然要改,改过工夫无穷尽,而其终究归宿便是体悟证人工夫与本体之"心"的自在合一、自然融贯。《证人要旨》说得明白:"学者未历过上五条公案,通身都是罪过。即已历过上五条公案,通身仍是罪过。才举一公案,如此是善,不如此便是过。即如此是善,而善无穷。以善进善,亦无穷。不如此是过,而过无穷。因过改过,亦无穷。一迁一改,时迁时改,忽不觉其入于圣人之域,此证人之极则也。"②人针对过所做工夫,正是证心工夫。蕺山主张的"讼过法"之实质,正是要实现知过与改过、工夫之改与"本心"之明的融贯,"一真自若,湛湛澄澄,迎之无来,随之无去,却是本来真面目也"③。人之生而有人"心",人在成长历程中不断迁善改过,最终实现"本心"之诚明、常明。

总之,人虽天然有自在诚明之"本心",但非人人常葆此"心"时时显明。人生活于现实世界,善恶交杂,过恶丛生。人在行善,亦在造恶。人之过与恶的产生是由微而隐、由显至大,人便是生活于由他自身所造就的过与恶之中。蕺山对过与恶的分析,无微不至、不厌其烦,几将人世间可能的过与恶囊括殆尽。实质上,蕺山的眼孔里面看到的并不是过,亦不是恶,而是人之"本心"之客观

---

① 《周易古文钞》,《刘宗周全集》一,第104页。
② 《人谱》,《刘宗周全集》二,第9页。
③ 《人谱》,《刘宗周全集》二,第16页。

存在和时时存在。当人一旦明悟何为过、何为恶,也就明悟了何为善。善与恶对举,挺立的正是此"心"之常明常在。无论有怎样的过,无论是过还是恶,"心"明则"过"止,止"过"即是善,明"过"者便是圣贤。

第二节 改过工夫

人于生存世界之中,犯过错在所难免。有过务必改,改过自有工夫步骤。改过工夫因过之深浅、层面之不同而开显为可操作的六个步骤:针对妄惑微过,则"静坐读书",于闲居之地,明人禽之别、敬肆之分,体悟"本心"之"明";针对七情隐过,则"知几葆任",惩欲窒忿,当下廓清;针对九容显过,则"变化气质",容貌辞气之间便是"心体"呈露处,以气质定威仪,由知礼而显性;针对五伦大过,则"随事体当",践履敦笃,致谨事业,常怀虩虩战兢之心,以尽伦常天道;针对百行丛过,则"反身而诚",万物皆备于我,吾与天地万物一体,由尽吾之心而尽人尽物;针对成过之恶,则"克念始终",从习染昏蔽中提撕人心"本心",时时自讼反省,时时迁善改过,迷而后复,成圣成贤。

一、静坐悟心、读书明心

《证人要旨》之"凛闲居以体独"章云:"静坐是闲中吃紧一事,其次则读书。朱子曰:'每日取半日静坐,半日读书。'如是行之一二年,不患无长进。"[1]静坐、读书成为谨独"心体"、彰明"本心"的

---

① 《人谱》,《刘宗周全集》二,第2页。

必要手段,是防止妄念产生的工夫步骤。

其一,静坐悟心。《人谱》续篇有《讼过法(即静坐说)》一文,"静坐"之论乃是"内自讼"修心法,强调内心上的自警、内省。实际上,蕺山早在1632年就撰有《静坐说》,就静坐的意义和价值发表看法。如何是静坐?他说:"日用之间,除应事接物外,苟有余刻,且静坐。坐间本无一切事,即以无事付之。既无一切事,亦无一切心,无心之心,正是本心。瞥起则放下,沾滞则扫除,只与之常惺惺可也。此时伎俩,不合眼,不掩耳,不趺跏,不数息,不参话头。只在寻常日用之中,有时倦则起,有时感则应,行住坐卧,都作坐观,食息起居,都作静会。"①静坐所要达致的境界就是"无心之心"的明澈,也就是回归"本心"。作为人,作为生存世界中受制于各种条件限制和物质刺激的人,难保他不会"放心",一旦"本心"之澄明被遮蔽,要"复"其"本心"、人"心",必然要进行自我的"求放心"过程,"静坐"正是实现"求放心"的"亲切工夫"②。

通过静坐达致"本心"之明,即在静坐中体会"本心"之自然无为,"从整齐严肃人,渐进于自然"③。人"心"有其本然之知与能,不虑而知,不学而能,着不得人为之力。才有"人为",便流显为"伪"、为"欲","本心"偏失其本真之性。通过静坐工夫,修养人心,无一事思虑,亦无一心主张,真真切切只是要反观自己,终究落脚于人心至隐至微处。于其中,"无一切名相,亦并无声臭可窥,只是个维玄维默而已"④。"本心"之明虽说"维玄维默",实其中无所不备、无所不含,万事万物之意义和价值、功能和属性的定性

---

① 《静坐说》,《刘宗周全集》二,第304—305页。
② 《静坐说》,《刘宗周全集》二,第305页。
③ 《静坐说》,《刘宗周全集》二,第305页。
④ 《求放心说》,《刘宗周全集》二,第304页。

皆因"心"而起、而名,至隐至微之"本心"自然彰显出至显至大之万物世界,万物世界之存有自然体现着"本心"的本根价值和意义主宰者的地位。人是万物中最灵最秀者,其根据便是"本心"之知与能的致广大、尽精微特质。静坐工夫所体会的便是如此。

不过,按照蕺山对静坐工夫之功能和价值的分析,它需要静坐主体头脑上的卓越的思辨能力,是对隐微显见、动静中和关系的至真体悟。倘若不能于此有所思维突破,其静坐结果可能会陷入一种空灵明觉之中。犹如阳明后学之龙溪一脉,"顿悟本体、悬空期悟",以良知为"现成"玄说,不待修为,先天所就,当下俱足,已入狂禅之路。在蕺山看来,静坐并不是禅学修悟方法,亦不是唯有禅学才讲究的工夫法要。事实正是如此,从朱熹讲"半日读书,半日静坐"起,理学家们给以静坐不同的认识和提倡,甚至成为理学家为学修心的基本工夫之一。① 于明儒之中,高攀龙提倡静坐说较为有名,蕺山《讼过法(即静坐说)中》对高攀龙的静坐说有这样评价:"近高忠宪有《静坐说》二通②,其一是撒手悬崖伎俩,其一是

---

① 参见刘蓉:《静坐与理学家的为学修身》,《山东体育学院学报》2005 年第 5 期。
② 其第一通是《静坐说》,主要内容为:"静坐之法不用一毫安排,只平平常常,默然静去。此'平常'二字,不可容易看过,即性体也。以其清静不容一物,故谓之'平常',画前之《易》如此,人生而静以上如此,喜怒哀乐未发如此,乃天理之自然,须在人各各自体帖,由方是自得。静中妄念强除不得,真体既显,妄念自息。昏气亦强除不得,妄念既净,昏气自清。只体认本性原本本色,还他湛然而已。大抵着一毫意不得,着一毫见不得,才添一念,便失本色。由静而动亦只平平常常,湛然动去。静时与动时一色,动时与静时一色,所以一色者,只是一个平常也。故曰'无动无静'。学者不过借静坐中,认此无动无静之体云尔。静中得力,方是动中真得力;动中得力,方是静中真得力。所谓敬者,此也;所谓也者,此也;所谓诚者,此也。是复性之道也"。第二通是《书静坐说后》,主要内容为:"万历癸丑秋,静坐武林发光山中,作《静坐说》。越二年观之,说殆未备也。夫静坐之法,入门者藉以涵养,初学者藉以入门。彼夫初入之心,

小心着地伎俩,而公终以后说为正。"①"小心着地"即表明高攀龙之静坐说始与儒学所强调的整齐严肃之论相统合,已经走出禅学化味道。而蕺山之静坐说,自其端始便是立脚于儒学价值立场,从"整齐严肃入,渐进于自然",其本质便是"补小学一段求放心工夫"。

其二,读书明心。蕺山对朱子所言"半日静坐,半日读书"之论极为赞赏,"今当取以为法"。故而,静坐与读书非无关联之两阶程,而是同为证心工夫,"除却静坐工夫,亦无以为读书地,则其实亦非有两程候也"②。如果说静坐是要人通过内心的自讼、自警而实现自我督察的话,那么,读书则是通过通读儒家经典文献的方式达致对内在自我督察之效果的体悟和巩固,为进一步静坐体心提供理论根据和践行理据。因此,蕺山在《读书说》中就二者圆融之功效发表看法:"学者诚于静坐得力时,徐取古人书读之,便觉古人真在目前,一切引翼提撕匡救之法,皆能一一得之于我,而其为读书之益,有不待言者矣。"③

书是古圣先贤哲学智慧、道德思辨、精神慰藉和实功实行的文字总结,是对过去的思想史、哲学史、道德史、文化史的历史概括。人的历史,在较大程度上体现为文字之记载,从历史中体会到何以

妄念胶结,何从而见平常之体乎? 平常则散漫去矣。故必收敛身心,以主于一。一即平常之体也,主则有意存焉。此意亦非着意。盖心中无事之谓'一',着意则非'一'也,不着意而谓之意者。但从衣冠瞻视闻整齐严肃,则心自一,渐久渐熟渐争常矣! 故主一者,学之成始成终者也"。(高攀龙:《高子遗书》卷三,《文渊阁四库全书》集部第 1292 册,台湾商务印书馆 1986 年版,第 359 页)

① 《人谱》,《刘宗周全集》二,第 16 页。
② 《读书说》,《刘宗周全集》二,第 305 页。
③ 《读书说》,《刘宗周全集》二,第 305 页。

为人、人应为何。作为儒家知识分子,作为一个追求精神信仰、道德价值、义理规范的儒者讲,透视儒家圣贤所著经典文献,自然可以体悟君子、圣贤人格之所在和价值方向,自然能够促进自我哲学思辨、道德追求、理想信念的完备和自觉。而且,"盈天地间皆心","心"生生不已,创生万物,人之"本心"常明,亘万古而长存,历万世而贯通,古人之心即吾之"心",圣贤之心即吾之"本心"。万物皆备于我,"万性,一性也。性一,至善也。至善,本无善也。上际为乾,吾易知也;下蟠为地,吾简能也。其俯仰于盈乾坤之内者,皆吾知能者也",《人极图说》之论已然为我们体悟"圣贤之心"与"吾心"之"一以贯之"之关系提供了最为直接的表达。故而,"圣贤之心,即吾心也,善读书者,第求之吾心而已矣。舍吾心而求圣贤之心,即千言万语,无有是处"①。因此可说,读书之本质便是明澈"本心"、通达"心之体",此乃儒者之业。蕺山撰于1627年的《读书说(示儿)》早已论述了这一点:"粤自天地既判,万物芸生,时则有三纲五常,万事万化以为之错,而约之不外于吾心。圣人因而谱之以教天下万世,后之人占毕而守之,始有以儒学名者。故读书,儒者之业也。"②"心"之体"继善成性",落实于人,五达道著焉,且由此而万化出焉,盈乾坤内外皆吾之知与能,万物皆备于我。有圣人出而著书立论,遂成为后世之人为人处事、躬行道德礼仪的理论根基。只是,个体之人虽有"本心",虽其个体之"心"本质与"心之体"通贯,虽然个体之人在一定程度上践行着道德规范、礼仪准则,然不能自觉理解"本心""心"的内蕴。而书,"指点之最真者也,前言可闻也,往行可见也。多闻,择其善者而从之,多

---

① 《读书说》,《刘宗周全集》二,第305页。
② 《读书说(示儿)》,《刘宗周全集》二,第296页。

见而识之,所以牖吾心也"①。书是圣贤撰就,读书就是体思"我"与圣贤之"心"的通贯性,读书是学儒士子的应然步骤。

读书自然明理,而所读之书及读书进阶则有具体内涵。蕺山在《读书说(示儿)》中说:

> 先之《小学》以立其基,进之《大学》以提其纲,次《中庸》以究其蕴,次《论语》以践其实,终之《孟子》以约其旨,而所谓恍然于心者,随在而有以得之矣。于是乎读《易》而得吾心之阴阳焉,读《诗》而得吾心之性情焉,读《书》而得吾心之政事焉,读《礼》而得吾心之节文焉,读《春秋》而得吾心之名分焉。又读四子以沿其流,读《纲目》以尽其变,而吾之心无不自得焉。其余诸子百家泛涉焉,异端曲学诛斥之可也。于是乎博学以先之,审问以合之,慎思以入之,明辨以晰之,笃行以体之。审之性情隐微之地,致之家国天下之远,通之天地万物之大,而读书之能事毕矣。儒者之学,尽于此矣。②

按照蕺山之意,古人之心即吾之心,吾心即天地之心,"心"生生不已,化蕴万事万物。读书之道理于此有明澈,并能够按进阶而读书,终究实现自我"本心"之常明。这样,读书与"本心"实现了融贯。"书"为"本心"之文字描述,"读"便是"本心"之逐渐彰明的过程。读书实现了"心"之明与"明"吾"本心"的圆融和合。

通由静坐而体悟自我之"本心"自在,体思"心体"之隐微显发、动静一几之内蕴;读书而明"心"、"心"明,终究达致"书"与"心"、"读"与"明"之间的通贯统合。静坐与读书互通融贯、和合一体,既从隐微处堵截妄念之产生,又从显发处明澈"本心"之自

---

① 《读书说(示儿)》,《刘宗周全集》二,第297页。
② 《读书说(示儿)》,《刘宗周全集》二,第297—298页。

在常明、澄明。

二、当下廓清、知几葆任

作为"心"之"性",独体本无动静。但因有妄惑生成,遂流变出动念,七情既著。堵截七情之工夫即在"知几葆任",从"向外驰求"中挺立"反身之道"。

人生而有仁、义、礼、智四端之性,亦有喜怒哀乐四德之情。本来情性圆融,动静无端,但人之生不能不受外物之影响,在耳濡目染之中,"本心"之明被遮蔽,"动与一切外物作缘,以是营营逐逐,将全副精神都用在外"①,四德之情演变为七情,出乎心而离乎性。从本质上说,"道体本无内外,而学者自以所向分内外。所向在内,愈寻求,愈归宿,亦愈发皇。故曰:'君子之道,暗然而日章。'所向在外,愈寻求,愈决裂,亦愈消亡。故曰:'小人之道,的然而日亡。'学者幸早辨诸。"②个体之"心"有所向,向内向外皆是欲。为防止欲之过、情之生,蕺山为学人下一"顶门针":"向外驰求"。"向外驰求"也就是要人"反求"自己,是要人实地、当下廓清"性情"之隐微、显发、动静关系,在自我警醒、体悟、自在、诚明中时时葆任情以性定、性由情显、即性即情之和合状态。

"道"非外物,反求即是,"我欲仁,斯仁至矣"而已。明晰"反求"与"道"间的逻辑关系,有过之人自然便能由情返性,进而葆任性情之融贯、"本心"之常明。倘若有过之人一面想要反求,又一面随波逐流、不改积习,虽自知其过为过、自知可以改过迁善,因不谨行改过工夫,所谓的"反求"亦只是自欺欺人而已:其所谓"吾求

---

① 《向外驰求说》,《刘宗周全集》二,第308页。
② 《向外驰求说》,《刘宗周全集》二,第309页。

之身"只是求为躯壳,所谓"吾求之心"只是求之口耳也,所谓"吾求之性与命"只是求之名物象数,终究不能实现自我"本心"之澄明,其结果便是七情之过变本加厉。蕺山撰于1632年的《向外驰求说》对此说得明白:"所向是外,无往非外,一起居焉外,一饮食焉外,一动静语默焉外,时而存养焉外,时而省察焉外,时而迁善改过焉亦外,此又与于不学之甚者也。是故读书则以事科举,仕宦则以肥身家,勋业则以望公卿,气节则以激声誉,文章则以护听闻,何莫而非向外之病乎?"①混杂有私意、欲念的"反求"根本上就是"伪道学"而已,模仿圣贤不成,却成小人、佞人之举。

　　我们须知,真正的"反求"乃是"自得",即达致一种正目视之而不可得见、倾耳听之而不可得闻的效果。有所"见"、有所"闻"则是受人、受事、受物规约的"见"与"闻",是掺杂了一定意图和欲求的"见"与"闻"。而所谓"自得",就是"本心"之自在自然本性的开显,是"本心"之自在之知、之能的切实体露。为学要实现"自得",则"学者须发真实为我心,每日孜孜急急,只干办在我家当,身是我身,非关躯壳;心是我心,非关口耳;性命是我性命,非关名物象数"。②"自得"绝不是功名富贵、气节文章,而是"得无所得",就是随顺"本心",挺立"本心"之自在之知的自然性。《证人要旨》说得明白:"心本自无忿,忽焉有忿,吾知之;本自无欲,忽焉有欲,吾知之。只此知之之时,即是惩之窒之之时。当下廓清,可不废丝毫气力,后来徐加保任而已。"③犯过之人一旦明晰了此个道理,改过乃自然而然,"本心"之明亦自然而然者。

　　在这里,蕺山看到了改过主体的自在性、自觉性和自主性,亦

---

① 《向外驰求说》,《刘宗周全集》二,第309页。
② 《向外驰求说》,《刘宗周全集》二,第309页。
③ 《人谱》,《刘宗周全集》二,第6页。

看到了人人皆会犯过、人人亦能够改过的事实性。但是，人能改过并不意味着人就去改过、就一定会改过。因此，改过工夫终究是从"自我主体"讲，是就"我"而言，并不是针对他人。至于他人是不是去改过、改过之后有怎样的效果，将是另外的问题。道德践履所强调的正是选择权的"在我性"、"自我主体"性，是对伦理主体道德践履活动中自主性和能动性的把握。蕺山改过工夫看到了自我内在的主动性、能动性，因为自我主体有"本心"之澈明，因为禀受"心之体"之意义主宰，因为"心"之知、能盈于乾坤内外。所以，自我主体之"心"受物弊气浮，终究能够施行改过工夫，个体之"心"由暗而明，便是实现了过之"改"。

三、知礼成性、变化气质

天命之性不可见，但可通过容貌辞气之九容得以显像，"容貌辞气之间，莫不各有当然之则"，故而有"威仪定命"之论。然而，本来"诚于中而形于外"的九容因七情之病之呈现，个体之人不断"放心"，遂演变为九容之显过。克治此病，工夫即是"变化气质"。

容貌辞气之显像便是人之气质呈露，"人生而有此形骸，便有此气质。就中一点真性命，是形而上者"①。在蕺山哲学逻辑中，人只有气质之性，所谓义理之性乃为气质之所以为气质者。蕺山早在撰于 1617 年的《论语学案》中就已指出："性是就气质中指点义理者，非气质即为性也。清浊厚薄不同，是气质一定之分，为习所从出者。气质就习上看，不就性上看。以气质言性是以习言性也。"②他在 1631 年的《中庸首章说》中亦指出："须知性只是气质

---

① 《气质说》，《刘宗周全集》二，第 310 页。
② 《年谱》，《刘宗周全集》六，第 268 页。

之性,而义理者,气质之本然,乃所以为性也。心只是人心,而道者人之所当然,乃所以为心也。人心道心,只是一心;气质义理,只是一性。"①其《学言》中亦多处阐释此问题。② 蕺山之论表明,气质因人不同而有所不同,故而为"习相远";但气质之背后的"善"根本性却是相同的,不管什么样的人有怎样的气质,他的内心深处总是有那一"本心"之诚明。"本心"诚明,人才有知、有能。气质之后必然有"本心"之知、能之"性","性"亦必然有气质显示彰明。

气质反映的是义理,体现出"本心"之明。但是,人生却可能有气质之病。气之浮而生"妄",质之变而为"伪",皆远人而禽而兽。蕺山1643年的《证学杂解》云:"人生而有气质之病也,奚若?曰:气本于天,亲上者也。故或失则浮,浮之变为轻,为薄,为虚夸,为近名,为淫佚,为巧言令色,为猖狂,为无忌惮。又其变也,为远人而禽。质本乎地,亲下者也。故或失则粗,粗之变为重,为浊,为险,为贼,为贪戾,为苛急,为怙终,为无耻,为首鼠观望。又其变也,为远人而兽,亦各从其类也。"③本来,气质是义理的体现,是人"心"本真之性的自然呈露,如今却有"病"生,其"病"何来? 如何"矫治"? 关于前者,蕺山认为气质之病乃"人自病之耳"④。也就是说,主体自我因"习"之不同而于"性"之呈露有所不同,本是"性

①　《中庸首章说》,《刘宗周全集》二,第301页。
②　如:"理即是气之理,断然不在气先,不在气外。知此,则知道心即人心之本心,义理之性即气质之本性,千古支离之说可以尽扫。而学者从事于人道之路,高之不堕于虚无,卑之不沦于象数,而道术始归于一乎?"(《学言》(中),《刘宗周全集》二,第410页)"盈天地间止有气质之性,更无义理之性。如曰'气质之理'即是,岂可曰'义理之理'乎?"(《学言》(中),《刘宗周全集》二,第418页)
③　《正学杂解·解十八》,《刘宗周全集》二,第271—272页。
④　《正学杂解·解十八》,《刘宗周全集》二,第272页。

相近",却因"习相远"而使"本心"被蒙蔽。气质有病不可怕,只要人善于"变化气质",自然能够从病中恢复起来。因此,气浮当治之以沈,质粗当治之以细,更须事事与之对治,用此工夫既久,便见"心"从气质托体,实不囿于气质,"其为清明而上际,有天道焉;厚重而下凝,有地道焉。立天之道阴与阳,故运而不息,以阳主之,以阴顺之,无有或失之浮者;立地之道柔与刚,故处而有常,以刚进之,以柔反之,无有或失之粗者。此之谓以心治气质而气质化,且以气质化性,而性复其初也"①。其时,蕺山所提出的"变化气质"就是要犯过之人自觉去体悟"中和一理"之含蕴。一旦明晰了何为"中""和",便自觉实现气质方面的自我调整。故而,蕺山以"变化气质"为九容显过之改过工夫,"昔横渠教人,专以知礼存性、变化气质为先,殆谓是与!"②

在这里,须为蕺山所强调的"变化气质"之论"释惑"。其一,人"心"之"本心"常明,"本心"为"心体"的具体落实,乃为万事万物生生不已的基础和根基。其二,有"本心"并不意味着"本心"常惺惺、常显像。从根本上说,"心体"自在,万物生生;从个体之人、个体之心讲,人心万象,气质不同,社会阅历、道德实践和思维方式之差异,"本心"并不一定于个体人身上常显常发。其三,无论个体之人有怎样的弊端过恶,只要是他明了了事情之真相、"本心"之本真,一旦体会了"本心"的价值和意义,他自然就是对"本心"的回归。"本心"自在,所表达的是人的至上的践行自觉、真知能力、至善诉求、至真选择。其四,在自我意识觉醒之后,人走向自我的对"本心"的体悟,并且通过问师求学、读书穷理的方式不断在

① 《正学杂解·解十八》,《刘宗周全集》二,第272页。
② 《人谱》,《刘宗周全集》二,第7页。

道德践行中体悟"本心",久而久之,便达致人心自觉,"本心"常明,豁然贯通之中,"心"体真性彰露无遗,随顺万物而已。其五,有的人,在外物约束和刺激之下,明知所行为过,所形为错,却依然"我行我素",并不迁善改过。于此种人,其所"知"并非真知,真知即是真行,"心"之真"明"即是真"形象"、真"气质"。

四、随分体当、践履敦笃

人生之后便为父子、君臣、夫妇、长幼、朋友五大伦所包围。自其生,此身已属之父母;及其稍长,便有兄弟与之比肩;长而有室,又有妻子与之室家;至于食毛践土,君臣之义,无所不在;惟朋友联合,于稠人广众之中,人生赖以有觉。"合之称五伦,人道之经纶管于此矣。"①在古代社会中,每个人皆要面对这个问题。无论这个"人"处于怎样的社会环境,无论他从事何种职业,无论他是否意识到这个问题的存在,他都无法摆脱五大伦的约束与规范。实际上,在当前社会,自从人之始生,亦自然受家庭伦理道德的规范,受行业规范、职业道德的约束。古人的三纲五常,抛却属于时代的、消极的方面,依然在当代社会有其积极意义和价值。作为规范、道德,任何时代、社会都有体现时代特征的必然要求和选择。因而,若使人完全跳出纲常伦理的制约,几乎是不可想象的。不仅仅蕺山重视和强调五伦规范,整个儒家知识分子都是如此。蕺山从其自己的哲学思辨逻辑出发,梳理了五伦由"心之体"而衍生的逻辑历程,从而阐发五伦存在的客观性和必然性,结论就是"五性之德,人道之达"。

就"我"而言,我本身为五伦包裹之体;就他人言,他人亦是为

① 《处人说》,《刘宗周全集》二,第307页。

五伦包裹之体。无论他人是否意识到此种道德规范的意义和价值,他总是要面对这个问题。而对于我之自我来讲,就改过工夫强调的自我主体性讲,我改过便是我心"明",我心明便是我"反身为道"。这就要求我自我践行五伦之道,要我自我从五伦之道中实现迁善改过。学贵"自得"。君子之学为"己",为"己"、"自得"便意味着"推己及人"。当我自我明晰了自己之为五伦绕身之事实,自然"随顺自然",自然挺立真道德、真性命、真学问。"心"之体继善成性的过程中,由人通贯天、地、人三才之道,而最直接体现于人生本具的五伦之上。人生有五伦,天下之人皆必然联络其中,尽己之五伦便自然能够理解他人,从而尽己尽人,"己所不欲勿施于人""己欲立而立人,己欲达而达人"。

五性之德彰显了人道之达,即"五达道"。一旦吾自我落入"大过"之中,我们必须自我改过,其端绪依然是要从"五达道"中寻求突破口:"时时体认出天地万物一体气象,即遇恶人之见,横逆之来,果能作如是观否? 彼固一体中人耳,才有丝毫隔绝,便是断灭性种。至于知之之明,与处之之当,皆一体中自然作用,非关权术。"①自得之学要求吾自我严于律己、设身处地,探求自我是否实现了"知之之明"与"处之之当"。蕺山所诉求的"处人"之论,落脚地便是自知、自明、自处,其效果则是自我规约、自我调整、自我践行、自我自然。一旦明晰了处人之必然之理和当然之则,吾自然从五伦之过中警醒起来,恰是此种警醒,自我便实现了自然与安然。

五、反身而诚、应事接物

万物皆备于我,"心"外无"物","心"是物之本根,意义和价

---

① 《处人说》,《刘宗周全集》二,第308页。

值、功能与属性的赋予者、主宰者;物是"心"之彰显,是"心"之知与能的具体显像。然若离物求心,便会陷入百行之大过。故而,人须于事事物物"一一与之践履过"①。事事践履,即是要学会"应事"。蕺山曾于1632年专门撰有《应事说》,其主要思想就是阐发"事"与"心"的关系,从而通过"事上磨练",达致明"心"净体的功效。蕺山说:"自寻常衣饮以外,感应酬酢,莫非事也。其间千变万化,不可端倪,而一一取裁于心,如权度之待物然。权度虽在我,而轻重长短之形,仍听之于物,我无与焉,所以情顺万事而无情也。"②前文已经指出,事与物本相通贯,百行之过集中体现于色、食、财、气之上,实是对"事"之本质的湮灭。本来,人于"事"上不可着私欲杂念,人只是随感而应、随处体认、随顺自然而已,但因妄根惑念作祟,加以七情之欲裂情伪、九容之诚形离间,人便会在应"事"上走作变形。从哪里犯错,就从哪里入手改过,"故事无大小,皆有理存,劈头判个是与非见得是处,断然如此,虽鬼神不避;见得非处,断然不如此,虽千驷万锺不回。又于其中条分缕析,铢铢两两,辨个是中之非,非中之是,似是之非,似非之是。从此下手,沛然不疑,所行动有成绩"③,"吃一堑,长一智",理解了何为事上之过,便明了了何为正事之真。一旦人实现了"劈头判事之是是非非",便是"本心"主宰彰显处。从而,在事上磨练,最终实现"心中无一事",根本是要明"心"显"性"。

应事接物即是践履笃行,践履笃行即是应事接物,二者是人"心"本来自在要求,体现出真知与真行间的互摄与融贯。蕺山在1642年《答钱生钦之(永锡)》的书信中说:"体认是力行第一义,

---

① 《人谱》,《刘宗周全集》二,第8页。
② 《应事说》,《刘宗周全集》二,第306页。
③ 《应事说》,《刘宗周全集》二,第306—307页。

存养是力行第二义,省察是力行第三义,践履是力行第四义,应事接物是力行第五义。善反之,则应事接物正是践履之实,践履正是省察之实,省察正是存养之实,存养正是体认之实。归到'体认'一字,只致良知足以尽之,此正所谓力行之实也。"①看似分层次的工夫进路,实际上是"一以贯之"的,正如心、意、知、物之关系一样,体认、存养、省察、践履、应事接物皆是力行本来面目,并且归根于"体认",这样,力行与体认实现圆融通贯、和合一体。这就告诉我们,无论何人都能够实现应事接物与人"心"之善的融贯。人作为具有主体性、能动性的自我主体,就其主体性、能动性和自觉性讲,具有天命特质之自在性、自然性。而对于个体之人,有善有恶,行善行恶,可善可恶。个体之人犯过为恶时,只是他的那个自我主体的自觉性、自主性和能动性被遮蔽,是"本心"之知与能的遮蔽。被遮蔽并不就是"本心"无有。人与动物相较,最为难能可贵的就是人会主动地反思自己和创新自己。面对生存世界存有的诸问题,人能够自然地、自觉地创新和改进方法与策略。人主动地、自觉地"去"创造,而且创造之后又能够自觉地"去"实践这个创造。"去"这个意志上的方向性"行为"自然而然地与"实践"这个过程性行为相融贯。从被动到主动,从主体的内在自觉性到实践的客观现实性,表现出人这一主体的真知性与能动性,是人本真之性的自在彰显。人自觉"实践"主体自我的"知能",完成了被动性向主动性的转换,由心性而践行的进路"体认──→存养──→省察──→践履──→应事接物"与由践履而心性的进路"应事接物──→践履──→省察──→存养──→体认"实现双向和合融贯。自我主体创造性的自觉发挥,自然是对生存境遇的反思与体认;人"心"之本真

---

① 《书》,《刘宗周全集》三,第372页。

之性的真切体悟,恰是物我合一、知行合一的真实表达。人"心"本是"心—意—知—物"的一体融贯整体,表达出"心"之知、能的自在创造性。当人心于此觉醒,道心自然得以彰显,无所谓我,无所谓物,吾主体之自主性、能动性的发挥自然合道、合心、合理、合性;物作为道德性之行为,自然便是吾主体的道德践行效果,自然便内蕴着合规范、合道德、合价值、合理性的"本心"之明。物虽千千万万,但其理、其据、其质都是"心"的彰显,是"心体"作为意义主宰者之价值的开显,是"我"自我主体自然践行的过程。从此入手,便是"反身之诚"。

六、克念始终、迁善改过

有过不可怕,只要善于迁善改过,便做成圣人,圣人"只一味迁善改过",学儒之人,"若未历过上五条公案,通身都是罪过。即已历过上五条公案,通身仍是罪过。才举一公案,如此是善,不如此便是过。即如此是善,而善无穷,以善进善亦无穷。不如此是过,而过无穷,因过改过亦无穷。一迁一改,时迁时改,忽不觉其入于圣人之域。此证人之极则也"①。虽然证人工夫可以人为划分为相对独立的"步骤",但它们之间本是"一体融贯",任何以为做了某个层面工夫便会实现善的想法与观念皆是"有意为善"之举,亦是"有意去恶"之为。从"本心"之澄明通贯意讲,人之言行举止、容貌辞气、身心践履等无不是"物来顺应"者。"本心"本是常明,本是"无善至善",而人面对各种过与错,在探寻它们为什么为过、为什么为错、如何改过、改过如何等问题时,依然将"本心"之明割裂肢解。然而,蕺山论说严密的工夫改过理论,实质则是在引

① 《人谱》,《刘宗周全集》二,第9页。

导学儒之人由被动走向主动、由有为走向无为、由念念不断走向自在自觉。

须知,蕺山针对成"过"而提出的"克念"工夫,并不是具体的一个工夫步骤,而是对前面五个工夫步骤进程的整合。或者说,蕺山以"克念"作为惩治过恶工夫之目的是论说工夫步骤的一体性和可能性。工夫步骤有进阶,不同层面的"过"会有特定的工夫相对应而救治。但要看到,"过"是逐层由隐而显、由微而著、由小而大显明起来,后者之"过"建立于前者之"过"基础之上,一定"过"成之为"过","过"就演变为"恶"耳。因此,前一阶段的工夫同样适合于后一阶段的过之迁改,直到过与恶被不断改过迁善之后而达致"本心"常明,人"心"自觉。这样,蕺山最后看似一个相对独立的工夫步骤实际就是对前五种工夫连贯性、通合性的综括,亦即要人"克念始终"者也。

"克念始终"正是要人澄明"心体",体思"本心"之无思无为、何思何虑之真性。因此,蕺山设计了《讼过法》,读书之余,静坐体思。其具体过程如下:

> 一炷香,一盂水,置之净几,布一蒲团座子于下。方会平旦以后,一跪就坐,交趺齐手,屏息正容。正俨威间,鉴临有赫,呈我宿疚,炳如也。乃进而敕之,曰:"尔固俨然人耳,一朝跌足,乃兽乃禽,种种堕落,嗟何及矣。"应曰:"唯唯。"于是方寸兀兀,痛汗微星,赤光发颊,若身亲三木者。已乃跃然而奋曰:"是予之罪也夫。"则又敕之曰:"莫得姑且供认。"又应曰:"否否。"顷之一线清明之气徐徐来,若向太虚然,此心便与太虚同体。乃知从前都是妄缘,妄则非真。一真自若,湛湛澄澄,迎之无来,随之无去,却是本来真面目也。此时正好与之葆任,忽有一尘起,辄吹落;又葆任一回,忽有一尘起,辄吹

落。如此数番,勿忘勿助,勿问效验如何。一霍间整身而起,
闭阁终日。①

蕺山早在 1631 年证人讲会时便提倡"讼过",并以此作为惩戒方
法。在《人谱》之中,蕺山则明确将此种方法看作是改过工夫,并
且是要人严格践行的工夫。这种工夫从根本上是要挺立主体自我
的能动性和自主性,强调人心的自在性和纯真性。不管人是否意
识到"本心"存在的客观性,"本心"皆是自然存在、自在存在,并且
"良心仍是不泯","耿耿小明,火然泉达,满盘已是圣人"②而已。

讼过工夫告诉我们,心上的任何念与虑,任何有意为善、有意
去恶之举皆是对"本心"之明的遮蔽,讼过之工夫就是要实现个体
之"心"上的"化念归思、化念归虚",最终明白"为善去恶"真性所
在。蕺山 1642 年所撰《治念说》便深刻指出:"欲为善则为之而已
矣,不必举念以为之也;欲去恶则去之已矣,不必举念以去之也。
举念以为善,念已焉,如善何?举念以不为恶,念已焉,如恶何?又
举一念焉,可乎?曰:念念以为善,穷于善矣,如念何?念念以不为
恶,穷于恶矣,又如念何?"③这就是要人在个体之"心"上打破念
与虑的束缚,通彻"心"与"思",圆融"心"与"虚"。所谓"思",乃
为"心之官",是"心"之"无起无不起、无为而无所不为"的状态描
述,"思者,心之官也。思则得之,得无所得,此谓思善;不思而得,
失无所失,此谓至善"④。归结一处,思者可谓"本心"之明之显发
地也。思无起灭,"心"无善恶,而念有起灭、善恶者也。故而,
"心"之"慎思",即是要"化念归思""化思归虚",终究是无思无

---

① 《人谱》,《刘宗周全集》二,第 15—16 页。
② 《人谱》,《刘宗周全集》二,第 15 页。
③ 《治念说》,《刘宗周全集》二,第 316 页。
④ 《治念说》,《刘宗周全集》二,第 316 页。

为。这即是"方法",更是"境界"！

总之,无论个体之"心"有怎样的"过",其"本心"始终诚明净洁,不会因生存世界"习染"之遮蔽而消逝,诚如《人谱》所言:"人虽犯极恶大罪,其良心仍是不泯,依然与圣人一样。只为习染所引坏了事。若才提起此心,耿耿小明,火然泉达,满盘已是圣人"①;《问答》亦言:"人皆有本然之真心在,不曾把来理会,遽要与人公物,与人忘善,不知隔了几重公案。这本然的心原坐下完足,人自不体察耳。"②"本心"无善而至善,人虽犯过,但能通过迁善改过工夫而澄明"本心","证人"工夫本质上即是"证心"工夫。

第三节 工夫哲学

从蕺山对"过"之产生缘由的分析看出,过非由"心"生,"心"本无过,亦无所谓善与恶,只是"无善至善"而已。每一层次的过的产生皆是"本心"之"明"受"遮蔽"的过程,过产生的历程恰恰证明了"性相近,习相远"之事实。有过必改,而这样的迁善改过工夫步骤彰显出"动静一几""中和一理""知行一体"以及"工夫与本体合一"的工夫哲学。在《人谱》工夫哲学中,动与静、中与和、知与行、本体与工夫诸哲学概念遵从了"即……即……"哲学思辨,打破了先儒工夫进路中的"二分"预设,实现了宋明理学工夫哲学的创新。

---

① 《人谱》,《刘宗周全集》二,第15页。
② 《问答》,《刘宗周全集》二,第355页。

一、即存养即省察,动静一几

改过工夫虽呈现阶段性、层面性,但就工夫本身言,无分动与静、存养与省察。在蕺山的工夫哲学思维中,存养与省察"一以贯之",动静本是一"几"。

其一,存养与省察不可二分,即存养即省察。

蕺山在《讼过法(即静坐说)》中有云:

> 今儒者谈学,每言存养省察,又曰"静而存养,动而省察",却教何处分动静?无思无为,静乎?应事接物,动乎?虽无思无为,而此心常止者自然常运;虽应事接物,而此心常运者自然尝止。其常运者即省察之实地,而其常止者即存养之真机,总是一时小心着地工夫。故存养省察二者,不可截然分为两事,而并不可以动静分也。陆子曰:"涵养是主人翁,省察是奴婢。"今为钝根设法,请先其奴者,得讼过法。然此外亦别无所谓涵养一门矣。①

蕺山并不以存养为静时工夫,亦不以省察为动时工夫,而是合存养与省察为一体,"心"常止而常运、常运而尝止;"心"常运即省察之实地,常止即存养之真机,省察之中有存养,存养之下有省察。

何谓存养?何谓省察?关于存养,蕺山 1636 年《学言》有云:"问涵养。曰:'勿忘,勿助。学人大概是助病,几时得个忘也。'涵养全得一缓字。"②"勿忘勿助"始见《孟子·公孙丑上》。是时,孟子回答公孙丑之"浩然之气"疑问曰:"其为气也,至大至刚,以直养而无害,则塞于天地之间。其为气也,配义与道;无是,馁也。是集义所生者,非义袭而取之也。行有不慊于心,则馁矣。我故曰,

---

① 《人谱》,《刘宗周全集》二,第 16—17 页。
② 《学言》(上),《刘宗周全集》二,第 379 页。

告子未尝知义,以其外之也。必有事焉而勿正,心勿忘,勿助长也。"蕺山对此如此诠释:

> 浩然之气,即天地生生之气,人得之为元气而效灵于心,则清虚不滓,卷舒动静,惟时之适,不见其所为浩然者。及夫道义之用彰,而充塞之体见,浩然与天地同流矣。处富贵而不淫,处贫贱而不移,遇威武而不屈,皆是物也。集义所生,是此气根抵萌动处,精义入神而后谓之集,非零件凑泊。零件凑泊,正所谓义袭也。勿忘、勿助,打成一片,工夫只在持其志。志之所之,即是气之所之。志不可夺,即是气不可御,非有二也。但人人都有此浩然之气,只为此心稍有邪曲,则厌然消阻,虽咫尺不能通透,何况天地间。扞格既久,生机槁然,躯壳虽具,行尸坐肉而已。故志之所之,本乎心之所存,他日只言"求放心",勿忘、勿助,此其存之之道。①

在蕺山看来,"浩然之气"正是天地生生之气,是"心"体作为意义主宰者的本质所在。"存养"之工无非就是谨遵此"生生之义",达致"本心"之自自然然。显然,存养是就"心"体而言的,是静中得力工夫。"心"体之上着不得人为之力,"才着力时,便有眼中金玉层之病在"②,唯有"勿忘勿助"方显"本心"之真、之诚。故而,存养即是善言我"本心"之"浩然之气"。存养所达致的自然效果便是:清明为吾之神、湛一为吾之虑、沉警为吾之识、刚大为吾之气、果断为吾之才、凝重为吾之器、宽裕为吾之量、严冷为吾之操。③

关于省察,蕺山1643年的《证学杂解·解二十》有云:

> 涵养之功,只在日用动静语默衣食之间。就一动一静、一

---

① 《养气说》,《刘宗周全集》二,第314—315页。
② 《学言》(上),《刘宗周全集》二,第403页。
③ 参见《学言》(上),《刘宗周全集》二,第366页。

> 语一默、一衣一食理会,则谓之养心;就时动时静、时语时默、
> 时衣时食理会,则曰养气;就即动即静、即语即默、即衣即食理
> 会,则曰养性;就知动知静、知语知默、知衣知食理会,则曰养
> 知,其实一也。就其中分个真与妄,去其不善而之于善,即是
> 省察之说。①

从此可见,省察是就动时而言。也就是说,从"本心"之开显为动
与静、语与默、衣与食之显像事实存有言,省察之工要于此用力,从
中分出真与妄,以存善去恶,时保"本心"之常明常止。"本心"本
来如此、本来自然,"本心"之真性通过情、容、事彰显出来。从一
定意义上讲,蕺山这样的思想正与王艮"百行日用即道"的思想相
通贯,他们都看到了日用常行的合理性和合规范性,实是肯定了百
姓日用生活、道德践履的自主性和自觉性。

就"本心"本来自然无思无虑讲,"存养"得力而使"本心"无
念无妄;就"本心"彰显于容貌辞气、百行万事讲,"省察"得力而使
"本心"不走做、不变形,诚于中而自然形于外。因此,蕺山云:"就
性情上理会,则曰'涵养';就念虑上提撕,则曰'省察';就气质上
销镕,则曰'克治'。省克得轻安,即是涵养;涵养得分明,即是省
克,其实一也,皆不是落后着事。"②蕺山之论告诉我们,存养与省
察并非二途,看似属于"动"的省察实内涵"静"的存养。省察作为
容貌辞气、百行万事之上之自我提撕、自我警醒,所要达致的境地
正是存养所达致之境地,亦即"本心"之明、"本心"之自然无善至
善状态。反之,存养作为心体之上的无思无虑、勿忘勿助、自自然
然,明晰、澄明"本心",自然便会无妄无念、无欲无向,自然诚于中

---

① 《证学杂解》,《刘宗周全集》二,第273页。
② 《学言》(下),《刘宗周全集》二,第458—459页。

而形于外,容貌辞气、百行万物之举,随顺自然、有善无恶,人之言行举止、音容笑貌、践履笃行,无不实现了自我的克治省察,自在"本心"常明常止而已。存养与省察本是一以贯之、圆融无碍,无所谓静时涵养,亦无所谓动时省察,二者皆是对"本心"之无思无虑、勿忘勿助状态的真切把握。

不过,蕺山在主张存养与省察不可二分的同时,亦主张立定存养用省察工夫,在存养与省察之圆融关系的处理上,依然遵从"即……即……"的"一体圆融"思维模式,即"即存养即省察"。蕺山1626年《学言》说:"问:'慎独专属之静存,则动时功夫果全无用否?'曰:'如树木有根,方有枝叶,栽培灌溉工夫都在根上用,枝叶上如何着得一毫? 如静存不得力,才喜才怒时便会走作,此时如何用工夫? 苟能一如其未发之体而发,此时一毫私意着不得,又如何用工夫? 若走作后便觉得,便与他痛改,此时喜怒已过了,仍是静存工夫也。'"[1]1640年《学言》亦云:"省察二字,正存养中吃紧工夫。如一念动于欲,便就欲处体,体得委是欲,欲不可纵,立与消融,犹觉消融不去,仍作如是观,终与消融而后已。一念动于忿,便就忿处体,体得委是忿,忿不可逞,立与消融,犹觉消融不去,仍作如是观,终与消融而后已。是勿忘、勿助中最得力处。"[2]一方面,蕺山在处理存养与省察关系的思考上,保持前后思想的一贯性,即立定存养用省察工夫。另一方面,省察与存养终究不离"本心",终究是以诚明"本心"、开显"本心"为致力方向。正如东方朔先生所说,蕺山言存养在主宰、在独,当下即是主宰,越得其存养,越是清明,越能光照毕露,而主宰越是清明,自然就会越能见其省

① 《学言》(上),《刘宗周全集》二,第372页。
② 《学言》(中),《刘宗周全集》二,第430页。

察的功效。①

对蕺山来讲,为学之功入门乃是"敬",受其师影响,"励志圣贤之学,谓入道莫如敬,从整齐严肃入。自貌言之细,以至事为之着,念虑之微,随处谨凛,以致存理遏欲之教。每有私意起,必痛加省克,直勘前所由来为之何? 又勘明后决裂更当如何?"②蕺山后来守师说不变,根本来讲是坚守了许师孚远的修养方式,至于这样的修养以何样的哲学思想挺立、把握,蕺山在之后的学术实践中不断进行思考和调整。而最终就是将"敬"之省克工夫与静而存养之功相和合圆融。蕺山转入"存养"工夫进程,是与他卧病有关联。据《刘宗周年谱》"三十一岁"条记载,"是年,刘宗周与夫人卧病床褟。宗周之病,投以药饵,俱不效,遂专事静养"③。宗周因病不能以药愈,故专事静养,即做主静工夫,希图从静中体贴灵明本体,当然应看作是他做学问的入手方略。而且,蕺山遵从"主静"之工夫修养乃贯穿之后整个生命时期。④ 只是,蕺山主张"主静"之存养之功并不是弃省克之功,而是在"即存养即省察"的思维框架中实现二者的通达和贯穿,达致内外一体、动静一几的和合状态。他1642年《学言》说:"主静,敬也。若言主敬,便赘此主

---

① 参见东方朔:《刘宗周评传》,第344页。
② 《年谱》,《刘宗周全集》六,第231页。
③ 《年谱》,《刘宗周全集》六,第238页。
④ 如1628年《学言》云:"功夫只在静,故云主静立人极,非偏言之也"(《学言》(上),《刘宗周全集》二,第374页);1636年《学言》云:"伊、洛拈出敬字,本《中庸》戒慎恐惧。然敬字只是死工夫,不若《中庸》说得有着落。以戒慎属不睹,以恐惧属不闻,总只为这些子讨消息,胸中实无个敬字也。故主静立极之说,最为无弊"(《刘宗周全集》二,第397页);1643年《学言》有云:"'主静立人极',只是诚意好消息。"(《学言》(下),《刘宗周全集》二,第446页);等等。

字。"①把静与敬相通合,就是把存养与省察相通合,通合的哲学方法就是"即……即……"。

其二,动而无动,静而无静,动静一几。

蕺山主张立定存养用工夫,亦即从静处入手,从而"主静立人极"。其 1628 年《学言》曾说:"动中有静,静中有动者,天理之所以妙合而无间也。静以宰动,动复归静者,人心之所以有主而常一也。故天理无动无静,而人心唯以静为主。以静为主,则时静而静,时动而动,即静即动,无静无动,君子尽性至命之极则也。"②蕺山于此处所说"人心"即"本心",即为人"心"。按照蕺山之意,"本心"以"静"为主,表明"本心"本身无所谓"动与静",心体无动静耳。"心体本无动静,动静者,所乘之机也"③;"然则未发动乎?已发静乎?亦非也。心体本无动静,性体亦本无动静,即以未发为性,已发为情,尤属后人附会"④。"心"体无动静,正如"心"之体无善而至善状态一样,无动无静故为"静",是以"本心"以静为主。蕺山早在 1626 年评价濂溪的《学言》中就说明此意:"周子之学,以诚为本,从寂然不动中抉诚之本,故曰:'主静立极。'本立而道生,千变万化皆从此出。化吉凶悔吝之途,而返复其至善之体,是主静真得力处。静妙于动,动即是静。无静无动,神也,一之至也,天之道也。"⑤

虽然说"本心"无动静,"心"以静为主,但围绕"本心"却会开显出动静之理。蕺山 1634 年《学言》有论:"天枢万古不动,而一

① 《学言》(下),《刘宗周全集》二,第 434 页。
② 《学言》(上),《刘宗周全集》二,第 377 页。
③ 《学言》(下),《刘宗周全集》二,第 454 页。
④ 《学言》(下),《刘宗周全集》二,第 454 页。
⑤ 《学言》(上),《刘宗周全集》二,第 364—365 页。

气运旋,时通时复,皆从此出。主静立极之学本此。"①"心"体无动静是说"心"体自身无所谓动静,但并不否认"本心"作为人之为人之本根有其"生生之义"。就其"生生不已"之意言,生生之处即为"动","动"则是"本心"之静体的自然显像;就生生之动不离"本心"之诚明言,动中有静。真正的"主静"之学理所当然要透视此一思辨关系。同年的《学言》中,蕺山据此有一评论:"对诚通而言,则诚复为静。本一气之所从出而言,则通复皆属之动。盖生阳生阴,生生不息处便是动,然而孰主张是? 孰纲维是?"②无论是"本心"之诚明,还是"本心"开显出动之情、容、事,动与静皆不离"本心",皆是"本心"之体所自然内蕴之理。从此勘透,正是"独体"蕴意之所在,"合阴阳动静而妙合无间者,独之体也"③;又是"诚意"工夫之主旨,"'主静立人极',只是诚意好消息"④。《大学》首章早已将此种关系勘破:"大学之道,在明明德,在亲民,在止于至善。知止而后有定;定而后能静;静而后能安;安而后能虑;虑而后能得。"所谓"止"者,正是要"立大本",此本便是"本心"。本立而道生,从而有动静之理、容貌辞气、百行万物,才可有真正主静之学。倘若不能于此明晰而漫言"主静",则非真学。蕺山1642年的《学言》便有此感慨:"定静安虑得,皆知止以后必历之境界。学者必历过此五关,方于学有真得。今人漫言主静,无首无尾,何怪一霍即散。"⑤

蕺山主静立极之说既看到了"静中之动",又看到了"动中之

① 《学言》(上),《刘宗周全集》二,第378页。
② 《学言》(上),《刘宗周全集》二,第378页。
③ 《年谱》,《刘宗周全集》六,第396页。
④ 《学言》(下),《刘宗周全集》二,第446页。
⑤ 《学言》(下),《刘宗周全集》二,第440页。

静"，是对"本心"动静之理之本质的真切把握。早在1628年的《学言》中，蕺山便对此有所综括："动中求静，是真静之体；静中求动，是真动之用。体用一源，动静无端，心体本是如此。"①静而存养之工不离省察，动而省察之工自有存养，静中求动为"真动之用"，动中求动是"真静之体"，动与静本是体用一源、显微无间者，由此彰明出"心"体之真。

从"心"体讲，"心"无动静；从"心"之诚于中形于外讲，"本心"开显出动静之理。蕺山1636年《学言》指出："性无动静者也，而心有寂感。当其寂然不动之时，喜怒哀乐未始沦于无。及其感而遂通之际，喜怒哀乐未始滞于有。以其未始沦于无，故当其未发，谓之阳之动，动而无动故也。以其未始滞于有，故及其已发，谓之阴之静，静而无静故也。动而无动，静而无静，神也，性之所以为性也。动而无静，静而无动，物也，心之所以为心也。"②此处应该看到蕺山用词的模糊性。初看"性无动静，心有寂感"，似与前"心体无动静，性体无动静"之论有矛盾之处。故须于此仔细分梳。就"心有寂感"言，实与"心体无动静"质同，二者皆看到了"心"体本身无动静，而"心"体又内蕴动静之理，开显为情、容、事。"心"之"寂"表明"本心"自然内蕴仁义礼智四端、喜怒哀乐四德，"于焉，官虽止，而神自行，仍一一以独体闲之，静而妙合于动矣"③。"心"之"感"表明"本心"诚于中自然要形于外，故有合德符节之情、之容、之事，通由人之容貌辞气、言谈举止加以彰显而已，"动无不善，动亦静也"④。就"心"体有四端、四德言，"心"之所谓"寂

① 《学言》（上），《刘宗周全集》二，第374页。
② 《学言》（上），《刘宗周全集》二，第393页。
③ 《人谱》，《刘宗周全集》二，第7页。
④ 《人谱》，《刘宗周全集》二，第6页。

然不动"一定会开显出"感而遂通"之情、容、事;就人之情、容、事合德符节、有理有据言,"心"之所谓"感而遂通"一定与"寂然不动"之四端、四德相挂搭。是则,静中有动,静而无静;动中有静,动而无动,"心"体之诚明之静自然会有情、容、事之显发之动,人之情、容、事之显发之动之中,自然蕴含"心"体之诚明之静。故而,蕺山在《周易古文钞》中论曰:"盖动可以见天地之心,而静可以体天地之心也。动见天地之心,动而非动也;静体天地之心,静而非静也。非动非静,亦动亦静,即动即静,其三才之至奥乎?"①换言之,寂然不动之中已然内涵已发未发,感而遂通之中亦自然蕴有已发未发,如蕺山1643年《学言》所论:"寂然之时,亦有未发已发;感通之时,亦有未发已发。"②

此外,蕺山《学言》中还讲到"动而无静,静而无动,物也,心之所以为心也",此"心"则非"本心",而是个体之心,是或善或恶之心。也就是说,个体之心尽管内蕴"本心",有"心"体之主宰、提挈,但人人生活于现实生存世界,物欲妄念横生,因此可能有过。过之改恰是从个体之心之却妄还真、去暗求明之角度而言,因为,"本心"本没有过,亦无所谓善与恶,只是无善而至善耳。改过要求自我主体、自觉性和能动性的彰显,要求自我主体明晰"心"体之动静之理。一旦真明白,便自然复"心","本心"常明。

蕺山将动与静间的这种"无间""无端"状态归因于"几"之先在。《人谱》之《证人要旨》首章即言"卜动念以知几",所谓"几",就是"动之微""吉之先见"。蕺山回答学生问"几"之论曰:"未有是事,先有是理,曰'事几'。未有是心,先有是意,曰'心几'。先

① 《周易古文钞》,《刘宗周全集》一,第105页。
② 《学言》(下),《刘宗周全集》二,第455页。

知之谓神,故曰:'知几其神乎!'"。① "几"表明的是"状态",是一物与他物、一事与他事的"和合"。从蕺山之论当看出,"未有是事,先有是理,曰'事几'",是说事不离理、理又蕴于事,从而"即理即事",由此可说"几";"未有是心,先有是意,曰'心几'",是说心不离意、意蕴于心,意为心之主,亦须从"即意即心"处勘查推敲,由此可说"几"。"几"作为存在状态,我们要理解一物,必须要与他物相和合连贯起来,否则,所理解之物、之事便会无根、无据、无理、无心。正因为物物之间存在此种"状态",它是我们分析问题、认识事物的基本方式和思辨逻辑,故"先知之为神""知几其神",而且"周子诚、神、几三字,作一事看,无有前后际,亦无粗细"②。所谓"几者动之微",不是前此有个静地,后此又有个动之著在,而几则界乎动静之间。倘若如此三截看,"则一心之中随处是绝流断港"③。正因为有先在之"几",在"心"体"继善成性"的历程之中,动与静、善与恶、事与理、心与性、中与和等围绕"心"体而开显的各种哲学范畴,皆内蕴了合理性的诠释视域,为人体思蕺山哲学的"心"体论提供了方便法门。

二、即隐微即显发,中和一性

人之过始于"妄"、发于微,若不于此用功,便会显明于外,从而成隐过、显过、大过、丛过。过一旦成其为过,成过之恶随之生矣。改过之功,正是在理清隐微与显发之圆融关系基础上,防微杜渐,务暗盟幽,明"心"净体。

---

① 《学言》(下),《刘宗周全集》二,第 434 页。
② 《学言》(下),《刘宗周全集》二,第 437 页。
③ 《学言》(下),《刘宗周全集》二,第 447 页。

其一，即隐微即显发。

隐微与显发互蕴圆融，和合一体。言"隐微"，自然有"显发"之时；言"显发"，必然有"隐微"之存。所谓"隐"，《说文》释之为"蔽"，《尔雅》解之为"微"，"隐"与"微"意涵可通贯。蕺山1636年《学言》析"隐"为"不见其恶"："隐恶而扬善，迄言入于圣人之耳，无往不显出至理。即有介于不善者，亦并作善会。不见其恶，故曰隐。"①在蕺山看来，隐恶之举恰是明"心"净体之功，于此"隐恶扬善"，便是彰显至理。可以这样说，隐微之地非无理则，亦非无物显明。隐微之地净洁，自然便会有纯真之显明。因此，蕺山在1643年的《学言》中论"微"曰："周子云'有无之间'，谓不可以有言，不可以无言，故直谓之微。《中庸》以一微字结一部宗旨，究竟说到无声无臭处。然说不得全是无也。"②"微"不可以"有"言，亦不可以"无"言，而是即无即有、即有即无之状态。

有微才有显，显自然渊源于微。蕺山1643年《学言》论曰："《中庸》之道，从暗入门，而托体于微，操功于敬，一步步推入，至于上天之载，而乃能合天下以在宥。愈微，亦愈显；即微即显，亦无微无显；亦无有无无，仍举而归之曰'微'。呜呼，微乎！至矣哉。"③无微不显，无显不微，即微即显。无论是情，还是容貌辞气、言谈举止、五伦百行，皆有其内心之隐微之理则，各种过错之显发，亦从内里之妄念开显出来。《人谱》之《证人要旨》言："独体本无动静，而动念其端倪也。动而生阳，七情著焉"；"慎独之学，既于动念上卜贞邪，已足端本澄源，而诚于中者形于外，容貌辞气之间有为之符者矣"；"故学者工夫，自慎独以来，根心生色，畅于四肢，

<hr>

① 《学言》（上），《刘宗周全集》二，第402页。
② 《学言》（下），《刘宗周全集》二，第447页。
③ 《学言》（下），《刘宗周全集》二，第463页。

自当发于事业。而其大者,先授之五伦"①。我们审视围绕身而展开的各种行为言论,其发源之地正是"我"内心,无物无事不渊导于根深凝集之隐微处。因此,从隐微处下手用工夫,便会得力。《改过说一》有如此之论:"是以君子慎防其微也。防微则时时知过,时时改过。俄而授之隐过矣,当念过便从当念改。又授之显过矣,当身过便从当身改。又授之大过矣,当境过当境改。又授之丛过矣,随事过随事改。改之则复于无过,可喜也。过而不改,是谓过矣。虽然,且得无改乎? 凡此皆却妄还真之路,而工夫吃紧总在微处得力云。"②由此可说,微处用力便可防微杜渐。而隐微与显发之关系亦可从中明晰,即"即隐微即显发",隐微是显发之源起,显发是隐微之彰明。从根本来说,隐微之地当是"本心"诚明处,其显发之所自然合德符节、循规守据,莫不各有其必然之理、当然之则。人所犯之过,亦是因个体之"心"之隐微之地妄念有生而起,改过之进路自然于此端始,方可药到病除。

正因为隐微与显发间有如此关系,蕺山在阐释"体用"关系时亦遵循如此之理。蕺山在 1642 年《答叶润山三》书信中说:

> 所示"体用一原"之说,乃先儒卓见道体而后有是言。只今以读书为一项事,做官为一项事,岂得成体用? 更复何一何原? 须知此理流行心目之前,无用非体,无体非用。盖自其可见者而言,则谓之用;自其不可见者而言,则谓之体:非截然有两事也。日用之间,持而循之,便是下学;反身之地,嘿而成之,便是悟机。此所谓即学即达,非别有一不可思议之境界也。故知道者,疏水曲肱,与金革百万,用则同是用,体则同是

---

① 以上引文分别见《人谱》,《刘宗周全集》二,第 6、7、8 页。
② 《人谱》,《刘宗周全集》二,第 17 页。

体也。善乎知止之说，其入道之窍门乎！"艮其止，止其所
也。"止其所者，心脊之间，天理正当之位也。此位运量无方，
一掬不为小；上天下地，往古来今不为大；又何有于富贵贫贱、
造次颠沛之交乎？知乎此者，谓之知微。惟其无微非显，是以
无体非用；惟其显微无间，是以体用一原。①

按照蕺山之意，体与用并非二分，"自其可见者而言，则谓之用；自
其不可见者而言，则谓之体"，"体"者隐微之理地，"用"者显发之
见地，日用之间虽不见"体"却不离"体"，反身之地虽无显发但必
有其"用"。隐微之地不可见，但有体隐，显发之地有其见，故有用
显，"即隐微即显发"，显微无间，故而"体用一原"。

其二，存发一机，中和一性。

蕺山强调隐微显发，同时又将二者与中和相挂搭，阐发"存发
一机，中和一性"之论。蕺山1637年《学言》有云：

《中庸》言喜怒哀乐，专指四德言，非以七情言也。喜，仁
之德也；怒，义之德也；乐，礼之德也；哀，智之德也。而其所谓
中，即信之德也。……故自喜怒哀乐之存诸中而言，谓之中，
不必其未发之前别有气象也。即天道之元亨利贞，运于於穆
者是也。自喜怒哀乐之发于外而言，谓之和，不必其已发之时
又有气象也。即天道之元亨利贞，呈于化育者是也。惟存发
总是一机，故中和浑是一性。如内有阳舒之心，为喜为乐，外
即有阳舒之色，动作态度，无不阳舒者。内有阴惨之心，为怒
为哀，外即有阴惨之色，动作态度，无不阴惨者。推之一动一
静，一语一默，莫不皆然。此独体之妙，所以即隐即见，即微即

---

① 《书》，《刘宗周全集》三，第370—371页。

显，而慎独之学，即中和即位育，此千圣学脉也。①

这里，蕺山将喜怒哀乐视为四德，并与仁义礼智四端相配。仁义礼智四端为"本心"本具之性，自然而然，喜怒哀乐四端亦为"本心"固有之性。蕺山1637年《学言》曾说，天有四德，运为春夏秋冬四时，而四时之变，则有风雨露雷以效其用，但谓风雨露雷即春夏秋冬则非。同理，人有四德，运为喜怒哀乐四气，而四气之变，则有笑啼骂詈以效其情，但谓笑啼骂詈即喜怒哀乐则非。故而，"天有无风雨露雷之日，而决无无春夏秋冬之时；人有无笑啼骂詈之日，而决无无喜怒哀乐之时。知此，可知未发已发之说"②。

就四德为"本心"之性而言，四德未发谓之"中"；就四德开显为显像世界之喜怒哀乐讲，四德已发谓之"和"。四德之未发之"中"必然要显发，"中"即是"发"的前提和基础；四德之已发之"和"自然涵蕴"中"，已发是未发之"中"的开显和显像。言"中"自然有"和"与之照应，言"和"自然有"中"为其端倪。蕺山1642年《答董标心意十问》中便有如此之论："人心之体，存发一机也。心无存发，意无存发也。尽此心中一点虚灵不昧之主宰，常常存，亦常常发。所谓静而未始沦于无，动而未始滞于有也。……自其所存者而言，一理浑然，虽无喜怒哀乐之相，而未始沦于无，是以谓之中；自其所发者而言，泛应曲当，虽有喜怒哀乐之情，而未始着于有，是以谓之和。可见中外只是一几，中和只是一理，绝不以前后际言也。"③

中和不仅是"一理"，还是"心""生而有之"之理："中和若不

---

① 《学言》(中)，《刘宗周全集》二，第414—415页。
② 《学言》(中)，《刘宗周全集》二，第420页。
③ 《问答》，《刘宗周全集》二，第338—339页。

是生而有之,又如何养成得? 中只是四气之中气,和只是中气流露处。天若无中气,如何能以四时之气相禅不穷? 人若无中气,如何能以四端之情相生不已?"①无论是未发之"中",还是显发之"和",总是"心体"之动静之理所开显出来的状态,是与动静相关联在一起的"心"之"性"者,"喜怒哀乐,所性者也。未发为中,其体也;已发为和,其用也;合而言之,心也"②。据此而言,"中和"浑是"一性",皆为"心体"之自然、自在状态,"心体"固有而已。

蕺山在强调"中和一理""中和一性"的同时,亦强调"中"为"天下之大本","和"为"天下之达道"。他在 1643 年的《学言》中曰:"隐微者,未发之中;显见者,已发之和。莫见乎隐,莫显乎微。故中为天下之大本,慎独工夫全用之,以立大本,而天下之达道行焉"③;"钟,虚也而鸣;心,虚也而灵;耳,虚也而听;目,虚也而视;四支百骸,虚也而运掉。夫道又何以加于虚乎? 存之,其中也,天下之大本也;发之,其和也,天下之达道也。"④蕺山明确将隐微显见与中和相通贯,以隐微释中,以显见释和,隐微固然互蕴圆融,中和亦是如此。而且,改过工夫从"微"处着力,自然而然,慎独之功亦从"中"处着手。前已指出,蕺山将"中"看作是"独体",将"和"看作是"独之所以妙","独体只是个微字,慎独之功,亦只于微处下一着字"⑤。"中"虽看似为"虚",实却能实现钟虚而"鸣"、心虚而"灵"、耳虚为"听"、目虚为"视"、四肢百骸虚而有"形"。终究来说,唯"中"方有"和"之显发。故而,"中和一性"即是"即中即和"。

---

① 《学言》(中),《刘宗周全集》二,第 413 页。
② 《学言》(下),《刘宗周全集》二,第 471 页。
③ 《学言》(下),《刘宗周全集》二,第 456 页。
④ 《学言》(下),《刘宗周全集》二,第 462 页。
⑤ 《学言》(上),《刘宗周全集》二,第 386—387 页。

"中和"问题是自宋明理学家比较注重的问题。"中和"源自《中庸》之首章："天命之谓性,率性之谓道,修道之谓教。道也者,不可须臾离也,可离非道也。是故君子戒慎乎其所不睹,恐惧乎其所不闻。莫见乎隐,莫显乎微,故君子慎其独也。喜怒哀乐之未发,谓之中;发而皆中节,谓之和。中也者,天下之大本;和也者,天下之达道也。致中和,天地位焉,万物育焉。"自濂溪有"主静立极之说"始,传之豫章、延平,遂以"看喜怒哀乐未发以前气象"为单提口诀。在蕺山看来,"未发以前气象即是独中真消息",但说不得"前后际",其原因在于"独不离中和","中和"浑是一性。是时,延平还能够"即中以求独体,和在其中",但后儒不察,认为"未发以前专是静寂一机",直欲求之思虑未起之先,"既思即是已发",造成"心行路绝,语言道断"之弊。至朱子,终不取延平之说,"专守程门主敬之法教学者",以独为动念边事;至《湖南中和问答》,虽内有以"心"为主之论,则性情各有统理,而"敬"又流贯为"动静之间",于"慎独"之说为谬,"终未得《中庸》本旨"。而阳明虽言良知,每谓"个个人心有仲尼",至于"中和"二字,则又谓"必慎独之后,方有此气象"[1],实将慎独与中和二分。至蕺山,他转化先儒在"中和"问题上的思辨方式,以"一体圆融"诠解"存发一机""中和一性",在一定意义上实现哲学创新。蕺山子刘汋曾这样盛赞蕺山:

　　　　先生谓独中具有喜怒哀乐四者,人无无此四者之时。自其所存言,谓之中。自其所发言,谓之和。不得以寂然不动为未发,以感而遂通为已发。盖谓存发总是一机,中和浑是一性。故慎独之功,致中以立天下之大本;而达道之和,即此而

---

[1]　《学言》(中),《刘宗周全集》二,第412页。

在。中以立天下之大本,即隐即见,即微即显。和以行天下之
达道,即见即隐,即显即微。是之谓无隐见,无显微。学者从
此致力焉,将上之不至以揣摩气象为极则,下之不至以把持意
见为工夫。千古儒侗支离之弊,一朝顿扫,而濂溪主静之说,
至是而始复明于天下后世也。①

刘汋之论,可谓客观。蕺山改过工夫之入手,正是要打通内与外、
勘破已未发。

三、即知即改,知行合一

在蕺山"心体"论哲学系统下,"心"无善而至善,"本心"知善
知恶、好善恶恶。内蕴"本心"之个体之"心",虽犯过有恶,倘若主
体自我"本心"彰明,自然知过而改过,知行圆融一体。

其一,无知之知。

知,无所不知,是谓无知之知。《人极图说》云:"大哉人乎!
无知而无不知,无能而无不能,其惟心之所为乎!"②人"心"无知
而无所不知,无能而无所不能,此"知"即是知善知恶、好善恶恶之
知。也就是说,"知"乃是一种感知能力、认知之智力,人人禀有。
故,蕺山 1626 年《学言》便云:"有不善未尝不知,是谓良知。知之
未尝复行也,是谓致知。"③知是"本心"故有之"性",因心有此性,
故"心"继善成性而创构万事万物,事事物物之意义和价值、功能
与属性,皆因"心"之知与能方得以显像。同时须知,蕺山在将
"知"作为感知能力和智力的同时,并不否认有"具体"之"内容之
知"的存有,并且,在关于"知物"关系的认识上,蕺山主张"即物求

① 《年谱》,《刘宗周全集》六,第 412—413 页。
② 《人谱》,《刘宗周全集》二,第 3 页。
③ 《学言》(上),《刘宗周全集》二,第 363 页。

知""离物无知"。①

因而,从对过之认知能力方面讲,"本心"天然、自在知其为过。或许要说,既然"知"过为过,为什么人还会犯过? 前面在分析过之产生时已经明确,人犯过并不是"本心"犯过,是个体之"心"犯过,即多元化的人因其生活环境、社会状态之不同而面对物欲诱惑之时,在其身上生发出妄念欲情,进而演进为各种过错。只是,人虽犯极大之过,其"本心"不灭,一旦自我主体觉醒,有过之人经过不同进阶的改过工夫而明"心"净体,其"本心"依然会常明、诚明。就人之"本心"能改来说,即改过则必知过。知过知善本是"本心"之自在属性而已。正因为"本心"有知过之潜在属性,有过之人才能改之。《人谱》之《证人要旨》便对此有论:"岂知人心本自无忿,忽焉有忿,吾知之,本自无欲,忽焉有欲,吾知之。只此知之之时,即是惩之窒之之时。当下廓清,可不费丝毫气力,后来徐家保任而已。"②

知无动静者耳。蕺山 1637 年《学言》有论:

> 良知不学不虑,万古常寂,盖心之独知如此。故《中庸》一书,极其指点,曰"不睹不闻",曰"不言不动",曰"不见",曰"无为",曰"不显",曰"不大",曰"无声无臭",曰"隐",曰"微",曰"暗",曰"无倚",可为深切着明。至周子始据此作《太极图说》,曰"无",曰"静",《通书》曰"诚无为",而终之以艮止之义。③

---

① 参见步近智:《刘宗周的思想矛盾和"慎独"、"诚敬"之说》(《浙江学刊》1986 年第 3 期)、衷尔钜:《"即物求知""离物无知"——论蕺山学派的认识论》(《浙江学刊》1988 年第 4 期)等论文。
② 《人谱》,《刘宗周全集》二,第 6 页。
③ 《学言》(中),《刘宗周全集》二,第 411 页。

知本不学而知、不虑而能,同时,"知"亦为"万古常寂","独知"之"知"。"独体"暗然日章,虽"不睹不闻",却"无所不闻,无所不睹"。"独体"乃是人之"性",是对"本心"之"生生不已"之义的描述,是关于"本心"之状态与过程的"和合存在"。"独体"是对"本心"存在状态的描述,是指人之"性"之"暗然"、自然、"随心所欲不踰矩"之自在如此;"独体"是对"本心"过程的描述,是指人之"性"之"日章"、明德、"无知而无所不知、无能而无所不能"之自觉如此。"独体"作为"本心"之"性",既隐且微,亦无动静。那么,"独"中之"知"自然便是无思无虑、无声无臭,一切尽在隐微之地。

其二,即知即行,知行合一。

无所不知之知既有知,自然"即知即行",是之谓"真知"。蕺山在《改过说三》中指出:"夫知有真知,有常知。昔人谈虎之说近之。颜子之知,本心之知,即知即行,是谓真知。常人之知,习心之知,先知后行,是谓常知。真知如明镜常悬,一彻永彻。常知如电光石火,转眼即除。"①真知即是"即知即行",即知自然行,所行自然有其知,知与行并无间隔,非先知后行者。蕺山早在 1626 年《学言》便有如此之论:"真知善之当为而为之,与恶之当去而去之,亦既足以决进学之路矣。然安知吾之所为善者,不复邻于恶,而一破吾似是之惑乎?又安知吾之所为恶者,又复伺吾善,而一鼓吾中道之勇乎?惟其知之无不至,而后其进而为之也必力。此之为物格知至,此之谓止于至善。"②在蕺山看来,知善自然行善,知恶自然去恶,好善必然能够自觉恶恶,恶恶的过程就是见善必迁。"知之

---

① 《人谱》,《刘宗周全集》二,第 19—20 页。
② 《学言》(上),《刘宗周全集》二,第 365—366 页。

无不至,而后其进而为之也必力",“知至"自然能“力进"。“知"
之尽即是“止",“知"此“止"便是达致了“善"。根本来讲,“知至"
表明人心“本心"的透彻明辨,是“本心"纯真、至正、至善性的自觉
彰明、自在显现、自然流露。

正因为“真知"代表着“即知即行",个体之人在“本心"提挈
之下,自我主体定能知过改过,且知其过而未尝复行。《改过说
三》云:

> 《大学》言“致知在格物",正言非徒知之,实允蹈之也。
> 致之于意而意诚,致之于心而心正,致之于身而身修,致之于
> 家而家齐,致之于国而国治,致之于天下而天下平。苟其犹有
> 不诚、不正、不修、不齐、不治且平焉,则亦致吾之知而已矣。
> 此格物之极功也,谁谓知过之知非即改过之行乎?致此之知,
> 无过不知。行此之行,无过复行。惟无过不知,故愈知而愈
> 致。惟无过复行,故愈致而愈知。此迁善改过之学,圣人所以
> 没身未已,而致知之功与之俱未已也。①

蕺山于阐释《大学》“致知在格物"而进一步明辨“知行"关系,“非
徒知之,实允蹈之",其所谓致知正是“即知即行、知行合一"之圆
融一体。知为真知,自然知善知恶,亦必然为善去恶。此知为
“心"体本具之天命之性,归根之处在于“无善至善"。正因为无善
而至善,才能够好善恶恶、彰善扬恶,而且,主体自我一旦明晰此
“本心",通透此“心"体,必然实现了真知。由此真知,一切过皆会
实现自反,反身便是诚。由知过而自然改过,改过便是反身而诚,
即知即行,再无复过,“惟无过不知,故愈知而愈致。惟无过复行,
故愈致而愈知"者。君子之“迁善改过"工夫,实质即在于真知而

---

① 《人谱》,《刘宗周全集》二,第20页。

行,真知过而不复过,知过即是反身而诚。反身之诚即是"复","复则不妄"。① 故"复"而明其"本心","复"即是"行",是向"本心"诚明的回归。从而,蕺山所说"迷复亦是学"自身亦是实现了"即知即行,知行合一"。

蕺山还指出,"真知即是行"必须落实于"吾身"。他在《问答》中说:"为学不得悠悠泛泛,须实落着在吾身上,方有进步可言。世之人,卑者既以俗缘世味汨没此身,高者又旁驰外骛,不得身之所以为身。曾子唯确认此身,用心于内,故其功夫一一放松不得,其学传之后世而无弊。"② 也就是说,把握真知、践行真知的主体是"自我主体",是就"吾"自己来讲的,并不是要强求他人"他主体"而来的。对于吾、他人来说,皆有"主体性",皆有"本心"之明,而且不论是我,还是他,以至他事物、他存在,皆受制于"心",皆是"心"知、能的产物。只是,论过改过,是对吾之"自我主体"而言,是要求"吾"自己要如何,至于他人、"他主体","我"之意愿不可代替之,不可强求于别人如何。由此看出,改过工夫亦是一种"自律道德",而非"他律道德",这是认识"改过工夫"的基本前提。当然,"他主体"一旦通过静坐、读书,或者变化气质、践履敦笃等工夫步骤实现了他们自身"自我主体"的觉醒,他人也自然而然实现了明"心"净体。但终究来说,真知要落实于"自我主体"之身,"自我主体"的真知自然会行,知过改过,改过不复行,改过即是行。

在"即知即行、知行合一"思维逻辑下,蕺山主张"知为要"。蕺山1626年《学言》说:"知行自有次第。但知先而行即从之,无

① 《学言》(上),《刘宗周全集》二,第388页。
② 《问答》(下),《刘宗周全集》二,第356页。

间可截,故云合一。后儒喜以觉言性,谓一觉无余事,即知即行,其
要归于无知。知既不立,一亦难言。噫,是率天下而禅也。"①从蕺
山话语看出,知行虽有"次第",但"无间可截"。也就是说,知在行
之先,但有知必然有行,唯与行相贯穿融通的知方是真知。蕺山所
言即知即行、知行无间之"知行合一"之学,与朱熹"知先行后"之
学与阳明之"知行合一"之学有异。朱熹之"知先行后"显然是
"知"与"行"二分,阳明主张"知行合一""一念发动处,便即是
行"②正是要救治知行二分之弊。而蕺山在强调"知行合一"时还
着重提出"知为要","知既不立,一亦难言";"'知行只是一事。
知者行之始,行者知之终;知者行之审,行者知之实。'故言知,则
不必言行;言行,亦不必言知,而知为要。"③何以必须以知为要?
蕺山1643年的《学言》曾有如是言:"知在善不善之先,故能使善
端充长,而恶自不起。若知在善不善之后,无论知不善无救于短
长,势必至遂非文过,即知善,反多此一知,虽善亦恶。今人非全不
知,只是稍后耳,视圣人霄壤。知只是良知,而先后之间,所争致与
不致耳。"④蕺山所论之"知"自然是独体之知,是"本心"之知,是
主体自我之"本心"彰明之"知",好善恶恶而已,是以知为性耳。
此"知"代表着"能动性""自主性"和"自我主体性",并非认知之
"知",亦非知识之"知"。从前者言,人若无"知",一切后天的认
知、知识皆无可能。而且,此"知"作为真知,自然要求"行",自然
付诸"行"。学以致此"知"即是格物,格物之所在即是"知止",终
究是"本心"随顺自然、无善而至善。故而,"改过之难,正在知过

① 《学言》(上),《刘宗周全集》二,第362页。
② 《王阳明全集》卷3《传习录下》,第96页。
③ 《人谱》,《刘宗周全集》二,第19页。
④ 《学言》(下),《刘宗周全集》二,第458页。

之尤不易",倘若学者"于平日声色货利之念逐一查简,直用纯灰三斗,荡涤肺肠,于此露出灵明,方许商量。日用过端下落,则虽谓之行到然后知到(新本无'到'字)亦可"①,如若不能于此明晰,"以觉言性",认为"一觉无余事,即知即行",则终究"归于无知","是率天下而禅"。

即此可说,蕺山"知行合一"是建立于道德践履之上的"知",与由此"知"而展开的必然的道德践履的"行"之间的"合一"。无对道德践履的"知"便无道德践履之"行",即有"知"则必然有"行"。蕺山的"即知即行"理论比阳明成熟,根本即在于他的"知"不仅仅是对"心"之知、能的体认,更是对践履之知识的体认,是知识与智能、知与行的真切统合。这就弥补了阳明之"知行合一"论中的"知行二分"弊病。阳明在《答顾东桥书》中说:"心虽主乎一身,而实管乎天下之理;理虽散在万事,而实不外乎一人之心。……外心以求理,此知行之所以二也;求理与吾心,此圣门知行合一之教,吾子又何疑乎!"②阳明从"心外无物"视域看知与行,所谓"行"亦成为"心"之"行",成为由"心"而通贯的"心外无物""心外无行"之"玄虚"之"行"。也就是说,既然在"心"上可以实现"知"与"行"的统合,那么,至于是否在"现实"中、"具体"的道德践履上展开这样的"知","行"这样的"知",已然"道断路绝",并不是"知行合一"理论所考虑的范围了。因此,这样的"知行合一"往往流于"头脑",不会付诸"事实"。故而,蕺山批评阳明"归于无知""率天下而禅",不无道理。

---

① 《人谱》,《刘宗周全集》二,第20页。
② 《王阳明全集》卷2《传习录中》,第42—43页。

四、即本体即工夫,工夫与本体合一

蕺山针对不同层面的过设定了不同步骤的改过工夫,表明了这样的思辨逻辑:改过具有可行性和可能性。就改过的可行性讲,有过必须改,改过即是知过改过,是知与行的通合;就改过的可能性讲,无论犯怎样的过,"人虽犯极大罪恶,其良心仍是未泯",人之"本心"常在,只要主体自我一味迁善改过,自然明"心"净体。这样,蕺山对改过的分疏便提出了这样的问题,即作为工夫的改过方式与方法与本体之"心"实现圆融通合,工夫与本体合一。

其一,立定本体用工夫,即本体即工夫。

犯过之人,其自我主体觉醒,自然知过改过。此时,自我主体所觉醒的是"本心"之明,是对"心"体之无知而无所不知、无能而无所不能之本体意义和价值的明彻。立定于"本心"之明,过自然能改,反身即是诚者也。《改过说二》曾言:

> 人心自真而之妄,非有妄也,但自明而之暗耳。暗则成妄,如魑魅不能昼见。然人无有过而不自知者,其为本体之明,固未尝息也。一面明,一面暗,究也明不胜暗,故真不胜妄,则过始有不及改者矣。非惟不改,又从而文之,是暗中加暗、妄中加妄也。故学在去蔽,不必除妄。孟子言:"君子之过,如日月之食。"以喻人心明暗之机,极为亲切。盖本心常明,而不能不受暗干过,明处是心,暗处是过。明中有暗,暗中有明,明中之暗即是过,暗中之明即是改,手势如此亲切。但常人之心,虽明亦暗,故知过而归之文过,病不在暗中,反在明中。君子之心,虽暗亦明,故就明中用个提醒法,立地与之扩充去,得力仍在明中也。[1]

---

① 《人谱》,《刘宗周全集》二,第18—19页。

人"心"本明,人"心"之妄念生,并不是"心"生,而是个体之"心"物欲诱惑之下造成"本心"掩蔽,"自明而之暗",非"泯灭"者。亦正是人有其"本心",使得人能够知过改过,"本体之明未尝息"。明处是"心",暗处是过;明中之暗即是过,暗中之明即是改。从而看出,"过"并不是"人心"之外的某种实体存在,而是"本心"在"人心"之中被遮蔽的过程。若人无"本心"之自在诚明,人无自然之知与能,人便无从知过,无从改过。正因人有此知、此能动性、主体性,人才可以改过向善。故而,"得力仍在明中"。此"明"正是本体之"心"之明。于本体正当处做工夫,自然便会"存天理灭人欲"。蕺山在1631年《答祁生文载(熊佳)》书信中便有如此之论:"所云'工夫、本体只是一个,做工夫处即本体',良是,良是。既如是说,便须认定本体做工夫,便不得离却本体一步做工夫。而今工夫不得力,恐是离却本体的工夫。本体正当处,只是个天理。工夫正当处,只是个存天理。"①

既识认本体,则必须立定本体做工夫。主体自我发挥主体性、能动性和自觉性改过迁善,必然谨遵"本心"之明,亦自然可复"本心"之体,实现"'心'体之明——→迁善改过——→明'心'净体"的圆融通合。立定"心体"用迁善改过工夫,迁善改过自然便是复"本心"之明,工夫之中自然蕴含了本体,从而达致"即本体即工夫"之功效。蕺山1636年《学言》云:"《中庸》是有源头学问,说本体先说个'天命之性',识得天命之性,则率性之道、修道之教在其中;说工夫只说个'慎独',独即中体,识得慎独,则发皆中节,天地万物在其中矣。"②在蕺山"心"体论系统中,"心"作为本体,事事物

---

① 《书》,《刘宗周全集》三,第307—308页。
② 《学言》(上),《刘宗周全集》二,第382页。

物皆以此为始基,即"心"而有"性",即"性"而显"心","心""性"落实于人,人成为"率性之道""修道之教"的承当者,人之践履笃行正是"天命之性""常明本心"的开显所在。同时,君子之践履笃行、明"心"净体之工夫,亦无非是保持"本心"之"中和一性、动静一几"而已,无非是要实现"本心"自然而然地"诚于中形于外"而已。就前者言,立定本体用工夫,就后者言,本体透过工夫得以彰明,故而可说"即本体即工夫"。蕺山 1636 年的《学言》便有如此之语:"本体只是这些子,工夫只是这些子,并这些子,仍不得分此为本体,彼为工夫。既无本体工夫可分,则亦并无这些子可指,故曰:'上天之载,无声无臭。'至矣。"①唯立定本体用工夫,防止"支离"或"盲修"之弊。

其二,本体只在日用常行中,工夫与本体合一。

立定本体用工夫,即本体即工夫,本体流行于日用常行;工夫之中有本体之明,即工夫显本体,工夫与本体合一。"静坐体心、读书悟心"改微过,正是要明人禽之别、辨独妄之异,以体悟"本心"之"明";"当下廓清、知几葆任"改隐过,正是要惩欲窒忿、当下廓清,以葆任"本心"之"明";"知礼成性、变化气质"改显过,正是要威仪定命,以容貌辞气呈露"本心"之"明";"随分体当、践履敦笃"改大过,正是要致谨事业,黾黾兢兢之中尽伦常天道,以无违"本心"之"明";"反身而诚、应事接物"改丛过,正是要完备"万物皆备于我"之理,由尽吾之心而尽人尽物,圆满"本心"之"明";"克念始终、迁善改过"改念恶,正是要人从习染昏蔽中提撕"本心"之明,自讼反省,迷而后复,成圣成贤。改过之工夫无不开显"本心"之明,反之,"本心"之体无不落实于改过之工。改过之工

① 《学言》(上),《刘宗周全集》二,第 404 页。

非独步,而是连贯一体的工夫步骤,根据过之深浅程度和影响广度之不同而有不同工夫进路。只是,过愈深,其影响愈广,迁善改过所要求工夫进路便愈持久。

工夫之外无本体,善用工夫处即是本体流露处。蕺山在 1631 年《答秦生履思一(弘佑)》书信中指出:"学者只有工夫可说,其本体处直是着不得一语。才着一语,便是工夫边事。然言工夫,而本体在其中矣。大抵学者肯用工夫处,即是本体流露处;其善用工夫处,即是本体正当处。若工夫之外别有本体,可以两相凑泊,则亦外物而非道矣。"①可见,工夫与本体相"合一"。按照蕺山逻辑,任何舍弃工夫而言本体的论断都是"边事""空谈"。正如季路问"事鬼神",孔子答之以"未能事人,焉能事鬼",问"死",则答之"未知生,焉知死",蕺山对此分析道:"(夫子)一一从有处转之。乃知孔门授受,只在彝伦日用讨归宿,绝不于此外空谈本体,滋人高明之惑,只此便是性学"②。"性"总是落脚在有处、实处,而不是"空无玄远"之"无"世界。而孟子言良知,从知爱、知敬处入手,亦是实处下手,注重"当下"的自我体认、自我反思和自我主宰,蕺山所说"知爱知敬,正是本体流露正当处,从此为善,方是真为善;从此去恶,方是真去恶"③,正是这一思想的深刻体现。"知"之工夫,乃是实在之过程彰显,而其中,自然蕴含了"敬"与"爱";"知"如何为"爱"、"敬",此"知"便是"爱"与"敬"的自在流露、当下流露,本体寓于工夫之中。因此,凡是将本体与工夫二分的思想都是错误的,这在 1634 年秦弘佑所记蕺山与陶奭龄会讲话录中有说。《年谱》载:

---

① 《书》,《刘宗周全集》三,第 309 页。
② 《书》,《刘宗周全集》三,第 309 页。
③ 《书》,《刘宗周全集》三,第 310 页。

弘佑谓:"陶先生言识认本体,识认即是工夫,恶得以专谈本体少之。"先生曰:"识认终属想象边事,即偶有所得,亦一时恍惚之见,不可据以为了彻也。且本体只在日用常行之中,若舍日用常行,以为别有一物,可以两相凑泊,无乃索吾道于虚无影响之间乎?"①

陶奭龄论学"专谈本体"而不重工夫,蕺山则主张"工夫与本体合一",反对本体工夫二分。在蕺山看来,之所以既重本体又重工夫,且二者合一,一方面,本体是工夫践行的可能依据、必然归宿;另一方面,工夫是本体彰显的现实存在、自然过程,而且,二者非有间隔,本体之显正是工夫过程,工夫之行正是本体之存,即本体即工夫的同时,亦是工夫与本体合一之时。总而言之,即本体言工夫,工夫不流于支离;即工夫言本体,本体不沦于虚无。②

蕺山以"心"为本体,近追阳明,远溯孟子,直承虞廷十六字心传"人心惟危,道心惟微,惟精惟一,允执厥中",并以之表达自己"即本体即工夫,工夫与本体合一"思想。他在 1643 年《学言》中有论:

> 虞廷十六字,为万世心学之宗。请得而诠之,曰:人心,言人之心也;道心,言心之道也,心之所以为心也。可存可亡,故曰危;几希神妙,故曰微。惟精,以言乎其明也;惟一,以言乎

---

① 《年谱》,《刘宗周全集》六,第 373—374 页。
② 蕺山这样的思想深刻影响了陈确。陈确曾说:"后儒口口说本体,而无一是本体;孔、孟绝口不言本体,而无言非本体。"(《陈确集》下,第 467 页)看似是不言本体,实际上是要人不要只空言理想,而不实践,"空口谈说,反而不是本体;实践才是本体,工夫才能契入本体"(蔡家和:《黄宗羲与陈确的论辩之研究》,《国立台湾大学哲学论评》第 35 期(2008 年 3 月)尽管陈确未能从"一体圆融"视域探索"本体与工夫"之关联性,但"即工夫言本体"的思辨方向是明确由乃师而来。

其诚也,皆所谓惟微也。明亦可暗,诚亦可二三,所谓危也。二者皆以本体言,非以工夫言也。至允执厥中,方以工夫言。中者,道之体也,即精一之宅也。允执者,敬而已矣。敬以敬此明,是谓尝惺惺;敬以敬此诚,是谓主一无适。微故精,精故一。故曰惟微、惟精、惟一,连数之而语脉贯合,至允执一句方更端也。惟允执二字专以工夫言,故尧授舜,单提之而不见其不足。后之儒者,止因误解《大学》既有格致之功,又有诚正之功,以合之《中庸》明善诚身之说,因以上援虞廷,分精分一,既分精分一,则不得不分人分道,种种支离,而圣学遂不传于后世矣。①

戴山释十六字心传之"人心"当为个体之心,"道心"则是人心成之为"心"、人心能够实现"本心"之明的所以然。"人心"即个体之心,可存可亡、可善可恶、或善或恶,故为"危";"道心"即"本心"、"心"之体,无善而至善、无知而无所不知、无能而无所不能,几希神妙,故为"微"。惟精言"本心"之明,惟一言"本心"之无善至善。"本心"之明是个体之"心"自然内蕴,虽常在却不见得常显;"本心"之明不常显并不表示"本心"湮灭,只是说"本心"内蕴于个体之"心"中,而因个体之人习俗之弊有所"暗",明为暗遮蔽,便是过。从而可说,"惟精惟一"即是本体。至于"允执厥中",允执即是敬本体、诚本体之明而已,即是以一定的心法实现"本心"之明时时显、常常明。故可说,"允执厥中"是工夫,而且这一工夫是含蕴者本体的工夫,是工夫与本体天然合一圆融的工夫。后儒凡分动分静、分格致与诚正,皆是本体与工夫的二分,皆未能在"一以贯之"层面实现对虞廷十六字心传的合理解释。

———————

① 《学言》(下),《刘宗周全集》二,第473页。

蕺山《人谱》从"本心"出发,看到了个体之人犯过的自然存在事实,从而设计可操作的证人改过"六事功课"。仔细分梳《人谱》之改过工夫,可探析其中内蕴的工夫哲学,其动静一几、中和一性、知行一体、工夫与本体合一之哲学构设,绝非空言玄谈,而是落实于"主体自我"的道德践行之上,在人心"本心"提挈下,见善思迁,去恶之善,"始于有善,终于无不善",既阐扬了"自我主体"的能动性和主动性,又强调了道德践行的必要性和必然性。在"即……即……"哲学思维所挺立的工夫哲学之中,涵养与省察、隐微与显发、知过与改过、工夫与本体诸哲学理念,"一体圆融、和合无碍",度越了程朱陆王"二分"思维,实现了宋明理学工夫哲学的创新。

第五章 "即心即易"——易学哲学

秉承《人谱》"本心之学"而来,刘蕺山于 1643 年正月撰著《读易图说》,并于是年三月罢官回乡的路上,"援笔立书",成《周易古文钞》①,发明易道,彰显"即心即易,心易圆融"的"心易"哲学。

---

① 按姚名达《刘宗周年谱》记载,《周易古文钞》作于 1643 年 3 月:"先是,在京邸时,友人有问太极之说者,辄举《易》以答。二月五日,遂举而诠次之。按《周易》古文经二篇,每卦首《彖辞》,次《爻辞》。《孔子传》十篇,《彖传》上、下,《象传》上、下,《文言传》,《系辞上传》,《系辞下传》,《说卦传》,《序卦传》,《杂卦传》,即所谓十翼也。先生所定,在今古之间,每卦首《彖辞》,次《爻辞》,次《象传》,《大小象》,一如乾卦位置。《系辞》以下,亦间有更定。太极,两仪四象,八卦,六十四卦图,并六十四卦《圆图》,六十四卦《方图》,皆与先儒不同。大抵发明太极即在阴阳之中,而以后因重皆由此而推。"(《刘宗周全集》六,第 460 页)须知,刘蕺山易学思想的形成受其外大父章南洲公影响较深。刘蕺山在《易经古文钞义》"小引"中说:"余年十四五岁,从先外祖章南洲先生授《易》。先生每脱略章句,独据所见,时于前辈讲义中,弹射不遗余力,则以己意硃书附之,以勖余小子。余小子唯唯而已,竟不识为何语也,然亦稍能记忆一二矣。"(《刘宗周全集》六,第 1 页)《刘宗周年谱》"十四岁"条载:"是年(1591 年),宗周尝从外大父章南洲公学《易》。"(《刘宗周全集》六,第 221 页)《年谱》"十五岁"条载:"宗周往复越中与寿昌,病目,小间,从章南洲公学《易》。南洲公每脱略章句,独据所见,时于前辈讲义,弹射不遗余力,且朱书己意于书眉,以勖宗周。"(《刘宗周全集》六,第 222 页)另外,蕺山是著又名《易经古文钞义》、《古易钞义》等。是著脱稿后,蕺山婿王毓芝校正,学生祝渊订定。(参见《周易古文钞》,《刘宗周全集》一,第 2 页)

一方面,蕺山以心解易。在他看来,无论是《河图》、《洛书》,还是《易》,皆为圣人所创制。而且,《河图》、《洛书》涵蕴易道,易学不离心学,"心外无易",唯立定心学,方可体思勘悟易学。另一方面,蕺山以易明心。在他看来,易学所涉及的诸哲学理念,本质上都是"心"体的彰露,易学是为心学服务,是从另外角度挺立"心"的本体意义和价值。蕺山"心学易"哲学思想以心学释易学、以易学明心学,心学与易学圆融统合,从更深层角度贯穿了"即……即……"圆融一体的哲学思辨方式。

第一节 即心是《易》

蕺山因《人极图说》而得易道,其易学哲学建立于圣人作易、心外无易的基础上。蕺山的《图》、《书》之学是其易学哲学的重要内容。在他看来,圣人制图训道、作卦明易,"即心是易",体现出"心易"思想特征。

一、《河图》、《洛书》,圣人训道

刘蕺山在《读易图说》和《周易古文钞》中都讲到了《河图》和《洛书》,并视图、书为圣人作易、训道之所由。

义理、象数、图书是传统易学的二个主要领域。[①] 自南宋以降,学者研究《易》学时,遇图书而起争议。不过,南宋以降的理学家多采取正面评价,比如朱熹《周易本义》卷首便载《河图》、《洛

[①] 参见郑吉雄:《论儒道〈易〉图的类型与变异》,《易图象与易诠释》,华东师范大学出版社 2008 年版,第 84 页。

书》。① 而到明末清初时代,学者如黄宗羲(1610—1695 年)著《易学象数论》,黄宗炎(1616—1686 年)著《易图辨惑》,毛奇龄(1623—1716 年)著《太极图说遗议》、《河图洛书原舛编》,胡渭(1633—1714 年)著《易图明辨》,他们一反朱熹观点,严厉抨击图书及周敦颐《太极图》,将《易》图之学视为道教方士,甚至是卖酱醯桶之徒所造产物。② 刘蕺山对《河图》、《洛书》较为重视,并遵从朱熹及其弟子蔡元定(1135—1198 年)的观点,视《河图》、《洛书》为易道之所在③,提出"圣人因《河图》而作《易》,亦所以训天道"、"圣人因《洛书》而叙畴,亦所以训地道"的观点。蕺山立定"心"学而阐发易道④,以《河图》、《洛书》说"易",将图、书与易道

---

① 参见(宋)朱熹:《周易本义》,第 12—13 页。

② 参见李申:《易图考》,北京大学出版社 2001 年版,第 189—193 页。

③ 朱子曰:"洛书,盖取龟象,故其数:戴九履一,左三右七,二四为肩,六八为足。"蔡氏曰:"图书之象,自汉孔安国、刘歆、魏开朗子明,有宋康节先生邵雍尧夫,皆谓如此。至刘牧始两易其名,而诸家因之。故今复之,悉从其旧。"(《读易图说》,《刘宗周全集》二,第 125 页)蕺山《读易图说》援引朱熹师徒这段对话,说明他对朱子师徒观念的认同。

④ 蕺山因《人谱》之《人极图说》而发明易道。他在《读易图说·序》中指出:"余尝著《人极图说》,以明圣学之要,因而得《易》道焉。盈天地间,皆易也;盈天地间之易,皆人也。人外无易,故人外无极。人极立,而天之所以为天,此易此极也;地之所以为地,此易此极也。故曰:'六爻之动,三极之道也。'又曰:'易有太极'。三极一极也,人之所以为人,心之所以为心也。惟人心之妙,无所不至,而不可以图像求,故圣学之妙,亦无所不至,而不可以思议人。学者苟能读易而见吾心焉,盈天地间,皆心也。任取一法以求之,安往而非学乎!因再述诸图,而复衍其说于后,以补前说之未尽,总题之曰《读易图说》。诚亦自愧瞽见矣,殆由是发轫焉,庶存跬步之一跌云。"(《读易图说》,《刘宗周全集》二,第 122 页)《人极图说》是《人谱》之正篇,不同于周敦颐《太极图说》"宇宙化生论"和"伦理道德学说"的二分思辨,而是以人道涵摄天道、地道,以此挺立"心之体"。蕺山之子刘汋曾说:"《太极图说》谓天以阴阳五行化生万物,物钟灵有人,人合德为圣,似一一有层次。先生独言:'人即天即地,人心具有

相打合,有"图外无易、书外无易、心外无图书"的论断,彰显"心学易"思想特征。

（一）圣人因《河图》而作《易》,亦所以训天道

《易·系辞传》曰:"天一,地二;天三,地四;天五,地六;天七,地八;天九,地十。""天数五,地数五。五位相得而各有合,天数二十有五,地数三十,凡天地之数五十有五,此所以成变化而行鬼神也。"蕺山在《周易古文钞》中将这两句话合为《系辞传上》第九章,认为"此章旧系错简,已经先儒次第置之'大衍'之前,是矣。但考其语意以完,竟当自为一章,且于大衍亦不甚相蒙。"②实际上,朱熹在《周易本义》中亦是将两句前后相承接,列于《系辞传上》第九章之首,而与"大衍"句共成为一章。③ 也就是说,蕺山合两句为一章并不是他首创,应该看作是上承宋儒的结果。无论是朱熹,还是蕺山,他们都将此两句视为《河图》之数。其不同之处在于,蕺山将《河图》(图一)变图,以与易道相通合。

蕺山在《读易图说》中将《河图》之变图称为《河图拟图》(图二),且有如下阐论:

> 《河图》,象天者也。天道圆,故《图》亦体圆,以象天之圆,则以中数之五十知之也。五居中而十环于外,则十必合为一体。使仍一上一下,而分之为二,又安见其为十乎? 今故规之而从圆。中圆而外亦圆可知,以见其为天圆之象。盖图中

太极阴阳五行万化之理。'《人极图说》与语录中备言此意,至《读易图说》,则发挥无余蕴矣。诚扩前圣所未发也。"(《年谱》,《刘宗周全集》六,第459页)蕺山1643年作《读易图说》和《周易古文钞》,皆发挥了《人谱》"心体论",通过《河图》变图、《洛书》变图,挺立"心"学。

② 《周易古文钞》,《刘宗周全集》一,第226页。

③ (宋)朱熹:《周易本义》,第233—234页。

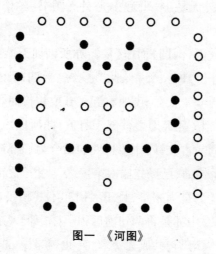

图一 《河图》

之数,以五统十,妙阴阳以合德,即太极之象。由是一阴一阳,以次规圆于外,而两仪、四象、八卦,皆备矣。故圣人因之以作《易》,亦所以训天道也。①

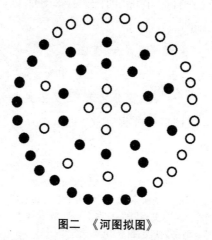

图二 《河图拟图》

① 《读易图说》,《刘宗周全集》二,第124—125页。

从中须注意三个问题:其一,蕺山释"天道圆"的逻辑理路;其二,蕺山变《河图》"方"图为《河图拟图》之"圆"图的逻辑理路;其三,蕺山认为"圣人因《河图》而作易"的实质为何?

关于第一个问题:"天道为圆"。在蕺山之前,有较多文献涉及"天圆地方"问题。比如,《吕氏春秋》说:"天道圜,地道方,圣王法之,所以立上下。何以说天道之圜也? 精气一上一下,圜周复杂,无所稽留,故曰天道圜。杂犹匝。无所稽留,运不止也。何以说地道之方也? 万物殊类殊形,皆有分职,不能相为,故曰地道方。"①许慎《说文解字》说:"圜,天体也";而"圆"则是"圜全"。段玉裁注曰:"圜者,天体。天屈西北而不全,圜而全,则上下四旁如一,是为浑圜之物。"②《吕氏春秋》说天为"圜"、为"圆",是从精气无所稽留、圜流无碍来讲。刘宗周曾撰《曾子章句》③,就曾子"天圆"论发表评论曰:"天积气,气浑然而运则圆;地积形,形块然而处则方。此天地自然之体也。有天地之体,斯有天地之道。《易》曰:'形而上者谓之道,形而下者谓之器。'是也。天包乎地之外,昔人以鸡卵状之,近是。四角不掩之说,盖为形求天地者病也。"④在蕺山看来,"天积气"而"天圆"、"地积形"而"地方",乃是从"道器"角度看"天"、"地"之本质。即是说,"天"、"地"之

----

① 许维遹:《吕氏春秋集释》卷3《季春纪·圜道》,中华书局2009年版,第78—79页。

② (汉)许慎撰,(清)段玉裁注:《说文解字注》,第488页。

③ 据《年谱》"四十一岁"条(1618年)记载:"是年,刘宗周读《大戴礼》,至《曾子》十篇,谓其言悫而深,微而粹,为学者守身之要,洵非曾子不能作,不宜与赝本同弃。乃取而注释之,曰《曾子章句》。晚年欲修改之而不果。"(《年谱》,《刘宗周全集》六,第270页)

④ 《曾子章句》,《刘宗周全集》一,第594页。另,"四角不拼"出自曾子。《大戴礼记·曾子天圆》曰:"天之所生上首,地之所生下首。上首之谓圆,下首之谓方,如诚天圆而地方,则是四角之不拼也"。

"器"中涵含了"道"这一形上存在,而且,"天"、"地"之"器"必然不离形上之"道"。在蕺山这里,道与器不离不弃、即道即器:"道,形而上者。虽上而不离乎形,形下即形上也"①;"形即象也。象立而道器分,一上一下之谓也。上者即其下者也,器外无道也"②。形上不离形下,形下必然与形上相圆融。道器之关系正如形上与形下之关系,从而,"天"、"地"之器即自然涵含"道",言"天"、"地"必然言"道","天"与"道"、"地"与"道"互蕴。

蕺山从"道"的角度来诠释"天圆地方",目的是要将《河图》与《易》道相勾连。他以《河图拟图》之"天圆"之"天道"内蕴《易》理,与其变《河图》"方图"为"圆图"的理论依据——"以中数之五十知之"——密切相关。本来,《河图》之中心是"五"数,蕺山以之为"中宫",且"以五统十"。中"五"数既可连而为"方",又可连而为"圆"。那么,从"天道"为"圆"、"圜"角度看,中"五"数当连而为"圆",则"以五统十"之"十"数必不能成上下分裂状,而应构成"圜形"。中圆外自然为圆,《河图拟图》整体成"天圆之象"。因此,蕺山在将"天圆"与"天道"相通贯的基础上,以《河图拟图》"天圆之象"为"太极之象"。这样,《河图》之数"不独以数言,其理则为之易"③。

关于第二个问题:《河图》之"圆"与"太极"之生生。在《周易古文钞》中,蕺山详细地阐释了《河图》之中的易道。他说:

> 中宫以五统十,以生数之中统,成数之极,包含无外,分明太极之象。其分阴分阳,即两仪之象也。太阳居一而连九,少阴居二而连八,少阳居三而连七,太阴居四而连六,则四象也。

---

① 《书·与陆以建年友一》,《刘宗周全集》三,第299页。
② 《周易古文钞》,《刘宗周全集》一,第234页。
③ 《周易古文钞》,《刘宗周全集》一,第4页。

一、三、七、九,震、坎、艮、乾之象也;二、四、六、八,巽、离、兑、坤之象也。一阴一阳交而六十四卦之体略蕴于此矣。合而观之,六十四卦,八卦也;八卦,四象也;四象,一阴阳也;阴阳,一太极也,太极本无极也。阳生于子,自一而三而五而七而九,极于酉;阴生于午,自二而四而六而八而十,极于卯;而中皆左旋,天道之运也。一六之水生三八之木,三八之木生二七之火,二七之火生五十之土,五十之土生四九之金,而金复生水,各以一阴一阳分生成之德。此所谓成变化而行鬼神也,而易道于是乎全矣。①

《河图》之图示本是"平面图",但透过蕺山阐论,似可从"立体图"视域加以领会。"居一而连九"为"太阳"、"居二而连八"为"少阴"、"居三而连七"为"少阳"、"居四而连六"为"太阴",此"四象"皆分别构成为"平面";"一六"为"水"、"三八"为"木"、"二七"为"火"、"四九"为"金"、"五十"为"土",此"五行"皆分别构成为"平面";一三七九之震坎艮乾之象、二四六八之巽离兑坤之象分别构成为"平面"。阴阳"交"而有四象,四象"交"而有八卦,八卦"交"而有六十四卦;水生木、木生火、火生土、土生金、金生水;阴阳"分"、成"变化"、"易道于是乎全"。从"交"、"生"角度看,各个"平面"当是相交共存的。既然是众多"平面"相交,那么,唯在"球形立体图"(图三)下才会发生。在这样的"图示"中,任一切面皆为"圜形"。以上所描述的各种"平面"既可以统合而成一个整体的"圆"形平面,如《河图拟图》所示;又能够在"球形立体图"中分别确立相应位置,每个"平面"皆互"交"通贯。而恰恰是后者,蕺山看到了"阴阳相交"、"五行相生"之本质所在,即"太

---

① 《周易古文钞》,《刘宗周全集》一,第4页。

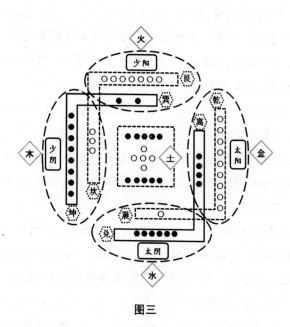

图三

极"生生"之"易理"。他在《曾子章句》曾言:"天道曰圆者,阳之动也,天之所以为健也;地道曰方者,阴之静也,地之所以为顺也。幽明者,阴阳之象也。一气含吐而阴阳分,法象莫大乎天地也。……阳主施,阴主化,天施而地生也,二气为主,五行变合,一施一化,是生万物。万物生生,变化无穷,此天地之所以为道也。此《易》理也。"①天道圆标识着"阳之动",地道方标识着"阴之静","天道"、"地道"与"阴阳"相融通,而"阴阳"施化则万物生生不息。

"生生"之道正是"太极"之蕴。蕺山《圣学宗要》论濂溪《太极图说》早已指出:

---

① 《曾子章句》,《刘宗周全集》第一册,第594—595页。

太极之妙,生生不息而已矣。生阳生阴,而生水火木金土,而生万物,皆一气自然之变化,而合之只是一个生意,此造化之蕴也。唯人得之以为人,则太极为灵秀之钟,而一阳一阴分见于形神之际,由是赅之为五性,而感应之涂出,善恶之介分,人事之所以万有不齐也。①

蕺山《周易古文钞》释《易·系辞下》第一章"是故《易》有太极,是生两仪,两仪生四象,四象生八卦,八卦定吉凶,吉凶生大业"②时,指出:"于是圣人分明指示道体,曰'易有太极',盖曰道无道,即乾坤之生生而不息者是,是以乾坤列而四象与八卦相蕴而生。此易道之所以为至也。强名之曰'太极',而实非另有一物立于两仪、四象之前也。"③这里,蕺山认为"太极"之本质意蕴乃是"生生"。"生生"并不是指生成的某个结果,而是事物、要素之间共生、互蕴的共存关系,以及由这样的关系制约所达致的它们之间的平衡状态。在此"生生"之意下,物与物之间是互相体现、互相显像的。"太极"生生,从而"动"便体现为"阳","静"便体现为"阴";"阳"之根为"阴","阴"之根为"阳",阴阳互为其根,阴阳动静互蕴,故而"动"与"静"生生不息,有"动"自然有"静",有"静"定会开显出"动"。"动"与"静"互蕴,"阴"与"阳"互蕴,"阳动"自然是从"阴静"中来,"阴静"自然要达致"阳动",它们体现的正是"生生"。从而可以说,从"动"中见"太极",因为"动"内蕴"静"、"阳"源自"阴";从"静"中见"太极",因为"静"开显为"动"、"阴"根

第五章 『即心即易』——易学哲学

---

① 《圣学宗要》,《刘宗周全集》二,第230—231页。

② 蕺山对他所诠释的《系辞上》第十二章后有这样的说明:"旧本'用之谓之神'后有'易有太极',二节文势不类,今改入下章"(《周易古文钞》,《刘宗周全集》第一册,第233页)

③ 《周易古文钞》,《刘宗周全集》第一册,第234—235页。

本"阳"。

因此，"四象"、"八卦"、"六十四卦"、"五行"与"太极"间的关系便遵循了"即太极即四象"、"即太极即八卦"、"即太极即六十四卦"、"即太极即五行"的思维逻辑，"太极"自然表现为四象、八卦、六十四卦、五行，反之，四象、八卦、六十四卦、五行自然是"太极"之"生生之性"的具体呈露。个中原因就是"太极"、"四象"、"五行"所构成的上面那个"球"。

此外，上引蕺山《周易古文钞》论《河图》之语还提到"一阴一阳交而六十四卦之体略蕴于此"，如何理解？蕺山曾创构《六十四卦圆图》(图四)，指出：

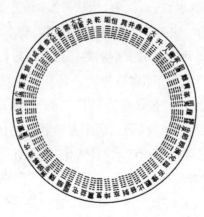

图四

右《六十四卦圆图》，以象天道也。四阳卦据左，起震而历坎、艮以至于乾，为春夏之运；四阴卦居右，起巽而历离、兑以至于坤，为秋冬之运：皆左旋而贞下复起元焉。震交于坤，一阳动于二阴之下为复，黄钟之初气也，坎得阳之中气，艮得阳之终气，而后进于乾，则纯阳用事矣；巽交于乾，一阴遇于二阳之下为姤，蕤宾①之初气也，离得坤之中气，兑得坤之终气，而后进于坤，则纯阴用事矣。合而为一岁十二月之运，而气盈朔虚寓焉，所以成闰也。又分而为三百八十四爻，则周天之数祥焉。多二十四度，统闰法而数之也，虚其中即天极也。合而观之，有《河图》之象焉。阳卦居左，即一、三、五之位，然阳中有阴；阴卦据右，即二、四、六之象，然阴中有阳，即《图》数相表里意。中涵元气，即五十之居中，为阴阳之合德者也。②

这段话明确指出：一，震、坎、艮、乾为阳卦，居左；巽、离、兑、坤为阴卦，居右。二，《六十四卦圆图》象"天道"。据蕺山《六十四卦圆图》图示，左边阳卦之三十二重卦，分为四组，四组卦之下卦从下到上依次为震、坎、艮、乾，每一组八重卦之上卦依次为坤、震、巽、坎、离、艮、兑、乾，所构成的三十二卦"阳中有阴"。反之，右边阴卦之三十二重卦，分为四组，四组卦之下卦自上而下依次为巽、离、兑、坤，每一组八重卦之上卦依次为乾、震、巽、坎、离、艮、兑、坤，所构成的三十二卦"阴中有阳"。故而，阴阳"交"而成六十四卦。

蕺山论《河图》含蕴《易》道，最为直接的表白便是他释"天数五，地数五。五位相得而各有合，天数二十有五，地数三十，凡天地之数五十有五，此所以成变化而行鬼神也"之论。他说：

相得，言《图》数之分，一内一外，各得其位。有合，言

---

① 黄钟与蕤宾皆属于乐律。黄钟表示声调最宏大响亮。在宫、商、角、徵、羽五音之中，宫属于中央黄钟，五音十二律由此而分。蕤宾是十二律中之第七律。律分阴阳奇数六为阳律名曰六律；偶数六为阴律名曰六吕，合称律吕。蕤宾属阳律。(《古代汉语词典》，商务印书馆2003年版，第643—644、1336页)

② 《周易古文钞》，《刘宗周全集》一，第14页。

《图》数之合,一奇一偶,各配其情。分处之,而见阴阳之迭为变化,则化者为鬼之归,变者为神之伸也。合配之,而见阴阳之互为变化,则方变方化者为神之伸,既变既化者为鬼之归也。故天地之数必积五十五而后全,观之四时之运,盖可知矣。此五行之说也。五行之说,即《易》四象之说也。而《图》数之妙合于造化,固有如是者,岂非《易》道之权舆而著数参伍之法之所自起乎!①

据此而知,《图》数是表示阴阳迭运变化的最好模式。阴阳方变方化、既变既化,既推演出五行之相生相克,又能彰显四象之互蕴包涵,从而数以显理、理以明《易》,《图》数之妙正是《易》道之自起。

但是,蕺山所论说的"太极"生生、《图》数阴阳迭运、五行生克、四象涵蕴,终究是归本于"心"体。也就是说,数以显理、理以明《易》,唯圣人之"心"方能蠡窥此道,这从《周易古文钞》对《河图》的"颂"中窥见一斑。蕺山说:

太古之世,元气混庞。笃生圣人,继天而皇。心苞玄极,全体阴阳。以仪以象,八八相当。即理显数,变动不常。疆名曰《易》,无物可方。附会龙马,偶呈星房。旋毛顺逆,初卒践行。一表一里,交错玄黄。一与六配,二以七藏。三八居左,四九右旁。环而拱之,五十中央。其行左旋,自衰而旺。其道相生,循环无方。其体奇员,其用偶章。五十有五,其分低昂。为四时纪,为万化纲。问之天地,天地茫茫。问之圣人,圣人伥伥。是卦是图,或骊或黄。为龙为马,忽腾忽翔。②

这里,蕺山明确表明圣人据《图》做《易》的思想逻辑,"心苞玄极,

---

① 《周易古文钞》,《刘宗周全集》一,第226页。
② 《周易古文钞》,《刘宗周全集》一,第4—5页。

全体阴阳。以仪以象,八八相当。即理显数,变动不常。彊名曰《易》,无物可方"。谁之"心""心苞玄极"? 按照蕺山理解,唯圣人之"心"如此。蕺山在《系辞传上》中明言:"《易》道虽本之天地,而实具于圣人之一心。以圣人之心具有天地之全体也。圣人一心耳,有天道焉,有地道焉,此即《易》画乾坤之撰也。"[①]圣人之心含蕴天道、地道,包融天地之全体,自然而然,"太极、阴阳、四象、八卦而六十四卦,皆人心之撰。"[②]圣人之心涵蕴天道、地道,包融天地之全体,自然能够将此道、此心通过卦象的形式加以彰明。圣人之心即是"心"体者,即是"生生"之道体,万事万物之意义和价值之存在,自然归因于"生生"之道、"心"体之既知既能。这在下一节详细展开。

(二) 圣人因《洛书》而叙畴,亦所以训地道

与认为《河图》含蕴易道一样,蕺山认为《洛书》亦是圣人所作,《洛书》之易道亦在"心体论"中得以彰显。为了说明《洛书》与易道之关系,蕺山将《洛书》变图,实现书学的创新。

《洛书》(图五)中"五"数成"十字形"分布,代表"皇极"。"皇极"之论见《尚书·洪范》,蕺山亦以《洛书》本于《洪范》篇。他说:"右《洛书》,盖本之《洪范》。相传为戴九履一、左三右七、二四为肩、六八为足之数见于龟文者如此。后儒言《图》《书》相为表里,中五则皇极也。"[③]《洪范》篇载箕子言曰:"我闻在昔鲧陻洪水,汩陈其五行,帝乃震怒,不畀洪范九畴,彝伦攸斁。鲧则殛死,禹乃嗣兴。天乃锡禹洪范九畴,彝伦攸叙。"孔颖达《正义》曰:"天与禹《洛》出书。神龟负文而出,列于背,有数至于九,禹遂因而第

---

① 《周易古文钞》,《刘宗周全集》一,第213页。
② 《学言》(中),《刘宗周全集》二,第407页。
③ 《周易古文钞》,《刘宗周全集》一,第6页。

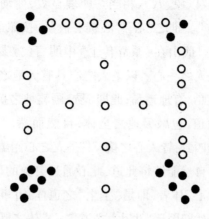

图五　《洛书》

之,以成九类,常道所以次叙。"①孔颖达以"神龟负书"论表明《洛书》存在的必然性和神秘性,因《洛书》有"九"数,从而禹成"九类法",自然"常道所以得次叙",也就是"九畴"。此"九畴"为"五行"、"五事"、"八政"、"五纪"、"皇极"、"三德"、"稽疑"、"庶徵"、"五福"。此"九畴"之中,"皇极"最为根本。所谓"皇极","皇建其有极,敛时五福,用敷锡厥庶民。惟时厥庶民于汝极,锡汝保极。凡厥庶民无有淫朋,人无有比德,惟皇作极。"孔颖达《正义》指出,"皇极"乃是"大中之道。大立其有中,谓行九畴之义"。孔安国传曰:"'大中之道,大立其中',欲使人主先自立其大中,乃以大中教民。……九畴为德,皆求大中,是为善之总,故云'谓行九畴之义'。言九畴之义皆求得中,非独此筹求大中也。此大中是人君之大行,故特叙以为一畴耳。"②也就是说,"皇极"所表达的是"人

---

① (唐)孔颖达正义,(汉)孔安国传:《尚书正义》,上海古籍出版社 2007 年版(下同),第 448 页。

② (唐)孔颖达正义,(汉)孔安国传:《尚书正义》,第 459—460 页。

君"在政治统治、社会管理、精神引领、道德风貌中的"核心"意义和价值，"人君"是现实世界中的精神领袖、道德楷模，"皇极"之所在正是"人道"之所在，是人性的最本真、最直接、最自在和最真切的体露。"皇极"之前之"五行"、"五事"、"八政"、"五纪"是"皇极"展开的"面向"，之后之"三德"、"稽疑"、"庶徵"、"五福"是"皇极"展开的功效。

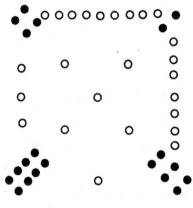

图六 《洛书拟图》

蕺山将《洛书》中之"十字形"布局的"五"数改为"正方形"布局，则《洛书》之图变为《洛书拟图》（图六）。他对此有这样的阐述："《洛书》，象地者也。地道方，故《书》亦体方，以象地之方，则以四维之周方知之也。四维既方，则中安得不本之而方，以见其为地方之象。盖《书》之中数，以一守四，体中正以无违，即皇极之象。由是分刚分柔，各指其所以矩方，而五行五事之类蕴焉。故圣人因之以叙畴，亦所以训地道也。"① 如何理解"地道方"？蕺山曾

---

① 《读易图说》，《刘宗周全集》二，第 126 页。

有"盈天地之间,凡属可见、可闻者,皆地道也。其不可见、不可闻者,则天道也"①之论,参照蕺山前面所讲"天道"之论,他解"天道"是超越于"物质形态",从"道是无形"而开显;解"地道"则是落实于"物质形态",从"道见于有形"而开显。在上引蕺山言语之前,他是这样说的:"此人心后天之象。后天者,地道也。地者,山川土石之谓也。而精气之上浮,为二曜、为五星,此七政也。天体左旋,日、月、五星皆右旋。夫天维玄维穆耳,得日、月、五星而后有照临。日、月、五星非天也。日、月者,五行之精也。五行者,质具于地而气行于天,皆地也,故右旋;而总囿于玄默一气之中,故地道即天道也。"②也就是说,"天道"为"先天者",地道为"后天者",所谓"地",乃是山川草木土石之谓,亦即日月五星之属。此可见、可闻之"地"中自有其"地道"。蕺山《曾子章句》有"地积形,形块然而处则方"之论,那么,"地方"便有合理的解释。同时,蕺山将"天道"与"地道"和合通贯,有形之"地"涵蕴无形之"天"、承载"天道";无形之"天"囊括有形之"地"、涵摄"地道"。"天道"与"地道"在有形与无形之中实现圆融。

《洛书拟图》在将"皇极"与阴阳、五行、动静相互蕴涵摄的过程中,实现《洛书》与《易》的通合。蕺山说:

> 四正四隅,分阴分阳,亦两仪也。太阳居一而连九,少阴居二而连八,少阳居三而连七,太阴居四而连六,亦四象也。一、三、七、九,震、坎、艮、乾也;二、四、六、八,巽、离、兑、坤也。四正四隅交而六十四卦之体略蕴于此矣。缺十不备者,《图》数体、《书》数用也。体以偶而全,用以奇而妙也。然合四正

① 《读易图说》,《刘宗周全集》二,第131页。
② 《读易图说》,《刘宗周全集》二,第130—131页。

四隅以相配,亦无往而非十也。地道右旋,《洛书》体地者也,而数主克,故一六之水克二七之火,二七之火克四九之金,四九之金克三八之木,三八之木克五之土。而五居中,冲气用事,克中有生,则所以成变化而行鬼神者愈有其用矣。此所谓后天之《易》也。①

透过蕺山的论述可知,"九"与"一"成平面为"太阳"、"二"与"八"成平面为"少阴","三"与"七"成平面为"少阳","四"与"六"成平面为"太阴",数数相加皆为十;一、三、七、九为震、坎、艮、乾,二、四、六、八为巽、离、兑、坤,四正四隅"交"而六十四卦之体略蕴于其中;"一六"为"水"、"二七"为"火"、"四九"为"金"、"三八"为"木"。从中须探讨的主要问题有二:其一,《洛书》之平面图示是否可以透过"立体图"来理解?《河图拟图》变《河图》"方图"为"圆图"而比拟"天道之圆",《洛书拟图》变《洛书》中数"五"之"十字形"为"正方形"而比拟"地道之方",考虑到"天"、"地"形态的特殊"空间"性质,当能够从"立体"画面中领会蕺山所阐论的《洛书》之涵蕴。也就是说,《河图》与《洛书》皆可"平面地展示,立体地理解"。四象之太阳、太阴、少阳、少阴与数相关联,且四象非截然独立的纯粹"平面"图形,而是各平面相"交"通贯的立体画面,从而四象与数之间便可通由如下图示得以彰明(图七)。当然,这样的图示并没有否认"戴九履一,左三右七,二四为肩,六八为足"的《洛书》结构,只是从"立体"模式中领悟黑白点数间的对应关系。

其二,四正四隅交则生六十四卦。关于"四正四隅交而变六十四卦",蕺山曾绘有《六十四卦方图》(图八),指出:

① 《周易古文钞》,《刘宗周全集》一,第6页。

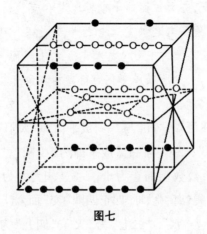

图七

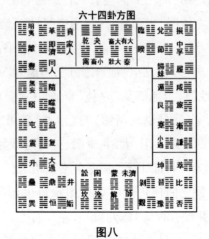

图八

　　右《六十四卦方图》，以象地道也。分四阳卦为四正，四阴卦为四隅，以阳领阴之义也。震东，阳始生也；坎北，阳水旺也；乾南，阳盛也；艮西，阳始衰也；巽居东北，协震木也；离居东南，助乾火也；兑居西南，通山气也；坤居西北，养坎水也；虚其中，互地极也。合而观之，有《洛书》之象焉，即所谓戴九履

一、左三右七、二四为肩、六八为足、五皇极居中是也。①

按照蕺山之意,震、坎、艮、乾为阳卦,巽、离、兑、坤为阴卦,四阳卦为"正",分别为居东、北、西、南方位,而四阴卦为"隅",分别居东北、东南、西南、西北方位。蕺山八卦方位图与朱子和邵雍的皆不同。朱熹承续邵雍,八卦方位为:"乾南、坤北、离东、坎西、震东北、兑东南、巽西南、艮西北。自震至乾为顺,自巽至坤为逆。后六十四卦方位仿此。"②此处,蕺山将八卦方位与《洛书》之"数"相通合,目的是提升"皇极"之地位。在以"皇极"为中心的四正四隅之《洛书》中,以"皇极"为中心的四正四隅之《洛书》中,阴阳分、乾坤立、八卦成,"皇极"因中正之德散见于"五行"、"五事"。"天道"立脚点在"太极",标示出"道之生生"属性;"天道"之无形落实于"地道"之有形,"地道"之中自然含蕴"天道"之论。当然,《河图》之数主"相生",《洛书》之数主"相克",而相克亦是"生生"。相生、相克通过说明"五行"之水、火、木、金、土的"生生之道"展示地道之生生情状。

因此,在蕺山看来,圣人透过《洛书》训"地道",自然将《易》道囊括其中。他在《读易图说·易衍》中论曰:"'河出《图》,洛出《书》,圣人则之。'九畴有皇极之说,其本之大《易》乎?易六十四卦,以象教。太极之体,蕴于无形耳。至神禹叙畴,始阐之为皇极,而居中用事,有君道焉。善发伏羲氏之蕴者,其神禹乎!"③蕺山以神禹定《洛书》、训"地道"、明"君道"、立《易》道,从而赞《洛书》曰:"建中表正,真阳储精。为太极则,为人极经。一扫无极,学者

① 《周易古文钞》,《刘宗周全集》一,第16页。
② (宋)朱熹:《周易本义》,第14页。
③ 《读易图说》,《刘宗周全集》二,第147页。

第五章 「即心即易」——易学哲学

取程。"①从中须体会蕺山的两层意思：

其一，"太极之体，蕴于无形耳。""太极"之体本为无形，无极而太极，太极虽蕴于天地间，却并非是具体之一物。《洛书》以黑白之点之数字排列变化，体现出的是事事物物间的"生生"之义，此种"生生"正是"太极"之蕴。而在《易》六十四卦，六爻变动，阴阳交合，每一卦之变易皆在体现"生生"之义，一爻之动亦有此"太极"之蕴。卦者，以爻动显"太极"；《书》者，以数变明"太极"。卦与《书》皆有太极神韵蕴涵其中。其形虽异，其道却同。故而，《洛书》不离易道。《河图》亦是如此而已。

其二，神禹叙畴而发伏羲氏之蕴。伏羲画卦制易，而神禹亦能从《洛书》中体思皇极君道，易之道与书之理实现通贯。在蕺山看来，《易》象与《洛书》皆是圣人之心意所在，是圣人思议心悟的开显。从《河图》、《洛书》存在的真实性上言，不同的哲学家、易学家有不同主张和见解，但在蕺山这里，他确信《河图》、《洛书》存在的客观性和合理性，并对它们的性质加以重新厘定和创新诠解，且将《河图》、《洛书》与易道相统合，体现出"讲自己"的哲学方法论。学术研究中，倘若一味考虑别人之意见而不能有自己之主张，所作学问必然是"人云亦云"。蕺山之学落脚于心学，心性之学的最大特点便是阐发"心"的至大与精微，体思"心"与天地万物一体的至上、至真、至纯境界。"心性之学"是感悟之学、自在之学、主体之学，治"心"学正是要体会此"心"之精微所在。

蕺山对《河图》和《洛书》的阐论，打破"是与不是"、"有与无"的价值评判标准，遵守"约定俗成"之成规，立定心学而加以全新解释，自然有"图外无易、书外无易、心外无图书"的论断，是其由

---

① 《周易古文钞》，《刘宗周全集》一，第6页。

"心"而"易"的自然理路。

二、圣人作卦,《易》中有心

戬山不仅视《河图》、《洛书》为"心"之本有、圣人所作,而且视《易》为圣人所作,同样坚持"易中有心、心外无易"之理则。

(一)易道具于圣人一心

在戬山看来,易道虽出自天地,实具于圣人之心。他在《周易古文钞》释《系辞上》首章第一小节"(1)天尊地卑,乾坤定矣。卑高以陈,贵贱位矣。动静有常,刚柔断矣。方以类聚,物以群分,吉凶生矣。在天成象,在地成形,变化见矣"①时,指出:

> 易道虽本之天地,而实具于圣人之一心,以圣人之心具有天地之全体也。圣人一心耳,有天道焉,有地道焉,此即《易》画乾坤之撰也。天地之道在,而卑高、动静、方物、象形随在,则《易》卦之蕴,亦悉于此在矣。方谓事情所向,因方有物,其类不离淑慝者,是圣人之心本有善无恶,而界限转见分明,则吉凶之路,于此决矣。成象成于中者,成形成于外者,即下文知始成物者是也。②

戬山于此表明,圣人之心具天地之道,自然便能够将此道、此心通过卦象的形式加以彰明。而且,圣人之心落实于人身,自然便是纯粹至上、至善之"心",能够始终知恶知善、向善抑恶。"诚于中,形于外",内有本心之明,外必有善举善行。圣人之心即是"心"体者,即是"生生"之道体,万事万物之意义和价值之存在,自然归因于"生生"之道、"心"体之既知既能。戬山释本章第二至第六小

---

① 戬山将此章划分为六小节,为叙述引用方便,为每一小节加上数字序号。后文亦有同样情况。
② 《周易古文钞》,《刘宗周全集》一,第213—214页。

节,正是讨论"心"之"生生之义"。

　　蕺山释第二小节"(2)是故刚柔相摩,八卦相荡,鼓之以雷霆,润之以风雨;日月运行,一寒一暑"曰:"乾坤之体立,而大用乃行。于是一刚一柔,具有相摩相盪之机,则六十四卦尽在圣人之心,而于所谓雷霆、风雨、日月、寒暑之变,皆一一有体其撰矣";释第三小节"(3)乾道成男,坤道成女"时指出:"圣人之心即体立用行,全具一副造化,而生物之功自有不容已者。男女,盖以配合而为父母者言";释第四小节"(4)乾知大始,坤作成物"则进一步指出:"一始一生,交致其功。如男女构精,万物化生然";释第五小节"(5)乾以易知,坤以简能"则曰:"至此,遂直指乾坤之道。乾道健,故曰易;坤道顺,故曰简。易知简能,乃乾坤之道,而即圣人之道也。"①透过这四句话可以看出其中的三层意蕴:第一,六十四卦尽在圣人之心;第二,圣人之心具"造化生生"之功;第三,易道即是心道,乾坤之道即是圣人之道。蕺山在《人极图说》论"万性一性"时,指出:

　　　　万性,一性也。性,一至善也。至善,本无善也。无善之真,分为二五,散为万善。上际为乾,下蟠为地。乾知大始,吾易知也;坤做成物,吾简能也。其俯仰于乾坤之内者,皆其与吾之知能者也。(乾道成男,即上际之天;坤道成女,即下蟠之地。而万物之胞与,不言可知矣。《西铭》以乾坤为父母,至此以天地为男女,乃见人道之大。)②

从蕺山言论中可知,圣人之心亦即"心"之体,是事物生成演变本质的集中体现,"心"并不是"生成"事物,而是事物"生灭"之过程

---

　　① 《周易古文钞》,《刘宗周全集》一,第214页。
　　② 《人谱》,《刘宗周全集》二,第4—5页。

与状态的"性质"描述。事物之存在、演变、消无、长成的系列过程，从最为根本、终极的意义上讲便是"生生"，是从无到有、从小到大、从一物到他物，物物存在，物物又会消无。物物并不能体会它们的这种存在属性，唯圣人体思明察。圣人勘悟万物生生进程，亦即对万物生生进程给以明晰、概括。圣人以己心融会贯通万物生生之本旨，"生生"之义自然落实于"圣人之心"。圣人以一心而体万心、明万物、道万理，归根结底便是以"心"见理、以理明"心"。事事物物生生不息之本旨透过圣人之"心"而显明，圣人之"心"使人明晰万物生生本旨的工具手段便是"易"。圣人体物道而成易道，易道便是心道，心道终极所在便是物物"生生不已"之义。圣人之心将道理彰著显明，从而"心外无易"。

　　蕺山通过进一步阐论乾坤"易简"之道，凸显了圣人之心本具易道的"心易"哲学思想。他在释第六小节"(6)易则易知，简则易从。易知则有亲，易从则有功。有亲则可久，有功则可大。可久则贤人之德，可大则贤人之业。易简而天下之理得矣。天下之理得，而成位乎其中矣"指出："以易知，故即以易而知物；以简能，故即顺乾之易以为简而成物。易知，故物物皆于乾资始而有亲；易从，故物物皆于坤作成而有功。有亲，故始始不穷而同万古于一息；有功，故生生不匮而会环宇为一身。则其德业之贤于人当如何者，而岂不有以尽天下之理而成位乎天地之中乎！此伏羲氏之'心易'也，而一部《易》书从此开天立教，呜呼盛哉！"①这里，蕺山遵循了"易知简能→易从→有亲→有功"的思辨进路，而原点开端便是"乾坤之道"。

　　《乾》卦为《易》经首卦，其卦爻辞以"龙"的升跃象日光的上

---

① 《周易古文钞》，《刘宗周全集》一，第215页。

升,运用了龙的潜、见、惕、跃、飞、亢等动作形象来展示《乾》卦"健
顺"之道。蕺山在释"乾,元亨利贞"卦辞时说:"乾,健也,真阳之
德也。乾本三画卦之名,上下皆乾,则健之至也,故'乾'之名不易
焉。元,始也,大也;亨,通也;利,宜也;贞,正而固也。乾之为道,
当始亨而利于正,言可大又可久也,天下之盛德大业也。夫乾,
《易》道之第一义也。"①蕺山在《易赞》中赞"元"曰:"天地之大,其
德曰生。生生之妙,一元浑成。囊籥万有,静专不撄。声希味淡,
绝类离情。俄而盎然,俄而蒸蒸。勾忙甲拆,次第分明。君子去
仁,乌乎成名? 仁者人也,生而载灵。万物一体,克己者胜。"赞
"亨"曰:"一齐俱到,浑无后先。日用之间,视听貌言。纷缤交错,
三百三千,是为通德,溥博如天。天下文明,见龙在田。"赞"利"
曰:"易用逆数,天地转毂。君子得之,以理制欲。其利断金,刚德
靡惑。"赞"贞"曰:"智以成终,仁以成始。原始要终,一生一死。
死生之说,纯亦不已。"②据此来看蕺山对《乾》的定性和定位,
"乾"自然便是"盛德大业"。元者生生,亨者通德,利者刚德,贞者
仁智,四者配《乾》卦,乾者必为万物资始、人间大德、生生之道。
天道涵蕴于《乾》,无声无臭、无善无恶、无知无能。但是,天道之
自然无为又真切体现在"人"身上。天道透过人得以显明,而这个
关节点便是"诚"。

《文言》"九二"曰:"见龙在田,利见大人",何谓也? 子曰:
"龙德而正中者也。庸言之信,庸行之谨,闲邪存其诚,善世而不
伐,德博而化。《易》曰:'见龙在田,利见大人',君德也。""九三"
曰:"君子终日乾乾,夕惕若厉,无咎",何谓也? 子曰:"君子进德

---

① 《周易古文钞》,《刘宗周全集》一,第31页。

② 《周易古文钞》,《刘宗周全集》一,第27—28页。

修业。忠信所以进德也。修辞立其诚,所以居业也。知至至之,可与几也。知终终之,可与存义也。是故居上位而不骄,在下位而不忧,故乾乾因其时而惕,虽危无咎矣。"①蕺山对此有所发挥,指出:

闲邪存诚,由信谨以来,又操之一念之微,得诚体焉。存之言潜也,而德已见矣。故曰"君德"。君德,即天德也。

诚者,天之道也。存之为德,发之为业,忠信所以存之也。修辞立诚,谓言言必有衷,本所存为所发也。修辞所以修业,业非在外也,居之而已。又言知至知终,诚身必先于明善也。……乾一而实,诚是也。初以之潜,二以之见,三以之惕,四以之跃,五以之飞,上以之亢而悔也,天道所以元亨利贞也。②

"诚者,天之道",而"诚之者"便是"人之道"。天道自然、健顺,但唯有人才能体思勘悟、实功实行。反过来讲,天道本与人道相通,六爻之中二爻,自是通贯天道与地道的人道。从形式上看,人道与天道、地道并列为三;但从本质上看,人道、地道、天道相通圆融。《人极图说》首句便有蕺山所论:"无善而至善,心之体也。即周子太极也。通三才而言谓之极,分人极而言谓之善,其意一也。"即是说,三才之道统体为"道"、为"极",而从天之自然无为讲,谓之"天道",从地之生物延续讲,谓之"地道",从人之体天道、行地道、通三才之道讲,谓之"人道",而综合言,三才之道根本便是"生生不已",生生之道谓之"心",唯人体心、思心、明心。心涵蕴于人,便是"本心"。"本心"之明,便是人道之开显,亦即自然无为之天道与生物延续之地道之显明。天、地、人三者圆融,人心中有"本

---

① 陈鼓应、赵建伟:《周易今注今译》,第13页。
② 《周易古文钞》,《刘宗周全集》一,第35—36页。

心","本心"即是天道、地道,故而可说"存之为德";人自然彰明此"本心",便是"发之为业"。"存之为德"渊始处便是三才之道圆融统合,"发之为业"落脚点正是人道"本心"之澄明无碍。"存之为德"与"发之为业"的连贯状态正是"诚"。"诚"不仅仅是"体",同时还是"用",是"即体即用、以用明体"的过程。所"诚"之必然理据在"存之为德",所"诚"之自然彰露在"发之事业"。而"诚"之存在的必然性和可能性便是天道、地道与人道的通贯。三才之道圆融和合而成"人":"圣人之德,即天地之德也;圣人之明,即日月之明也;圣人之序,即四时之序也;圣人之吉凶,即鬼神之吉凶也。天道在我驾驭之中,天若我先,亦我后,总弗我违,见乘龙一步一骤消息如此。"①圣人"诚"天道、地道和人道,圣人之"心"本自有三才之道,天道自是"在我驾驭之中"。圣人制《易》,"心外无道"、"心外无易"之理则,又可见一斑。

　　蕺山的"心易"特点于此已经表露无疑。可将之与朱子作一比较。朱子在释"夫'大人'者,与天地合其德,与日月合其明,与四时合其序,与鬼神合其吉凶。先天而天弗违,后天而奉天时。天且弗违,而况于人乎? 况于鬼神乎?"时,指出:"人与天地鬼神,本无二理。特蔽于有我之私,是以梏于形体而不能相通。大人无私,以道为体,曾何彼此先后之言哉。先天不违,谓意之所为,默与道契;后天、奉天,谓知理如是,奉而行之。"②在朱子释此句话,人与天地鬼神无二理,即他们都受"理"之规范,他们所面对的都是"一理","大人"在"理"面前亦只是"与道默契"、"知理奉行","大人"无私而以"理"为体。"理"体而"大人"为用,朱子之《易》道是

① 《周易古文钞》,《刘宗周全集》一,第40页。
② (宋)朱熹:《周易本义》,第41—42页。

在人外，"理"在"心"外。而在蕺山这里，"天道在我驾驭之中"，"道"在"我"心中。

　　进一步结合蕺山对《坤》卦的阐述，圣人制《易》、心外无《易》之论更能凸显出来。蕺山释《坤》卦卦辞曰：

　　　　坤，顺也，真阴之德也，言其顺乎乾也。上下皆坤，纯坤体也。按：阴画偶者，左畔一画即阳也，其右乃仿而偶之，有顺道焉。故阴即阳之余气，而坤道即乾道之成者也。是故有元亨利贞之象，牝马顺而健也。顺而健，所以顺也。其占为君子攸往，元而亨也。[①]

从中可见，蕺山以坤道为乾道之"成"。也就是说，《乾》、《坤》二卦合贯一起，故而体现天地"健顺之道"。正因为乾为纯阳、坤为纯阴，乾坤故能实现阴阳和合、天地合德之境。这可从蕺山释《坤》卦之《象》传的言语得以佐证。《象》曰："至哉坤元！万物资生。乃顺承天，坤后载物。德合无疆，含弘光大。品物咸亨，牝马地累。行地无疆，柔顺利贞。"蕺山说：

　　　　此地道明坤义，而类举其四德也。乾、坤本非二气：乾道之有终者，即坤道也，此资始资生之别也，故曰"乃顺承天"。始则必亨，而利而贞，亦复如是。牝马顺而有终，有柔顺利贞之象焉。天道大元，地道至元并至贞。地道无成而代有终也。[②]

即是说，天道至健，但亦有终，而此终止之地，便是坤道。天道正，左旋；坤道反，右旋。乾坤左右互动交融，物物资生资始。有天道之玄远，必有地道之迩近；天道告人以自然、必然，地道训人以应

---

① 《周易古文钞》，《刘宗周全集》一，第41页。
② 《周易古文钞》，《刘宗周全集》一，第43页。

然、实然。天道不离地道,离地道而无有终止;地道不离天道,离天道而无有端始。天地交合,万物生生;天道与地道圆融,人道"诚明"。天道为我驾驭,地道亦为我掌控。若说"天道"为"诚"的话,那么,"地道"就是"明"。"心"中有"诚",亦有"明"。"夫坤,君子所以致顺乎道也,故其体柔而动则刚,刚以言乎正也;其用至静而德行则方,方以言乎义也。先迷后得,得所主也。既得所主,则虚灵不昧之中。万理咸备,万化自彰,而天道之在我者,真有顺承之而不二矣。此反之之道也。乾道主诚,坤道主明也。明以明此诚,诚以诚此明也。"①"乾道主诚,坤道主明","诚"之所在即是明晰、彻悟地道之"明","明"之所在乃是通贯、圆融天道之"诚"。地道为天道之"成","坤道即乾道之成者",天道健,地道顺,天地之道彼此融通,不可割裂。天道为正、为健,地道为反、为顺。有正自然有反、有对,有健自然有承、有顺。天道在我,地道与天地和合圆融,地道亦终究"在我"。乾坤之道,万物资生资始;我"心"涵含天地之道,自然秉承生生之义。万物生生、事事生生,天地全体蕴于圣人一心耳。

(二) 圣人善学天地,《易》为其阶

圣人以一心印证天地之理,即心是《易》,范围天地,曲成万物。《系辞传》曰:"《易》与天地备,故能弥纶天地之道。仰以观于天文,俯以察于地理,是故知幽明之故。原始返终,故知死生之说。精气为物,游魂为变,是故知鬼神之情状。"所谓"弥纶","弥以统之于外,纶以理之于中"②,即是说,《易》之一书已经具有天地之道,圣人用易,则应从中仰观俯察,以得天地之道。在蕺山看来,

---

① 《周易古文钞》,《刘宗周全集》一,第45页。
② 《周易古文钞》,《刘宗周全集》一,第217页。

"君子之学《易》，必求端与天地，以为致知知本，而其大者在阴阳之辨，天道之所以成文，地道之所以致理。"通过仰观俯察，君子能知天地之道莫非阴阳之所为；明"阴阳之辨"，自然必求"幽明之故"，而其"所为幽明之故"，必归位于"死生之说"。蕺山说：

> 其间自明之幽，一始一终，相为循环，原且反之，以推气数之自然，而死生之说莫祥于此矣。又进而求所谓死生之说，始无所始，聚则成形者是，终无所终，散则成变者是，总是一气之屈伸，以为终始之运，而鬼神之情状昭昭乎不可拚矣，则亦何莫而非《易》书之蕴乎！始焉由著以知微，而愈推愈入，洞造化之本原。既焉由微以知著，而愈显愈明，洩造化之妙用。①

由此可见，蕺山由"幽明"、"终始"、"显著"之论而推理"生死之说"，无非是重点突出"造化之道"。人生天地间，不要视自己为天地间之"唯一一物"，亦不要认为自己"永远存在"，人作为肉体之自然生命只是一个时间过程而已，人唯有精神生命才有可能实现"永恒"。故而，在有限的自然生命时间段内，我们所作当是锻炼自己的精神、培育自己的道德、构建自己的人格，至于利欲物诱，此等身外之物非为精神生命所范围。因而，蕺山以之"大生死"论反对俗儒以"人物"指生死，亦反对佛教言七尺之躯之成毁，即所谓"以原妙为父母未生前参究，反终为眼光落到后参究，遂有了生死"之论。正是以"大生死"观抵制学儒之人而参禅所形成的"了生死"理论。在此意义上说，蕺山才有《人谱》之撰著。

不过，蕺山强调君子学《易》要体会"造化生生"之理，其实效则是在彰显"心"的致广大、尽精微的主体能动性。蕺山说：

> 君子以一心印证天地之理，有庶几相为比拟而不我违者。

---

① 《周易古文钞》，《刘宗周全集》一，第218页。

则天下之大、万物之广,孰为遗于天地之外乎?知足以周物而
道济因之,仁知并建,一天地幽明之故也。而且推行之通,与
时消息,不坠迁流,一天地之始终也。乐天以无忧而动,而体
天之化,安土以能爱而静,而效地之灵,一鬼神之情状也。圣
人之心与天地相似,又一层一层推入去,有若此者。①

蕺山此论表明,君子积极推演"心"的能动性和主体性,透过《易》
而体思天地之道,天地生生之蕴、事物周流之意、生命幽明之道,无
不是建立于"心"之能知、能思、能悟基础之上的。唯有"心",才有
"道"的体悟,才有"道"的开显,"天地受其范围,万物受其曲成,而
幽明、死生、鬼神之知,于此益见其通乎天地万物而无间",唯"心"
知之尽,方有神之至,"神则即心是易"②。蕺山此处"即心是
《易》"的理论不同于朱熹"穷理、尽性、至命"③的解释。朱子从
"圣人用《易》"角度论阐此说,而蕺山则是从"心外无易、即心是
易"的角度来发明易道。唯"心"至大,"心"可以探赜《易》中内外
之道,凸显了人的能动性和主体性,是对人的"自我主体"之地位
和意义的提升。

　　圣人之心蕴于《易》,根源在于"圣人之心配天地"。《系辞
传》曰:"夫易,广矣大矣,以言乎远则不御,以言乎迩则静而正,以
言乎天地之间则备矣。"在蕺山看来,"不御"是言《易》无外,"静
正"是言《易》无内,《易》之无内无外则能够体备天地之道。《系
辞传》曰:"夫乾,其静也专,其动也直,是以大生焉。夫坤,其静也
翕,其动也辟,是以广生焉。"《系辞传》所说正是"天地之广大"者。

---

① 《周易古文钞》,《刘宗周全集》一,第218页。
② 《周易古文钞》,《刘宗周全集》一,第218页。
③ (宋)朱熹:《周易本义》,第226—227页。

因此,"大"者大生,"广"者广生,二者"理分见于动静之际"。① 此话涵蕴着两层意思:其一,乾坤皆有动静。乾坤本是相互依存,"以阳有动亦有静、阴有静亦有动说阳中有阴、阴中有阳的阴阳依存之理";其二,乾动与坤辟授受而交通。乾坤阴阳交通而"生生","生生"故而能"广大"。② 乾坤动静圆融通合,从而元、亨、利、贞四德悉备。朱子《周易本义》亦有同论:"乾坤各有动静,于其四德见之,静体而动用,静别而动交也。乾一而实,故以质言而曰大;坤二而虚,故以量言而曰广。盖天之形虽包于地之外,而其常行乎地之中也。"③不过,蕺山论《易》"广大悉备"落脚于"圣人之心",与朱子不同。《系辞传》曰:"广大配天地,变通配四时,阴阳之义配日月,易简之善配至德"。蕺山释之:"盖《易》本摹写天地而作,故一一与之吻合如此。此非《易》之配天地,而圣人之心早有以配天地也"。④《易》为圣人作,《易》道即天地之道,唯圣人之心体思勘悟天地之道之后方有《易》之道之显。故而,"圣人之心早有以配天地",其实质便是"心易"⑤。

圣人将其心思体悟隐蕴于《易》,则人此易、心此易,"盈天地间皆易"。《系辞传》曰:"子曰:易其至矣乎! 夫《易》,圣人所以崇德而广业也。知崇礼卑,崇效天,卑法地。"蕺山释之曰:"圣人善学天地,而《易》其阶也。"即是说,圣人透过天地万物之情而明辨其理则,通过《易》这样的手段将之开显出来。《易》是圣人认识世界之知、体思天地之道、勘查人伦之理之后的思想结晶。因而,

---

① 《周易古文钞》,《刘宗周全集》一,第 221 页。
② 陈鼓应、赵建伟:《周易今注今译》,第 604 页。
③ (宋)朱熹:《周易本义》,第 230 页。
④ 《周易古文钞》,《刘宗周全集》一,第 221 页。
⑤ 《周易古文钞》,《刘宗周全集》一,第 222 页。

"天地设位而易行乎其中矣。成性存存,道义之门"。在蕺山看来,"盈天地之间,无非易也。圣人,人此易者也。人此易,心此易也。心之所在,即性之所成,而圣人第以存存而不已者,潜心易之源,则道义皆从此出。而德以之崇,崇效天,业以之广,卑法地。转若一一于《易》书有藉然。此易之所以为至,而洵非圣人不能用之也。"①所谓"盈天地间皆易",只是"盈天地间皆心"的代名词而已。圣人制《易》、体思天地之道,《易》是反映圣人之心的"特殊形式","人此易,心此易","盈天地间皆易",实质正是"盈天地间皆心"。圣人造《易》,其对天地之道的思考和体悟便涵蕴《易》书之中,圣人之心便充塞宇宙天地间。

圣人作《易》,《易》卦之象、爻体现了圣人之"心"。《系辞传》曰:"圣人有以见天下之赜,而拟著其形容,象其物宜。是故谓之象。圣人有以见天下之动而观其会通,以行其典礼,系辞焉以断其吉凶,是故谓之爻。"蕺山释曰:"爻言乎象。此所谓象,之文王象辞。赜兼万物之广,而动专以人事言,交会处便有通行之路,亦从物宜来。象不言辞,占为备也。"②象本是解释六十四卦的卦名、卦义及卦辞,象是解释六十四卦卦名、卦义和爻辞,每一卦皆有六爻,皆有爻象(爻的阴阳)和爻数(爻的位数)。卦有卦辞,爻有爻辞,那么在象与辞之间一定存有某种关系。上引《系辞传》之论亦正是在处理这种关系。而对于蕺山,"象不言辞,占未备也",实际上是要说"'辞'是以象中所孕之变——爻为根据的"③。蕺山释《系辞传》"圣人设卦观象,系辞焉而明吉凶"亦论曰:"卦立而象具,因

---

① 《周易古文钞》,《刘宗周全集》一,第 222 页。
② 《周易古文钞》,《刘宗周全集》一,第 223 页。
③ 杨庆中:《周易经传研究》,商务印书馆 2005 年版,第 43 页。

象系辞,因辞定占,各有一定之理。此《易》之体也"①;释《系辞传》"彖者,言乎象者也,爻者,言乎变者也"亦有同论:"爻亦象也,而尽乎变者也"②,这就是圣人"立象以尽意"之谓。爻辞往往根据爻象和爻位的变动而变化,辞、占、象、变乃是"圣人作《易》大纲",《系辞传》所言"易有圣人之道四焉:以言者尚其辞,以动者尚其变,以制器者尚其象,以卜筮者尚其占",无非是"开天下寡过之门"③之自然手段。因此,君子将有为必有言,有言自然叩之蓍卦,而其理则必已具于圣人之辞中。君子由辞而受命,所行作为,在幽明之中根源于"圣人之心"。君子之心合圣人之心,君子用《易》以作为,则"若更由鼓舞之神而从事焉,以神会之余,融心得之妙,信手拈来,头头是易,非惟得意而忘言,拟亦冥心而忘象,则君子体道之极功也"④。从君子用《易》的视角来看,蕺山进一步强调了"心"的主体性和能动性:"就人心以模《易》理,若一出于神之所为者。此占法之所以可尚,而尚辞与象变,至此始有全功也。人心无思而无乎不思,无为而无乎不为,故能于寂然不动之中而遇感而遂通之妙,是以谓之神,实无截然动静之可言也。"⑤蕺山一句"寂然不动之中而遇感而遂通之妙",清晰地表明了"心"在彰明《易》道过程中的作用和价值。

圣人作《易》,本然涵蕴"心"生生不已之道,早已将自己对天地人三才之道的体思勘悟融贯《易卦》;《易》之辞、占、象、变,实无定理,但又不离天地之道,君子学《易》、用《易》,必须充分发挥自

① 《周易古文钞》,《刘宗周全集》一,第215页。
② 《周易古文钞》,《刘宗周全集》一,第216页。
③ 《周易古文钞》,《刘宗周全集》一,第229页。
④ 《周易古文钞》,《刘宗周全集》一,第235页。
⑤ 《周易古文钞》,《刘宗周全集》一,第231页。

主能动性,透过创造性的《易》理的阐释而实现人性的体悟和德行的培育。

(三) 圣人画卦,以类万物之情

正因为"易道"具于圣人一心,从而,圣人能够"类万物之情"而画卦。蕺山在对《系辞传》下"包羲氏"一章的阐论中有说明。《系辞传》曰:

(1)古者包牺氏之王天下也,仰则观象于天,俯则观法于地,观鸟兽之文与地之宜,近取诸身,远取诸物,于是始作八卦,以通神明之德,以类万物之情。

(2)作结绳而为网罟,以佃以渔,盖取诸《离》。

(3)包牺氏没,神农氏作,斫木为耜,揉木为耒,耒耨之利,以教天下,盖取诸《益》。

(4)日中为市,致天下之民,聚天下之货,交易而退,各得其所,盖取诸《噬嗑》。

(5)神农氏没,黄帝、尧、舜氏作,通其变,使民不倦,神而化之,使民宜之。《易》穷则变,变则通,通则久。是以"自天祐之,吉无不利"。黄帝、尧、舜垂衣裳而天下治,盖取诸《乾》、《坤》。

(6)刳木为舟,剡木为楫,舟楫之利,以济不通,致远以利天下,盖取诸《涣》。

(7)服牛乘马,引重致远,以利天下,盖取诸《随》。

(8)重门击柝,以待暴客,盖取诸《豫》。

(9)断木为杵,掘地为臼,杵臼之利,万民以济,盖取诸《小过》。

(10)弦木为弧,剡木为矢,弧矢之利,以威天下,盖取诸《睽》。

（11）上古穴居而野处，后世圣人易之以宫室，上栋下宇，以待风雨，盖取诸《大壮》。

（12）古之葬者，厚衣之以薪，葬之中野，不封不树，丧期无数。后世圣人易之以棺椁，盖取诸《大过》。

（13）上古结绳而治，后世圣人易之以书契，百官以治，万民以察，盖取诸《夬》。①

蕺山将这段话分为十三层次分别加以阐释。他述第一句话时指出：

> 此包犠氏作《易》缘起的据，以为仿《河》、《洛》者，皆支见也。盈天地之间，只是阴阳两端尽之。其间一消一息，有许多变化之理，而要归之进取诸身。圣人一一以身印之，见得盈天地间之理总是吾心之理，于是会作一个，分作千万个，信手一画，捷不停手，在画三画，为因重之法以推之八卦，而六十四卦之体具，则天地万物之理，总在一部《易》书中矣。王昭素曰："与'地'之间，诸本多有'天'字，通所谓夏葛冬裘、高黍下稻之类是也。神明之德即天地之德，万物之情即天地分见之情，非有二也。"愚按：天地之德，即前章"天地之大德曰生"是也。万物之情不一，而圣人以义约之，亦曰治人而已矣。人者，天地之灵、万物之秀也。②

蕺山这段解释体现出三层意思：

第一，包犠氏作八卦并非仿《河图》、《洛书》，八卦之《易》与

---

① 根据蕺山释此段话的层次而加序号。金景芳先生认为，这段话不是《系辞传》原文，并提出五条理由，因而在其《周易全解》一书中将之删除。（参见金景芳、吕绍刚：《周易全解·原序》，上海古籍出版社2005年版，第7—8页）

② 《周易古文钞》，《刘宗周全集》一，第238页。

《图》、《书》之《易》皆为《易》。即是说,包犠氏仰观天象,俯察地理,观鸟兽之纹理及天地万象之内蕴,援取人身及自然物的象征,"会通阴阳造化之性质,类别天地万物之情态"①,所创制的"八卦"之图乃是"近取诸身、远取诸物"而来,是本于自身之才性心意而展开的"制器尚象"之举。圣人所演"八卦"之《易》学与圣人治"图书"之学,虽然在形式上是不同的,但在实质上都是圣人作《易》的体现,二者皆是《易》学之重要内涵。

第二,盈天地间之理总是吾心之理,圣人信手一画而成卦,卦以见理。在蕺山看来,世间之事事物物,其意义和价值皆不离人心,唯有"心"才会赋予其意义和价值,事物之存在正是透过其意义和价值而显明。但从终极来看,"心"是物之存在的根本。"心"体之本质便是"生生",生生之意范围事事物物,事事物物才被人纳入到意义和价值的规范之下。圣人以其"心"体勘天象地理,察识虫鱼走兽,结合自身所思、所感、所悟、所明,画卦而明心。一部《易》书,卦卦有其理据,卦卦不离本心。道不可言,亦不可名,但可参悟,"圣人故以一画显之。盈天下间,万有不齐者,数也;而一以君之,一非数也。故圣人起数于二,使人自悟虚体焉。心无思也,无为也,寂然不动,感而遂通天下之故,非天下之至神,其孰能与于此!"②虽圣人之心无思无为,却又能"寂然不动、感而遂通",于己身,于远物,于他者,类万物之情而比拟之,数数以明理,画画以见心。

第三,人为天地之灵秀。人生天地之间,本就是自然之生物存在,与草木虫鱼、禽兽虎狼无异。但是,人又能超越于其他生物。

---

① 　陈鼓应、赵建伟:《周易今注今译》,第 651 页。
② 　《读易图说》,《刘宗周全集》二,第 146 页。

人能群，能言，能思，能写，而且人能够将言思与践行相统合，从而在适应世界的同时改造世界。道理本来公正的摆在人与他物之面前，唯人透视此理，觉悟此理，彰明此理。有圣人出，则以其心智悟道明理，作卦见道，以明了人之意义和价值。人是"心"的拥有者和使用者，正是人体会了"心"，参悟了"心"的无所不包、至大精微，人才成为世间的最灵最秀者。伏羲氏作《易》画卦，便是明证。蕺山在《易衍》中曾有是言："伏羲氏之道，不可得而徵矣。洪濛初叛，沕沕穆穆。探月窟，蹑天根，鼓以雷霆，润以风雨，调以四气，顺以八方，山川河岳，次第效灵。乃一举而得乾策，再举而得坤仪，又多乎哉？为之一变一合，而六十四卦相生于无穷。圣人曰：'道在是矣。吾何以语言文字为哉？'天不言，以行与事示之而已矣。"①圣人伏羲氏画卦造易，以己之思悟和知能，以己心之明而明晰天地之道，开显天道之道。天地之道不可言，一切尽在卦爻之间。

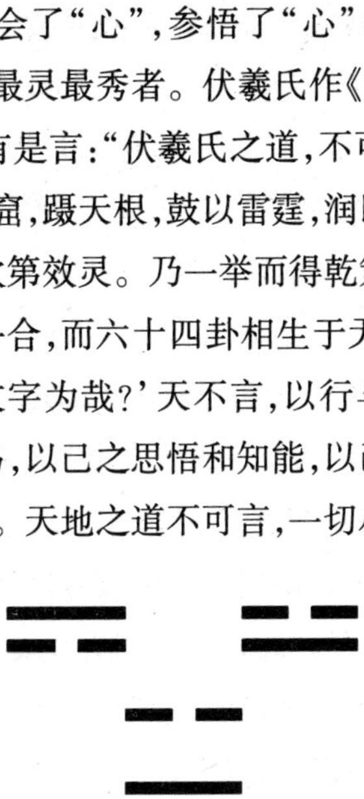

图九 《太极两仪四象八卦总图》

在蕺山看来，圣人由"一"画而作卦撰《易》，彰显了"太极"、"两仪"、"四象"、"八卦"、"六十四卦"生生不息之义。

首先，"太极"生生"两仪"。蕺山有《太极两仪四象八卦总图》（图九）描述了"太极"衍生八卦之进程。他说：

> 圣人作《易》从一画始，即太极也。因而重之，即阴阳也。

---

① 《读易图说》，《刘宗周全集》二，第146页。

阴阳既分,则太极遂隐喻无形,而以一奇一偶分阴阳矣。两仪合而一阳生,则太阳也。太阳变而生少阴,少阴变而生少阳,少阳变而生太阴,则四象立矣。两仪四象立,而八卦蕴于其中矣。统言之:得三奇三偶之纯卦,则乾坤之体也;又得三奇三偶之互卦,则六子之体也。此图立,而前可以无太极,后可以无八卦、六十四卦。盖圣人"易简"之精意也。①

圣人以"▬"表示"太极",太极并非具体某物,而是"生生"的代名词。蕺山说:"圣人只是信手一下,遂为大易母,因而生生焉。以一生二,乃得偶数,便是两仪之象。"②即是说,"太极"之"▬"本是圣人随手所画而已,并不是表现为这一"▬"。"▬"生生不已而变为偶数,即"▬▬"。那么,"太极"便隐于"▬"与"▬▬"之中。"▬▬"表示"阴",为两个"▬"。从而,"太极"分化为两仪,"自此一与两分矣,两分又两对,遂为后天两仪之定位,则三才之道亦蕴于此矣。太极出在两仪外,又入在两仪中。出在两仪外则生阴生阳,入在两仪中则以阳领阴。此易道之妙处。"③从形式上看,"太极"好似"有形",实际却在反映由"一画"而"象"而"卦"的"生生之道"。"太极"隐于无形,故而"阴阳"两仪生生;太极隐于有形之"阴阳"两仪,自然"以阳领阴"。之所以"以阳领阴",是因为:"盈天地间,一气而已矣,而阴阳分。非谓分一气以为阴,分一气以为阳也。一气也,而来而伸者,阳也,往而屈者,阴也。来则必往,伸则必屈,总一阳之变化也。故盈天地间,阳尝为主,而阴以辅之,阴不得与阳拟也明矣。"④(关于"阴阳"之本质及其内涵,下文将有详细介绍。)

---

① 《周易古文钞》,《刘宗周全集》一,第7—8页。
② 《周易古文钞》,《刘宗周全集》一,第9页。
③ 《周易古文钞》,《刘宗周全集》一,第9页。
④ 《读易图说》,《刘宗周全集》二,第128页。

其次，“两仪”生生“四象”。“太极”生生而成两仪，两仪生生，便有四种结合方式，即“⚌”、“⚍”、“⚎”、“⚏”，分别为“太阳”、“少阴”、“少阳”、“太阴”之“四象”。但是，蕺山所强调的两仪生四象并不是“一奇之上生一奇一偶，一偶之上生一奇一偶，所谓因重之说”[①]。即是说，“四象”之成立不是“—”与“▪▪”相“重”而来，而是“生生”而来。蕺山说：“奇生偶，是为太阳生少阴。偶复生奇，是为少阳；奇复生偶，是为太阴。右伴奇画自左伴偶画而生，右伴偶画自左伴奇画而生，见一阴一阳变化之妙，即所谓两仪生四象也。”[②]这种“生”是“自生”、“自变化”，不是“重”，“因重者，六十四卦之法，而非两仪四象生出之法也。天地之间，阴变阳化，自是常理，易之所以为《易》者以之。”[③]“太极”分为“—”与“▪▪”两仪之后，二者之中涵蕴“太极”，便变成“⚌”与“⚍”之象，既有“两仪”，又有“太极”之根。按照蕺山《太极两仪四象八卦总图》的说明，“两仪合而一阳生，则为太阳”，即“⚌”。太阳之“⚌”之“奇生偶”，便演变为“⚍”，即“少阴”。“少阴”之“⚍”之偶画由“—”变来，奇画由“▪▪”变来，则“—”与“▪▪”合而为“少阳”之“⚎”。“少阳”之奇画又变为偶画，则有太阴之“⚏”之成。

再次，“四象”生生“八卦”。“四象”与“阴阳”二仪分别结合，生生而成八卦，即☰乾、☱兑、☲离、☳震、☴巽、☵坎、☶艮、☷坤。蕺山说：“合两仪与四象，积之得三奇之乾焉，得三偶之坤焉。又错而交之，以坤交于乾而得长男之震、中男之坎、少男之艮，此阴变阳也；以乾交于坤而得长女之巽、中女之离、少女之兑，此阳化阴

---

① 《周易古文钞》，《刘宗周全集》一，第 10 页。
② 《周易古文钞》，《刘宗周全集》一，第 9—10 页。
③ 《周易古文钞》，《刘宗周全集》一，第 10 页。

第五章 『即心即易』——易学哲学

329

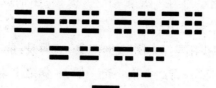

图十 《四象八卦生生图》

也,即所谓四象生八卦也。"①乾、坤二卦为纯卦,震、巽、坎、离、艮、兑为互卦。坤与乾交,乾之阳爻变换三个位置,由下自上,演变为震☳、坎☵、艮☶,三卦皆一阳爻两阴爻构成,其爻画数皆为五,为奇数,为阳数,三卦为阳卦;乾与坤交,坤之阴爻变换三个位置,由下自上,演变为巽☴、离☲、兑☱,三卦皆一阴爻两阳爻构成,其爻画数为四,为偶数,为阴爻,三卦为阴卦。按照蕺山推演逻辑而展开,其演变逻辑关系图则如《四象八卦生生图》(图十)所示。

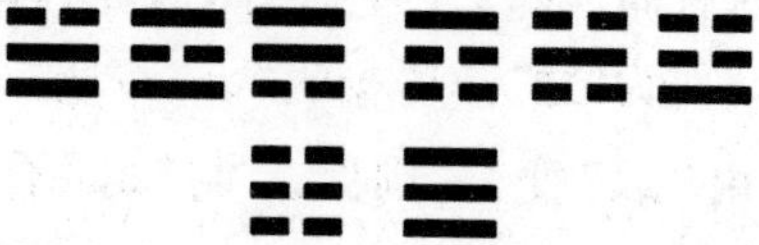

图十一 《八卦子母相生蕴六十四卦之图》

最后,"八卦"相重而成六十四卦。蕺山曾作《八卦子母相生蕴六十四卦之图》(图十一)阐释"八卦"相重而衍生"六十四卦"之逻辑关系。他说:"八卦生生之序,初然只是乾父坤母,父母交而生六子。又以乾坤近列与六子,各交八卦而生六十四卦。观乾坤可以列六子,则太极不必另为图象可知,故曰:'太极本无极'。"②从中可看

① 《周易古文钞》,《刘宗周全集》一,第10页。
② 《周易古文钞》,《刘宗周全集》一,第9页。

出三点：一，乾坤为生生之序之始；二，乾坤生六子，即震、巽、坎、离、艮、兑，而震为长男、坎为中男、艮为少男，巽为长女、离为中女、兑为少女，此八卦相互"交"而成六十四卦；三，太极生生之义便隐蕴于"八卦相交"之中，"交"从而"生"，"生生"便是"太极"。八卦"重"出六十四卦首先是建立于"乾父坤母"地位之上。"乾首与坤交，为大生之本。于是次第生三男三女，而进于本位，成纯乾。"即是说，乾坤相交，以乾为父，保留坤之阴爻，以阴爻之数与位之变动而生成震、巽、坎、离、艮、兑三男三女，最后复归乾位，从而成八卦：泰、大壮、小畜、需、大有、大畜、夬、乾。"坤首与乾交，为广生之本。于是次第生三男三女而进于本位，成纯坤。"和乾与坤交生六子一样，坤与乾交，以坤为母，保留乾之阳爻，以阳爻之数与位之变动而生成震、巽、坎、离、艮、兑三男三女，最后复归坤位从而成八卦：否、豫、观、比、晋、剥、萃、坤。其他六子之长男之震、中男之坎、少男之艮分别由坤而进，次第与六子震、巽、坎、离、艮、兑交，还之"父宫"之乾；长女之巽、中女之离、少女之兑分别由乾而进，次第与六子震、巽、坎、离、艮、兑交，还之"母宫"之坤。六子与父母、六子分别交而成四十八卦，乾坤父母互交而生十六卦，总数为六十四卦。为形象展示蕺山由八卦而六十四卦重生逻辑，特制下表：

表一　《八卦生六十四卦表》

交	乾	震	坎	艮	阴卦				
坤	泰	复	师	谦	临	明夷	升	坤	坤
震	大壮	震	解	小过	兑	革	大过	萃	兑
巽	小畜	益	涣	渐	损	贲	蛊	剥	艮
坎	需	屯	坎	蹇	睽	离	鼎	晋	离
离	大有	噬嗑	未济	旅	节	既济	井	比	坎

续表

交	乾	震	坎	艮	阴卦				巽
艮	䷙大畜	䷚颐	䷃蒙	䷳艮	䷼中孚	䷤家人	䷸巽	䷓观	巽
兑	䷪夬	䷐随	䷮困	䷞咸	䷵归妹	䷶丰	䷟恒	䷏豫	震
乾	䷀乾	䷘无妄	䷅讼	䷠遯	䷥履	䷌同人	䷫姤	䷋否	乾
阳卦					兑	离	巽	坤	交

在蕺山看来,"八卦"重而成"六十四卦","每卦各重一卦,八卦各重八卦,八八而得六十四也。六十四而易道备。"①卦止于八,是"四象"生生而成;爻只有六,是以参三才。故有"八卦成列,象在其中矣。因而重之,爻在其中矣"之说。蕺山所论"重"八卦而成六十四卦故事,即"一卦重八卦,八卦各重八卦,全从造化之理迭相推盪,正是自然之理"②。因此,他并不同意邵雍的"一每生二"之论。邵雍(1011—1077 年)《观物外篇》曰:"太极既分,两仪立矣。阳下交于阴,阴上交于阳,四象生矣。阳交于阴,阴交于阳,而生天之四象,刚交于柔,柔交于刚,而生地之四象,于是八卦成矣。八卦相错,然后万物生焉,是故一分为二,二分为四,四分为八,八分为十六,十六分为三十二,三十二分为六十四,故曰分阴分阳,迭用柔刚,《易》六位而成章也。十分为百,百分为千,千分为万,犹根之有干,干之有枝,枝之有叶,愈大则愈小,愈细则愈繁。合之斯为一,衍之斯为万。是故乾以分之,坤以翕之,震以长之,翼以消之。长则分,分则消,消则翕也。"③在蕺山看来,"一每生

---

① 《周易古文钞》,《刘宗周全集》一,第 12 页。
② 《周易古文钞》,《刘宗周全集》一,第 12 页。
③ (宋)邵雍著,(明)黄畿注:《皇极经世·观物外篇》,中州古籍出版社 1993 年版,第 321 页。

二",循序而进,终锢于"死法"而不知"变"。若循邵子之论,六十四卦又可分为一百二十八卦,进之百千万亿,且亦有七爻、八爻、九爻、十爻之卦。蕺山之"变法活法"是"生生"、"自生";邵子之"死法死数"正是程子"加一倍法"者。①

第二节 《易》以见心

　　蕺山论《易》演《易》的思辨逻辑,内蕴着"心"体论思想。无论是《读易图说》,还是《周易古文钞》,他在创构图示、阐发哲学理念的过程中,总是落脚于心性思想,且将天、地、人三才之道和合圆融,既挺立人之为人的可能理据,又凸显人成其为人的必然进程。蕺山以《易》见心的易学哲学理路,从更为深层角度强化了"心"的至上性和至善性,亦更为深刻地阐论了人的自我主体性,为君子人格的挺立明确了自在性和必然性。

一、人心妙有,生生不已

　　蕺山以己意阐论《河图》、《洛书》之意涵,在将它们变图的同时,自创新图,以此发明《易》道。他首先阐发的便是"无极太极"概念,并以"人心妙有"图示之(图十二)。蕺山于此有说明:"此人心妙有之象,为河、洛总图。中一点,变化无方。子曰:'易有太极',周子曰:'无极而太极',沦于无矣。解无极者曰'无形有理',益滞于无矣。今请为太极起废而表是图,其为象曰有,即未必周子

――――――――――

之旨也,抑亦孔门之说舆!虽然,滞于有矣,夫图其似之者也。"①
这段话涉及三个命题:"易有太极"、"无极而太极"、"无形有理"。

第一个命题"易有太极"见《系辞传下》第一章②:"是故易有
太极,是生两仪,两仪生四象,四象生八卦,八卦定吉凶,吉凶生大
业。"而蕺山在阐释"易有太极"之理则是结合上下文展开的。蕺
山所整理的此章内容为:

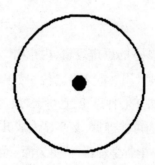

图十二　《人心妙有图》

(1)子曰:"书不尽言,言不尽意。"然则圣人之意,其不可
见乎?子曰:"圣人立象以尽意,设卦以尽情伪,系辞焉以尽
其言。变而通之以尽利,鼓之舞之以尽神。"

(2)乾坤,其《易》之缊邪?乾坤成列,而《易》立乎其中
矣。乾坤毁,则无以见《易》。《易》不可见,则乾坤或几乎
息矣。

(3)是故形而上者谓之道,形而下者谓之器。化而裁之

①　《读易图说》,《刘宗周全集》二,第127页。
②　因蕺山改《系辞传》,本属《系辞传上》之第十一章和第十二章的文字内
　　容,他调整为《系辞传下》第一章。他说:"旧本'用之谓之神'后有'易有
　　太极',二节文势不类,今改入下章。"(《周易古文钞》,《刘宗周全集》一,
　　第233页)

谓之变,推而行之谓之通,举而错之天下之民谓之事业。

(4)是故《易》有大极,是生两仪。两仪生四象。四象生八卦。八卦定吉凶,吉凶生大业。

(5)极天下之赜者存乎卦;鼓天下之动者存乎辞;化而裁之存乎变;推而行之存乎通;神而明之存乎其人;默而成之,不言而信,存乎德行。①

蕺山释第一节曰:"道不可言,圣人不得已而有言以见意,孰谓遂可尽意乎?象者,意之显者也,因象设卦而情伪尽,因象系辞而言尽,非穴言之务尽也。"②在蕺山看来,"象以言意"、"立象尽意","辞"是因"象"而系,"象"与"辞"皆是要表述圣人之"意","圣人是通过设立爻象来表达思想,设立卦象来反映真伪,撰系卦爻辞来传达语言,变异卦爻来施利于天下,摆弄蓍占体现《易》的神奇作用"③。"立象尽意"是圣人立象而表达圣人之"心"。紧接着,蕺山在阐述第二节时指出:"象莫大乎阴阳。一阴一阳,为圣人立象之大义。有象斯有易,生者自生,成者自成,即圣人不得而知之。"也就是说,圣人画卦作易根本上是看到了"阴阳"的意义和价值。"阴阳"动静即是万事万物之"生生不已"。这样的"生生"是"生者自生,成者自成",凡物皆是"阴阳"和合而成。有此"阴阳"动静之形,自然有"阴阳"动静之道。"象立而道、器分,一上一下之谓也。上者即其下者也,器外无道也。即变通、即事业、即道也,而非离器以为道也。"这里就明确体现了"即……即……"的哲学思辨,"即阴阳即道"、"即器即道","阴阳"不离"道"、"器"不离"道";"阴阳"之中就有"道","器"中自然有"道"。在蕺山看来,唯"识

---

① 《周易古文钞》,《刘宗周全集》一,第233—235页。
② 《周易古文钞》,《刘宗周全集》一,第234页。
③ 陈鼓应、赵建伟:《周易今注今译》,第640页。

得形上之道,方许识得易有太极"。蕺山终于提出了"易有太极"之论。那么,这个"道",这个"太极"究竟是什么? 蕺山在分析第四节时指出:"于是圣人分明指示道体,曰'易有太极',盖曰道无道,即乾坤之生生不息者是,是以乾坤列而四象与八卦相蕴而生。此易道之所以为至也。强名之曰'太极',而实非另有一物立于两仪、四象之前也。"①可知,"道"即是"太极","太极"即是"生生不息"者,而"太极"又实非一物,更非立于两仪、四象之前的某种"先验存在"。从本质来讲,"易有太极"是说《易》中有"生生之道",此"道"以"太极"名之。万物皆由"阴阳"动静和合而成,那么,万物便是"生生不息"而延续无穷。

第二个命题"无极而太极"见周敦颐《太极图说》。我在第四章论《人极图说》时参照张立文先生论述而明确指出,周子此语是"自无极而太极",其实质是"自无而为有"或"无能生有"的命题,"无极"为"无",在"太极"之先;"太极"为有,是"无极"的化生者。周敦颐《通书·动静》章有云:"水阴根阳,火阳根阴。五行阴阳,阴阳太极。四时运行,万物始终。混兮辟兮,其无穷兮。"②在周子看来,"阴阳"互为其根,由"五行"到"阴阳"二气。而阴阳二气混沌未分的"太极"则根于"无极"。这种"从无生有"的宇宙生成论,"把'无'看作是超越的虚无概念","能以最大的包容性而涵摄万物"③。周子解"无极太极"实存在"无极"和"太极"两个概念,且它们有逻辑先后关系。蕺山并不同意。按照他的意思,"无极"最为直接的解释就是"没有极"。他说:"无极、太极,又是夫子以

---

① 《周易古文钞》,《刘宗周全集》一,第234页。
② (宋)周敦颐:《周敦颐集》,第28页。
③ 张立文:《宋明理学研究》,第123页。

后破荒语。此'无'字是实落语,非玄妙语也。"①以"无极"来标明"太极"就是"终极",除此之外并无其他"道体"。结合前一论断"易有太极","太极"作为"生生之道"蕴含于事事物物之中,正是对《易》之本质的揭示。

第三个命题"无形有理"乃朱熹言论。朱熹曾有是言:"太极只是天地万物之理。在天地间,则天地中有太极;在万物言,则万物中各有太极。未有天地之先,毕竟是先有此理。动而生阳,亦只是理;静而生阴,亦只是理;静而生阴,亦只是理。"②也就是说,事事物物皆有其"理","理"在物先。同时,朱熹将"太极"看作是统合天道万物之理的哲学概念,"太极"为理之大全、理之极至:"太极非是别为一物,即阴阳而在阴阳,即五行而在五行,即万物而在万物,只是一个理而已。因其极至,故名曰太极。"③遵循这样的哲学逻辑,朱熹在处理"太极"与"无极"的关系指出:"殊不知不言无极,则太极同于一物,而不足为万化之根;不言太极,则无极沦于空寂,而不能为万化之根。"④在朱熹看来,如果不言太极,无极便会流入佛教之空寂,不能为万物化生之根本;如果不讲无极,则太极同于事物,不足为万物化生之根本。⑤ 即是说,讲"太极"必须有"无极"这一限定词,"太极"作为万物化生之根本才得以真切体现。所以,"无形有理"之论表明的是"太极"隐于无形,它是万物化生的本原之"理"。朱熹曾有是言:"上天之载,无声无臭,而实

---

① 《周易古文钞》,《刘宗周全集》一,第 235 页。
② (宋)朱熹:《朱子语类》卷1《理气上·太极天地上》,第 1 页。
③ (宋)朱熹:《朱子语类》卷 94《周子之书》,第 2371 页。
④ (宋)朱熹:《朱子集》卷 36,《答陆子静》,四川教育出版社 1996 年版,第 1566—1567 页。
⑤ 参见张立文:《朱熹思想研究》,中国社会科学出版社 2001 年版,第 163 页。

造化之枢纽,品汇之根柢也。故曰无极而太极,非太极之外,复有无极也。"①朱熹的理论在蕺山看来亦是"滞于无"的表现。即是说,朱子以"无极"之"名"描述"太极"的本体意义,根本上还是围绕"无极"与"太极"两个"概念"而打转,不能从"无极"之"名"中走出来。

在蕺山这里,一方面,"太极"不是生成万物的"本体",而是联结"人极"、"心"的桥梁(这在第四章第一节有详细论说);另一方面,从"无极"之"名"中走出,以"图象"的形式来说明"无极太极"之含蕴,即"妙有"之意。所谓"妙有",看似是"有",实际是"无";看似是"无",实际是"有"。"妙有"告诉我们,"太极"并不是一个具体之"物",或者"理",而是一种"生生"之"象"。前已指出,蕺山论"太极"落脚点在"心","妙有"正是"心"之"象"。

图十三 《人心全体太极之象图》

蕺山为了进一步说明"人心妙有"之意,还有"人心全体太极之象"图加以说明(图十三)。他解释道:"此人心全体太极之象。浑然一气之中,而周流不息,二仪分焉。阳生于右,阳根阴也。阴生于左,阴根阳也。阴阳相生,禅代不穷,四气行于其间矣。又分之而为八、为六十四、为四千九十六,至于无穷,皆一气之变化也,

---

① (宋)周敦颐:《周敦颐集》,朱熹《太极图说解》,第4页。

而理在其中矣。"①蕺山所构设的人心"全体太极"之象遵循着这样的逻辑进路:"气"周流不息而"分"两仪,即"阴"与"阳";"阴"与"阳"相生相克、禅代无穷;"气"中自然有"理"。也就是说,"心"之"妙有"之象之本质便是"生生","阴"与"阳"并不是"气""生成"出来的,而是"气"自然运动的"表现"。这里涉及"气"概念,该如何理解呢? 实际上蕺山早在1637年的《学言》中便已表明"太极即气"的观点:"或曰:'虚生气。'夫虚即气也,何生之有? 吾溯之未始有气之先,亦无往而非气也。当其屈也,自无而之有,有而未始有;及其伸也,自有而之无,无而未始无也。非有非无之间,而即有即无,是谓太虚,又表而尊之曰太极。"②由此处可以看出,虚即气,非由虚生气。气与太虚正如"屈"与"伸","屈"而由"气"还"虚","气"并不滞于"虚","气"之有形之上便是"虚"之无形,"虚"即是"气";"伸"而由"虚"见"气","虚"自然体现为"气",由"虚"而"实","气"即是"虚"。"虚"者自然显像为"气","气"者必然为"虚"开显。"虚"与"气"这样的和合圆融状态,表征为"太极"。③"人心妙有"正是对"太极"之情状的说明。实际上是通过"无极太极"间的即有即无、即无即有关系来说明"心"的至大与至微、至动与至静状态。而"人心全体太极"则是在揭示"太极"之动自然分化为"阴"与"阳"两仪、"阴阳"之相生、相克又自然化生为"四象"、"八卦"、"六十四卦"的宇宙生生图示中,彰

---

① 《读易图说》,《刘宗周全集》二,第127—128页。

② 《学言》,《刘宗周全集》二,第407—408页。

③ 陈永革先生说:"宗周所理解的气,并非实然的气,而是一种描述性的界定。""太虚与气,都不能理解为实然之物,而是一种'象'。太虚即气之象,并无迹象可寻,其实为天地之性体。"(陈永革:《儒学名臣——刘宗周传》,浙江人民出版社2007年版,第115页)。

显"心"与"太极"间的圆融互动。

图十四　《人心参天两地之象图》

"太极"不在"心"外,但它又不是"心"所生成;同样,"心"亦不在"太极"之外,"心"亦不是"太极"所生成。要理解"心",就要透过"太极"之形状来展示。"太极"作为不同语境的、统指天道、地道、人道的哲学概念,与"心"本是无别。蕺山"人心参天两地之象"(图十四)及其说明正对此有所阐论。他说:

> 以心参天,心即天。以心两地,心即地。其曰"参天两地而倚数",何也? 昔者圣人之作易也,幽赞于神明而生蓍,于是有数焉。圣人因而仰观俯察,裁之以参两之法。置一为太极,两得地数,三得天数,以三乘两,而得六画之数。此正以心参两之事也。故立卦分爻之后,遂以和顺于道德而理于义,穷理尽心以至于命。道义性命,非由外铄我也,我固有之也。借数以显心,非离心有数也。即易以明心,非离心有易也。然则易岂在心外乎? 数岂在心外乎? 蓍岂在心外乎? 至矣哉! 幽赞之为义也。①

此中蕺山一句"借数以显心"、"即易以明心"已经明白说明,天道之阴阳、地道之柔刚、人道之仁义乃为"心"自然如此而已,太极、

---

① 《读易图说》,《刘宗周全集》二,第129页。

阴阳、八卦、六爻,只是"心"中自然道理如此,图、数、易只是"心"的描述而已。具体到"太极",也只是"心"之存在状态的描述。

正是因为"人心妙有","心"生生不已,从而"人心万古无穷"①;亦因为此造化之理,事事物物"新新故故,相推而不穷"②。就个体之人之"心"讲,他或行善或扬恶,但作为"人"的"本心"之明、知、能并不会因为他的所作所为而或"存在"或"消逝","本心"自然如此,自在如此。"本心"之明是对天道、地道的"承接",是天、地、人三才之道落实于全体之人、整体之人的"具体体现"。进一步讲,"本心"便是人道,统合天、地、人三才之道而概观之,则其本质为"生生"。生生者,"心"也。"盈天地间皆心",生生之谓易,生生之谓心。而易即"心"。《读易图说》有云:

> 曷为天下易?曰"心"。心,生而已矣。心生而为阳,生生为阴,生生不已,为四端,为万善。始于几微,究于广大。出入无垠,超然独存,不与众缘伍,为凡圣统宗。以建天地,天地是仪,以类万物,万物是宥。其斯以为天下极。③

易者,"心"也。"心"万古不变,"生生之道"本即是"生生不已",天不变,此"心"不变。万化生生,事事物物各有其存在之必然性和自主性,亦与他物、他事之间相互影响、相互转化,事物之生与灭、有与无,体现出来的便是"生生不已"之情状。人与物"浑然同体",人是世间之一物,世间之物与"我"同性同德、共生共存。人、物可亡,而"生生"之道不亡。

即《易》而见心。戴山从"妙有"的阐论中看到了人、事、物存在的客观性与必然性以及事事物物"生生不已"的可能性,告诫我

---

① 《读易图说》,《刘宗周全集》二,第134页。
② 《读易图说》,《刘宗周全集》二,第135页。
③ 《读易图说》,《刘宗周全集》二,第136页。

第五章 「即心即易」——易学哲学

们要有"大生死"理念,要从有极、有形之具体现实中窥察无极、无形之"太极"存有。明白此理便是明晰"心"之本性。蕺山在《读易图说·易衍》中便深刻指出:

> 上下四方,一指而已矣。往古来今,一息而已矣。又孰知一指一息之所自起乎?一念而已矣。君子通宇宙以生心,由一指而一席,而一家,而一国,而天下,仍一指也。由一息而一时,而日,而月,而岁,而世运会元,仍一息也。知一指一息之为无穷无极也者,可与言易矣。故曰:"夫大人者,与天地合其德,与日月合其明,与四时合其序,与鬼神合其吉凶。"又曰:"尧、舜其心至今在。"①

有限的生命个体背后隐含着无限的生命存在,有形的自我背后隐含着无形的"生生之道"。当体思"自我"的时候,实质上便是对"他自我"的体认。我与他者之间,自然存在者"生生不已"之道,自我如此,他自我亦是如此;自我约束自己,自我践履笃行,他自我定亦能够自我约束自己,自我践履笃行。至于"他自我"是否如"自我"一样有如此的、基于"生生之道"的思悟而进行"自我"的践履笃行,"我"并不去强求。只要"自我"已经践履笃行、循规守矩、修养身心,便是对"心"的遵从和证成。"我"践行"自我",完善自我生命,便是彰明着"无穷无极"之"心"体的生生延续。看似是"玄远飘渺",却是"真实自在"。因为"我"的存在只是"生命"长河的一滴,而生命长河的生生之道却涵含于吾心之中。吾心生生不已,"生生之道"因吾而展示风采。做到如此,我便是"圣人"、"大人",便实现了与天地合德、与日月合明、与四时合序、与鬼神合吉凶。

---

① 《读易图说》,《刘宗周全集》二,第142页。

图十五　《人心中以阳统阴之象图》

二、先天后天，中和一体

在蕺山易学哲学中，"阴阳"为《易》之"象"，"象莫大于阴阳"。那么，"阴阳"究竟具有怎样的内涵和性质？蕺山创"人心中以阳统阴之象"图（图十五），并指出：

> 盈天地间，一气而已矣，而阴阳分。非谓分一气以为阴，分一气以为阳也。一气也，而来而伸者，阳也，往而屈者，阴也。来则必往，伸则必屈，总一阳之变化也。故盈天地间，阳尝为主，而阴以辅之，阴不得与阳拟也明矣。是故阳生于子，在纯阴之中，而左旋以极于午，阴生于午，在纯阳之中，而右旋以极于子。其分既已如此矣，又合而观之。阳尝居中，孕之以阴，阴尝居外，统之以阳，尤著扶阳抑阴之教焉。[①]

可从两方面来分析这段话：其一，"阴阳"之内涵；其二，"阳左旋而阴右旋"之内涵。

先看第一问题："阴阳"之内涵。蕺山说得明白，"阴"与"阳"只是"气"之分，但并不是指"一部分气"为"阳"，"一部分气"为"阴"，而是就"气"之"屈伸"来讲的。前面我已经指出，

---

① 《读易图说》，《刘宗周全集》二，第128页。

"气"即"太极","虚"与"气"之间亦存在这样的"屈伸"关系。在这里,"阴"为"太极"之"屈",阳为"太极"之"伸","屈伸"本是"太极"之自然运动变化而已。也就是说,"太极"屈伸动静而表露为"阴阳",要说"太极"之"生""阴阳",此"生"只是"太极"的"自生"与"自成",而不是所谓的先有"太极"后有"阴阳"之"宇宙论"之生成逻辑。因此,"阴阳"是"太极"之自然涵蕴的表现,运用"即……即……"思维,"太极"与"阴阳"是"即太极即阴阳"的关系,二者一体圆融、和合无碍:谈"太极",自然有"阴阳"为之显露;谈"阴阳",一定为"太极"之运动动静的自然结果,是"太极"自生自动的体现。不过,蕺山也看到了"阳为主"的一面,"来则必往,伸则必屈",这是事物运动变化的自然规律。蕺山从"阴阳"的动静中看到了"阳"的主导意义,实际上正是对人终究能够实现"本心"常明的道德境界的承认,更是对"心"体之意义和价值的遵从与践行。

再看第二个问题。"阴"与"阳"为"太极"自生自动的体现,但二者必然遵循着自身的运动轨迹,一个是"阳左旋",一个是"阴右旋":"阳生于子,在纯阴之中,而左旋以极于午,阴生于午,在纯阳之中,而右旋以极于子"。这与蕺山对《河图》、《洛书》之图的认识有关联。而且,"阳左旋"与"阴右旋"以及"阳统阴"问题与蕺山的"先天后天"问题密切相关。

关于"阳左旋",蕺山在《河图拟图》(图二)有说明。他指出:

> 合而观之,六十四卦,八卦也;八卦,四象也;四象,一阴阳也;阴阳,一太极也,太极本无极也。阳生于子,自一而三而五而七而九,极于酉;阴生于午,自二而四而六而八而十,极于卯;而中皆左旋,天道之运也。一六之水生三八之木,三八之木生二七之火,二七之火生五十之土,五十之土生四九之金,

而金复生水,各以一阴一阳分生成之德。①

这与他在"人心先天之象"图(图十六)中的释语相对应:"太极之体,其仪于阳者,有天道焉。所谓'维天之命,於穆不已'也。天道左旋三百六十五度四分之一,其数也。而数从中起,天枢建焉。盖至动之中有不动者主乎其间,所谓动之微者也。此具《河图》之象。图一三五七九,二四六八十,皆左旋而阴阳相配。五行以相生为序,五十居中,有天枢之义。"②"太极"之体仪于"阳",即是说"太极"之"屈"为"阳",即"天道"承之。"立天之道曰阴与阳","天道"自然体现为"阴阳"。在象"天"的《河图》之中,"一三五七九,二四六八十,皆左旋而阴阳相配",也就是"阳左旋"。这样,按照蕺山之意,"阳左旋"是"人心先天之象"。不过,以"先天之象"示"人心",实是述说"心"之"生生之道"而已,是以"先天之象"的运动生生不息类比"心"、描述"心"。

图十六 《人心先天之象图》

关于"阴右旋",蕺山在《洛书拟图》(图六)中有说明。他

---

① 《周易古文钞》,《刘宗周全集》一,第4页。
② 《读易图说》,《刘宗周全集》二,第130页。

指出：

> 地道右旋,《洛书》体地者也,而数主克,故一六之水克二七之火,二七之火克四九之金,四九之金克三八之木,三八之木克五之土。而五居中,冲气用事,克中有生,则所以成变化而行鬼神者愈有其用矣。此所谓后天之《易》也。①

图十七　《人心后天之象图》

这与蕺山"人心后天之象"图(图十七)中的释语相对应起来："此具雒书之象,书皆以阳统阴,而五行相克以右旋。水一统六而居下,火七统二而居右,金九统四而居上,木三统八而居左,土统四方而居中。以阳统阴,以阴间阳,尤见阴阳相得之妙,虽相克而不相害。"②蕺山以"地道"为"阴",实是说"质具于地而气行于天"的"五行"在"右旋"。其时,在《河图拟图》中蕺山就讲到了"五行"相生之道,此处则说明"五行"相克之道,但终究"相克而不相害"。

蕺山之所以有如此之论,建立在这样的分析基础上：

---

① 《周易古文钞》,《刘宗周全集》一,第6页。
② 《读易图说》,《刘宗周全集》二,第131页。

　　　　天道一气周流，任运而动，犹不无气盈六日之病，而终能
　　　过而不过，成造化之功者，实以地道一逆，分布之为七政，而行
　　　之以渐。时时有节宣之妙，天道所以生生不已也。左右互旋，
　　　顺逆相生，阳得阴遇，乃成岁功。故曰："易，逆数也。"①

也就是说，有"阳"必然有"阴"，有"阴"自然有"阳"，天道与地道、
"阳"与"阴"在互旋中互相彰显，二者不可分割。自然而然，对于
人心亦是如此。"夫人心有七政焉，七情是也。非用逆，何以作
圣"，②其道理就在于，本然之"心"本是"诚于中形于外"，本来
"心"与"性"、"性"与"情"圆融通贯，但因生活的多元性和多样
性，"个体之心"存在的多元差异，从而造成"人心"的多元性，个体
之人有过亦有恶。有过有恶并不可怕，人可以从"七情"、"五伦"、
"百行"中"迁善改过"，从而"复心"。所以说，"用逆可以作圣"。

　　　"天道"左旋而地道"右旋"，通过"五行"的相生相克彰明"太
极"生生之义。"人心"涵蕴"太极"，故而，"人心"亦具"生生之
义"。回到上面的问题，蕺山虽然看到了"阳左旋"与"阴右旋"的
运动轨迹之不同，但并不是强分出"先天"与"后天"。在他那里，
"阴阳旋运"、"先天后天"，本即是"打合为一"。蕺山强调"生成
之德"的目的正是为"心性"哲学做铺垫。

　　　既然"阳左旋"与"阴右旋"从本质上是"顺逆相生"的，那么，
蕺山也就自然而然地将天道与地道统合起来，主张"后先一天"。
他说："天道圆，地道方。圆者，运而无迹；方者，处而有尝。故天
包乎地之外，而即入乎地之中，后先一天也。故天地之气，妙合无
间，一体而两分，乃著生成之德。"③蕺山将天地间的"妙合无间、一

────────────────

① 《读易图说》，《刘宗周全集》二，第131页。
② 《读易图说》，《刘宗周全集》二，第31页。
③ 《读易图说》，《刘宗周全集》二，第132页。

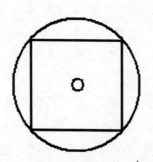

图十八　《人心中天圆合地方之象图》

体两分"的"生成之德"之形象称为"人心中天圆合地方之象"(图十八)。按照"妙合无间、一体两分"思维方式,蕺山来分析"中和一体"问题。

　　在蕺山看来,人心有"四气"。"四气"即"喜怒哀乐"四者。蕺山以为,人心有四气,正如天有四时、地有四方。在天言,"天有四时,春夏为阳,秋冬为阴,中气行焉";在地言,"地有四方,南北为经,东西为纬,中央建焉"。那么,在人言,"人有四气,喜怒哀乐,中和出焉。""四气"又与"四德",即"仁义礼智信"相对应而存在。同时,蕺山进一步指出:"元亨利贞,即春夏秋冬之表义,非元亨利贞生春夏秋冬也。左右前后,即东西南北之表义,非左右前后生东西南北也。"元亨利贞与春夏秋冬相对应而存在,左右前后与东西南北相对应而存在,自然而然。"仁义礼智,即喜怒哀乐之表义,非仁义礼智生喜怒哀乐也。又非仁义礼智为性,喜怒哀乐为情也。又非未发为性,已发为情也。"①蕺山以"四时"、"四方"为类比对象,将"四气"与"四德"看作是"妙合无间、一体两分"的关系,从而消解了先儒"以未发属性已发属情"、"性生情"、"心统性

————————————

① 　《读易图说》,《刘宗周全集》二,第132页。

情"的观点。具体而言,"心"中之有"仁义理智","本心"本是生生不已、一元常运,从"仁义礼智"潜在而自然如此讲,它们是"中",是"隐微";从"仁义礼智"受物感应刺激而动讲,它们是"和",是"显发"。这是从"本心"的本然存在状态来讲。这个状态,就是"心"之"独":"至哉独乎!隐乎!微乎!穆穆乎不已者乎!盖曰心之所以为心也。则心一天也。独体不息之中,而一元常运,喜怒哀乐四气周流,存此之谓中,发此之谓和,阴阳之象也。四气,一阴阳也。阴阳,一独也。"①前已说明,"人心妙有"、"人心全体太极","心"生生不已,故而"喜怒哀乐"自然是"仁义礼智"的"诚于中形于外","仁义礼智"自然会"感而遂通"而有"喜怒哀乐"。更进一步说,"喜怒哀乐"作为"仁义礼智"的感通之"发",并不会背离"仁义礼智","所发"必然与"仁义礼智"相对应,故为"和";"仁义礼智"自然含蕴"本心",不管它是否"感通而发",它都自自然然、必然如此,从此出发,定有与之合德符节之"喜怒哀乐",故为"中"。"中"与"和"圆融和合,体现出"一体二分"性:"中为天下之大本,而和为天下之达道,及其至也,察乎天地,至隐至微、至显至见也。故曰'体用一原,显微无间'。"②

从"本心"讲,"四德"与"四气"是"中和一体"。但从具体之"个体之心"讲,内在"本心"之"四气"演变为"七情",即喜怒哀惧爱恶欲。按照蕺山之论,"七情"就是"人心之七政","七者皆照心所发也,而发则驰矣。众人溺焉,惟君子时发而时止,时返其照心而不逐于感,得易之逆数焉。此之谓'后天而奉天时',盖慎独之实功也。"③这里,蕺山告诉我们两个问题:其一,"七政"、"七情"

---

① 《读易图说》,《刘宗周全集》二,第138页。
② 《读易图说》,《刘宗周全集》二,第138页。
③ 《读易图说》,《刘宗周全集》二,第139页。

为"照心"所发。蕺山并没有明确的"照心"理念,但从他的只言片语中可以看出,"照心"是由"觉"而成的心。"心也者,觉而已矣。觉故能照,照心尝寂而尝感,感之以可喜而喜,感之以可怒而怒,其大端也。喜之变为欲、为爱,怒之变为恶、为哀,而惧则立于四者之中,喜得之而不至于淫,怒得之而不至于伤者。合而观之,即人心之七政也。"①所谓"觉",蕺山在 1636 年《学言》中曾言:"心一也,合性而言,则曰仁,离性而言,则曰觉。觉即仁之亲切痛痒处。"②"觉"作为一种人心"自主能动性",自然会根据个体自我生活环境、人生阅历和外物刺激调整自己的情绪,从而"个体之心"在他"调整"情绪的过程中并不一定会"符合"人之"本心"的那种自然、理性、自觉的"中和"状态,因此,"四气"会有向"七政"转变的可能。但应知道,"觉"、"照心"开显"七政"的过程实际上是人的"自主能动性"发挥的过程。从"自主能动性"来讲,它自身无所谓善与恶;但从它是否实现"中和一体"角度讲,它的发挥可能会"错位"。而在这里,蕺山关心的是"自主能动性"问题本身,人善于利用、发挥"自主能动性",并有实现"中和一体"的可能。无论是"众人",还是"君子",人人有"自主能动性",人人有"照心",但唯有君子可实现"自主能动性"下的"中和一体"。这就是蕺山告诉我们的第二个问题,即发挥"自主能动性",实现"中和一体",实质上就是做"工夫"的过程。这就要求君子体思易道,透过易道实现自我的身心修养,实质上正是人自"明"而"诚"的历程。实现于此,便是"君子"。

---

① 《读易图说》,《刘宗周全集》二,第 138—139 页。
② 《学言》(上),《刘宗周全集》二,第 388 页。

第三节 《易》为君子谋

蕺山读《易》而演《易》,以《易》说心,最终落实在修德成人。在他看来,《易》"为君子谋",《易》为君子提供修德成人的智慧与策略,其实质是对人"自主性""自我性"的体验。

一、君子"尊心以神",知微知彰

"阴阳大分",则"形神相抱"。"人心"禀具"全体太极","太极"生生而以"阴阳"承,君子学《易》用《易》,自然要"得阴阳之大分"。按照蕺山论说,"阴阳大分"落脚于君子修为,便是"形神相抱"。他在《读易图说·易衍》中指出:"神,阳之为也;形,阴之为也。阴所以辅阳,形所以载神也。神褰而见役于形,则阴阳消长之势也。故君子尊心以神,尝使阳自外来,而为主于内。有时入于潜,而纯息为守。有时悔于亢,而无首得遇:皆所以尊神也。神尊而形为役矣。形神相抱,妙合无端,生生不穷。推是道也,可以治世。"①在"阴阳"关系上,"阳"常为主,人心"以阳统阴"。以"阴阳"释"形神",则"神"为主,"以神统形"。当然,"形"与"神"之间并不存在谁生谁的问题,它们只是"心"自然显发的存在状态。就"天道"之自然存在言,"阴"与"阳"为其彰显,"即天道即阴阳";就"人心"之自然存在而言,"形"与"神"为其彰显,"即心即形神"。这里,应该看到一点,"形神"为所有"人心"所具备,具备

---

① 《读易图说》,《刘宗周全集》二,第137页。

"形神相抱"之理论存在与现实世界中每个人都实现了"形神相抱"是两码事。对于"人心"之常明、常止之"本心"讲,"诚于中形于外",内在自有天道,"心意知物"四者自然运转而有"中和之性",与之对应的"情"、"五伦"、"百行"自然合德符节,有善无恶。那么,"本心"之明便是将"命与性"、"性与道"、"道与教"实现自然圆融统合,这表现出来的便是"神",便是"自觉"、"随心所欲"。而对于有些人讲,也就是众多的"个体之心"而言,"本心"之明虽常在,却因物欲利诱而不能"显发"其本然之"神",往往会"贱形废神"。

"形"以彰"神","神"以用"形"。"神"是"心"之"生生不已"之道,"形"便是"情"、"五伦"、"百行"、"万事"。"形神相抱"标明了"神"自然通过"形"彰明,"形"之运转体露自然与"神"之本旨相合。反之,"贱形废神"便是掩蔽"神"而走作"形"。自然而然,后者之为即是"过","过"成其为"过","过"而不改便是"恶"。君子之为当然是"尊心以神,形神相抱"。正如《泰》(䷊)卦所言:"内阳而外阴,内健而外顺,内君子而外小人"。天下之道,交则通,不交则携。天地交泰,泰运既启,"阴往而阳来,人事所以赞气数也,吉亨之谓也"[①]。君子"尊心以神"既是"本心"自然要求,亦是君子实现"自我规范"的思想前提。

在"形"与"神"之间存在着本来的"形神相抱"之圆融一体关系,二者本来是"本心"自然显发。但是,因为"个体之心"的多元存在,"形"之显露并不全部都体现"神"之"生生不已"之实质。因此,对于众人来讲的"过"与"恶",在君子却成为"即用以求体、知微以知彰"的认识前提。人之"过"与"恶"的产生有种种根源,

---

① 《周易古文钞》,《刘宗周全集》一,第68页。

一旦认识到问题的根源所在,即事、即时改过迁善,便可证成为君子、圣人。"圣人"乃是"无善而至善"的代名词,是"知能"的化身,是儒家所追求的最高的道德境界、知识境界。而对于"君子",作为儒学所追寻的一种"理想人格",并不是遥不可及、玄远缥缈。若一个人能够从他人的"过"与"恶"中体思明察、善观动静,自然便会"下学而上达",从此为"君子"身。对于犯过之人,有过并不是错,有过不改才是真正的"过"与"恶",若犯过之人"立地猛醒",自然便是"复心"、"复性","迷复"本身便是修德进业,是"成人"的有效手段。若明了此,自己已然走向"君子"修为。

当然,君子由人之过而明"本心",在体思明辨中"尊心以神";犯过之人"迷复"而还其"本心","即用以求体、知微以知彰"而证成为"君子",皆遵循了"体用一原"之理则。在蕺山看来,"日月,照而已矣,而照本无体;水火,燥湿而已矣,而燥湿之外别无用"①,日月自然照,照者乃日月所为;水火自然燥湿,燥湿必为水火所为。自然而然,"形"中涵蕴"神",乃"本心"自然如此;"神"之至正、至善、至纯、生生,自然通过"形"而彰显,"本心"自然有此表现。于"个体之心"讲,其言行举止亦是"形",但或许非"神"之自然显露,而是"贱形废神"之为。但对他人来讲,对"君子"而言,其"形"恰可成为养"神"的绝好参照系。因此,可从"形"与"神"之具体呈露境况中看出,"形"可被划分为两种:一、"本心"之"形神相抱"之"形";二、"个体之心"之"贱形废神"之"形"。第一种"形",自然与"神"相对应,"本心"彰明,人人为君子、圣人;第二种"形",能够为"君子"所体思明辨,而"转生"为与"神"对应之"形"。终究来讲,"形"作为"神"之"用",必然是要体现某种道德

---

① 《读易图说》,《刘宗周全集》二,第140页。

的意志和精神。"贱形"体现不出"神",但"转生"之后的"形"自然与"神"相抱。"本心"常明,"神"便不灭;"心"生生不已,"神"亦是生生不息。

因此,君子善观"形"变,"穷神知化"。《易》中有夫子之言:"精义入神,以致用也;利用安生,以崇德也。过此以往,未之或知也。穷神知化,德之盛也。"此语本载《系辞传》,然蕺山将之置之于《咸》(☲)卦。在蕺山看来,夫子此论乃"发明感通之理之妙"①。盈天下之大者,莫过于"心"。天下万事万物,殊途同归,"心"一致而虑则为百,实则百虑为一虑、百途为一归。正如天地日月寒暑之推迁,一往一来,彼此感通,此谓之天地之情;万物之尺蠖、龙蛇之有屈伸,一往一来,自感而应,此谓之万物之情。万物之情,与天地之情相感通,人之"本心"自然与天地之情、万物之情相感通,而且人人之情又会相互感通。君子在万象万性世界,以己心己意感通他人他心,"屈伸相感间,君子所以深求一致之理而自得夫百虑之妙",从而上下与天地同流、前后与万事同情。勘查参悟诸"形"诸"物",穷天地之理,知天地之化,感人心而天下和平。朱子释曰:"下学之事,尽力于'精义'、'利用',而交养互发之机,自不能已。自是以上,则亦无所用其力矣。至于'穷神知化',乃德盛仁熟而自致耳。"②朱子之论看到了君子为学"下学"之进路,虽赞成"感通"之论,但认为"上达"之"理"乃"下学"之自然效果,非"心"本有。而在蕺山,他则以"感通之理、穷神知化"为"心学要旨"③。即是说,"心"本来诚明无碍,诚于中自然发于外,其"形"自然有其"神",君子之"穷神知化"只是挺立此理,君子"善观形

---

① 《周易古文钞》,《刘宗周全集》一,第126页。
② (宋)朱熹:《周易本义》,第250页。
③ 《周易古文钞》,《刘宗周全集》一,第127页。

变"亦只是"复心"而已。对相同问题的不同释语,已显见朱、刘之异。

在蕺山看来,君子不但能够触类旁通,以己"心"感通他事他物,而且"本中建极",自我"规矩",正己以正人。《系辞传》上第十二章曰:"是故蓍之德圆而神,卦之德方以知,六爻之义易以贡。圣人以此洗心,退藏于密,吉凶与民同患,神以知来,知以藏往,其孰能与于此哉?古之聪明睿智、神武而不杀者夫!"蕺山《读易图说》释之曰:"圆以言乎其体也,方以言乎其用也,易以言乎体用之全也。"①《周易古文钞》释之曰:"以蓍德与卦爻比类而称,以见体非用不显,而神物之称有自来矣。"②蕺山两处释语皆表达了"体非用不显"的道理。在他看来,"体"立自然由"用"彰明,见"用"自然有"体"涵蕴其中。圣人"即心是易,渣滓荡涤净尽,得洗心之说焉。洗之极,藏处是易,用处亦是易"③,《易》道本乎"心",有"圣人之心"而有《易》之作、理之显;反之,透过《易》,君子可以透视"心"。如果说《易》是"圣人之心"之"用"、"圣人之心"是《易》之体的话,那么,"方圆"自是君子之"用"、"规矩"自是君子之"体"。他说:"方圆者,象也。有是象,至圆出乎规,至方出乎矩也。规矩,方圆之至也。君子本一中而见极,而规矩出焉。"④君子本于"心"而以之为"规矩",在"意"之规制下,知善知恶,好善恶恶;"心"有四端之仁义礼智,自然有喜怒哀乐之情;措之为五伦、百行,以至仪礼三千,无不规规矩矩,"其礼为貌言视听,其伦为子臣弟友,其行为出处进退辞受取与,其过为素位",一切自自然然,

---

① 《读易图说》,《刘宗周全集》二,第140页。
② 《周易古文钞》,《刘宗周全集》一,第232页。
③ 《周易古文钞》,《刘宗周全集》一,第232页。
④ 《读易图说》,《刘宗周全集》二,第142页。

"神"以践"形","形"以载"神",主体自我之自在性与能动性彰露无遗。

二、君子"以变为要",迁善改过

君子以"神"践"形"、由"体"达"用",固然是"本心"之自在要求。但"个体之心"之"形"有变异之可能存在。"形变"之后,个体之人若能"善变"而迁善改过,自然亦为君子。

君子"明变"则是从《易》道而来。《系辞传》上曰:"易有圣人之道四:以言者尚其辞,以动者尚其变,以制器者尚其象,以卜筮者尚其占。"在蕺山看来,"辞、占、象、变是圣人作《易》大纲,使后人尊尚之,而不敢忽,以开天下寡过之门"①。即是说,圣人作《易》之意图乃是为人"寡过"而创构方法和理论。这个理论便是隐含于"象变辞占"中的"变"论。朱子释此句曰:"四者皆变化之道,神之所为者也。"②蕺山更是告诫,"善学者,乃自知变始"。在他看来,唯"变"才能"通"于所穷之理、之神。阳穷则亢,阴穷则伤,"亢可言也,伤不可言也。是以君子有善变之功"。"善变"的意义和价值在于,"阳退而阴,则高明柔克;阴进而阳,则沉潜刚克"。君子如何用"变"? 蕺山说:"进极而退,则有过必改;退极而进,则见善必迁。"③在蕺山看来,"易道"就是"变","易者变也,随时变易以从道也"。当然,蕺山为了说明《易》之善于言"变",特指出:"善乎《易》之言变,莫备乎鼎革矣。革去故,鼎取新也。革之去故也,革而不已,为虎之炳,为豹之蔚。君子所以脱凡近而游高明,其然乎! 鼎之取新也,新而不已,为金之融,为玉之润。君子所以

---

① 《周易古文钞》,《刘宗周全集》一,第 229 页。
② (宋)朱熹:《周易本义》,第 237 页。
③ 《读易图说》,《刘宗周全集》二,第 143 页。

策渺修而践成德者,其然乎!"①既然蕺山以为《革》、《鼎》二卦备言"变",则由此来分析蕺山的论断。

☰☱(离下兑上)《革》:巳日乃孚。元亨利贞,悔亡。

《彖》曰:革,水火相息;二女同居,其志不相得,曰革。"巳日乃孚",革而信之;文明以说,大"亨"以正,革而当,其"悔"乃"亡"。天地革而四时成。汤、武革命,顺乎天而应乎人。革之时大矣哉!

《象》曰:泽中有火,革;君子以治历明时。

初九,巩用黄牛之革。

《象》曰:"巩用黄牛",不可以有为也。

六二,巳日乃革之,征吉,无咎。

《象》曰:"巳日""革之",行有嘉也。

九三,征凶,贞厉;革言三就,有孚。

《象》曰:"革言三就",又何之矣!

九四,悔亡,有孚,改命吉。

《象》曰:"改命"之"吉",信志也。

九五,大人虎变,未占有孚。

《象》曰:"大人虎变",其文炳也。

上六,君子豹变,小人革面;征凶,居贞吉。

《象》曰:"君子豹变",其文蔚也;"小人革面",顺以从君也。②

蕺山释《革》卦辞曰:"法之敝也,而利用革矣。革故鼎新,天下之大事也,其可易言乎! 必求之巳日之孚焉。元、亨、利、贞,四德备

---

① 《周易古文钞》,《刘宗周全集》一,第21—22页。

② 参见(宋)朱熹:《周易本义》,第177—180页。

而后从之,则革而尽善,庶不遗更张无渐之悔,甚言革之当慎也。"①在蕺山看来,"革"之本质是"去弊尽善",是人走向完美的根本途径。他在释《彖》传时指出:"文明则知之明,说则处之当,所以大亨以此也。天地不革,不成造化;圣人不革,不成世宇。一皆时之所为也。革而当,时也,非文明无以审时,非说无以趋时。"②与朱熹平淡无奇释《革》卦的论调不同,蕺山高调重视《革》卦的意义和价值,视之为实现世道文明、人伦欣悦的基本"手段"。坚守"革故"之理念,实现自我变革,从旧的观念、错误的认识和"形"态中走出来,终究会"脱凡近而游高明",从而为"君子"。

　　䷱(巽下离上)《鼎》:元吉,亨。

　　《彖》曰:鼎,象也。以木巽火,亨饪也。圣人亨以享上帝,而大亨以养圣贤。巽而耳目聪明,柔进而上行,得中而应乎刚,是以元亨。

　　《象》曰:木上有火,鼎;君子以正位凝命。

　　初六,鼎颠趾,利出否;得妾以其子,无咎。

　　《象》曰:"鼎颠趾",未悖也;"利出否",以从贵也。

　　九二,鼎有实;我仇有疾,不我能即,吉。

　　《象》曰:"鼎有实",慎所之也;"我仇有疾",终无尤也。

　　九三,鼎耳革,其行塞。雉膏不食;方雨亏悔,终吉。

　　《象》曰:"鼎耳革",失其义也。

　　九四,鼎折足,覆公𫗧,其形渥,凶。

　　《象》曰:"覆公𫗧",信如何也?

---

① 《周易古文钞》,《刘宗周全集》一,第171页。
② 《周易古文钞》,《刘宗周全集》一,第172页。

六五,鼎黄耳,金铉,利贞。

《象》曰:"鼎黄耳",中以为实也。

上九,鼎玉铉,大吉,无不利。

《象》曰:"玉铉"在上,刚柔节也。①

蕺山释卦辞曰:"鼎,器之养者也。以讬于天下之上,则养天下之大器也。君子有养天下之责,而能不愧其任焉,元吉之道也,亨可知矣。"②可以看出,蕺山以"鼎"为君子养责的基本手段。"鼎"者,"养器"也。孔颖达《周易正义》对此亦有同样发挥:"革去故而鼎取新,取新而当其人,易故而法制齐明,吉然后乃亨,故先'元吉'而后'亨'也。鼎者,成变之卦也。《革》既变矣,则制器立法以成之焉。变而无制,乱可待也。法制应时,然后乃吉;贤愚有别,尊卑有序,然后乃亨,故先'元吉'而后乃'亨'。"③即是说,君子以"革"去"故",以"鼎"养"新",从而在"补过之学"④中见善必迁、见过必改,改过便是迁善,迁善自然改过。

当人面对纷纭世界、万千伦常时,在与他人的交往中,知何种为善,自然便行善而去恶,"即知即行"而已。君子自然能够时常明察秋毫、善观时变,针对不同的生活环境和文化背景,反思伦理道德的合理性和走向道德至善的必要手段,以己之"自我主体"适应"变"的环境,从而维持正义。从蕺山对"变"的推崇来讲,君子"善观其变"的理论实在一定程度上昭示着蕺山本人的某种"向变"和"求变"的学术性格与人生路向。就他的哲学思辨逻辑讲,先儒将理、气、性、心、本体、工夫、动、静等哲学理念"二分对待",

---

① 参见(宋)朱熹:《周易本义》,第180—183页。

② 《周易古文钞》,《刘宗周全集》一,第173页。

③ 刘玉建:《〈周易正义〉导读》,齐鲁书社2005年版,第309页。

④ 《周易古文钞》,《刘宗周全集》一,第173页。

而蕺山创构"即……即……"的"一体圆融"思维方式,将哲学理念架构在整体、立体的框架中。这是"善观术变"。就蕺山的为政历程讲,"通籍四十五年,实在版者仅四年半",多数时间在家讲学明伦,从事一些造福地方的实事工作,他早已对明末"漏舟弊政"不抱信心,故而能够善变自己为政方略,与其同流合污,不如退而求贞。这是"善观政变"。就蕺山学术思想的路向来讲,明末士子学儒之人却与禅学合流,因不满他们的修己成人之道,故有《人谱》之撰著。但是,蕺山为学"己之儒、释不可不辨,人之儒、释姑置之不问",他看到了儒释交融的学术演变事实,他自己本身提倡为学"自得",自然而然,他并不以己之学强人认同。只是,蕺山的"醇儒学"的为学方向和维护儒学道统的责任心使我们充分感受到他"善观学变"的聪明智慧。此外,蕺山并不是固守传统的"老古董",他的易学、他的"心体论",处处讲"生生",因此,他的学问中,字里行间体现出对旧学的不满,对新学的向往。无论是朱子学,还是阳明学,嫡传师学的弟子较多。而蕺山学,其弟子对乃师之学意见纷呈、裂变多端,实要从刘宗周学术思想本身探求原因。蕺山整体的学思明辨之中,隐蕴着新思想的萌芽,不同学生从不同视域探赜师说,必会有不同的领会。蕺山学说本身是善变多变的,蕺山本人又重视"变",为后来人的学术创新提供了方法论依据和思想源泉。

　　君子"明变",就要"知进退存亡之道"。所谓"变",是要人因时而动、因势而动,但不是"见风使舵、八面玲珑"。君子"善变"即是"明变",是通晓"变"之道,革故鼎新、推陈出新,是从"贱形"而明辨"神道",是在他人、他事的"形"态演进中善于体思明察背后的道理。万物生生,吾与万物同体,在知人知事中知己,在体思明辨己之"本心"澄明中"尊心以神",有诸中,自然形于外。君子处世应事,须知"进退之道","以一身知进退存亡之道,而不失其正"①。君子进,则小人退;君子退,小人必进。君子从小人之进退中自然清醒"变"之实质,须知世道人心正维系于君子之进退之中。汉朝君子亢,小人自然化而为贼;宋代君子亢,小人必是化而为夷。

君子"明变",根本上是要"迁善改过"。"心"生生不已,无善而至善;"本心"常明诚明,知善知恶、好善恶恶;"个体之心"有善有恶、生过成恶。"本心"常明常主,虽为利欲蒙蔽而成过,但过可改、"本心"可复明。改过具有"六事功课",而关键在于人要从己之真切感悟、深切体思和无思无虑的内心出发来处人做事。人一旦犯过,倘若知悉"变之道",在反思、反省中自然便可回心向道。"迁善"与"改过"是相对待的道德修养路向,一个是自觉地"诚与中形于外"的路向,一个是自觉的"见善知过、知错即改"的路向。前者是经过了道德修养之后所达致的"随心所欲不逾矩"的自然境界,后者是"自我主体"在参照系的影响下、在"自我能动性"的主宰下,向"心"之"生生"本性的回归。人一旦体会到出自"个体之心"的念虑、欲望、情迷,一旦勘悟"道"出自"个体之心"的贱形、败事,此一"体会"、"勘悟"便是"改过",改过即是君子。蕺山赞"悔咎"曰:"江河之大,始于涓涓。一星之火,可以燎原。君子谨微,履冰临渊。一念偶失,亦不我宽。念念已失,转念可图。"②由此所说明的正是君子"转念"即是改过之道。凡"过"始于"念",有"念"则改,"转念"即是复"本心"。蕺山用《大过》、《小过》之卦进一步分析君子"明变"而善于"改过"之道。他说:"《易》之序

---

① 《读易图说》,《刘宗周全集》二,第152页。
② 《周易古文钞》,《刘宗周全集》一,第29页。

大、小过也。大过,过虽大,小也;小过,过虽小,大也;阴阳之辨也。小过,小人之道也。有飞鸟之象焉,中薄而外丰,名胜实也。抑而从下,载戢其羽,乃知所止也。大过,君子之道也。有栋挠之象焉,所托之地然也,其为周公之过乎!"①蕺山此处虽以《小过》(䷽)为小人之道,以《大过》(䷛)为君子之道,但他明确指出,《大过》与《小过》都是君子"改过"之途,"君子补过之法"②,也就是"君子处非常之时而能僇力相与以有为,不无失之过激也"③。君子敢于直面"过"并改过,"若圣人过越常理以承患难"④,终究"德日进"、"人日新"。

因此,面对个体的有限生命,面对无穷的"生生不息"之大道,君子"及时勉学"。夫子曰:"逝者如斯,不舍昼夜"(《论语·子罕》),世间万物,瞬息万变,人要有一定的聪明智慧,在体思"生生"之道的同时重视当下生命。"心"无知而无所不知、无能而无所不能,但个体之人、个体之心,总是要经过一个从无知到懵懂、从知之甚少到知之无穷、从有为之知到自觉之知、无为之知的过程。在不知、知之甚少的情况下,"知"是根据、手段,是人走向知与"自我"圆融和合的路径;一旦明晰了知之质、知之实,所谓"知",无非是"心"的"生生之道"自然延续。从获取具体的"知识"进路和层面讲,人寻知长识的路是漫长无比;但从知"知"之质、"知"之实来讲,人的"知"与"能"自自然然地存在于人心之中,人无限地寻知无非是在证明"知"与"能"的力量和实质,是在表现"心"的意义和价值。具体知识之间、具体认识之间、世间存有的万事万物之

---

① 《读易图说》,《刘宗周全集》二,第156页。
② 《周易古文钞》,《刘宗周全集》一,第203页。
③ 《周易古文钞》,《刘宗周全集》一,第14页。
④ 刘玉建:《〈周易正义〉导读》,第227页。

间,本来就是相通感通的,人获取的知识越多,人对"知"的本质的把握和认识就越深刻,对"心"的本体属性与功能的体思越透彻。按照蕺山之意来讲,"心"这个"本体"与认知获取知识之"工夫"本就是"通合一体",经过长时间的认知、反思和明辨,其效果就是使人体会到这个"一体性"、"圆融性"。为了体会这个效果,君子的意义和价值就在于敢于"做工夫",敢于从脚踏实地中体会"心"本来的那个"诚明"之"合一"、"圆融"。故而,"始学之,患其不立也;继学之,患其不进也;终学之,患其未有成也。与日俱迈,孜孜而不息,以千百年为见在者"①。为学之始,自有"志",志向所在便是做个君子、贤人,真切体会知与行、心与性、性与情、伦理与道德间的自然圆融通贯;为学之过程中,不耻下问,立规矩、守道德、尊礼义、重道义,践履敦笃、脚踏实地,推己及人,与万物同体;为学用功尽处,豁然开朗,"本心"明澈,自自然然,原来道理就在吾"心"中。时间教会我们用功的策略,时间终究让人从笃行中真切感悟"心"之生生大道。君子明辨,君子因而是"君子"。

---

① 《读易图说》,《刘宗周全集》二,第157页。

余论 "晚霞"与"曙光"——刘宗周与宋明理学的新路向

　　德国哲学家卡尔·雅斯贝尔斯在阐论其"世界哲学"的意义时,曾如此言:"我们是从欧洲哲学的晚霞出发,穿过我们这个时代的黎明而走向世界哲学的曙光。"①刘宗周于宋明理学的承上与启下之哲学意义亦正在于此。杜维明先生以《人谱》为"开放的系统"②,同样,蕺山哲学也是一个"开放的系统",因为研究刘蕺山的学者见仁见智,而"一致"的关于蕺山定性的"结论"尚无③。本书透过对《人谱》哲学思想的分析而认为,刘蕺山的哲学思想昭示了宋明理学"方法论"、"本体论"和"知识论"未来转向的三个"向度",在"接着讲"宋明理学的过程中,实现一定程度上的哲学创新,于宋明理学的"晚霞"之中迎来创新哲学的"曙光"。

---

①　转引自 K.雅斯贝尔斯:《哲学自传》,载 K.雅斯贝尔斯:《哲学与世界》,慕尼黑 1958 年版,第 386 页。

②　杜维明、东方朔:《刘宗周〈人谱〉的道德精神世界——杜维明教授访谈》,《学术月刊》2001 年第 7 期。

③　廖俊裕:《道德实践与历史性——关于蕺山学的讨论》,"前言",《中国学术思想研究辑刊》第二编第 20 册,花木兰文化出版社(台北)2008 年版,第 1—7 页。

一、从"二分思维"到"圆融思维"

蕺山 67 岁撰《存疑杂著》,《年谱》如此记载:

> 先生平日所见——与先儒牴牾,晚年信笔直书,姑存疑案,仍不越诚意、已未发、气质、义理、无极、太极之说,于是断言之曰:"从来学问只有一个工夫,凡分内分外,分动分静,说有说无,劈成两下,总属支离。"

> 又曰:"夫道,一而已矣。'知''行'分言,自子思子始。'诚''明'分言,亦自子思子始。'已发''未发'分言,亦自子思子始。'仁''义'分言,自孟子始。'心''性'分言,亦自孟子始。'动''静''有''无'分言,自周子始。'气质''义理'分言,自程子始。'存心''致知'分言,自朱子始。'闻见''德性'分言,自阳明子始。'顿''渐'分言,亦自阳明子始。凡此皆吾夫子所不道也。呜呼,吾舍仲尼奚适乎?"

此书于十二月告成,名曰《存疑杂著》。举凡先儒分析支离之说,先生皆统而一之。列表于左,以示概略:

先儒意见　先生意见

"心"与"性"对　性者心之性也

"性"与"情"对　情者性之情也

"心"统"性与情"　心之性情

分"人欲"为"人心"　心只有人心。人心,人之心也。

"天理"为"道心"　道心者,心之道也,人心之所以为心也。

分"性"为气质之性　性只有气质之性

义理之性　义理者气质之所以为性也

分"未发"为"静"　存发只是一机

"已发"为"动"　动静只是一理

推之"存心""致知","闻见"与"德性"之知,莫不归之于一,然约言之,则曰:心之所以为心也。又就心中指出本体工夫合并处,曰诚意。"意根本微,诚体本天",此处着不得丝毫人力。惟有谨凛一法,乃得还其本位,所谓戒慎乎其所不睹,恐惧乎其所不闻,此慎独之说也。先生曰:"诚无为,敬则所以诚之。"是也。夫朱子亦言"敬"矣,忽"诚意"一关,而缀"敬"于"格物"之前,是谓握灯而觅照。象山、阳明亦言"心"矣,象山混"人与道"而一心,则必以血气为性命;阳明谓妄心亦照,归之无妄无照,则必以虚无落象罔。先生即"诚"言"敬",而"敬"不失之把捉。本"意"言"心",而心不失之玄虚。致此之谓"致知",格此之谓"格物"。"正心"以上,则举而措之。盖一"诚意"而天下之能事毕矣。①

这段文字中,虽然蕺山所论有失实之处②,但却道出了蕺山之学的特点,并为学者所推崇。如劳思光先生说,蕺山"合'道与器'、'理与气'、'道心与人心'等对别概念而为一之特殊观点"是"刘氏说中之最大特色"③,故以"合一观"名之。牟宗三先生曾对刘汋的

① 《年谱》,《刘宗周全集》六,第464—466页。
② 如,"德性之知"与"见闻之知"分言,始于张载。横渠曰:"见闻之知,乃物交而知,非德性所知;德性所知,不萌于见闻。"((宋)张载:《正蒙·大心篇》,《张载集》,章锡琛点校,中华书局1978年版,第24页)这是"德性之知"与"见闻之知"区分之所本,而非从王阳明始有此分。"义理之性"与"气质之性"分言,亦始于张载。横渠说:"形而后有气质之性,善反之,则天地之性存焉。"((宋)张载:《正蒙·诚明篇》,《张载集》,第23页)自朱子门人以后,"天地之性"亦称为"义理之性",而非程子始有此分。(参见李明辉:《刘蕺山对朱子理气论的批判》,《汉学研究》2001年第2期)
③ 劳思光:《新编中国哲学史》(三下),第429页。

这种说法①表示批评,认为它"无实义,乃故作惊人之笔之险语","此亦无实义。即使可以这样一之,又何碍于分别说耶？若胶着于此而讲其学之性格,必迷失旨归而至于面目全非。"②但亦承认蕺山对先儒诸哲学理念"一之"。在本文看来,蕺山对宋明儒诸哲学理念的统合方法,乃是一种新的哲学思辨方法,即"即……即……"之"一体圆融"思维。这样的思维方法是对先儒"二分式"思维的超越,是新哲学发展的必然路向。

宋明理学家对先秦以来的诸哲学理念,如"心"、"性"、"情"、"动与静"、"尊德性"与"道问学"、"已发"与"未发"、"中"与"和"等,在参考、借鉴释道相关思想的基础上,重新加以诠释,理论深度不可谓不深。但思辨逻辑依然停留在概念间的"二分"、"对待"基础上,只是,他们运用此方法阐释概念间的关系时更加娴熟和深刻。

比如张载论"气质之性"和"天地之性"。人性问题是中国哲学史上一直争论不休的问题。孟子主张"性善",告子主张"生之为性",佛教主张"佛性"。张载则认为此三种对"性"的认识皆有偏执,从而提出"天地之性"和"气质之性"的二元人性论。他说:"形而后有气质之性,善反之则天地之性存焉。故气质之性,君子有弗性者焉。"③人在形成过程中,禀受阴阳二气,人的身体条件、特殊形体各有不同,从而造成人的"气质之性"之差别,是兼有善

---

① 姚名达之论述乃建基于刘汋《蕺山刘子年谱》基础上。刘汋曾这样评价蕺山:"先生即诚言敬,而敬不失之把捉,本意言心,而心不失之玄虚,致此之谓致知,格此之谓格物,正心以上则举而措之,盖一诚意而天下之能事毕矣。所由合朱、陆、阳明而直追明道、濂溪,上溯之孔、孟而止。呜呼,至矣乎!"(《刘宗周全集》六,第148页)

② 牟宗三:《从陆象山到刘蕺山》,上海古籍出版社2001年版,第321页。

③ (宋)张载:《正蒙·诚明篇》,《张载集》,第23页。

与恶。而"天地之性"则是"太虚"本性,纯一至善。具体而言,所谓"气质之性",①人生来俱有的固有属性,"湛一,气之本;攻取,气之欲。口腹于饮食,鼻舌于臭味,皆攻取之性也",①此"攻取之性"即"气质之性";②人与物之所共有与个有之性,"气质犹人言性气,气有刚柔、缓速、清浊之气也,质,才也。气质是一物,若草木之生亦可言气质",②草木与人皆为"物",皆有"气质",只是"气质"有"清浊","清气"为人,"浊气"为物;③"气质"可变,"为学大益在自求变化气质,不尔皆为人之弊,卒无所发明,不得见圣人之奥"③,变化气质便是迁善改过,克去"气质"中的恶的成分,而达致"天地之性"。所谓"天地之性",则是较"气质之性"高一层次的"太虚"本性,为"圣人之性",其本质表现:①"天地之性"是永恒的,"聚亦吾体,散亦吾体,知死之不亡者,可与言性矣"④;②"天地之性"是善的,"性未成则善恶混,故亹亹而继善者斯为善矣。恶尽去则善因以成,故舍曰善而曰'成之者性也'";③"天地之性"是"和"与"乐","和乐,道之端乎!和则可大,乐则可久,天地之性,久大而已矣"。在张载看来,"天地之性"与"气质之性"既相分别,又相融合,"性者万物之一源,非有我之得私"。⑤ 说"一源",表示二者皆来源于"太虚之气",一于"气"。张载"性二元论"不仅说明了一般人与所谓"圣贤"间的不同,亦说明了人可以通过变化气质而"知礼成性",反本为"圣"。⑥ 张载对人性论的分

---

① (宋)张载:《正蒙·诚明篇》,《张载集》,第22页。
② (宋)张载:《经学理窟·学大原上》,《张载集》,第281页。
③ (宋)张载:《张子语录·语录中》,《张载集》,第321页。
④ (宋)张载:《正蒙·太和篇》,《张载集》,第7页。
⑤ 以上三则引文分别见(宋)张载:《正蒙·诚明篇》,《张载集》,第23、24、21页。
⑥ 参见张立文:《宋明理学研究》,第224—228页。

析较前辈更为完善、合理,但其性论的"二分法"已然人为预设了人与人之间、人与物之间的"差别",在一定程度上落入双方、人物之间的"对立"与"斗争"之中。

至于解"德性之知"与"闻见之知"、"天理"与"人欲"、"涵养"与"省察"、"知"与"行"、"心"与"性"、"性"与"情"、"理"与"气"等,周敦颐、程颢程颐、张载、朱熹、陆九渊等宋儒皆未能脱离"二分对待"思维。有学者指出:"(朱熹)在理论上陷入了'理'与'气'、'太极'与'阴阳'、'道'与'器'、'格物'与'穷理'、'道心'与'人心'、'天理'与'人欲'的二分和对待之中。曾与朱熹'道学'相抗衡的陆九渊,尽管觉察到朱熹哲学逻辑结构的这个矛盾,但在一些问题上仍然沿用程、朱观点,即使在论述'心'与'理'的关系中,有把'心'与'理'并列的价值取向,说明他还处在一种未圆融之中。"[1]那么,王阳明是否就实现了"心"与"理"、"心"与"物"的圆融呢? 从前者讲,阳明的确是"消解"了朱子以来的"心"与"理"的二分,其"心即理"论断将"心"与"理"圆融。但是,阳明"心外无物"的论断,却未将"心"与"物"圆融,终究亦是设定了自我"心"之外的"非我"——"物"——作为自我"心"的对待面,[2]这在思维方式上依然是"二元对待"结构。

那么,王阳明的"知行合一"论是否打破了"二元对待"思维呢? 客观说,"知行合一"论已经有打破二元思维的倾向。比如,"未有知而不行者,知而不行,只是未知。……我如今且去讲习讨论做知的工夫,待知得真了,方去做行的工夫,故遂终身不行,亦遂

---

① 张立文:《宋明理学研究》,第 484 页。
② 阳明"心"与"物"如何二分,参见张立文:《宋明理学研究》,第 493—501 页。

终身不知"①；"知之真切笃实处即是行，行之明觉精察处即是知，知行工夫，本不可离。只为后世学者分作两截用功，失却知行本体，故有合一并进之说。"②真知即是行，行便是真知。从这个意义上讲，"知"与"行"圆融一体。但是，阳明之"知"是"心"之"知"，"检验是非之'知'的标准，不是孔子和朱熹的言论，而是心体。"③将"知"归根于"心"之"知"，一方面可以反对权威崇拜、反对教条，解放思想，但另一方面却是无限张扬"个体"，是从"权威"、"束缚"倒向"纯粹自由"、"绝对自由"，是由一个"本体"到另一个"本体"的转换，而不是对"本体"之唯一、绝对的打破。所以，阳明在思维方法上有新观念的提出，却又源于自己的"良知"框架，终究亦是在打破权威时走向"自我的绝对化"。

单纯从思辨方法上讲，须重视朱熹的"一分为二"法。朱熹之方法建基于邵雍"一分为二"命题和二程"万物莫不有对"的思想，并吸收了张载"一物两体"的辩证思维。朱熹学生甘节记载："问：'先生以为一分为二，二分为四，四分为八，又细分将去。程子曰："性中只有仁、义、礼、智四者而已。"只分到四便住，何也？'曰：'周先生（敦颐）亦止分到五行住，若要细分，则如《易》样分'。"④在一分为二的过程中，程颐只分到"四"，周敦颐在《太极图说》中也只是分到"五"，而朱熹则把它无限延续下去，在解释《周易·系辞传》之"太极生两仪，两仪生四象，四象生八卦"时便指出："此只是一分为二，节节如此，以至于无穷，皆是一生二尔。"⑤关于"分"的

---

① （明）王守仁：《王阳明全集》卷1《传习录》上，第4—5页。
② （明）王守仁：《王阳明全集》卷2《传习录》中《答顾东桥书》，第43页。
③ 张立文：《宋明理学研究》，第513页。
④ （宋）朱熹：《朱子语类》卷6《性理三·仁义礼智等名义》，第105页。
⑤ （宋）朱熹：《朱子语类》卷67《易三·纲领下》，第1651页。

内容,《朱子语类》有这样记载:"问:'去岁闻先生曰:"只是一个道理,其分不同。"所谓分者,莫只是理一而其用不同? 如君之仁,臣之敬,子之孝,父之慈,与国人交之信之类是也?'曰:'其体已略不同,君臣、父子、国人是体;仁、敬、慈、孝是用。'"①"体"便是本质,"用"即是表象,"二"在性质上与"一"是不同的。那么"一"为何? 朱子说:"'一'是一个道理,却有两端,用处不同。譬如阴阳:阴中有阳,阳中有阴,阳极生阴,阴极生阳,所以神化无穷。"②即是说,"一"存在着相互排斥、相互对待的"两端",它们各有用处,却又不可分割。对待的一端须以另一端为自己存在的条件,相对待双方存在于统一体中。对待双方终究要落实于"一",统一到"理"。所谓"二",朱熹说:"东之与西,上之与下,以至于寒暑、昼夜、生死,皆是相反而相对也。天地间物,未尝无相对者。故程先生尝曰:天地万物之理,无独必有对,皆自然而然,非有安排也。"③万事万物间自然有差别,有差别便有事物间的联系。这从理解事物存在本质而言,固然有其合理性。但是,朱子之论乃是为其"理"本体论服务的,终究还是服务与社会三纲五常、等级秩序等永恒的最高原则。④

尽管说朱熹的"一分为二"法在阐释"气"与"物"的进程中效果不错,能够清楚梳理二者关系,但毕竟是为其"理一"之本体服务。"一分为二"理论看到了事物间的差异,将张载"一物两体"之"两"的认识发挥极致。之后,方以智则提出"合二为一"说,注重阐释差别着的事物间的通合性。他说:"曰有,曰无,两端是也。

① (宋)朱熹:《朱子语类》卷6《性理三·仁义礼智等名义》,第102页。
② (宋)朱熹:《朱子语类》卷98《张子之书一》,第2511页。
③ (宋)朱熹:《朱子语类》卷62《中庸一》,第1324页。
④ 参见张立文:《宋明理学研究》,第48—49页。

虚实也,动静也,阴阳也,形器也,道器也,……尽天地古今皆二也。
两间无不交,则无不二而一者。"事物之间有对待的"两端",两端
自然要"交",从而"合二而一"①。看到差别的事物之间有联系、
交往,就其相互联系、相互交往而成为一个"关系体"言,固然真实
的揭示了事物的本质。但是,方以智非要探寻出一个终极的"一",
将差异的、联系的事物之本质归位于"几"、"真天"、"真阳"②,则依
然坚持有"无对待的形上学本体",显然还是未能跳出本体论
窠臼。

认识到事物之间有差异,固然是对事物本质认识的深化;将差
异的事物"合二为一",实现事物间相互联系的明确化,亦自然无
可厚非。但是,若非要为差异的事物寻求一个终极的"一",则必
然走向极端。综合来看"一分为二"和"合二为一"之说,在承认它
们的积极性的同时,亦应看到它们的理论偏颇:要么偏向"一分为
二"的易简化分析,崇尚"你死我活"的斗争,人为制造"非此即彼"
的取舍推理和"两败俱伤"的价值冲突;要么偏向"合二而一"的简
单化综合,崇尚"你中有我"、"我中有你"的同一,人为设计"亦此
亦彼"的二元混淆和"无可无不可"的随意掺和;要么否定之否定,
斗争与同一阶段性极化,分析与综合周期性震荡。③

刘蕺山在处理先儒所涉及的哲学理念时,采取的是与"对待
二分思维"不同的另外一种思维方法,即"即……即……"的"一体

---

① (明)方以智:《三征篇》,《东西均》,中华书局 1962 年版,第 17、24 页。

② 方以智:"几有动静往来,无不交轮,则真常贯合,于几可征矣。"(《三征
篇》,《东西均》,第 24 页)"有天地对待之天,有不可对待之天;有阴阳对
待之阳,有不落阴阳之阳;有善恶对待之善,有不落善恶之善。"(《反因
篇》,《东西均》,第 40 页)

③ 参见张立文:《和合哲学论》,第 51 页。

圆融"思维①。在这个"即 …… 即 …… "圆融关系中,第一,"即……"与"即……"二者相对独立,有其各自蕴含与意义;第二,"即……"与"即……"二者不可割裂开来,应该在相对相生的存有状态下互相理解;第三,前"即……"是后"即……"的基础,应该立定前者来通贯二者,而不是立定后者通贯二者。

蕺山早在 1613 年《与以建二》书信中便主张哲学理念间的融合通贯。他说:

> 道形而上者,虽上而不离乎形。形下即形上也,故曰下学而上达。下学非只在洒扫应对小节,凡未离乎形者皆是。乃形之最易溺处在方寸隐微中。故曰人心惟危,道心惟微,即形上形下之说也。是故君子即形色以求天性而致吾戒惧之功焉。②

---

① 陈立骧先生在其《刘蕺山哲学思想研究》博士论文中提出了"辩证的思路",并以之说明蕺山阐论哲学概念的特征,与我所说"一体圆融"思维近似。所谓"辩证的思路"是指:"思想家们并不以一套人为设计的、分解的存有论层序之理论架构,来区分、来框套,以及来解释天地万物及人类的生命、社会、历史与文化等,而是直接就整个实存的宇宙人生之大化流行来说本体,并认为本体之中含有相反而又相成、相灭而又相生,同时互为隐显,浑然相融的两股势能或动力,如阴与阳、翕与辟或静与动等,而由于它们彼此不断地相互起作用,不断地一阴一阳、一翕一辟或一静一动等,因而带动了整个实存的宇宙人生之生生不息和永续发展的这样一种思路。"(陈立骧:《刘蕺山哲学思想研究》,载陈立骧:《宋明儒学新论》,复文图书出版社(高雄)2005 年版,第 49 页)

② 《书》,《刘宗周全集》三,第 299 页。李明辉先生在诠释这句话中的"即"之含义时,指出:"这个'即'字既非表示逻辑意义的 A = A,亦不可理解为象山、阳明就心之自我立法而言'心即理'之'即',更不同于天台宗以非分解的、诡谲的方式说'生死即涅盘,烦恼即菩提,无明即法性'之'即'。这个'即'字当是意谓'虽形下者,而形上者即在其中'或'就形下之中而指其形而上者'之义"。(李明辉:《刘蕺山对朱子理气论的批判》,《汉学研究》2001 年第 2 期)李先生对"即"的说明与本书之用意较为接近。

正由于形上寓于形下、形下内蕴形上,那么,为学之"应然之则"便是立定下学而实现上达,在形下工夫中彰显天命之性,故"乃形之最易溺处在方寸隐微中。故曰人心惟危,道心惟微,即形上形下之说也。是故君子即形色以求天性而致吾戒惧之功焉"。这样的观点在《虞书》便是"精一",在孔门便是"克己",在《易》便是"洗心",在《大学》、《中庸》便是"慎独",在周子便是"一",朱子便是"主敬",在阳明便是"致良知",本质一同。归根结底,形下之处世应物与形上之性天道体"无显微,无精粗,无内外,无动静,无大小,无之非下学,则无之非上达",凡是将形上与形下分割、下学与上达对立的观点都不合蕺山之意。亦正是从此观念出发,蕺山将只言形上、达道而割裂形下、下学的学问思路看作是"离相求心、以空指道",当时"异学之纷纷"①之观点之实质正是如此。

综合来看,蕺山以"圆融思维"来阐释的哲学理念主要有"即形下即形上"、"即气即理"、"即器即道"、"即心即理"、"即心即性"、"即性即独"、"即性即情"、"即存养即省察"、"即隐微即显发"、"即知即行"、"即本体即工夫"、"即心即易"、"即太极即阴阳"等对偶范畴。这在前文已有充分地说明。正是这个思维方式,蕺山将"盈天地间皆……"实现圆融通贯。

二、从"实性本体"到"生生道体"

在宋明理学史上,周敦颐、程颢程颐、张载、朱熹、陆九渊、王阳明等理学家们比较自觉地关注现象世界的本原问题,或以"理"、或以"心"、或以"气"为本体,构筑了一个纳自然、社会、人生为一体的道德形上学哲学系统。对"本原"的体认,就是"本

---

① 《书》,《刘宗周全集》三,第299页。

体论"问题。然而,理学家悉心建构的本体乃是"实性"本体、"一元"本体,禁锢了人的思想、局限了人的思维。刘宗周出入宋明理学诸家,倡论"生生"之道,构架虚性"生生"道体哲学,在一定程度上实现对宋明儒"实性"本体的解构,将宋明理学家本体思辨推向前进。

　　向世陵考证指出,司马光是宋代儒学阵营中较早使用"本体"概念的学者。司马光在注《易传·系辞上》之"乾坤,其易之缊邪"一段时,继承了易学以"乾坤阴阳"为本体之说:"缊,聚也。阴阳者,易之本体,万物之所聚。"在他看来,"易"包含了阴阳之气的本体与万物凝聚的现实,乾坤与易变就是"更相为用"的关系。司马光还指出:"'是故形而上者谓之道',无形之中,自然有此至理。在天为阴阳,在人为仁义。'形而下者谓之器',有形可考,在天为品物,在地为礼法"①。从天道而论是阴阳本体,在人道就是仁义本体,阴阳与仁义具有同一的属性,都属于无形之至理;与此相应,有形迹可考的万物万象和人世礼法,便是形而下的具体器物。因此,司马光以形而上的道为本体,形上至理与形下器物相对共生,构成中国哲学以有无、显隐的对置关系来表述本体内涵的路向。②

　　理学开山周敦颐是以"无极"为宇宙本体。他在《太极图说》中指出:"自无极而为太极。太极动而生阳,动极而静;静而生阴,静极复动。一动一静,互为其根。分阴分阳,两仪立焉。阳变阴合,而生水、火、木、金、土。五气顺布,四时行焉。五行,一阴阳也。

---

① 转引自司马光:《温公易说》,载文渊阁《四库全书》第 8 册,商务印书馆(台北)1986 年版,第 643 页。
② 参见向世陵:《中国哲学的"本体"概念与"本体论"》,《哲学研究》2010 年第 10 期。

阴阳,一太极也。太极本无极也。五行之生也,各一其性。无极之真,二五之精,妙合而凝。乾道成男,坤道成女。二气交感,化生万物。万物生生,而变化无穷焉。"①这里,由"无极"→"太极"→"阴阳"→"五行",同时又由"五行"→"阴阳"→"太极"→"无极","无极"是周敦颐哲学逻辑结构的出发点和归宿。尽管"无极"自身寂然不动,但却能够化生"太极",而"太极"之动与静,自然化生"阴"与"阳","两仪立";"阳"变"阴"化而化生水、火、木、金、土五行,五行顺布,四时则行。"阴阳"二仪与"五行"五气"妙合而凝",便能化生男女、万物。因此,"无极"化生万事万物,是宇宙万物的本原,是人类社会最高的伦理道德原则。② 陈来则以"太极"为濂溪宇宙论本体,《太极图说》的宇宙发生学表明了世界在本质上是从某种混沌中产生出来的东西,是某种发展起来的东西,是某种在时间过程中逐渐生成的东西。③ 实不管是以"无极",还是以"太极"为宇宙本体,毕竟是以某一"化生万物"之"绝对存在者"作为本体。

理学奠基者张载的"太虚即气"说则强化了宋明理学的本体思想。他说:"太虚无形,气之本体,其聚其散,变化之客形尔";"太虚不能无气,气不能不聚而为万物,万物不能不散而为太虚。"④有学者指出,"气之本体"并非指"气"外有一虚空的"太

① (宋)周敦颐:《周敦颐集》,第3—12页。

② 参见张立文:《宋明理学研究》,第109页。另,劳思光先生说:"'无极'方为'万有'之'本',即'有'生于'无'之义"。(见劳思光:《新编中国哲学史》(三上),第75页)可见,劳思光先生亦以"无极"为濂溪哲学宇宙本体。

③ 参见陈来:《宋明理学》,第50页。

④ (宋)张载:《正蒙·太和篇第一》,《张载集》,第7页。

虚"为其本体,而是指太虚的本来状态。① "太虚"之"气"具有两种运动状态:一是"聚",即"气"凝聚而成有形的万物;一是"散",即"气"分散而回复为无形的"太虚"。即是说,"气"作为万物之"本体",本身便是"虚","知虚空即气,则有无、隐显、神化、性命通一无二,顾聚散、出入、形不形,能推本所从来,则深于《易》者也"②。张载"气"论从本体论上赋予"气"抽象意义,既是对释道"虚"、"空"的吸收,又为儒家本体论哲学系统的建构作出了榜样。

同为理学奠基者的程颢说:"吾学虽有所受,天理二字却是自家体贴出来。"③尽管"理"在周敦颐《通书·理性命》章、邵雍《观物篇》、张载《正蒙·太和篇》有所言及,但唯至程颢才确定"理"在"理学"中的地位,"自家体贴出来"的"理"被提升为形上学逻辑结构的最高范畴。在二程以"理"为本体的哲学逻辑结构中,"有理而后有象,有象而后有数。《易》因象以明理,由象而知数";"在理为幽,成象为明,'知幽明之故',知理与物之所以然也";"有理

---

① 参见张立文:《宋明理学研究》,第 192 页。另,张岱年先生亦以"气"为本来状态。如他说:"客形是变化不定的形态,本体是本来恒常的状况。"(见张岱年:《中国古典哲学概念范畴要论》,中国社会科学出版社 1989年版,第 66 页)劳思光先生亦说:"'太虚'与'气'二词为最高实有之两义,而非在'气'外另立一'太虚'。"(见氏著:《新编中国哲学史》(三上),第 132 页)而向世陵先生则指出:"清虚无形的太虚是气的'本体',气在太虚中聚积成形与散归'本体',都只是变化的暂时形态,故以'客形'的概念来规定之。于是,所谓'本体',一是与气化有形对应的至虚无形;二是与聚散客形对应的常住永恒。"(见向世陵:《中国哲学的"本体"概念与"本体论"》,《哲学研究》2010 年第 10 期)
② (宋)张载:《正蒙·太和篇第一》,《张载集》,第 8 页。
③ (宋)程颢、程颐著,王孝鱼点校:《河南程氏外书》卷 12,《二程集》,第424 页。

则有气,有气则有数。鬼神者,数也。数者,气之用也。"①"理"为形而上最高范畴,虽从具体实意上有别于张载之"气",但从其作为"本体"之存在者讲,它们本质相同。只不过,二程之"理"是观念性实体,是世界万物的"必然"和"所以然",是宗法社会典章制度和伦常道德的升华,是无形的、虚设的绝对。②

理学集大成者朱熹哲学形上学的核心范畴亦是"理"。在朱子看来,"理"与"气"、"物"相关联,"理"有赖于"气"而"造作",依"气"而安顿、挂搭;"物"是"理"的体现和表象,是"理"借"气"化生出来的。朱子说:"自下推而上去,五行只是二气,二气又只是一理;自上推而下来,只是此一个理,万物分之以为体。万物之中,又各具一理,所谓乾道变化,各正性命,然总又只是一理。"③在这个世界图式中,"理"是形而上的本体,是人类社会的最高原则。自然界之万事万物被化生,自然有超越于自然界、不依赖自然界而存在的东西。这就是"理":"未有天地之先,毕竟也只是理。有此理,便有此天地;若无此理,便亦无天地、无人无物,都无该载了。""理"先天地、先人物,无"理"便无人、无物。而且,"理"不像天地、人物一样,它自身不生不灭:"且如万一山河大地都陷了,毕竟理却只在这里。"④朱子之"理"乃为"实理",并据此批评佛教"一切皆空"的形上本体:"吾儒心虽虚而理则实。若释氏则一向归空寂去了。"⑤朱子将释氏所言"理"看作是"虚理","虚理"则"无

---

① 分别见(宋)程颢、程颐:《河南程氏文集》卷9《答张闳中书》,《二程集》,第271页;《河南程氏经说》卷1《易说·系辞》,《二程集》,第1028页;《河南程氏粹言》卷2《天地篇》,《二程集》,第1227页。

② 参见张立文:《宋明理学研究》,第264—273页。

③ (宋)朱熹:《朱子语类》卷94《周子之书》,第2374页。

④ (宋)朱熹:《朱子语类》卷1《理气上·太极·天地上》,第3页。

⑤ (宋)朱熹:《朱子语类》卷126《释氏》,第3015页。

物"、"无理"、"一切皆空",从理论上导致否定形而上本体"理",使其"大本不立"。朱熹以"理"为"实理",此"理"借助于"气"而化生无物,又通过"格物穷理"的体认工夫,"理"自己安顿自己,复归到"理"。① 这样,朱熹一方面以二程的天理本体论为基础,一方面引入张载的"气"论,正统理学的本体论臻于完备。②

与朱熹同时代之陆九渊则构建了以"心"为本体的哲学系统。他说:"盖心,一心也;理,一理也。至当归一,精义无二,此心此理,实不容有二。故夫子曰:'吾道一以贯之。'孟子曰:'夫道一而已矣。'又曰:'道二,仁与不仁而已矣。'如是则为仁,反是则为不仁。仁即此心也,此理也。……此吾之本心也。"③象山认识到朱子析"心"与"理"为"二"之弊,强调"心"与"理"的"一",主张"心即理"。在他看来,"心"与"理"精义无二,以此消解"理"的超越主体的性质。在二程和朱子,"理"都是凌驾于自然万物和社会伦理道德之上的精神实体,但在象山,"理"被安置在"心"的主体结构中,"主体"即"本体","心"为最终的本体,"人皆有是心,心皆具是理。心即理也"④。万事万物皆包孕于"心"之中。这一"心",既是知觉能力,又是主体道德精神,还是伦理道德规范的终极根源,成为不分时代、地区、人物的超时空、超人物的囊括宇宙、无物的形上本体。⑤

象山"心即理"的"心"并未完全克服朱熹"理"的客观实在性,为学尚未"精"。明代王阳明所建构的"心即理"之"心"学则

---

① 参见张立文:《宋明理学研究》,第 360—368 页。
② 参见宋志明:《薪尽火传——宋志明中国古代哲学讲稿》,北京师范大学出版社 2010 年版,第 356 页。
③ (宋)陆象山:《陆九渊集》卷 1《与曾宅之》,第 4—5 页。
④ (宋)陆象山:《陆九渊集》卷 11《与李宰(二)》,第 149 页。
⑤ 参见张立文:《宋明理学研究》,第 421—428 页。

不仅弥缝了朱熹形上本体理世界与形下形器世界的"二分",而且解构了象山论学之未精之处。他说:"心虽主乎一身,而实管乎天下之理;理虽散在万事,而实不外乎一人之心"。① 阳明"心即理"之"心"是具有意识活动的精神实体,蕴含着发为事事物物的功能,"心之本体,原自不动,心之本体即是性,性即是理,性元不动,理元不动,集义是复其心之本体"②。"心"作为精神性实体,"理"则是伦理道德之"理"、自然法则之"理",且被换化为"心"之条理,"理也者,心之条理也"③,"理"成为"观念理性",彻底克服了朱熹"理"的客观实在性,完善了象山"心即理"理论。④

周、程、张、朱、陆、王或以客观精神("理"),或以主观精神("心"),或以客观物质("气")建构世界终极存在的形上学本体,强调"本体"最高的权威性和真理性以及最终的正确性和绝对性,凡与此形上学本体相异的,便是假的、恶的、丑的,是异端邪说,是叛经离道。这样的"本体"论域,既注重维护先在的所谓真理而彰显出保守性、闭锁性和不变性,又体现出强烈的排他性、独断性和独裁性,戴震以之为"以理杀人"⑤,其原因正在于此。⑥

刘宗周出入宋明理学诸家,创新阐释哲学理念关系的"新思维",摒弃了宋明理学家所赋予"理"、"气"、"心"等范畴的"一元"本体意义,主张"理"与"气"、"道"与"器"、"心"与"性"等范畴之间的

① (明)王守仁著,吴光等编校:《王阳明全集》卷2《传习录》(中),第42页。
② (明)王守仁:《王阳明全集》卷1《传习录》(上),第24页。
③ (明)王守仁:《王阳明全集》卷8《文录五·杂著》,《书诸阳伯卷(甲申)》,第277页。
④ 参见张立文:《宋明理学研究》,第482—492页。
⑤ (清)戴震:《戴震集》,上海古籍出版社1980年版,第187—188页。
⑥ 参见张立文:《理学的演变与理学的超越》,载陈岱孙等:《冯友兰先生纪念文集》,北京大学出版社1993年版,第199—200页。

"共生"、"圆融"特性,并将"盈天地间皆……"落脚于表示"生生"之道的"心体",将先儒"实性"本体消解为"虚性""生生"道体。

前已指出,刘宗周阐论哲学理念关系遵从了以"即……即……"为"标志"的"一体圆融"思维。他不是从"宇宙生成"论域探赜诸哲学理念关系,不是要探究某一"终极"宇宙本体,而是从"圆融"、"共生"视域展开论述。从而,理气之间、道器之间、形上形下之间、性命之间等等并无"生成"关系,而是"含蕴"、"圆融"、"共生"、"共存"的关系。我们可以进一步通过蕺山提出的各种"盈天地间皆……"论断来体会他哲学思辨的独特性。他说:"盈天地间皆道也,学者须是择乎中庸";又说:"盈天地间,一气而已矣";"盈天地间止有气质之性,更无义理之性"①;"盈天地间一气也,气即理也";"盈天地间皆理也"②;"盈天地间皆性也,性,一命也;命,一天也"③;"盈天地间,皆物也"④;"盈天地间,皆仁也,则尽人仁也"⑤;等等。刘宗周这些看起来"相互冲突"、"前后矛盾"的论断曾遭到学者们批评。如侯外庐说:"刘宗周的理学思想是一个充满自相矛盾的体系。"⑥于化民说:"刘宗周的本体论思想是令人眩惑的,因为他的著作中常有一些互相矛盾的观点。"⑦傅小凡认为:"'独体'是刘宗周使用的一个重要范畴,是他的自我观的

① 《学言》,《刘宗周全集》二,第365、407、418页。
② 《遗编学言》,《刘宗周全集》二,第479—480、480页。
③ 《四库本刘子遗书学言拾遗》,《刘宗周全集》二,第482页。
④ 《原心》,《刘宗周全集》二,第279页。
⑤ 《问答》,《刘宗周全集》二,第329页。
⑥ 侯外庐、邱汉生、张岂之主编:《宋明理学史》(下),人民出版社1997年版,第609页。
⑦ 于化民:《明中晚期理学的对峙与合流》,文津出版社(台北)1993年版,第169页。

重要理论,其内涵复杂、混乱而且自相矛盾。"①庄耀郎亦指出:"不知蕺山何故反对?……他的思想并不是非常一致的,……不知其理据何居?"②郑宗义说:"(蕺山)这样混淆了圆融说与分别说的不同层次,遂可以说出一些极为不称理之言。……明显于此窒碍不通。"③

其实,按照"即……即……"思维,说"盈天地间皆道"时,必然有"盈天地间皆器"相对应;说"盈天地间皆理"时,必然有"盈天地间皆气"相对应;……因而,刘宗周说"盈天地间皆……"必然不是要落脚于"某一物",并非以"……"为"宇宙生成"的"本体",而是通过诸多的、并列意义上的"……"来消解先儒以某一固定的"……"为"本体"的"一元"本体论。即是说,刘宗周"别有用心"的问题论断方式本质上是要表明这样的基本态度,即不预设、不归纳某种"终极本体",而是在凸显"……"与"……"之间的"共生"、"共存"、"圆融"关系。在蕺山看来,这种"关系"才是事事物物存在的"所以然之理"、"所当然之道",才是事事物物存在和演进的"根本方式"。这就是"生生"之道。

"生生"是异于"理"、"气"、"性"、"心"等"实性"本体的"虚性"本体。④ "虚"在中国古代典籍中有空无的意思,因其空无,故能容纳和接收事物。作为虚性范畴,形式是空无的,但内容是客观的。因此,"生生"并不能以具体的言语明确其中的"内涵",但可

---

① 傅小凡:《论刘宗周的自我观》,《厦门大学学报》(哲社版)2000 年第2 期。
② 庄耀郎:《刘蕺山的气论》,载《刘蕺山学术思想论集》,第 22—25 页。
③ 郑宗义:《明清儒学转型探析——从刘蕺山到戴东原》,中文大学出版社(香港)2000 年版,第 60 页。
④ 本书第三章第二节论"太极"时有充分说明。

以真切体会其中表达的"意蕴"。在蕺山这里,"生生"本体是通过"太极"、"心"来展示的。

　　在刘宗周的哲学逻辑结构中,"太极"即是"终极",其上无"无极"。他说:"子曰:'易有太极。'周子则云:'无极而太极。'无极则有极之转语,故曰:'太极本无极。'盖恐人执极于有也。后之人又执无于有之上,则有是无矣。转云'无是无',语愈玄而道愈晦矣。"①按照蕺山意思,"太极"就是那个"根本",宇宙万物皆有这样的一个"根本"内蕴自身,"物物各具一太极",故而可说"有";但这个"根本"之"有"从形式上看,却表现为"无",体现了"灵活性"与"确定性"的统一。蕺山说"无极"是"有极"之转语,是要人从对"有"的执着追求中解放出来:"有"内蕴事物之中,事物之中自然内蕴"根本"之"有",无论是否"识破","有"并不因之而消逝。"有"因事物而"显明",却不是因事物而"存在"。跳出对"有"的执着,自然能够达致一种"即有即物,即物即有"的豁然开朗之境地。

　　"太极"意蕴为"生生"。这在前文《人极图》释义部分已重点论述。"生生"体现着事物、要素之间共生、互蕴的共存关系,以及由这样的关系制约所达致的平衡状态。"太极"便是"道体",先贤圣人所提倡的"道体"即通由"太极"之"生生"得以显明。"道体"即是"生生"之道。

　　终究来看,蕺山是以"心"收摄"太极"。《人谱·人极图说》首句言:"无善而至善,心之体也。即周子所谓'太极'。太极本无极也。统三才而言,谓之极;分人极而言,谓之善。其义一也。"②

---

　　① 《学言》(中),《刘宗周全集》二,第405页。

　　② 《人谱》,《刘宗周全集》二,第3页。

知"无极"为"太极"之"转语",则知"无善"为"至善"之"转语"。
"至善"就是"善","善"自然如此,著不得半点人为:"有善,非善
也,有意为善,亦过也"①。"善"并不是有意作出来的,所以说"无
善";"善"又无时不知、无时不行、无时不显,"善"本身"生生"无
穷,故可说"至善"。正因为"善"生生不息,才可说"无善"而"至
善"。"统三才而言,谓之极;分人极而言,谓之善。其义一也"是
说,"人极"是"太极"的具体落实,二者本旨相通。"三才"即是天
道、地道和人道,但"三才"终极为"人"所体悟勘查:"在天阴阴,在
人仁义,在地刚柔,此道中变动而爻以效之,物则自其不变者而言
之也。一阴一阳,相错而位,所谓文也,当否异而吉凶乃生,皆自道
而裁之也。道虽有三才之分,而自人用之,总一人道也。"②"三
才"各有其极、有其"本":"气即理也,天得之以为天,地得之以为
地,人物得之以为人物,一也。人未尝假贷于天,犹之物未尝假贷
于人,此物未尝假贷于彼物,故曰:'万物统体一太极,物物各具一
太极'。自太极之统体而言,苍苍之天亦物也。自太极之各具而
言,林林之人,芸芸之物,各有一天也。"③就"三才"皆为"所以然"
之"道"讲,"道"就是"太极","太极"就是"道";就"太极"显于人
而言,"太极"就是"人极"。但是,"人心之体,气行而上,本天者
也;形丽而下,本地者也;知宅其中,本人者也,三才之道备矣。"④
"人心之体"气行而上为"天道"、形丽而下为"地道"、知宅于人
为"人道",三才之道皆备于此"心","太极"便自然为"心"所
收摄。

---

① 《书·与履思九》,《刘宗周全集》三,第319页。
② 《周易古文钞》,《刘宗周全集》一,第248页。
③ 《学言》(中),《刘宗周全集》二,第408页。
④ 《学言》(下),《刘宗周全集》二,第436页。

当然，"心"收摄"太极"，并不是说"心"为"太极"之本，而是通过"心"与"太极"之间的"圆融"凸显"生生之理"。蕺山说："一元生生之理，亘万古尝存，先天地而无始，后天地而无终。浑沌者，元之复；开辟者，元之通。推之至于一荣一瘁、一往一来、一昼一夜、一呼一吸，莫非此理。天得之以为命，人得之以为性，性率而为道，道修而为教，一而已矣，而实管摄于吾之一心。"①"生生之理"管摄于"心"，"心"则成为"生生"之义的"体露"。"盈天地间皆心"便是"盈天地间生生"而已。故而，蕺山才有如此论断："只此一心，自然能方能圆，能平能直。圆者中规，方者中矩，平者中衡，直者中绳，四者立而天下之道冒是矣。际而为天，蟠而为地，运而不已，是为四气。处而不坏，是为四方。生而不穷，是为万类。建而有常，是为五常。革而不悖，是为三统。治而有宪，是为五礼六乐八征九伐。阴阳之为《易》，政事之为《书》，性情之为《诗》，刑赏之为《春秋》，节文之为《礼》，升降之为皇帝王霸，皆是也。只此一心，散为万化，万化复归一心。元运无纪，六经无文，五礼六乐八征九伐无法，三统无时，五常无迹，万类无情，两仪一物，方游于漠，气合于虚，无方无圆，无平无直，其要归于自然而不知其所以然。"②"自然而不知其所以然"所表明的正是"心"体之意蕴，与"太极"之"生生"意蕴相贯通。"散为万化"之"心"与"复归一心"之"心"本质相同、内涵同指，所表达的是"心"之"生生"无穷无尽、无始无终之义。蕺山"本体论"思维逻辑凸显的是"关系"、"过程"，而不是"唯一"之"具体物"，是从"实性"本体向"虚性"本体的转向，从此可体会其"本体

---

① 《学言》(上)，《刘宗周全集》二，第374页。
② 《年谱》，《刘宗周全集》六，第256—257页。

论"的独特性。

三、从"体、用、文"分途到"德性闻见本无二知"

余英时有言,在宋明理学发展史上,"理学"至少在北宋时代尚非儒家的主流,讲求心性的"理学"则要到南宋以后始占据重要学术地位。北宋时,儒学宏阔,周、张、二程的义理尚不过是儒学的一支而已。刘彝(字执中,1017—1086 年)在答复宋神宗询问胡瑗(字翼之,993—1059 年)和王安石(字介甫,号半山,1021—1086 年)孰优时,曾对儒学有如下的界说:"臣闻圣人之道,有体有用有文。君臣父子、仁义礼乐历世不可变者,其体也;《诗》《书》、史、传、子、集垂法后世者,其文也;举而措之天下,能润泽斯民归于皇极者,其用也。"①可知,圣人之道包括了三个方面:一为"体",如君臣、父子、仁义礼乐,历世不可变的体;二为"用",以儒家学问来建立政治社会秩序,即所谓经世济民;三为"文",即指经、史、子、集,各种文献。按照余英时先生的解释,任何宗教传统或道德传统或文化传统,一定有它一套基本文献,文献怎么处理,如何解释,这是一个大问题。所以至少在北宋时,除了少数人讲心、性以外,还有更多的新儒家讲其他的问题,如经史问题,政治改革问题等。下逮南宋儒学始偏重于体的方面,而且是偏于体的哲学方面,或者说要建立道德的形而上学的基础。体是永久性的、绝对的,不是暂时的,相对的。要确定这种永久性、绝对性,便不得不从形而上方面着眼。总之,南宋以后,儒家注重体的问题过于用了。② 对于宋明

---

① (清)黄宗羲原著,全祖望补修:《宋元学案》卷1《安定学案》,载沈善洪主编、吴光执行主编:《黄宗羲全集》(增订版)第 3 册,浙江古籍出版社 2005 年版,第 57 页。

② 参见余英时:《论戴震与章学诚》,三联书店 2000 年版,第 330 页。

理学主流诸家来讲，"心性"问题是他们思考问题的重点，甚至是非主流的"新学"、"蜀学"和"婺学"亦为"心性论"作出贡献。① 关于宋明理学的这个特点，张立文先生在给"宋明理学"定义时便已凸显出来：

> 概括地说，宋明理学是指在外来印度文化哲学与本土道教文化哲学挑战下，将元典儒学作为滞留于伦理道德层次的心性之学，从形上学本体论层次给以观照，使传统儒学以心性为核心的伦理道德和价值理想（社会理想和人格理想）建构在具有理性力度的形上学本体论思维之上，通过诠释心性与本体、伦理与天道的连接以及人与生存世界、意义世界和可能世界的关系，使儒家道德学说获得了形上性和整体性的论述，传统儒学内部的逻辑结构、价值结构、道德结构等经此调整，获得了新的生命。②

就此而言，宋明理学重"心性义理"之学而轻"经史致用"之学。当然，宋明理学论学侧重"心性义理"之学，并不是无有"经史致用"之学，只是在这一方面的论述并不发达而已。

总体而言，南宋以后，儒学家重"心性"而轻"事功"，越到理学后期，这种情况越严重。黄宗羲在《明儒学案·发凡》中指出："尝谓有明文章事功，皆不及前代，独于理学，前代之所不及也。牛毛茧丝，无不辨晰，真能发先儒之所未发。程、朱之辟释氏，条说虽繁，总是在迹上；其弥近理而乱真者，终是指他不出。明儒于毫厘之际，使无遁影。"③这进一步表明，宋明理学探讨问题之侧重，"心

---

① 参见张立文：《宋明理学研究》，第17—19页。
② 参见张立文：《宋明理学研究》，第17页。
③ （清）黄宗羲：《明儒学案·发凡》，《黄宗羲全集》（增订版）第7册，第5—6页。

性学"盖过了"致用事功"之学,尤其是明代在心性之学上有突出的贡献,把"心性学"领域内的各种境界开拓到了尽头。① 明清之际的士人在反思明亡的教训时也往往感慨儒者、书生的无能,表达出对先儒重义理而不重事功之行为取向的不满。蕺山弟子施帮曜②殉国之际吟诵绝命诗云:"惭无半策匡时艰,惟有一死报君恩"③,正是是时儒家知识分子"两耳不闻窗外事,一心只读圣贤书"的真实写照。明末儒士于国难当头,毫无半点应对之策,假道学之虚名,反误了卿卿性命。明亡之后,一批具有反思意识的学人对明亡之原因提出了各种解释,但归结到只谈心性、不重事功、"有用之学"④较少,为是时儒学者较为认同的结论。李塨(字刚主,号恕谷,1659—1733 年)曾指出:"当明之季,朝庙无一可倚之臣。坐大司马堂批点《左传》,敌兵临城,赋诗进讲,……日夜喘息著书,曰此传世业也。卒至天下鱼烂河决,生民涂炭。"⑤朱之瑜(字楚屿,号舜水,1600—1682 年)也说:"明朝以时文取士。此物

① 余英时:《论戴震与章学诚》,第 299 页。
② 施邦曜(? —1644 年),字尔韬,号四明,余姚人,万历四十一年(1613 年)进士。据刘汋《刘子年谱录遗》记载:"先生当党祸杜门,……自此祁公彪佳、施公帮曜、章公正宸、熊公汝霖、何公弘仁争以蓍蔡奉先生。"(《蕺山刘子年谱》,《刘宗周全集》六,第 181—182 页)据《明史》载,施邦曜不乐为吏,中进士后,改顺天武学教授,历国子博士、工部营缮主事,进员外郎。后迁福建副使、左参政、四川按察使、福建左布政使。历两京光禄寺卿,后改通政使。崇祯缢后,施帮曜自缢未遂,乃命家人市信石杂浇酒,途中服之,血迸裂而卒。赠太子少保、左都御史,谥忠介。清朝赐谥"忠愍"。有《施忠愍公遗集》传世。(《明史》卷 265《列传》第 153、4525 页)
③ (清)黄宗羲:《弘光实录钞》,《黄宗羲全集》第 2 册,第 39 页。
④ 赵园:《明清之际的所谓"有用之学"——关于这一时期士人经世取向的一种分析》,汕头大学新国学研究中心编:《新国学研究》第 5 辑,人民文学出版社 2006 年版,第 1—38 页。
⑤ (清)李塨:《恕谷集·与方灵皋书》。

既为尘羹土饭,而讲道学者又迂腐不近人情。……而国家被其害。"①顾炎武(字忠清,号亭林,1613—1682 年)则把批判的锋芒直指王阳明的哲学,认为王学末流的弊端在于"昔之清谈,谈老庄,今之清谈,谈孔孟。未得其精,而已遗其粗,未究其本,而先辞其末。不习六艺之文,不考百王之典,不综当代之务,举夫子论学论政之大端,一切不问,而曰一贯,曰无言,以明心见性之空言,代修己治人之实学。"②王夫之(1619—1692 年)更是把明朝的一切罪恶和流弊直接归于王阳明本人和其学之下,说:"自白沙起而厌弃之,然而启姚江王氏阳儒阴释、诬圣之邪说;其究也,刑戮之民,为阉贼之党,皆争附焉,而以充其无善无恶、圆融事理之狂妄,流害以相激而成,则中道不立,矫枉过正有以启之也。"③这些都是明朝遗民痛定思痛总结明亡教训的愤慨陈辞。黄宗羲亦在《赠编修弁玉吴君墓志铭》中,将这种琐琐小儒只谈心性而轻事功之"偏固狭陋"弊病刻画得淋漓尽致:"儒者之学,经纬天地。而后世乃以语录为究竟,仅附答问一二条于伊、洛门下,便厕儒者之列,假其名以欺世。治财赋者则目为聚敛,开阃扞边者则目为粗材,读书作文者则目为玩物丧志,留心政事者则目为俗吏,徒以'生民立极、天地立心、万世开太平'之阔论钤束天下。一旦有大夫之忧,当报国之日,则蒙然张口,如坐云雾,世道以是潦倒泥腐,遂使尚论者以为立功建业别是法门,而非儒者之所与也。"④梨洲之论不可谓不引人深思!

① (清)朱之瑜:《舜水遗集·答林春信问》。
② (清)顾炎武:《日知录》卷7《夫子之言性与天道》,安徽大学出版社 2007 年版,第 384 页。
③ (清)王夫之:《张子正蒙注·序论》,中华书局 1975 年版,第 2 页。
④ (清)黄宗羲:《赠编修弁玉吴君墓志铭》,《黄宗羲全集》(增订版)第 10 册,第 433 页。

刘蕺山在探求严密的道德心性义理之学的同时,不废事功,实现"学术"与"经济"①的有效统合。他明确指出:"学以持世教之谓儒,盖素王之业也。"②儒者的本质是"世教","既为儒者,若定要弃去举业为圣学,便是异端"③。蕺山从"德性之知"与"闻见之知"的关系上挺立"学术"与"经济"的圆融性。他在 1637 年《答右仲三》的书信中指出:

> 至于德性、闻见本无二知,心一而已,聪明、睿智出焉,岂可以睿智者为心,而委聪明于耳目乎?今欲废闻见而言德性,非德性也;转欲合闻见而全德性,尤未足以语德性之真也。世疑朱子支离,亦为其将尊德性、道问学分两事耳。夫道一而已矣,学亦一而已矣。一,故无内外、无精粗。与其是内而非外,终不若两忘而化于道之为得也。④

蕺山认"心一而已",因此,"德性之知"与"闻见之知"亦只是"一",若以之为"二",自然将"心"分而为二。故有"德性闻见本无二知"之论。此外,"聪明"与"睿智"同是"心",同为"心"的机能与属性,不能"以睿智为心,而委聪明于耳目"。"聪明"即是"闻见之知","睿智"即是"德性之知","聪明"与"睿智"同为心,则"闻见之知"与"德性之知"自然非二心可知。圆融"德性之知"与"闻见之知",既不会偏于"德性",只重本体;又不会偏于"闻见",只重工夫。本体与工夫合一,才是"心"之生生自然之道,方是天理自然如此。

------

① 万斯同对明末儒生的批判言论中有"学术与经济遂判然分为两途"之论(《石园文集》卷七《与从子贞一书》,《四明丛书》)。显然,"学术"与"经济"的统合,才是真正的儒者。
② 《论语学案·君子儒》,《刘宗周全集》一,第 347 页。
③ 《会录》,《刘宗周全集》二,第 526 页。
④ 《书》,《刘宗周全集》三,第 336 页。

蕺山在 1641 年《答嘉善令》中论簿书、钱谷问题，亦深切表达了他融"事功"与"心性"为一体的思想。他说：

　　　　承谕求放心之说，至矣哉。簿书、钱谷皆放心之地，亦即是求心之地，此居官者当以学问为第一义，而不可不日加之意者也。夫心非一膜之心，而宇宙皆足之心也。故善事其心者，无有乎内外、显微、动静之间，而求其所谓本心者，亦曰仁义而已矣。"生生之谓仁，时措而宜之之谓义"是也。其不善言心者反是，内外、显微、动静皆成两半，于是日置其心于一膜之地，而遗其所谓宇宙者。卒亦以其心为血肉之心，槁焉而不灵，奚有乎生生之妙？真鸡犬之不若矣。求之于静，失之于静；求之于敬，失之于敬；求之于觉，失之于觉。静也、敬也、觉也，皆似之而非者也，不得其说，皆死道也。放固放在一膜之中，求亦求在宇宙之外，既不免以其放者为求，又安得不以求者为放？簿书、钱谷之皆心者，为其有以寄吾之生心也。君子生其心以生人、生百姓，一簿书焉而生生，一钱谷焉而生生，则学问之道又孰有大于此者乎？①

簿书、钱谷也就是法制治理、经济管理，即求达社会安定、发展的致用之学。在蕺山视域下，这些事件是"求心之地"，是"生生之心"的必然表现，能够实心实意、真心诚意地完成社会事功，是"心"的当然要求。故而，"学问之道"并不外乎此。蕺山立论如此，蕺山为人为事亦是如此。蕺山铿铿从事于事功，从无丝毫懈怠，虽崇祯帝污之为"迂"②，实

---

　　① 《书》，《刘宗周全集》三，第 368—369 页。
　　② 如 1629 年（蕺山 52 岁），曾有《面恩预矢责难之义以致君尧舜疏》，批评崇祯刚愎自用，建议行尧舜之道，"疏入，上惮其直，又心以为迂，竟不听。下旨云：'这所奏不无迂阔，然亦忠荩。'"（《年谱》，《刘宗周全集》六，第 321 页）

是其"真学问、真经济"的真切体现。在蕺山的信念里,"一心也,统而言之,则曰心,析而言之,则曰天下、国、家、身、心、意、知、物。惟心精之合意、知、物,粗之合天下、国、家与身而后成其为心。若单言心,则心亦一物而已"①。蕺山从"心"之所想出发,认真完成每一件自己认为"应当如何"的"事",是他诚正无欺、认真踏实、自觉体悟人生之刚直生命情操的显现。

蕺山"通籍四十五年,在仕版者六年有半,实际立朝仅四年",而被革职为民凡三次,历任神宗、熹宗、思宗、福王四朝,在中央吏部、工部、吏部及都察院皆有任职,官做到正二品;在地方部门做官到顺天府尹,且被民众呼为"刘顺天",可见其行政能力为上级及民众所肯定。《四库全书总目提要》之《刘蕺山集提要》曾这样评价蕺山:"立朝之日虽少,所陈奏如除诏狱、汰新饷、招无罪之流亡、恩义拊循以收天下泮涣之人心、还内廷扫除之职、正懦帅失律之诛诸疏,皆切中当时利弊。一阨于魏忠贤,再阨于温体仁,终阨于马士英。而姜桂之性,介然不改。卒以首阳一饿,日月争光。在有明末叶,可称皭皭完人,非依草附木之流所可同日语矣。"②故而,有学者这样评价蕺山:"刘氏一生治学之基调不是专在纯学术上,而是在'学以致用'的经世实学上。"③当值明末,儒士大夫们

---

① (清)黄宗羲:《子刘子学言》,《黄宗羲全集》(增订版)第1册,第286页。
② 《四库全书总目提要·刘蕺山集提要》,《刘宗周全集》六,第711页。
③ 詹海云:《刘宗周的实学》,载《刘蕺山学术思想论集》,第440页。除詹文专门论述刘蕺山的问政风格与成效、关于宦官之害、圣学以救世、战守之法之政治见解外(参见詹海云:《刘宗周的实学》,载《刘蕺山学术思想论集》,第433—456页),廖俊裕先生亦论述了蕺山"人心与制度的先后辨证"、"蕺山关于外王学的整体设计"、"乡保与乡约"、"学约"等问题。(参廖俊俗:《道德实践与历史性——关于蕺山学的讨论》,第261—271页)笔者亦研究了刘蕺山的教育哲学及社会历史哲学。(参见张瑞涛:

谈心论性、说玄务虚之时,蕺山践履笃行、真知实行,为后人所敬仰。从而,清初状元彭启丰(字翰文,号芝庭,1701—1784 年)以"真名节,真经济"②赞誉蕺山。"真名节、真经济"之赞赏并不是仅仅出于"感情"的"同情"而已!章倬汉说:"先生入为纯儒,出为荩臣,明季一人而已"③,想必,这也并不夸张!

就心性义理之学的阐释而言,蕺山堪称是阳明之后宋明理学中最能自成体系的哲学家,他把宋明心性义理之学发展至极致,对阳明后学猖狂纵恣之躐等之弊作出最重要的反击。梁任公曾言:

> 凡一个有价值的学派,已经成立而且风行,断无骤然消减之理,但到了末流,流弊当然相缘而生。继起的人往往对于该学派内容有所修正,给它一种新生命,然后可以维持于不弊。王学在万历天启间,几已与禅宗打成一片。东林领袖顾泾阳(宪成)、高景逸(攀龙)提倡格物,以救空谈之弊,算是第一次修正。刘蕺山(宗周)晚出,提倡慎独以救放纵之弊,算是第二次修正。明清嬗代之际,王门下惟蕺山一派独盛,学风已渐趋健实。④

将蕺山归结为"王学后学"或"阳明学的修正者",非无可商榷处。但是,梁启超所说,又非无客观性。明清之交,学风渐趋健实,一反

《论刘宗周的教育改革思想及对现代高等教育改革的启示》,《中共宁波市党校学报》2005 年第 4 期;《试论刘宗周的社会历史哲学》,《中国石油大学学报》(社会科学版)2009 年第 3 期)不过,"实学"作为哲学概念、为学方向,实宋明理学家较早提出和反复倡导,亦正是这种"实实在在的学问,亦即明道之学",成为宋明理学家"求实精神"的彰显。(参见张立文:《宋明理学研究》,第 89 页)

② (清)彭启丰:《刘蕺山先生文集序》,《刘宗周全集》六,第 725 页。
③ (清)章倬汉:《蕺山文粹序》,《刘宗周全集》六,第 727—728 页。
④ 梁启超:《中国近三百年学术史》,中国书店出版社 1985 年版,第 40 页。

阳明后学之蹈空之弊,蕺山功不可没。黄宗羲即曾深刻指出:"有明学术,白沙开其端,至姚江而始大明。盖从前习熟先儒之成说,未反身理会,推见其隐,此亦一述朱,彼亦一述朱……逮及先师蕺山,学术流弊,救正殆尽。向无姚江,则学脉中绝,向无蕺山,则流弊充塞。凡海内之知学者,要皆东渐之所衣被也。"①

蕺山之后,最能传蕺山之学的当是黄宗羲。姚明达《刘宗周年谱》在阐论蕺山"学术渊源"时指出:"刘宗周之学,推本于周敦颐及二程,而与朱、陆皆有龃龉。得源于王守仁,而为说又异。受教于许孚远,而其学非许氏所能范围。切磋于高攀龙、陶奭龄,而其思想迥非高、陶能和同。传其道者,惟黄宗羲最正,邵廷采则其再传嫡派也,而恽日初、张履祥之流不与焉。"②当知,梨洲最大的学术成就是在经史方面,而不是在心性学上,他的心性学对刘宗周学说只有继承,并没有进一步发展。③ 即便是梨洲经史圆融思想,亦不能不说受蕺山的影响。

明代哲学以理学为主,心性论发达,经学极弊,且经学与理学分途。"经学在新的方法、新的社会需要确立之前,已经很难再有发展。"④而且,明代史学亦不发达。正因为无儒家经学之根、无儒家史学之根,有学者称明代学术思想为"无根的一代"⑤。明代思

① 徐世昌编,陈祖武点校:《清儒学案》卷2《南雷学案·移史馆论不宜立理学传》,河北人民出版社2008年版,第93—94页。
② 姚名达:《年谱》,《刘宗周全集》六,第212页。
③ 参见刘述先:《黄宗羲心学的定位》,浙江古籍出版社2006年版,第1—20页。
④ 张学智:《明代哲学史》,北京大学出版社2000年版,"导言"第1页。
⑤ 转引自赵令扬:《无根的一代:从明代思想谈起》,载汤一介编:《国故新知:中国传统文化的再诠释——汤用彤先生诞辰百周年纪念论文集》,北京大学出版社1993年版,第384—388页。

想的无根性乃是基于正统儒家的五经学观和《春秋》史学观所作出的评判。"更确切地说,明代思想之所以无根,正在于其思想中并不突出'古'与'圣'的权威性。古则以三代为高,圣则以周孔为尊。复古当力究诸经,尊圣应效法诸经。"①孰知,在蕺山这里,经学已然涵含了新学之发展方向,不仅经学与理学有机融通②,经学与史学亦和合通贯,这正是尊古崇圣思想的开显。蕺山在心性义理的阐释中,由对天人和性命问题的思考走进对史学问题的思考,"言性命者必究于史"③。何柏丞先生便有此论:

> 吾国学术思想至北宋末造就一番融贯之后,大起变化。……初开浙东史学之蚕丛者,实以程颐为先导。……故浙东史学自南宋至明初,即因经史文之变而日就衰落。此为浙东史学发展之第一个时期。迨明代末年,浙东、绍兴又有刘宗周其人者出,'左祖非朱,右祖非陆',其学说一以慎独为宗,实远绍程氏之无妄,随开浙东史学中兴之新局。故刘宗周在吾国史学上之地位实与程颐同为由经入史之开山。④

---

① 陈永革:《儒学名臣——刘宗周传》,第 331 页。
② 蔡方鹿先生则指出,刘蕺山将"慎独"与经学相结合,四书、六经之道"慎独"而已,读经书以求吾心,强调"六经"之教皆以阐发人心之蕴,他融会经学、理学及心学,对宋明理学加以系统的总结和融会贯通,在理学史上占有重要地位。(蔡方鹿:《刘宗周"慎独"说与经学相结合的思想》,《天府新论》2008 年第 5 期)詹海云先生亦说:"在经学上,《大学古文参疑》是考据与义理的融合。而《礼经考次》一书,宗周之用心是一方面厘清经书之面目,使孔子之旨复明于世。一方面表彰仪礼,以其乃周公所以佐周礼致太平之书,欲其与'易、诗、书、春秋并重不朽'。而《礼经考次》中的《古学记》是匡正当时学者浸淫佛老,谈玄说虚,不重修身之弊。"(詹海云:《刘宗周的实学》,《刘蕺山学术思想论集》,第 454 页)
③ (清)章学诚著,叶瑛校注:《文史通义校注·浙东学术》,中华书局 1985年版,第 523 页。
④ 《年谱》,《刘宗周全集》六,第 201—202 页。

无论是就浙东学术史、浙东史学发展史而言,还是就宋明理学发展史言,蕺山心性学所开出的经史之学当为我们所重视。这种新学方向恰恰是"健实"之学风的最真切体现。

《人谱》自身便内蕴着蕺山"经史相融"的学术品格。中国传统史学是重人不重事,以人为主,以事为副,正如钱穆先生所说:"中国历史有一个最伟大的地方,就是它能把人作中心。"①在传统历史观看来,历史是由人创造的,而在历史发展中起支配作用的往往是"圣人"、"贤人",他们才是历史的主体、文明的创造者、人伦道德的象征。《荀子·解蔽》曰:"圣也者,尽伦者也。"《礼记》云:"人在政举,人亡政息。"梁启超曾言:"试思中国全部历史,如失一孔子,失一秦始皇,失一汉武帝……其局面当如何?佛学界失一道安,……宋明思想界失一朱熹,失一陆九渊,失一王阳明……其局面当如何?此等人得之名曰'历史的人格者'"。②圣人、英雄人物是历史的主宰,作为其化身的道德精神在历史发展中也就起着主宰作用,这就是道德决定论。而它,构成了中国历史精神。钱穆先生曰:"中国的历史精神,也可以说是一种道德精神,中国的历史人物,都是道德性的,也都是豪杰性的。"③所以,在中国特殊的历史文化背景下,那些既无权又无钱的知识分子之所以能够在历史上始终为人所尊重,就是因为他们掌握着历史的评价标准,在参与历史的同时又塑造着历史,中国史学撰著多以褒贬笔法为主的纪传体为主要体裁就是一个明证。因此,杜维明先生指出:"在中

---

① 转引自钱穆:《史学导论》,《中国史学发微》,东大图书有限公司(台北)1989 年版,第 84 页。

② 梁启超:《中国历史研究法》,上海文艺出版社 1999 年版,第 134 页。

③ 转引自钱穆:《中国历史人物》,《中国文化丛谈》(1),三民书局(台北)1984 年版,第 147 页。

国传统之中,历史也就逐渐成为在政治势力、社会影响以及经济权威之外的一个独立的评价标准。"①刘蕺山对道德哲学、心性论不吝笔墨的论述,正是要极力构建一种新型的道德价值体系来应对王学末流蹈空等之弊,他对工夫论的重视、对道德主体主动性、能动性、自觉性的体认,目的正是要培养至上的道德精神,重建以道德品性为准绳的人物评价体系。《人谱》正体现了中国史学的这种精神。

　　《人谱》既是对王学末流蹈空之弊的回应,又是对社会发展中道德评价准则的提炼;既是对那个特定的时代生活体验的总结,更是以一种普适性态度对人类社会道德发展模式的设定。蕺山以《人极图说》收摄《太极图说》,濂溪所设计的宇宙论图式不复存在,取而代之的是具有时间性和衍生性的道德精神现象,刘宗周把时间性展现于道德精神自身的辩证发展过程中,从历史哲学的角度着眼,刘宗周的这种时间观乃是真正从精神主体内在地扣到历史意识。② 张高评先生即指出:"(刘宗周)所著有《人谱》一书,统贯性命德性之理,推寻古人言行,附丽排比以成类记,是其虽倡理学,要亦有得于史也。"③当把《人谱》和蕺山未竟的《人谱杂记》结合起来看,《人谱》所开显的心性义理之学与人之历史发展相契合。中国传统儒家哲学讲格致诚正修齐治平,如若个体没有成熟的道德理念(内圣),他就不能在修齐治平的外王事业中有所成就。历史就是由有着绝好道德修养的人创造出来的,《人谱杂记》所选择的嘉言

---

① 杜维明、东方朔:《杜维明学术专题访谈录——宗周哲学之精神与儒家文化之未来》,复旦大学出版社 2001 年版,第 129 页。

② 参见蒋年丰:《从朱子与刘蕺山的心性论分析其史学精神》,《文本与实践(一):儒家思想的当代诠释》,桂冠图书股份有限公司(台北)2000 年版,第 249—277 页。

③ 张高评:《黄梨洲及其史学》,文津出版社(台北)1989 年版,第 157 页。

懿行正是对这一问题的真切把握。《人谱杂记》可看作是一部小小
的人物传记。这种人物传记,以人物的道德精神为中心,历史的意
义也就体现于人们体道的过程中。刘宗周除了写作有《人谱》和《人
谱杂记》这样的理论著作外,还写下不少人物传记与墓志铭,其写作
的重点就集中于对人物道德价值的评价上,他的此种写作方法直接
影响了后世学者写史方法。蒋年丰先生深刻地指出:"自有《史记》
以来,中国史学即重列传。但经过刘蕺山与黄梨洲之影响的列传,
即强调为体道的人格列传。换句话说,经此影响,列传转型为'仁人
志士的列传'。历史真理表现在仁人志士的节操之中。这种史学思
想乃是新的发展。"①章学诚在《文史通义·浙东学术》中说道:"浙
东学术,……绝不空言德性……蕺山刘氏本良知而发明慎独,与朱
子不合,亦不相诋也。梨洲黄氏出蕺山刘氏之门,而开万氏弟兄经
史之学,以至全氏祖望尚存其意,宗陆而不悖于朱也。"②章学诚所
指出的浙东学术"绝不空言德性",与蕺山所开启的"人格列传"的
写法密切关联。蕺山论"知"是与"行"密切通合的,"即知即行,知
行合一",而且"真知"自然落实于"身","为学不得悠悠泛泛,须实
落着在吾身上,方有进步可言"③。"真知"自然落实,便是圣贤人格
的彰露。《人谱杂记》描述、引用圣贤人物的方式,恰好正是以史论
理、以史明鉴。正因为此,杜维明先生才说《人谱》的道德形上学彰
显出"经史相容、亦经亦史"的史学价值方向。④

---

① 蒋年丰:《从朱子与刘蕺山的心性论分析其史学精神》,《文本与实践
  (一):儒家思想的当代诠释》,第271页。
② (清)章学诚著,叶瑛校注:《文史通义校注》,第523页。
③ 《问答》(下),《刘宗周全集》二,第356页。
④ 参见杜维明、东方朔:《杜维明学术专题访谈录——宗周哲学之精神与儒
  家文化之未来》,第129页。

蕺山 68 岁作《中兴金鉴录》①,通过历代中兴帝王治国方略的得失与个人道德品行的评价,总结出一套他自认为可以使弘光政权迁延明祚的治国之道,包括中兴目标、中兴方略和中兴之主所应具备的道德品行等,其本质是在宣扬以虞廷"十六字心传"之"心法"为"治法"的道德史观、心性史观。此著最大的特点是坚持了"道德判断"和"历史判断"相统一的历史评价准则。历史的运动往往是这样:推动历史前进的是君子,而控制历史运动的是小人。小人与君子共同缔造着历史。为了凸显人类的进步,为了张扬人类的文明,我们总是喜欢对历史上的贤人君子褒扬有加,但若仅限于此的话,这样的历史是残缺不全的。历史的运动总是在矛盾运动中进行,有君子必然就有小人,有君子的善行,就会有小人的恶动。能够看到善行的同时也关注恶动才能从历史那里真正得到启发、教训和经验,这才是符合历史本来法则的正确的态度。客观的历史事件总也抹不去这两种人的活动轨迹,因此褒善就是在惩恶。所以当我们用"善"的准则评价历史事件时,还要运用"意义"评价准则。《中兴金鉴录》即是这样逻辑地把小人与君子统合在同一历史事件中公正、理性的分析他们各自存在的意义的。即实现了"道德判断"与"历史判断"的圆融。"道德判断"是对一个人的行为问它是否依"当然之理"而行,是对历史主体行为之动机的探究,表明的是历史事件背后历史主体的出发点究竟是否符合道德

---

　①　刘汋《蕺山刘子年谱》载:"初,先生赴召留都,皇皇中兴无象,至寝食交废。是时,张应鳌从行,请定历代中兴录为新君龟鉴。先生跃起曰:'是予志也。'即命应鳌具草。汉、唐、宋皆应鳌与陈毓华所辑,先生再加增订。先生又取高皇帝及二帝三王以续之。一曰祖鉴,二曰近鉴,三曰远鉴,四曰王鉴,五曰帝鉴,近自皇祖,宋高、唐肃而上之遡帝尧,又自尧历舜、禹、汤、文、武,心法、治法合为一源,名曰《中兴金鉴》。草疏欲上进,不果。"(《刘宗周全集》六,第 163 页)

的准则。历史作为人类活动的时间轨迹,它不可能完全是正义的,因此,"光只道德判断固足以抹杀历史,然就历史而言,无道德判断亦不行(道德在此中不能是中立的)。盖若无道德判断,便无是非。"①所以要正确了解历史事件的"历史性",在进行"道德判断"的同时进行"历史判断"。"历史判断"是一种辩证的鉴别,它打破了认识主体单纯的主观性,从而要求主体在一定程度上遵守历史发生的客观事实,并辩证的接受和体悟它们。在《中兴金鉴录》中,经验与教训同样重要:"道德判断"往往得到经验,"历史判断"往往得到教训。两方面的融合通贯才能更好的评价历史。而蕺山对"历史判断"的提升和重视,下启梨洲之经史之学而至船山"道德判断""历史判断"兼并双美的历史哲学。②

无论是蕺山的经世致用之学,还是他的经史之学,都与他心性义理之学圆融通合。宋明儒"体、用、文"分途,蕺山使之复合,三者互蕴互涵、经史圆融、心史相通。蕺山言心性义理,即心即性、心性圆融;言经世致用,则学术与经济圆融;言经史之学,则经史圆融。正因如此,蕺山为《四库全书总目提要》所欣赏、推崇:"宗周讲学,以慎独为宗。故其解'为政以德'及'朝闻道'章首揭此旨。其传虽出姚江,然能救正其失。其解'多闻择善,多见而识'章有云:'世谓闻见之知与德性之知有二,予谓聪明睿知非性乎?睿知之体不能不穷於聪明,而闻见启焉。今必以闻见为外,而欲隳明黜聪求睿知,并其睿知而槁矣。是隳性于空而禅学之谈柄也。'其针砭良知之末流,最为深切。"③蕺山圆融德性之知与闻见之知的观念是对宋明儒重义理而轻事功、轻经史的纠偏,更是对为学方向的

① 牟宗三:《历史哲学》,"旧序三",广西师范大学 2007 年版,第 7 页。
② 参见牟宗三:《政道与治道》,学生书局(台北)1980 年版,第 221—269 页。
③ 《四库全书总目提要·论语学案提要》,《刘宗周全集》六,第 708 页。

扶正,而且还是他"即本体即工夫"之哲学思辨的自然要求。因此,余英时先生指出,蕺山的阐论预示着新时代的来临,"是儒家智识主义的兴起的清楚指标"①。

但是,蕺山"言性命之理必究于史"、"德性闻见本无二知"的理念并未被清儒所关注,清代考据学家又如宋明理学家偏重"德性"、"心性"一样,偏向"知识"、"经史"一端。段玉裁的外孙龚自珍曾说:"孔门之道,尊德性,道问学,二大端而已矣。二端之初,不相非而相同,祈同所归;识其初,又总其归,代不数人,或数代一人,其余则规世运为法。入我朝,儒术博矣,然其运实为道问学"②。龚氏之言虽表示对清代儒学偏向发展的不满,但其历史判断却是动摇不了的。

四、"接着"宋明理学讲

刘蕺山对宋明理学的体思与勘悟、阐论与发挥,已然触及宋明理学的"软肋":其一,理学家对哲学"一元本体"的思辨,局限了人的自由发展和自在发展;其二,理学家阐论哲学问题的思维方式与"一元"本体相关联,彰显出"二分"思维特征,走向绝对化;其三,宋明儒"体、用、文",偏执于心性义理而轻致用事功,不能使人实现真知与真行的有效统合。刘蕺山以《人谱》为其哲学思辨的文本载体,解构一元"实性本体",推崇"生生道体";解构"二分思维",挺立"圆融思维";弥合"体、用、文",主张三者通合,"德性闻见本无二知"。说《人谱》是一本书,因为它是蕺山新思想、新观念、新思维的开显;说《人谱》是一种"完人境界",因为它是蕺山自

① 余英时:《论戴震与章学诚》,第336—337页。
② (清)龚自珍:《江子屏所著书序》,《龚自珍全集》,上海古籍出版社1975年版,第193页。

身圆融学与行、知识与修养的真实效果。哲学是文字游戏,但将这样的"游戏"与自身的道德境界实现圆融一体,真知而笃行、即知即行、即本体即工夫者,实为凤毛麟角! 故而,刘蕺山是宋明理学演进史"晚霞"之后的"曙光"。

蕺山哲学作为"后宋明理学"的"曙光",所起到的"承上启下"作用,在蕺山弟子黄宗羲那里得以说明。他在《明儒学案》中指出:"识者谓五星聚奎,濂洛关闽出焉;五星聚室,阳明子之说昌;五星聚张,子刘子之道通。岂非天哉! 岂非天哉!"①梨洲借用金、木、水、火、土五星会聚二十八宿②的天文现象,概括了理学思潮发展的三个历史阶段:当五星会聚到西方七宿中的奎宿,正值理学的开创、奠基和集成时期,"濂学"、"洛学"、"关学"和"闽学"四大主流学派相继涌出;当五星会聚到北方七宿中的室宿,正值理学的转折和解构时期,王阳明心学极为昌盛;当五星会聚到南方七宿中的张宿,正值理学的会通和终结时期,即蕺山哲学挺立开显。张立文先生在其著名的《宋明理学研究》中这样论蕺山:"刘宗周为明末大师,其学推本周、程,得源于王守仁,与朱、王皆异";"他承朱熹之道德伦理,舍空谈而趋道德之实践";"具有综合各派学术思想的性质"③。

但是,蕺山哲学终究不是宋明理学的"全盘突破",而是"接着"宋明理学讲。学术形态的全面突破,须具备三个条件,即人文

---

① (清)黄宗羲:《明儒学案》卷62《蕺山学案》,第1512页。
② 二十八宿是中国古代天文学对天球黄、赤道带附近恒星所进行的区域划分,春秋时期已经完全确立。它们分别为:东方七宿是角、亢、氐、房、心、尾、箕;北方七宿是斗、牛、女、虚、危、室、壁;西方七宿是奎、娄、胃、昴、毕、觜、参;南方七宿是井、鬼、柳、星、张、翼、轸。
③ 张立文:《宋明理学研究》,第633—634页。

语境的转移、核心话题的转向和诠释文本的转换。① 蕺山的确能够"发先儒之未发",但终究还是围绕理气、道器、心性话题展开论辩,所依据的文本始终不离《论语》、《孟子》、《大学》、《周易》等等。故而,在他那个时代,这样的全面的哲学"突破"并未到来,即便是后来现代新儒学,依然是"接着"宋明理学讲。

"接着讲"是冯友兰先生在 20 世纪 30 年代末的《新理学》一书所提出。他说:"我们现在所讲之系统,大体上是承接宋明道学中之理学一派。我们说'大体上',因为在许多点,我们亦有与宋明以来底理学,大不相同之处。我们说'承接',因为我们是'接着'宋明以来底理学讲底,而不是'照着'宋明以来底理学讲底。"②从字面意义来看,"照着讲"是依傍他人,不出被讲者的思想框架;所谓"接着讲",就是在他人思想基础上,有所发挥和再创造,讲出被讲者可能的思想与意蕴。显然,"接着讲"不是照搬前人,而是在自己的学思体悟中对前人思想观念有所重新诠释,讲明"讲者自己"对问题的认识。③"接着讲"必然有哲学创新,这是讲者在讲述他人思想时体现的必然逻辑。蕺山"接着"宋明理学讲,讲出了他对先儒的体悟与反思,从而实现思想开新。

蕺山之学既总结了宋明理学,又凸显了新的思想发展方向。这在那个时代,已然是时代的"最强音"! 这正是蕺山永垂理学史的根源所在!

---

① 参见张立文主编:《中国哲学史新编》,中国人民大学出版社 2007 年版,第 439 页。

② 冯友兰:《新理学·绪论》,《三松堂全集》第 4 卷,河南人民出版社 2002 年版,第 4 页。

③ 参见张立文:《理学的演变与理学的超越》,载陈岱孙等:《冯友兰先生纪念文集》,第 195 页。

结　论

　　《人谱》是最能体现刘蕺山哲学思想的一部著作。蕺山为学缜密，为人严谨，学行终究圆融，《人谱》完备的哲学思辨中，彰显出儒学价值观视域下的"什么是人"、"如何为人"的"人"学求索，而蕺山首阳一饿，绝食殉道，恰恰将此著所彰显的道德境界体露无遗。《人谱》从思想上演绎着做人的道理，而蕺山真切践行了这种精神。蕺山并不仅仅是在撰著一本著作，而是在倡明真道理，并且是能够在个体人的生活中可以践行的道理。与其说《人谱》是一本书，不如说它是一种"完人"境界的开显。

　　《人谱》哲学思想研究是刘蕺山研究的题中应有之意，是从新的视域、以新的切入点，逻辑地展示蕺山哲学思想的过程。以《人谱》为切入点，并不是随意而为，而是建立于对此著重要性的分析基础之上，是根源于蕺山学思历程的内在理路之上。故而，在对《人谱》展开分析和研究之前，必然对蕺山本身思想演变历程作细致梳理，从而探讨这一历程与《人谱》的关系。

　　《人谱》是蕺山学思历程的彰显和归宿。但是，就它作为一部"著作"而言，它也不仅仅是蕺山晚年历时 11 年之久而撰著起来的，更是蕺山平生讲学论道、授徒明伦的经验总结。故而，此著之撰著，既有其直接诱因，又有其思想渊源，更有其修改、定稿和完善的过程。当说《人谱》是蕺山做人精神的展示的时候，考察《人谱》

之撰著始末,本质上正是要体思这种精神。唯有"身同感受",方可领悟《人谱》创作过程的别样滋味。

《人谱》哲学思想的"核心话题"是"心",是将周敦颐《太极图说》中"二分"的宇宙逻辑结构与人道逻辑结构统合为一,透过"心体论"哲学逻辑结构加以推演。《人谱》所要解决的问题的实质——"什么是人"、"如何为人"——是以"人"为中心,而"人"成其为"人"的那个"所以然"正是"心"。因此,蕺山统合宇宙论与道德论而落实于"心体论",既是从"本体论"视域证明"人"为"人"的必然道理,又为人可以成为这样的"人",提供了最为坚实可靠的理论支撑。他将"天"、"地"、"人"三才之道圆融为"心",落实于"人","可能世界"并不是超脱于现实的人之外,而是自然涵蕴于"吾心"。蕺山念念于"本心常明",此"明"者正是"心",正是就人当然为其"人"提供客观理据。

如果说"心体论"是在说明"什么是人"的话,那么,蕺山在审视善恶杂陈、鱼目混珠的"生存世界"的多元与多样性过程中,对人如何才能够时刻保持"本心常明"状态,给以更为详细和缜密的解答。这就是《人谱》的工夫论,也就是"如何为人"的理论彰明。当一个人真正认识了"问题是什么"的时候,他(她)也就知道了该如何去解答它。蕺山看到了"恶",看到了人的各种层面的"过",而且处心积虑地给以原因分析,必然也给以牛毛茧丝般的改过工夫步骤设计。每一种可能的"过"对应着一定的改过"工夫步骤"。改过即是明心。只是,无论有怎样的过,终究不会湮灭"本心之明"。"心"作为人之为人的那个"所以然",始终不会被人为消灭,但可以人为"障蔽"。"工夫"就是去"弊",去"弊"就是明"心",明"心"就是人成为"人"。而这个"人",正是被蕺山所践行了的"完人境界"。

无论说《人谱》"心体论",还是说它的"工夫论",《人谱》简短的几千字之中,却涵蕴着丰富的"易学哲学"。易学是理学家构建哲学系统的重要支柱,《周易》是他们阐释问题所依赖的重要文本。作为理学家道统中的人,蕺山在对宋明儒 600 年历史客观总结和体思明辨的基础上,从理学开山周敦颐的《太极图说》出发,创新思维阐释方法,创造《人极图》及《人极图说》。但是,统三才而言谓之"极",分人极而言谓之"善",三才之道的圆融统合经由"太极"与"人极"的互蕴融摄,落实于"心"。这样,蕺山从《人谱》之"心"反思《周易》,撰著《读易图说》、《周易古文钞》,从而"得易道"。而这个"易道",正是"即心即《易》"。心外无易,易以明心,升华了杨简以来的"己易"易学哲学。不过,"学易"之目标在于"用易",而"用易"的归宿便是"君子"。因此,蕺山由《人谱》开显的"易学哲学",终究依然是在倡明"人道"。而如此之"人道",正是蕺山做人精神的体现,归根到底是"完人境界"的落实。

由此看来,《人谱》的"心体论"、"工夫论"和据此而开显的"易学哲学",三者之间构成了圆融一体的系统,而这个逻辑结构的终极目标便是"完人境界"。《人谱》自身已然实现了"即心即人"的圆融合一,既是理论推演的最终结果,又是蕺山本人学思明辨的结果。

《人谱》实现了自身"学"与"道"的圆融统合。蕺山首阳一饿,殉道亡明,正是这种"实功实行"的真切体验。作为一种精神境界,《人谱》既是理论的推演,又是蕺山自身演进的逻辑效果;作为一个哲学系统,《人谱》既入理学,又出理学,最集中的展示于蕺山对"心"范畴内涵的诠解及诠解方式。蕺山以"生生道体"明"心",以"一体圆融"思维作为阐释哲学概念关系的基本方法,从一定程度上打破了宋明儒以具有"实性"意义的理、气、心为哲学本体、以"二分对待"为思辨方式的哲学传统,具有开新意义。但是,蕺山又不是彻底的与宋明理学决裂,因为时代的人文语境和核心话题并未转变,尽管有"开新",但终究未能脱离"宋明道统"。终究来说,蕺山之学"接着"宋明理学讲,在"接续道统"的历程中实现哲学创新,以之为理学"殿军"可,以之为"总结者"亦可,以之为心学"修正者"亦可,而"接着讲"的学术特质正体现于此。故而,蕺山哲学是宋明理学"晚霞"之后的"曙光"。

附录

《人谱》补图①

绣水宋瑾豫庵著

余既弁刘念台先生《证人小谱》而重刻之矣，复念气禀之偏、物欲之蔽、习染之污，为人生受过之由，苟不为图注而详说之，恐于拔本塞源之道有未备也。弟学识浅陋，四阅月，五易稿而始竣。尤虑弗当高明，未敢授梓。适于王巩民斋头得孙商声笔记《寓浔随语》，有云："某当录过端数十条目自儆。张某先生曰：'看来病症尽多，须识得病原，只一二件，总关处持省，便不费手。'又云：'识得病，便自有药；查得贼，便好用兵。只是矫其所反。'"余既喜其言之先得我心也，故敬采之。以冠《图说》之首，而尹氏《理欲消长图说》最为明了，《身家盛衰图说》②有裨颓风，并附刻于后，以侑助先生之教云。

---

① （清）宋瑾：《〈人谱〉补图》，载（清）王晫、张潮辑：《檀几丛书》二集卷三，上海古籍出版社1992年版，第222—226页。

② 按：宋瑾所言尹氏当为吕坤。吕坤（1536—1618年）字叔简，一字心吾、新吾，自号抱独居士，河南宁陵人，著有《呻吟语》、《去伪斋集》等，在其《去伪斋集》中有《理欲生长极至之图说附图》、《身家盛衰循环之图说附图》（参见（明）吕坤：《去伪斋集》卷六《杂著》，《吕坤全集》（上），王国轩、王秀梅整理，中华书局2008年版，第277—280页）

《气禀之图》

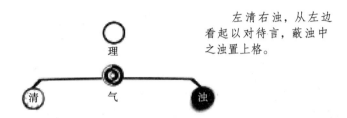

左清右浊，从左边看起以对待言，蔽浊中之浊置上格。

浊中之浊，气质昏暗，义理惰然无所知识者是谓下愚。然当中一窍是其可以与知处，使能因其一隙之明而用力推致之，亦未必终为气禀所拘，惟自暴自弃甘为人下，况又加之以物欲之，习染之污，重阴制□，名虽为人，实则无以异于禽兽矣。

清中之清，气质清明，义理昭著，不待学而知者是谓上智。然从来大圣人必好问好察，执两用中，好古敏求，随时处中，则此自恃其聪明而不道问学者皆妄也。

浊多清少，中人以下，困而知较难而又难。然不刻苦用力于学以求其知，则必为气禀所拘，民斯为下矣。况又加以物欲之蔽、习染之污，其远禽兽也几希。

半清半浊，是谓中人，学而知较难。然不学则为气禀所拘，未免为郡里之常人而已。况又加之以物欲之蔽、习染之污，能保其几希之不去乎？

清多浊少，中人以上，学而知较易。然不学则为气禀所拘，虽不践迹，亦不入于室者是也。况又加之以物欲之蔽、习染之污，能保其忠信之美质乎？

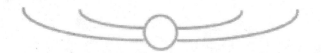

人心之实莫不有知，人心之理莫不完具，所以异于禽兽者在此。但气禀有清浊之不同，则所致有难易之各别。学者诚能一旦即吾身之物而格其有生之初，何以理同而气异？何以化异以归同？各因其已知者而益穷之以求至于其极，挽回气化，转浊为清，是谓及其知之一也。

左刚右柔，
从左边看也。

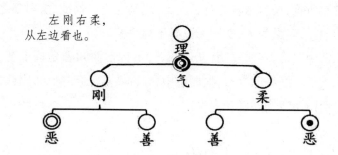

柔恶为懦为弱为葸为无断为邪妄，苟不力去乎此而加之以物欲之蔽、习染之污，其恶可胜言哉？

柔弱为慈为顺为巽为能忍为持久，诚能力持乎此而扩充之，则此长彼消，虽有物欲习染，亦无难灭省变格矣。

刚恶为猛为隘为绞为□梁为燥鲁，苟不力持乎此而加之以物欲之蔽、习染之污，其恶可胜言哉？

刚善为义为直为断为严毅为干固，诚能力持乎此而扩充之，则此严彼绌，虽有物欲习染，亦无难灭省变格矣。

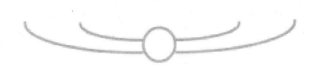

道者，天理之当然，中而已矣。智愚贤不肖之过不及则生而禀之，异而失其中也。盖人生气禀即有清浊即有刚柔。刚柔得中，中和中节，天下之达道也，圣人之能事也。学者不能遽至于是，然诚能自审其所受之纯，驳刚克柔，克去恶，存善化偏，就中于以作圣无难矣，所谓及比成功则一也。

《气禀图说》

诗云："维天之命，於穆不已。"可见，有是理，然后有是气。朱夫子云："气以成形，而理亦赋焉。"可见，有是气，则必有是理。盖气虽有清浊刚柔之分，而理初无清浊刚柔之异，所贵乎去蔽矫偏，有以全其所受之正耳。政如洪荒初启，洪水横流，经数大圣人，焦心劳形，经营区处，然后得地平天成，府修事和。人身中亦有裁成辅相之功、参赞位育之事，所谓天地定位，圣人成能，正不得谓天职生、地职成；而人为虚位，亦不得谓气化生成之偏，而人可任其迁流也。故知者知此理，行者行此理。而知有未至、行有未尽，虽物欲习染不能无过，然要为气禀所拘者，尤为势重难返，即物欲有时不行，习染有时而革，而气禀终不能挽回者比比。试以孔子之裁成造就，而柴也愚，参也录，师也辟，由也喭，惟曾子为能以鲁得之，子路之行，行终不能出其范围，亦可见学者以变化气质为先，而变化气质之功有如是，其不易也。瑾不揣固陋，为补是图，庶于纪过之中而先得审其受过之原与。

附录　《〈人谱〉补图》

411 ◉

《物欲图》

无极太极心之本体

静极而动，动极复静，
动静互根，心之用也。

理为性天禀受，而心实载之，唯圣人为能全体
不息，即心是理，即理是动而不离乎静也。

人心本至虚灵而为物欲所蔽则昏，但其本体之明则有未尝患者，诚能因其已明者而尽穷之，以求至乎其极。知理为心之本有，欲为心之本无，无者不可使有、有者不可使无亦易事也。然而危微精一，古帝为难，常人不能格物致知，焉能主静慎独以道狗欲？或明或昧，辗转牿亡，终身迷溺，人见其禽兽也，而彼方自以为得计，可不哀哉？此君子所以有讲习讨论之功也。

讲习讨论既有以辨其为理而为欲矣。然理欲无中立之功，非以理胜欲，则必以欲胜理。以欲胜理既有势重难返之虞，以理胜欲

复有潜滋暗长之虑,此君子所以有省察克治之功也。

　　省察至而精明生,克治滋而制防立,严密武毅,惕厉忧勤,使道心常为主而人心听命焉。彼物欲之萌于中而诱于外者,自蚤有以鉴而绝之,然后克,完性天禀受正理。此君子尤贵有存养之功也。

《物欲图说》

　　物欲纷纭,不可计数,亦莫可穷尽。要惟秉一理以为鉴,而后可清欲之源;奉一理以为归,而后可塞欲之流。否则认贼作子,破屋御寇,虽欲纪过而过何由知、改过而过何由改哉?而其功则在居敬穷理,终始不渝而已。总之,主静犹有误,居敬以主静则无误;慎独犹有差,穷理以慎独则无差。瑾是以继补是图以发明之与。

《习染图》

占者先雷三日，奋木铎以令兆民，曰："雷将发声，有不戒其容止者，生子不备，必有凶灾。"又于长短二至之月谆谆至惊，而司历占侯家言亦有慎选房室宜忌之理，而且妇人妊子坐不侧，立不跛，不食邪味，割不正不食，席不正不坐，目不视邪色，耳不听滛声，夜则令瞽诵诗，道正事，如此则形容端正，才智过人。今世教久衰，视夫妇有别之义最为迂远，相敬如宾之事反为笑谈，媒嫚谑浪沉湎宣滛苟可以娱欢者无所不至，不惜廉耻罔顾禁忌，而孕妇又口不择言、身无择行，凡事与古相相反，此未生以前习染之污已有如此，而有生以后又将何所赖乎？父母无好样，风俗又日偷，求其猛然醒出于等伦者，盖亦鲜矣，况欲求其卓然迈起于流俗，岂可得乎？

语云："教妇初来，教子婴孩。"《记》曰："童子常示毋诳，不衣裘裳。立必正，方不倾听。"司马温公曰："言行要留好样与儿孙，盖少成若天性，习惯成自然。"故人乐有贤父母也。今之为父母者，不知此理，孩提之时便喜其能讹能贪以为乖巧伶俐，他日必为肖子，必可成家出就外传。又不乐严师友以督责之，而宴私动静又无一善状以渐劘而涵养之，欲其子之翻然悔悟而自新也难矣。

父习染自溺爱左旋至导欲止，母习染自姑息右旋至偏爱止。父母虽作推原说，然人孰不为父母？

《记》曰："广谷大川异制，民生其间者异俗。"又曰："五方之民，各有性也，不可推移。"有圣工首作，修其三纲五常之教，齐其礼乐刑政之具，遂致家不异俗、人不殊政，而民得寡其过焉。迨至王霸迭兴、世运升降，而风俗有美恶淳浊之不同、变迁流弊之不一，即如岐丰之地，文王用之，以典二南之化；秦人用之，一变而为尚气任力、忘死轻生。春秋之时，齐俗急功利、喜夸诈，乃霸政之余气；鲁则重礼教、崇信义，犹有先王之遗风焉，亦大概可见矣。其他,郑卫矫惰浮靡,燕赵悲歌慷慨,与夫浙人相冶多诈,吴俗竞尚虚华,又不可类推乎。虽其间岂无中正和平之彦□,然不囿于风气者耶。然而习俗移人,贤者不免其所赖,子作之君、作之师者,岂其微哉!

《习染图说》

习染之污与生俱生,难以毕举,至于父母习染,犹覆载生成之偏,本各亘自喻,而不可图说告者。但世人相沿成性,受过不知,不得不推原及之,殊非先生类推之旨。然人禀天地父母之气以生,而天之气,每凭于地,故物有迁,其地而不能为良。人得母气为多,故人有异母而圣傲之迥别,所以慈母有顽子,圣贤多令母,历历可数,信不污也。由此推之,胎养之教,可不亟明欤。若夫山川风俗胶常习故,亦有莫知其然而然者。尧舜禹汤文武成康在上,自新新民,民生其间,抑何幸哉。然而化民成俗,家有塾,党有庠,州有序,国有学,其于师道,抑何兢兢也。慨自君师道二,而仲尼之徒羞称五霸,战国倾危之习,杨墨充塞之时,孟子辞而辟之,微言废坠。异学争鸣,朱子起而修明焉,其所以防范人心纲维世变者,亦既详且尽矣。是故人之生也,安能必得天地清和之气,而又有贤父母圣人为之君师者哉,亦在人沉潜玩味朱子之章句反身体勘孔孟之法言,既有以审夫习染之污,复能推类而务去之,则矫偏去蔽、迈远流俗,无难合下打进,可以无大过矣。孟子曰:"待文王而后与者,凡民也。"若夫豪杰之士,虽无文王犹兴,区区愿望之诚,端有藉于是与。

《理欲消长极至图》①

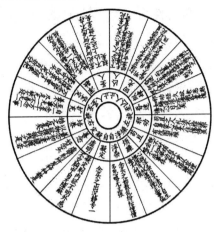

《理欲消长图说》

　　人生天地间,大率三等:其六合为家,万物一体,尽得人道,完复天初者,曰圣人;无善无恶,追浪随风,生无世益,死无后闻者,曰众人;纵欲恣情,贼仁害义,天理灭绝,良心丧尽者,曰凶人。凶人为不善,其初非与圣人远也。指五尺童子而谓之曰:"汝他日为盗。"未有不艴然怒者,非佯怒也,彼其恶盗之真情与不为盗之本心,确乎其不可移也。然而天下之穿窬劫杀往往而是,此其人何尝不过童子之年哉!欲心所艳,一旦为迷,邪念所积,潜滋已久,忽不自觉其至是也。故一行之失,非即蹻、跖、桀、纣而蹻、跖、桀、纣之所从来也。② 谚曰:"换劫一念,舜跖可变。"是故,为恶非天,为善

---

① 宋瑾所画《理欲消长极至图》可视为吕坤《去伪斋集》所画《理欲生长极至之图》的变图,有些许文字差异,但《理欲消长图说》则与《理欲生长极至之图说》一致。(参见《去伪斋集》卷六,第831—832页)

② 按:吕坤《理欲生长极至之图说》言:"故一行之失,即为蹻、跖;一言之谬,即为桀、纣,非便是蹻、跖、桀、纣而蹻、跖、桀、纣之所从来也。"(《吕坤全集》,第277页)

非命,在我而已。

吾语尔曹,以善为性之当为,恶为理之不可为,尔未必吾听。若夫为一善而此心快惬不必自言,而乡党称誉之,君子礼敬之,鬼神福祚之,身后传诵之,子孙荣之;为一不善而此心愧怍,虽欲按护,而乡党传笑之,王法刑辱之,鬼神灾祸之,身后指说之,子孙羞之。此二者孰得?夫有小善而矜,闻小誉而喜,虽孺子亦莫不然,是人皆知善之当为矣。奈何弃身于恶而蹈此百凶乎?

余,众人也,每裹徊于歧路。一歧向九天之上,安乐万端;一歧入九地之下,忧危百种。左足右足,愿与二三子抉择之。

真妄始分之介,圣狂必至之途,向非一一指示,愚夫愚妇,何由察此几希一脉耶。吕氏尝据理而推衍之,吴兴尹思川先生复揭图而详释之。喆嗣兆玉先生克缵其绪,笔锲以风后学。瑾于尹氏壁间得阅是图,惜其岁久板废,乃附刻《证人小谱》后,以便下学一览,即知所趋向云尔。

《身家盛衰循环图》

《循环图说》

呜呼！君子观此图，不惟知人事当修，抑又知天道可畏也。六合之内，民生不知几千万矣，以天所生之物养天所生之人，均衣平食，无令有余不足，俾各不至饥寒而止，尚仅仅不数用，而况富者田连阡陌，金满箱囊，饫甘餍浓，踏绣铺锦，歌儿舞女，醉月眠花，书栋雕梁，乘坚策肥，其狼藉暴殄之余，犹足以呴偻仆而饱狗彘，乃畎夫织妇早作夜动，祁寒暑雨，黧身枯面，枵腹攒眉，儿羸女鬻，终岁辛苦如牛马，而一家衣食如乞丐。又瞽目残肢，孤儿独老，菜色鹑衣，为沟中瘠，为道边殣者正在有之。诸无告人不可胜数，彼其骄奢安逸之性岂与我殊哉？

天地之财止有此数，富贵荣华既于我乎独偏，贫贱忧戚自于彼乎独苦。有余者之所弃余，乃不足者之所以弃命者也。夫既不肯乐分与以益彼之不足，又不能崇饰俭以惜已有之余。天何亲何私尔，何功何德而令久享此乎？明者观于目前，其盛衰可历历指矣。尔曹不幸，身不尝不足之味而袭祖父有余之业，彼以享受为当然，以俭素为耻事，将施予不能，而慢弃则不甚惜焉。积孽自躬而获罪于天矣。作《循环图》以悟之。

身家消长，维人自作。善孽转关，祥殃已伏。昧者不能反求，往往委之以命，甚而怨天尤人，滋戾厥躬，愈莫逭矣。当年尹思川先生揭是图以示贤嗣，兆玉先生摹付梓氏，以永格言，瑾亦为重布，愿凡有身家者勖之。

参 考 文 献

一、古代典籍

1.（汉）许慎撰，（清）段玉裁注：《说文解字注》，许惟贤整理，凤凰出版社2007年版。

2.（唐）孔颖达正义，（汉）孔安国传：《尚书正义》，上海古籍出版社2007年版。

3.（宋）周敦颐：《周敦颐集》，陈克明点校，中华书局2008年版。

4.（宋）程颢、程颐：《二程集》，王孝鱼点校，中华书局1981年版。

5.（宋）张载：《张载集》，章锡琛点校，中华书局1978年版。

6.（宋）邵雍：《邵雍集》，郭彧整理，中华书局2010年版。

7.（宋）朱熹著，（宋）黎靖德编：《朱子语类》，王星贤点校，中华书局1986年版。

8.（宋）朱熹：《周易本义》，中华书局2009年版。

9.（宋）朱熹、吕祖谦编订：《近思录》，江苏古籍出版社2001年版。

10.（宋）朱熹：《四书集注》，岳麓书社2004年版。

11.（宋）陆象山：《陆九渊集》，钟哲点校，中华书局1980年版。

12.（明）王守仁：《王阳明全集》，吴光等编校，上海古籍出版社1992年版。

13.（明）刘宗周：《刘宗周全集》，吴光主编，浙江古籍出版社2007年版。

14.（明）袁了凡：《了凡四训》，新世界出版社2004年版。

15.（清）黄宗羲：《明儒学案》，中华书局1985年版。

16.（清）黄宗羲：《黄宗羲全集》，吴光主编，浙江古籍出版社2005年版。

17.（清）顾炎武：《日知录》，安徽大学出版社2007年版。

18.（清）王夫之：《张子正蒙注》，中华书局1975年版。

19.（清）陈确：《陈确集》，中华书局1979年版。

20.（清）张履祥：《杨园先生全集》，陈祖武点校，中华书局2002年版。

21.（清）胡谓:《易图明辨》,郑万耕点校,中华书局 2008 年版。

22.（清）徐世昌:《清儒学案》,陈祖武点校,中华书局 2008 年版。

23.（清）永瑢等撰:《四库全书总目提要》,商务印书馆 1935 年版。

24.（清）徐秉义:《明末忠烈纪实》,浙江古籍出版社 1987 年版。

25.（清）张廷玉:《明史》,吉林人民出版社 1995 年版。

26.（清）赵尔巽:《清史稿》,吉林人民出版社 1995 年版。

27.（清）徐鼒、徐承礼主编:《小腆纪传》,中华书局 1958 年版。

28.（清）翁洲老民等撰:《海东逸史》,明文书局印行。

29.（清）邵廷采:《思复堂文集》,浙江古籍出版社 1987 年版。

30.唐大潮等注译:《劝善书注译》,中国社会科学出版社 2004 年版。

31.陈鼓应、赵建伟:《周易今注今译》,中华书局 2005 年版。

32.《绍兴府志》,成文出版社有限公司(台北)1975 年版。

33.《康熙会稽县志》,成文出版社有限公司(台北)1983 年版。

34.《嘉靖山阴县志》,成文出版社有限公司(台北)1983 年版。

二、近人著作

1.[美]包筠雅:《功过格——明清社会的道德秩序》,杜正贞、张林译,浙江人民出版社 1999 年版。

2.[美]成中英:《合外内之道——儒家哲学论》,中国社会科学出版社 2001 年版。

3.[美]邓尔麟:《嘉定忠臣——十七世纪中国士大夫之统治与社会变迁》,宋华丽译,中央编译出版社 2012 年版。

4.[日]冈田武彦:《王阳明与明末儒学》,吴光、钱明、屠承先译,上海古籍出版社 2000 年版。

5.[日]沟口雄三:《中国前近代思想的演变》,中华书局 1997 年版。

6.陈福滨:《晚明理学思想通论》,环球书局(台北)1983 年版。

7.陈来:《宋明理学》,辽宁教育出版社 1991 年版。

8.陈来:《有无之境:王阳明哲学的精神》,人民出版社 1991 年版。

9.陈来:《中国近世思想史研究》,商务印书馆 2003 年版。

10.陈来:《朱子哲学研究》,华东师范大学出版社 2000 年版。

11.陈立胜:《王阳明"万物一体"论:从"身——体"的立场看》,华东师范大学出版社 2008 年版。

12. 陈立骧:《刘蕺山哲学思想研究》,载《宋明儒学新论》,復文图书出版社(高雄)2005 年版。

13. 陈荣捷:《朱子新探索》,华东师范大学出版社 2007 年版。

14. 陈少明:《经典世界中的人、事、物》,三联书店 2008 年版。

15. 陈永革:《儒学名臣——刘宗周传》,浙江人民出版社 2005 年版。

16. 陈永革:《阳明学派与晚明佛学》,中国人民大学出版社 2009 年版。

17. 程志华:《困境与转型——黄宗羲哲学文本的一种解读》,人民出版社 2005 年版。

18. 崔大华:《儒学引论》,人民出版社 2001 年版。

19. 邓志峰:《王学与晚明的师道复兴运动》,社会科学文献出版社 2003 年版。

20. 东方朔:《刘蕺山哲学研究》,上海人民出版社 1997 年版。

21. 东方朔:《刘宗周评传》,南京大学出版社 1998 年版。

22. 杜维明、东方朔:《杜维明学术专题访谈录——宗周哲学之精神与儒家文化之未来》,复旦大学出版社 2001 年版。

23. 冯达文:《宋明新儒学略论》,广东人民出版社 1997 年版。

24. 古清美:《明代理学论文集》,台湾大安出版社 1990 年版。

25. 韩思艺:《从罪过之辩到克罪改过之道——以〈七克〉与〈人谱〉为中心》,中国社会科学出版社 2012 年版。

26. 何俊、尹晓宁:《刘宗周与蕺山学派》,中国人民大学出版社 2009 年版。

27. 侯外庐等:《宋明理学史》上下卷,人民出版社 1984 年版。

28. 黄敏浩:《刘宗周及其慎独哲学》,学生书局(台北)2001 年版。

29. 嵇文甫:《晚明思想史论》,东方出版社 1996 年版。

30. 贾丰臻:《中国理学史》,上海书店 1984 年版。

31. 姜广辉:《理学与中国文化》,上海人民出版社 1994 年版。

32. 劳思光:《新编中国哲学史》,广西师范大学出版社 2006 年版。

33. 李明友:《一本万殊:黄宗羲的哲学与哲学史观》,人民出版社 1994 年版。

34. 李申:《易图考》,北京大学出版社 2001 年版。

35. 李振纲:《证人之境——刘宗周哲学的宗旨》,人民出版社 2000 年版。

36. 梁启超:《中国近三百年学术史》,中国书店出版社 1985 年版。

37. 梁启超著，朱维铮导读：《清代学术概论》，上海古籍出版社 1998 年版。

38. 廖俊裕：《道德实践与历史性——关于蕺山学的讨论》，《中国学术思想研究辑刊》第二编第 20 册，花木兰文化出版社(台北)2003 年版。

39. 林聪舜：《明清之际儒家思想的变迁与发展》，学生书局(台北)1991 年版。

40. 刘述先：《黄宗羲心学的定位》，浙江古籍出版社 2006 年版。

41. 刘玉建：《〈周易正义〉导读》，齐鲁书社 2005 年版。

42. 罗宗强：《明代后期士人心态研究》，南开大学出版社 2006 年版。

43. 吕妙芬：《阳明学士人社群:历史、思想与实践》，新星出版社 2006 年版。

44. 蒙培元：《理学的演变》，福建人民出版社 1984 年版。

45. 蒙培元：《理学范畴系统》，人民出版社 1989 年版。

46. 牟宗三：《从陆象山到刘蕺山》，上海古籍出版社 2001 年版。

47. 牟宗三：《历史哲学》，广西师范大学出版社 2007 年版。

48. 牟宗三：《宋明儒学的问题与发展》，华东师范大学出版社 2004 年版。

49. 牟宗三：《心体与性体》，上海古籍出版社 1999 年版。

50. 牟宗三：《政道与治道》，广西师范大学出版社 2006 年版。

51. 彭永捷：《朱陆之辩——朱熹陆九渊哲学比较研究》，人民出版社 2003 年版。

52. 钱茂伟：《姚江书院派研究》，中国社会科学出版社、文化艺术出版社 2005 年版。

53. 钱明：《阳明学的形成与发展》，江苏古籍出版社 2002 年版。

54. 钱穆：《宋明理学概述》，九州出版社 2010 年版。

55. 钱穆：《阳明学述要》，九州出版社 2010 年版。

56. 宋志明：《薪尽火传——宋志明中国古代哲学讲稿》，北京师范大学出版社 2010 年版。

57. 唐君毅：《中国哲学原论》(导论)，中国社会科学出版社 2006 年版。

58. 陶清：《明遗民九大家哲学思想研究》，台湾洪业文化事业有限公司 1997 年版。

59. 万明主编：《晚明社会变迁问题与研究》，商务印书馆 2005 年版。

60. 汪学群：《明代遗民思想研究》，中国社会科学出版社 2012 年版。

参
考
文
献

61. 王汎森:《晚明清初思想十论》,复旦大学出版社 2004 年版。

62. 吴光:《黄宗羲与清代浙东学派》,中国人民大学出版社 2009 年版。

63. 吴震:《明末清初劝善运动思想研究》,台湾大学出版中心 2009 年版。

64. 向世陵:《理气性心之间——宋明理学的分系和四系》,湖南大学出版社 2006 年版。

65. 徐定宝:《黄宗羲评传》,南京大学出版社 2002 年版。

66. 徐复观:《中国人性论史·先秦》,华东师范大学出版社 2005 年版。

67. 徐洪兴:《思想的转型:理学发生过程研究》,上海人民出版社 1996 年版。

68. 杨国荣:《王学通论:从王阳明到熊十力》,华东师范大学出版社 2003 年版。

69. 杨国荣:《心学之思:王阳明哲学的阐释》,三联书店 1997 年版。

70. 杨庆中:《周易经传研究》,商务印书馆 2005 年版。

71. 姚才刚:《儒家道德理性精神的重建——明中叶至清初的王学修正运动研究》,中国社会科学出版社 2009 年版。

72. 余英时:《论戴震与章学诚》,三联书店 2000 年版。

73. 余英时:《朱熹的历史世界:宋代士大夫政治文化的研究》,三联书店 2004 年版。

74. 张高评:《黄梨洲及其史学》,文津出版社 1989 年版。

75. 张立文:《帛书周易注译》(修订本),中州古籍出版社 2008 年版。

76. 张立文:《和合学——21 世纪文化战略的构想》(修订本),中国人民大学出版社 2006 年版。

77. 张立文:《和合哲学论》,人民出版社 2004 年版。

78. 张立文:《宋明理学逻辑结构的演化》,万卷楼图书有限公司(台北)1993 年版。

79. 张立文:《宋明理学研究》,人民出版社 2002 年版。

80. 张立文:《心学之路——陆九渊思想研究》(修订本),人民出版社 2008 年版。

81. 张立文:《中国哲学范畴发展史》(人道篇),中国人民大学出版社 1995 年版。

82. 张立文:《中国哲学范畴发展史》(天道篇),中国人民大学出版社 1988 年版。

83. 张立文：《中国哲学逻辑结构论》，中国社会科学出版社 2002 年版。

84. 张立文：《朱熹评传》，长春出版社 2008 年版。

85. 张立文：《朱熹思想研究》，中国社会科学出版社 1994 年版。

86. 张立文：《自己讲、讲自己——中国哲学的重构与传统现代的度越》，北京师范大学出版社 2007 年版。

87. 张立文主编：《中国哲学史新编》，中国人民大学出版社 2007 年版。

88. 张显清：《明代后期社会转型研究》，中国社会科学出版社 2008 年版。

89. 张学智：《明代哲学史》，北京大学出版社 2000 年版。

90. 张学智：《心学论集》，中国社会科学出版社 2006 年版。

91. 张学智：《中国儒学史》（明代卷），北京大学出版社 2011 年版。

92. 赵伟：《心海禅舟：宋明心学与禅学研究》，人民出版社 2008 年版。

93. 赵园：《明清之际士大夫研究》，北京大学出版社 1999 年版。

94. 赵园：《想象与叙述》，人民文学出版社 2009 年版。

95. 赵园：《制度·言论·心态——〈明清之际士大夫研究〉续编》，北京大学出版社 2006 年版。

96. 郑吉雄：《易图象与易诠释》，华东师范大学出版社 2008 年版。

97. 郑宗义：《明清儒学转型探析——从刘蕺山到戴东原》，香港中文大学出版社 2002 年版。

98. 钟彩钧主编：《刘蕺山学术思想论集》，"中央研究院"中国文哲研究所筹备处（台北）1998 年版。

99. 衷尔钜：《蕺山学派哲学思想》，山东教育出版社 1993 年版。

100. 朱汉民：《宋明理学通论：一种文化学的诠释》，湖南教育出版社 2000 年版。

三、学术论文

1. 鲍博：《简论刘宗周的心性论思想》，《孔子研究》1988 年第 4 期。

2. 步近智：《刘宗周的思想矛盾和"慎独"、"诚敬"之说》，《浙江学刊》1986 年第 3 期。

3. 蔡方鹿：《刘宗周"慎独"说与经学相结合的思想》，《天府新论》2008 年第 5 期。

4. 蔡方鹿：《刘宗周对理学的总结和批评》，《河北大学学报》（哲学社会科学版）2011 年第 4 期。

5. 蔡家和:《黄宗羲与陈确的论辩之研究》,《国立台湾大学哲学论评》第35 期(2008 年)。

6. 陈宝良:《"学穷本原,行追先哲"——刘宗周画像》,《福建论坛》(人文社会科学版)1990 年第 3 期。

7. 陈宝良:《晚明社会生活的新动向》,《福建论坛》(人文社会科学版)2004 年第 9 期。

8. 陈畅:《论刘宗周晚年思想中的"独体"概念》,《哲学动态》2008 年第9 期。

9. 陈寒鸣:《刘宗周与晚明儒学》,《中华文化论坛》2000 年第 3 期。

10. 陈佳铭:《从刘蕺山的经典诠释论其形态之归属》,《政治大学哲学学报》2012 年第 28 期。

11. 陈来:《元明理学的"去实体化"倾向及其理论后果》,《中国文化研究》2003 年夏之卷。

12. 陈荣灼:《论唐君毅与牟宗三对刘蕺山之解释》,《鹅湖学志》2009 年第 43 期。

13. 陈廷湘:《论理学的道德理想主义》,《四川大学学报》(哲社版)1996年第 4 期。

14. 陈永革:《从良知之辨看蕺山之学的义理建构》,《中国哲学史》2007年第 2 期。

15. 程梅花:《刘宗周的意本论及其儒学特质》,《阜阳师院学报》(哲社版)1994 年第 2 期。

16. 崔大华:《刘宗周与明代理学的基本走向》,《中州学刊》1997 年第3 期。

17. 董平:《论刘宗周心学的理论构成》,《孔子研究》1991 年第 4 期。

18. 杜宝瑞:《对牟宗三诠释刘蕺山以心著性的方法论反思》,《哲学与文化》2012 年第 10 期。

19. 杜维明、东方朔:《刘宗周〈人谱〉的道德精神世界——杜维明教授访谈》,《学术月刊》2001 年第 7 期。

20. 范金民:《鼎革与变迁:明清之际江南士人行为方式的转向》,《清华大学学报》(哲学社会科学版)2010 年第 2 期。

21. 方同义:《刘宗周与黄宗羲政治哲学比较》,《宁波师院学报》1996 年第 4 期。

22. 方祖猷:《黄宗羲与甬上弟子的学术分歧——兼论蕺山之学的传播与没落》,《香港中文大学中国文化研究所学报》第 22 卷(1991 年)。

23. 冯前林:《浑然至善之意——论刘蕺山对无善无恶说的批判》,《晋阳学刊》2013 年第 2 期。

24. 傅小凡:《论刘宗周的自我观》,《厦门大学学报》(哲社版)2000 年第 2 期。

25. 傅振照:《刘宗周小考》,《浙江学刊》1989 年第 2 期。

26. 高海波:《〈刘子遗书〉及〈刘子全书〉考》,《鹅湖学志》第 38 期(2007 年)。

27. 高海波:《试论刘宗周的"格物"思想》,《中国哲学史》2009 年第 3 期。

28. 高海波:《试述刘宗周〈人谱〉的写作背景及过程》,《儒教文化研究》(国际版·第 13 辑),韩国成均馆大学校儒教文化研究所,2010 年 2 月。

29. 苟小泉:《从"道德"到"自得"——中国哲学本体论主体性维度的存在、展开与完成》,《华南师范大学学报》(社会科学版)2009 年第 4 期。

30. 郭齐勇:《当代新儒家对儒学宗教性问题的反思》,《中国哲学史》1999 年第 1 期。

31. 郭齐勇:《论熊十力与唐君毅在刘蕺山"意"与"诚意"观上的讨论和分歧》,武汉大学中国传统文化研究中心编:《玄圃论学续集——熊十力与中国传统文化国际学术研讨会论文集》,湖北教育出版社 2003 年版。

32. 郭晓冬:《"生之谓性"与"天命之谓性"——程明道"性"论研究》,《复旦学报》2004 年第 1 期。

33. 何俊:《刘宗周〈人谱〉析论》,《中国哲学史》1998 年第 1 期。

34. 洪波:《论蕺山学派对王学的师承与嬗变》,《浙江学刊》1995 年第 4 期。

35. 胡元玲:《刘宗周〈易衍〉要旨及其与周敦颐〈通书〉之关系》,《传统中国研究集刊》(第八辑),上海人民出版社 2011 年版。

36. 黄敏浩:《刘宗周"四句教"的诠释》,《中国文哲研究通讯》第 8 卷第 3 期,1998 年 9 月。

37. 蒋年丰:《从朱子与刘蕺山的心性论分析其史学精神》,载氏著:《文本与实践(一):儒家思想的当代诠释》,台北:桂冠图书股份有限公司 2000 年版。

参
考
文
献

38. 金春峰:《明清之际儒学的价值观念》,《晋阳学刊》1988 年第 5 期。

39. 景海峰:《五伦观念的再认识》,《哲学研究》2008 年第 5 期。

40. 雷静:《从"理一分殊"、"万物一体"到"一统于万"——刘蕺山融汇朱、王的本体论探析》,《中国哲学史》2010 年第 4 期。

41. 李兵、袁建辉:《试析理气论在刘宗周思想中的地位》,《船山学刊》2000 年第 4 期。

42. 李明辉:《刘蕺山对朱子理气论的批判》,《汉学研究》第 19 卷第 2 期,2001 年 12 月。

43. 李明辉:《刘蕺山思想中的"情"》,载《四端与七情——关于道德情感的比较哲学探讨》,台北:台湾大学出版中心 2005 年版。

44. 李振纲、李超英:《刘宗周"本体与工夫"的语境分析》,《河北大学学报》(哲学社会科学版)2006 年第 4 期。

45. 李振纲:《道德理性本体的重建——蕺山哲学论纲》,《哲学研究》1999 年第 1 期。

46. 李振纲:《解读〈人谱〉:圣贤人格的证成》,《哲学研究》2009 年第 9 期。

47. 李振纲:《理性与道德理想主义》,《河北大学学报》(哲社版)2001 年第 1 期。

48. 李振纲:《论蕺山之学的定性与定位》,《河北大学学报》(哲社版)1999 年第 1 期。

49. 李振纲:《心体的重建与理学的终结——兼论蕺山学逻辑向度与历史向度的离异》,《现代哲学》2004 年第 4 期。

50. 林安悟:《明清之际:从"主体性"、"意向性"到"历史性"的一个过程——以阳明、蕺山与船山为例的探讨》,《船山学刊》2006 年第 2 期。

51. 林聪顺:《刘蕺山与黄梨洲——从"理学殿军"到"经世思想家"》;谈江大学中文系主编:《晚明思潮与社会变动——中国社会与文化学术研讨会论文集》,弘化文化事业股份有限公司(台湾)1987 年版。

52. 林月惠:《从宋明理学的"性情论"考察刘蕺山对〈中庸〉"喜怒哀乐"的诠释》,《中国文哲研究集刊》第 25 期(2004 年)。

53. 林月惠:《刘蕺山"慎独"之学的建构——以〈中庸〉首章的诠释为中心》,《台湾哲学研究》2004 年第 4 期。

54. 刘人鹏:《圣学道德论述中的性别问题——以刘宗周〈人谱〉为例》;

林庆彰、蒋秋华主编：《明代经学国际研讨会论文集》，台北："中央研究院"中国文哲研究所筹备处。

55. 刘蓉：《静坐与理学家的为学修身》，《山东体育学院学报》2005 年第5 期。

56. 刘志刚：《时代感与包容度：明清易代的五种解释模式》，《清华大学学报》（哲学社会科学版）2010 年第 2 期。

57. 罗国杰：《刘宗周的"慎独"思想及其在道德修养上的重要意义》，《齐鲁学刊》2013 年第 1 期。

58. 吕耀怀：《规范伦理、德性伦理及其关联》，《哲学动态》2009 年第5 期。

59. 马振铎：《王学的罅漏和刘宗周对王学的补救》，《浙江学刊》1992 年第 6 期。

60. 钱明：《阳明之教法与王学之裂变》，《孔子研究》2003 年第 3 期。

61. 陶清：《性学：晚明思潮演变的一个纽结——兼论刘宗周性学思想的理论得失》，《江淮论坛》2003 年第 2 期。

62. 王凤贤、丁国顺：《以刘宗周为代表的蕺山学派》，《浙东学派研究》，浙江人民出版社 1993 年版。

63. 王凤贤：《评刘宗周对理学传统观念的修正》，《孔子研究》1991 年第2 期。

64. 王瑞昌：《刘蕺山"虚无"思想略论》，《北京行政学院学报》2000 年第1 期。

65. 王瑞昌：《刘蕺山格物致知说析论》，《中国哲学史》2002 年第 2 期。

66. 王瑞昌：《论刘蕺山的无善无恶思想》，《孔子研究》2000 年第 6 期。

67. 吴光：《从阳明心学到"力行"实学——论黄宗羲对王阳明、刘宗周哲学实学的批判继承与理论创新》，《中国哲学史》2007 年第 3 期。

68. 吴震：《"证人社"与明季江南士绅的思想动向》，《中华文史论丛》2008 年第 1 期。

69. 吴震：《从"宋明"转向"明清"——就儒学与宗教的关系看明清思想的连续性》，《复旦学报》（社会科学版）2010 年第 1 期。

70. 吴震：《明末清初道德劝善思想溯源》，《复旦学报》（社会科学版）2008 年第 6 期。

71. 吴震：《晚明时代儒家伦理的宗教化趋向——以颜茂猷〈迪吉录〉为

例》,《国学学刊》2009 年第 1 期。

72. 谢景芳:《理论的崩溃与理想的幻灭——明代中后期的仕风与士风》,《学习与探索》1998 年第 1 期。

73. 杨国荣:《刘宗周思想的历史地位》,《中国哲学史》1996 年第 4 期。

74. 杨国荣:《明清之际儒家价值观的转换》,《哲学研究》1993 年第 6 期。

75. 杨国荣:《晚明王学演变的一个环节——论刘宗周对"意"的考察》,《浙江学刊》1988 年第 4 期。

76. 姚才刚:《论刘蕺山对王学的修正》,《武汉大学学报》(人文科学版)2000 年第 6 期。

77. 尹文汉:《濂溪〈太极图〉与蕺山〈人极图〉比较略论》,《嘉应大学学报》(哲学社会科学版)2002 年第 1 期。

78. 张践:《刘宗周"慎独"哲学初探》,《中国哲学史研究》1985 年第 4 期。

79. 张晶:《中国古典哲学与美学中的"自得"思想》,《现代传播》2002 年第 4 期。

80. 张立文:《刘宗周慎独诚意的修己之学》,《江南大学学报》2012 年第 2 期。

81. 张岂之:《论蕺山学派思想的若干问题》,《西北大学学报》1980 年第 4 期。

82. 张申:《刘宗周"慎独之说"浅议》,《社会科学战线》1990 年第 1 期。

83. 张学智:《论刘宗周的"意"》,《哲学研究》1993 年第 9 期。

84. 张永俊:《刘蕺山心学之特质及其历史意义》,《哲学与文化》2000 年第 27 卷第 11 期。

85. 赵园:《〈人谱〉与儒家道德伦理秩序的建构》,《河北学刊》2006 年第 1 期。

86. 赵园:《刘门师弟子——关于明清之际的一组人物》,汕头大学新国学研究中心编:《新国学研究》第 1 辑,人民文学出版社 2005 年版。

87. 赵园:《明清之际的所谓"有用之学"——关于这一时期士人经世取向的一种分析》,汕头大学新国学研究中心编:《新国学研究》第 5 辑,人民文学出版社 2006 年版。

88. 中纯夫:《刘宗周的〈人谱〉——最晚年的慎独说》,载陈祖武主编:《明清浙东学术文化研究》,中国社会科学出版社 2004 年版。

89. 衷尔钜:《"即物求知""离物无知"——论蕺山学派的认识论》,《浙江学刊》1988 年第 4 期。

90. 衷尔钜:《黄道周与刘宗周哲学思想比较》,《甘肃社会科学》1989 年第 5 期。

91. 衷尔钜:《蕺山学派的慎独学说》,《文史哲》1986 年第 3 期。

92. 衷尔钜:《论蕺山学派的学术思想》,《甘肃社会科学》1986 年第 3 期。

93. 周桂钿:《明末到清初的思想转型》,《社会科学研究》1993 年第 3 期。

94. 朱丹、张琳:《从本体到工夫:晚明理学思想的创造性转化——以东林学与刘蕺山为个案》,《四川教育学院学报》2003 年第 5 期。

95. 朱义禄:《黄宗羲刘宗周思想比较初探》,《浙江学刊》1987 年第 2 期。

96. 朱义禄:《论刘宗周的唯意志论——兼论阳明心学的终结》,《东方论坛》2000 年第 3 期。

四、学位论文

1. 陈建明:《从〈人谱〉看刘蕺山之存理遏欲》,台湾国立中正大学硕士学位论文,2005 年。

2. 陈思吟:《从〈论语学案〉和〈人谱〉论刘宗周的成人思想之研究》,台湾彰化师范大学硕士学位论文,2001 年。

3. 高海波:《刘蕺山哲学思想研究》,北京大学博士学位论文,2008 年。

4. 韩国茹:《刘蕺山〈人谱〉哲学思想研究》,湘潭大学硕士学位论文,2006 年。

5. 黄继立:《"身体与工夫":明代儒学身体观类型研究》,国立台湾大学博士论文,2010 年。

6. 刘清泉:《儒家内圣之学的极致——"宋明理学殿军"的蕺山思想》,台湾清华大学博士学位论文,2011 年。

7. 辛鸣:《〈人谱〉探究》,北京大学硕士学位论文,1993 年。

8. 张天杰:《蕺山学派与明清儒学转型》,湖南大学博士学位论文,2012 年。

9. 赵亮:《刘宗周易学思想研究》,山东大学硕士学位论文,2010 年。

参 考 文 献

索　引

398,406

和合 4,17,27,32,44,46,54—56,
60,67,114,158,177,178,181,
199,200,206,209,218,231,246,
247,255,262,264,269,270,278,
289,306,310,316—318,333,335,
336,339,344,349,362,372,395

《河图》 18,116,126,127,291—
297,300—303,307,309—311,
325,333,344,345

话题 3,4,11,12,16,18,403,
405,407

黄宗羲 5,9,10,21,26,53,64,70,
72,74,77,80,147,287,292,386—
389,392,394,402

J

《纪过格》 13,84,96,98—104,
108,110,118,119,124,138,139,
192,201,206,214,215,223,224,
229,235,239

即……即…… 13,14,142,169,
193,199,211,230,259,263,265,
289,291,335,344,360,367,372,
373,381,382

即心即性 162,165,166,196,198,
374,400

蕺山学 2,3,7,9,21,24,34,51,69,
70,113,205,277,360,364,382,
392,395,402,404

继善 17,40,115,148—155,169,
193—195,197,198,215,224,232,
245,253,269,276,368

家训 6,119

暾暾完人 1

君子 18,20,22,28,46,49,52,58,
65,67,68,70,71,73,75,77,92,
94,109,114,120—122,131,141,
148,153,157,158,165,170—174,
181,189,191—196,198—200,
202,203,216,217,219,224,229,
237,245,247,253,265,271,275,
279,283,285,314,317—320,323,
333,342,349—363,367,373,374,
390,391,399,406

L

濂溪 2,64,68,69,106,115,124—
134,136,138,141,142,151,152,
182,190,265,275,276,298,367,
376,397

刘汋 5,6,16,19—21,23,26,34,
42,62,63,67,69,105,106,108,
113,117,119—123,275,276,292,
366,367,388,399

陆九渊 72,73,369,374,379,396

《论语》 60,76,213,246,403

《洛书》 18,116,291—293,303—
311,325,333,344,346

M

《孟子》 42,172,237,246,403

Q

迁善改过 12,13,17,18,40,89,
113,114,121,139,141,142,180,
181,183,184,189—191,207,235,
237—241,248,252,253,256,259,

279,283—286,347,356,361,368

乾坤 17,65,88,114,129,137,140,
146,149—153,155,158,166,170,
176,202,230,245,249,299,303,
309,311—313,317,318,321,328,
330,331,334,336,375

R

人道 10,13,32,40,116,140—142,
144,145,155,157,158,166,177,
190,219,224,229,252,253,292,
305,312,315,316,318,340,341,
375,384,399,405,406

人极 12,14,16,17,40,80,86—88,
115,116,124—126,131,139—
146,181,188,190,264—266,292,
309,315,338,383,384,406

《人极图》 17,124—126,134,136,
138,139,141,142,148,159,190,
383,406

《人极图说》 12—14,17,39,40,
84,115—117,121,122,124,125,
138—142,147,148,154,166,175,
180,181,189,190,223,224,230,
245,276,291—293,312,315,336,
397,406

《人谱》 3—18,20,30,39—41,46,
50,58,62,69,79—89,95—98,
104—108,110—125,138,155,
156,159,166,181,184,186,190—
192,201,203,206,214,215,220,
223—225,229,233—235,238—
242,244,248,251,254,256,258—
260,267,268,270,271,276—279,

281—283,289,290,292,293,312,
319,360,364,383,396—398,401,
404—406

《人谱杂记》 5,16,119—123,216,
224,229,397,398

人心 1,2,13,14,18,29,30,32,39,
41,42,56,57,65,68,76,80,86,
90,105,109,111,116,117,136,
145—148,150,153,164,173,180,
184,185,187—190,192,193,195,
196,199,201,202,206,218,236—
238,241,242,250—252,256,258,
265,273,275,277,279,283,284,
287—289,292,303,306,315,323,
326,333,334,338—341,343,
345—352,354,361,362,365,366,
369,373,374,384,392,395

仁义礼智 169,209—211,220,267,
273,348,349,355,370,371

融通 32,36,37,51,56,60,114,
155,160,175,178,188,196,215,
230—232,255,281,283,284,298,
318,321,347,363,374,395,400

S

三变 16,19—21,24,34,36,38,
41-43,51,80,82

三才之道 13,40,82,122,124,
144—148,189,207,228,253,315,
316,323,328,333,341,384,
405,406

三易稿 4,16,82,117,122

慎独 2,8,16,20,21,23—28,34—
39,41,44,51,67,70,105,106,

后　记

　　本书为我博士论文之修改稿。撰写博士论文前后用功八月有余，而修改与完善则又过三年。每每浏览拙文，总是战兢惕厉，论据是否充分？观点是否精准？《人谱》一书非单纯文字游戏，乃是蕺山生命历程的精神凝练与境界开显，蠡探《人谱》哲学思想的过程正是感受刘宗周经由特定哲学问题的逻辑思辨上升为人生哲理的过程，在刘宗周的哲学思想系统里，《人谱》知识论逻辑理路已然让位于德性修养之自觉。斯人已去，然徜徉于圣贤的思想世界里，亦算是某种身同感受般地思想旅行吧。读书而悟道，为学以正心，《后记》之言虽意味着我关于蕺山哲学研究暂告一段落，然我学问人生之修养尚不能有片刻之停顿。刘宗周曾撰座右铭曰："读书有要，在涵养本源，以得作者之意，使字字皆从己出；做人有方，在谨禀幽独，以防未然之欲，庶时时远于兽门"。我时常省察揣摩，并以此自我鞭策，不问功与过，唯尽力而已。

　　蓦然回首，我专注于刘宗周哲学思想研究已十年有余。想当年，方同义师赠我《刘蕺山集》复印件及其手抄本《刘子全书》，中国哲学之博大精深油然呈现，是时虽未参悟"为天地立心，为生民立命，为往圣继绝学，为万世开太平"儒家圣学之精义，然为学为君子之志则能默识心诚。后进大学教书，经四年工作生活之磨砺与感悟，乃敢入张立文先生门攻读博士学位。恩师宽裕温和，从容涵泳，善于启发，博士论文从选题到框架逻辑，受益先生颇多。我自幼愚笨，但稍显勤奋，相信"勤能补拙"。因此，自与恩师确定以"明末清初儒学"为研究视域伊始，便围绕蕺山学及明代哲学、历史、社会诸问题，收集资料，撰写读书笔记。立文师凝多年研究心得而创构了以"中国哲学逻辑结构论"、"和合学"、"传统学"、"新人学"为核心的"和合哲学"系统以及"自己讲、讲自己"的哲学方法论，我的博士论文多有借鉴和发挥，在阐释蕺山哲学时，时有豁然开朗之顿悟，以致手舞足蹈。读书三年，我躬身受教于先生者非仅智识玄思，犹为其高德醇行，粹言身教所感动。在博士论文开题前，先生因眼疾入院诊治。手术前，我去探望先生，但见他正端坐病床圈点品读《刘宗周全集》！我们师徒就论文撰写提纲和主要观点探讨一番，先生谆谆教诲，字字珠玑，意蕴隽永。是时，我还与张先生讨论了生死问题，对先生平静澹泊的生命观尤为佩服。儒圣先贤总是谆谆告诫世人要打通生死关："生死关头，最为吃紧，于此合下清楚，则一真既立，群妄皆消"，先生已然通关矣！论文初稿完成后，张先生又详加审阅，增补芟夷，颇能切中肯綮。因为我专注个案人物刘宗周哲学思想，虽说于核心问题深思体悟，学以自得，但约言有余，博识不足。值本书付梓，我也尚未就《人谱》之版本流衍情况、《人谱》集注集释情况，展开深根究极之研究，唯就博士论文原文删繁就简，校对文字，章节顺序，图表标注。不过，因访学之便利，我搜罗了港台学者关于刘宗周研究的文章，且多有参考引用。《〈人谱〉补图》则是我博士毕业后搜集文献偶然所获，感于是文能传《人谱》精义，便点校整理并附录于是书正文之后。原博士论文尚有附录《蕺山弟子考编》，但稍显粗糙杂乱，因后来申请到教育部课题，我便将其重新衰纂辑补，载入即将完稿的《蕺山后学研究》一书之中。

攻读博士三年,我有幸受教于中国人民大学中国哲学教研室宋志明教授、向世陵教授、罗安宪教授、彭永捷教授、杨庆中教授、干春松教授、温海明教授,诸位教授学识渊博,明世道人心,且海余谆谆,从而受益匪浅,谨致谢忱!周桂钿教授、乔清举教授、方国根编审是我博士论文答辩委员会校外成员,高屋建瓴,稽疑启惑,客观评价论文优缺点,为我修改论文提供了思路和视角,谨致谢忱!本书出版尤得益于方国根先生,他率直豪迈,慷慨仗义,奖掖后进,不辞辛苦,谨致谢忱!段海波博士为本书的顺利出版付出较多努力,谨致谢忱!硕士导师张允熠先生、方同义先生数年来关心我学习工作情况,絮语和风,师生情谊,没齿难忘!

同学诸友,如徐建勇、冯琳、张志宏、董琳利、许晨、张运生、欧阳聪权、肖红春等,谈笑嬉闹,唇舌论辩,激扬文字,既丰富生活,又增长知识、成就思想。我攻读博士学位期间,与韩进军、段海宝、王颢、张永路、陈欣雨一同受教于张先生,互帮互助,释惑解疑,颇有收获。同门其他师兄师姐如蔡方鹿、陆云林、张秋生、王甫、魏义霞、王心竹等,于我的学习和工作多有帮助。原中国社会科学院哲学所高海波博士、杭州师范大学国学院张天杰博士、浙江社科院哲学所邹建锋博士、中山大学哲学所李长春博士慷慨提供其博士论文供我参考,多有启发。2010年9月,我游学绍兴古城,拜访蕺山书院,同学王建忠提供诸多方便。在此,对他们一并致谢!

本书之修改与完善尚得益于两次访学。2011年11月12—26日,受郑宗义先生邀请,我到香港中文大学中国哲学与文化研究中心做学术访问,从而尽可能地搜罗港台学者关于蕺山学研究、宋明理学研究的著述文献,开拓了自己宋明理学研究的视界,谨致谢忱!2013年9月至2014年8月,受韩国高等教育财团(KFAS)国际学术交流项目资助(ISEF),我到延世大学国学研究院任客座研究员,国学研究院和合作教授黄金忠先生(Hwang, Keumjoong)为我开展东亚阳明学研究提供诸多方便,谨致谢忱!延世大学静谧的校园环境,自由的学术空间,为我悉心修改博士论文提供了最为便利的研究条件,感谢财团和国学研究院的盛情邀请!

本书主要内容已散见于多家学术期刊,责任编辑如向世陵先生、梁枢先生、梁涛先生、张蓬先生、吴勇先生、李建先生、彭彦华女士、胡静女士,能不拘一格,提携后学,谨致谢忱!

感谢父母养育之恩!感谢兄嫂多年来对父母的照顾之情!感谢工作单位诸同事好友对我学习和工作的关照与关爱!感谢校科研处、人事处、学科建设处及浙江省哲学社会科学重点研究基地·浙江历史文化研究中心给予经费资助!

最后要感谢我的妻子王淑涛女士。2008年9月,我北上求学,爱女张浚懿尚出生不足百日。读博士三年,妻子一人相夫育子,包揽全部家务,且又承担繁重的教学任务,尚能任劳任怨,成为我顺利博士毕业的最坚强后盾!之后我又到韩国访学,又是妻子一人独揽全部家务,一人悉心抚育爱女。如今爱女已六岁矣,漂亮聪明,着实让我欣慰,但又有太多亏欠,唯愿她健康成长!爱妻无怨无悔支持我学习工作亦十余年矣,从我们相识相知到相爱,从来都是对我的鼓励和支持,本书出版完成,也算是对她的一份诚挚的感谢吧!

路漫漫其修远兮,吾将上下而求索!

张瑞涛

2013年4月7日,初稿,寒舍静壹斋
2014年5月27日,修改稿,韩国延世大学毋岳宿舍

后记